이 책을 펴고 있는 그대를 환영합니다.

똑. 똑. 똑

호기심과 질문으로
지식의 문을 힘차게 두드리기를

쿵. 쿵. 쿵

알아가는 즐거움으로
심장이 벅차게 뛰기를

이 책을 펴고 있는 그대를 응원합니다.

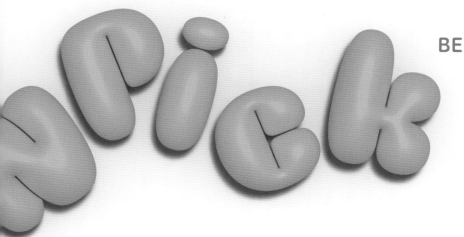

BETTER CONTENT BETTER LIFE

내신 만점을 위한 필수 기본서

중등 **사회**

·2

WRITERS

노은총 신서중 교사
서경아 광명중 교사
손현아 개웅중 교사
조수진 옥정중 교사

COPYRIGHT

인쇄일 2025년 5월 7일(1판1쇄)
발행일 2025년 5월 7일

펴낸이 신광수
펴낸곳 (주)미래엔
등록번호 제16–67호

중고등개발본부장 하남규
중고등개발2실장 김용균
개발책임 김문희 **개발** 이원희, 김온누리, 오민현

디자인실장 손현지
디자인책임 김병석 **디자인** 다섯글자

CS본부장 장명진

ISBN 979–11–7347–390–6

내신 만점을 위한 필수 기본서

엔픽

중등 **사회**

1·**2**

Mirae N 에듀

엔픽 활용하기

엔픽으로 단계별로 꼼꼼하게
사회 공부를 해요!

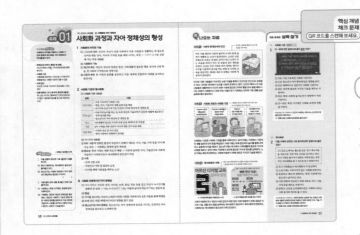

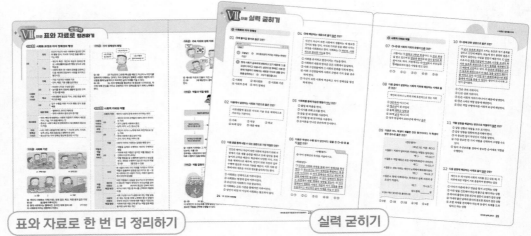

개념 학습편

주제 학습

꼼꼼한 정리와
확인 문제로
사회 핵심 개념
완전 정복!

핵심 개념 체크 문제
QR 코드를 스캔하면
'핵심 개념 체크 문제'를
확인할 수 있어요.

개념 학습

짧고 간결하게 주제별 1쪽 내용 정리로
구성하여 학습의 집중도를 높였습니다.
• 용어 해설 꼭 알아야 하는 어려운 용어를
설명하여 개념 이해를 돕습니다.
• 개념 확인 문제 학습한 개념을 제대로 알
고 있는지 빠르게 확인할 수 있습니다.

꼭 나오는 자료

시험에 꼭 나오는 자료를 엄선하여 이해
하기 쉽게 자료 분석을 하였습니다.

대표 문제로 실력 쌓기

핵심 자료로 구성한 대표 문제로 다시
한 번 개념을 짚어 볼 수 있습니다.

실력 다지기

다양한 유형의 문제를 풀어 보면서 탄탄
하게 실력을 다질 수 있습니다.

대단원 학습

핵심 자료와 문제로
개념 학습
완벽 마무리!

표와 자료로 한 번 더 정리하기

주요 개념을 표로 정리한 후 필수 자료와 연관 지어
확실하게 단원을 마무리할 수 있습니다.

실력 굳히기

다양한 실전 문제로 단단하게 실력을
굳힐 수 있습니다.

시험
대비편

실전 문제로
시험 직전
최종 점검!

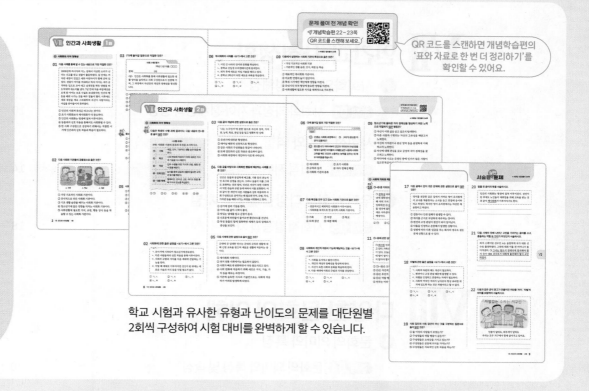

학교 시험과 유사한 유형과 난이도의 문제를 대단원별
2회씩 구성하여 시험 대비를 완벽하게 할 수 있습니다.

바른답
알찬풀이

엔픽만의
간결하고
명확한 풀이!

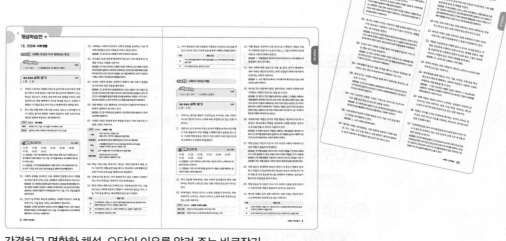

간결하고 명확한 해설, 오답의 이유를 알려 주는 바로잡기,
구체적인 서술형 채점 기준, 핵심 개념을 정리한 엔픽 포인
트를 통해 문제 해결력을 키울 수 있습니다.

엔픽 차례 보기

X 정치과정과 시민 참여

XI 일상생활과 법

XII 인권과 기본권

엔픽 과 내 교과서 비교하기

우리 학교 교과서의 쪽수에 해당하는 엔픽의 쪽수를 찾아서 공부해요.

내 교과서 쪽수에 해당하는 엔픽 쪽수를 찾는 방법

① 내가 가지고 있는 교과서의 출판사명과 쪽수를 확인해요.
② 엔픽의 해당 쪽수를 찾아서 공부해요.
   ▶ 미래엔 사회 교과서의 132~135쪽일 경우 엔픽의 10~13쪽을 공부해요.

동아출판	비상교육	아침나라	천재교과서
122~125	128~131	134~137	122~125
126~129	132~135	138~141	126~129
130~133	136~140	142~145	130~133
140~143	146~150	150~153	138~141
144~147	151~155	154~159	142~145
148~151	156~159	160~163	146~149
158~161	164~167	168~171	154~157
162~165	168~173	172~177	158~161
166~169	174~177	180~183	162~165
176~179	182~186	188~191	170~173
180~183	187~191	192~195	174~177
184~187	192~195	196~199	178~181
194~197	202~205	204~207	186~189
198~201	206~209	208~211	190~193
202~207	210~215	212~217	194~197
214~217	220~224	224~229	202~205
218~221	228~231	230~233	206~209
222~225	232~235	234~237	210~213

VII

인간과 사회생활

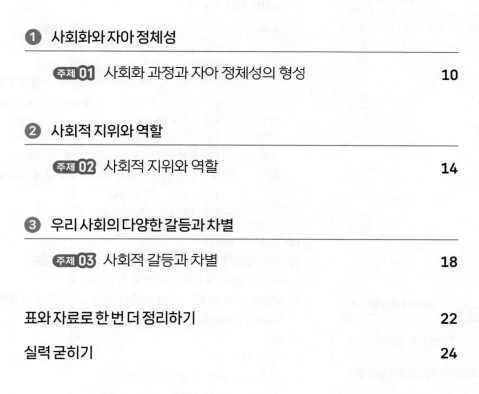

사회화 과정과 자아 정체성의 형성

✦ 정체성(正 바르다, 體 몸, 性 성품)
자신의 목표나 역할, 가치관 등에 관한 명확한 인식

✦ 사회화 기관
사회화를 담당하는 기관으로 시기에 따라 영향을 받는 사회화 기관이 다를 수 있음

✦ 또래 집단
비슷한 나이로 구성되어 친근감을 느끼는 집단

✦ 대중 매체(大 크다, 衆 무리, 媒 중매, 體 몸)
책, 신문, 라디오, 텔레비전, 인터넷 등과 같이 많은 사람에게 정보를 동시에 제공하는 수단

1 사회화의 의미와 기능

(1) **사회화의 의미** 인간이 자신이 속한 사회에서 다른 사람들과 생활하는 데 필요한 언어와 행동 양식, 지식과 가치관 등을 배워 나가는 과정 → 사회적 존재로 성장해 가는 과정 **자료 ❶**

(2) **사회화의 기능**
① **개인적 측면** 개인의 개성과 정체성 형성, 사회생활에 필요한 행동 양식과 규범 학습, 한 사회의 구성원으로 성장시킴
② **사회적 측면** 한 사회의 문화를 공유하고 다음 세대에 전달하여 사회를 유지하고 발전시킴

2 사회화 기관과 재사회화

(1) **사회화 기관** **자료 ❷**

종류	내용
가족(가정)	• 가장 기초적인 사회화 기관 • 예절, 언어, 기본적인 생활 습관 등을 배움 • 유아기와 유년기에 기본 인성과 가치관 형성에 큰 영향을 줌
✦또래 집단	• 아동기에 놀이를 하는 등 또래 집단과 어울리면서 공동체 생활에 필요한 규칙과 질서를 배움 • 청소년기의 자아 형성에 큰 영향을 줌
학교	사회생활에 필요한 지식과 규범 등을 체계적으로 학습함
직장	업무 수행을 위한 전문적 지식과 행동 양식 등을 배움
✦대중 매체	• 다양한 정보 및 지식 전달 • 현대 사회에서 영향력이 증대됨

(2) **재사회화** **자료 ❸**
① **의미** 새롭게 변화한 환경에 적응하기 위해서 새로운 지식, 기술, 가치 등을 다시 배우는 과정 → 사회화는 평생에 걸쳐 계속됨
② **중요성** 현대 사회는 변화 속도가 빠름 → 기존에 습득한 지식, 기술만으로 사회에 적응하기 어려워지면서 재사회화의 중요성이 커짐
③ **사례**
  • 군대 신병 교육
  • 직장인의 어학 및 컴퓨터 교육
  • 디지털 매체 사용법을 배우는 노인

3 사회화 과정에서의 자아 정체성

(1) **자아 정체성** 자신의 성격, 가치관, 능력, 관심, 목표 등을 알고 자신이 누구인지를 명확히 한 상태 → '나는 누구인가?', '나는 어떻게 살아야 하는가?'라는 질문의 답

(2) **형성**
① 자아를 찾으려는 자신의 노력과 다양한 사회화 기관에서의 상호 작용을 통해 확립됨
② 또래 집단, 대중 매체(미디어)의 영향을 많이 받음

(3) **청소년기의 자아 정체성** 청소년기는 자아 정체성에 중요한 시기로, 긍정적인 자아 정체성을 찾으려고 노력해야 함

개념 확인 문제

● 바른답·알찬풀이 2쪽

1 다음 설명이 맞으면 ○표, 틀리면 ×표를 하시오.
(1) 현대 사회에서는 재사회화의 필요성이 줄어들고 있다. ( )
(2) 청소년기는 사회화 과정에서 자아 정체성이 형성되는 중요한 시기이다. ( )

2 다음 괄호 안의 내용 중 옳은 것에 ○표를 하시오.
(1) 사회화는 (특정 시기에만, 평생에 걸쳐) 이루어진다.
(2) 사회화는 개인의 개성과 정체성을 형성하는 (개인적, 사회적) 기능과 함께 해당 사회의 문화를 공유하고 다음 세대에 전달하여 사회를 유지하고 발전시키는 (개인적, 사회적) 기능을 한다.

꼭 나오는 자료

핵심 개념
체크 문제
QR 코드를 스캔해 보세요.

자료 ❶ 사회적 존재로서의 인간

┌─ 인간은 사회화를 통해서 인간다운
    모습을 갖추게 돼.

아주 어릴 때부터 사람과 떨어져 늑대와 함께 숲에서 생활해 온 소년이 발견되었다. 소년은 10살 무렵으로 보였고 네 발로 걷거나 뛰고 늑대가 우는 모습을 따라서 하는 등 동물과 같은 행동을 보였다. 소년은 인간 사회로 와서 말하는 법이나 식기를 사용하여 음식을 먹는 방법 등 다양한 교육을 받았지만, 제대로 배우지 못했고 사회에 적응하지 못하였다.

인간은 다른 사람들과 지속적인 상호 작용을 통해서 인간다운 인간으로 성장할 수 있다. 이러한 의미에서 인간을 사회적 존재라고 한다. 인간이 태어나서 다른 사람들과 생활하면서 자신이 속한 사회에 필요한 언어와 행동 양식 등을 배워 나가는 과정이 사회화이다. 또한 어린 시절의 초기 사회화는 언어와 기본 생활 습관 습득에 매우 중요하다.

자료 ❷ 사회화 과정과 사회화 기관

┌─ 사회화는 특정 시기에만 이루어지는 것이
    아니라 일생에 걸쳐 이루어져.

> 가정에서 기본적 생활 습관과 언어를 학습해요.

> 학교에서 사회생활에 필요한 지식과 규범을 배워요.

> 직장에서 업무 수행을 위한 지식 등을 배워요.

> 사회 변화에 따라 새로운 지식과 정보를 다시 배워요.

사회화는 다양한 사회화 기관을 통해 이루어진다. 유아기에는 가정에서 기본적인 생활 습관과 언어 등을 학습한다. 아동기에는 또래 집단과의 놀이를 통해 규칙이나 공동체 의식을 배운다. 청소년기에는 학교에서 사회생활에 필요한 지식과 규범을 배운다. 성인기에는 직장에서 업무에 필요한 지식과 정보를 습득한다. 노년기에는 빠르게 변화하는 사회에 적응하기 위해 새로운 지식과 기술을 배운다.

자료 ❸ 재사회화의 사례

┌─ 정보 사회로 변화하면서 노인들이 새로운 디지털 매체의
    사용법을 배우는 등 재사회화를 경험하고 있어.

▲ 디지털 매체 활용 교육을 받는 노인

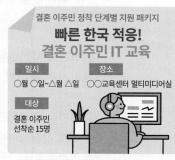

▲ 한국 적응을 위한 교육을 받는 이주민

사회가 변화하거나 개인이 속한 집단이 바뀐 경우 이에 적응하기 위해 새로운 지식과 기술, 생활 양식 등을 습득하는 재사회화가 필요하다. 특히 빠르게 변화하는 사회에서는 재사회화의 중요성이 더욱 강조된다.

대표 문제로 실력 쌓기

● 바른답·알찬풀이 2쪽

>> 사회화 기관   [선택지 하나 더]

1 ㉠~㉤에 관한 설명으로 옳지 <u>않은</u> 것은?

> 1. 사회화 기관: 개인의 사회화에 도움을 주는 집단이나 기관
> 2. 사회화 기관의 종류: ㉠ 가족, ㉡ 또래 집단, ㉢ 학교, ㉣ 직장, ㉤ 대중 매체 등

① ㉠은 가장 기초적인 사회화 기관이다.
② ㉡은 청소년기 자아 형성에 많은 영향을 준다.
③ ㉢은 체계적이고 전문적인 사회화 기관이다.
④ ㉣은 업무에 필요한 지식과 기술을 배우는 기관이다.
⑤ ㉤은 현대 사회에 들어오면서 영향력이 커진 기관이다.
⑥ ㉠~㉤은 특정 시기에만 사회화 과정에 영향을 미친다.

이것만은 꼭 기억하자! 인간의 사회화는 태어나는 순간부터 평생에 걸쳐 이루어진다.
✈ 12쪽 04번, 24쪽 02번 문제도 풀어 보자!

>> 재사회화

2 다음 사례와 관련된 사회 용어에 관한 설명으로 옳은 것은?

> ○○교도소에서는 출소를 앞둔 장기 재소자들을 대상으로 사회 적응 교육을 실시하고 있다. 다시 사회로 돌아가서 변화된 사회에 맞는 정상적인 사회생활을 할 수 있도록 돕기 위해서이다.

① 초기 사회화보다 재사회화가 더 중요하다.
② 노년기에는 이루어지지 않는 사회화 과정이다.
③ 복잡하고 빠르게 변화하는 현대 사회에서는 중요성이 낮아지고 있다.
④ 사회 변화에 적응하기 위해 새로운 지식, 기술, 가치 등을 배우는 과정이다.
⑤ 중학교 신입생 오리엔테이션도 사례에 나타난 사회 용어의 예시로 들 수 있다.

이것만은 꼭 기억하자! 사회적 존재로 성장해 가는 과정인 사회화와 새롭게 변화한 환경에 적응하기 위해 새로운 지식, 기술, 가치 등을 다시 배우는 재사회화를 구분하자.
✈ 12쪽 02번, 24쪽 01번 문제도 풀어 보자!

1. 사회화와 자아 정체성 **11**

실력 다지기

01 사회화에 관한 설명으로 옳은 것은?

① 사회화는 특정 시기에 완성된다.
② 아기가 배가 고파 우는 것은 사회화에 따른 행동이다.
③ 일생 동안 하나의 사회화 기관에서 사회화가 대부분 이루어진다.
④ 성인이 된 후에는 새로운 지식이나 기술, 가치 등을 배울 필요가 없다.
⑤ 사회화는 사회의 문화를 공유하고 다음 세대에 전달함으로써 사회를 유지하고 발전시킨다.

중요✦
02 재사회화의 사례로 가장 적절한 것은?

① 어린아이가 젓가락질을 배운다.
② 유치원에서 예절 교육을 받는다.
③ 또래 친구들과 어울려 노는 법을 배운다.
④ 군대에 입대하여 군대의 규칙과 생활을 익힌다.
⑤ 중학교 신입생 설명회에 참석하여 학교 규칙 등을 배운다.

03 (가)에 들어갈 내용으로 가장 적절한 것은?

> 사회화의 기능
> 사회화는 개인적·사회적 측면에서 중요한 기능을 한다. 개인적 측면에서는 사회화 과정을 통해 자신만의 개성을 형성한다. 사회적 측면에서는
> _____(가)_____

① 개인의 잠재력을 키울 수 있다.
② 개인의 자아 정체성을 형성하게 한다.
③ 개인이 고유의 특성을 키워 나가게 한다.
④ 문화를 다음 세대에 전달하여 사회를 유지하고 발전시킨다.
⑤ 개인이 사회생활에 필요한 행동 양식과 규범을 학습하게 한다.

중요✦
04 ㉠~㉢에 관한 설명으로 옳은 것은?

> 오늘은 ㉠ 학교에서 졸업식을 하였다. ㉡ 가족들이 나의 졸업을 축하하기 위해 모두 모였다. 내일은 ㉢ 친구들과 놀이공원에 가기로 하였다. ㉣ 인터넷으로 놀이공원에 대한 정보를 찾아보고, ㉤ 인터넷 블로그에 올라와 있는 놀이공원 후기도 살펴보았다.

① ㉠ - 가장 기초적인 사회화 기관이다.
② ㉡ - 사회생활에 필요한 지식과 기술 등을 체계적으로 학습시키는 기관이다.
③ ㉢ - 청소년기 자아 형성에 큰 영향을 미친다.
④ ㉣ - 현대 사회에서 영향력이 점차 감소하고 있다.
⑤ ㉤ - 유아기, 유년기에 가장 중요한 사회화 기관이다.

고난도
05 다음 글을 통해 알 수 있는 내용으로 가장 적절한 것은?

> 아주 어릴 때부터 사람과 떨어져 늑대와 함께 숲에서 생활해 온 소년이 발견되었다. 소년은 10살 무렵으로 보였고 네 발로 걷거나 뛰고 늑대가 우는 모습을 따라 하는 등 동물과 같은 행동을 보였다.
> 소년은 인간 사회로 와서 말하는 법이나 식기를 사용하여 음식을 먹는 방법 등 다양한 교육을 받았지만, 제대로 배우지 못하였고 사회에 적응하지 못하였다.

① 인간의 사회화는 평생에 걸쳐 계속된다.
② 인간은 하나의 사회화 기관을 통해 사회화되어야 한다.
③ 인간은 동물과의 상호 작용을 통해서도 사회적 존재로 성장할 수 있다.
④ 인간은 다른 사람들과 지속적인 상호 작용을 통하여 인간다운 인간으로 성장할 수 있다.
⑤ 인간이 사회화를 통해 사회생활에 필요한 언어와 행동 양식을 습득하는 시기는 중요하지 않다.

06 다음 그림에 나타난 사회화 기관에 관한 일반적인 설명으로 옳은 것은?

① 가장 기초적인 사회화 기관이다.
② 현대 사회에서 영향력이 증가하고 있다.
③ 기본적인 생활 습관을 학습하는 기관이다.
④ 업무에 필요한 지식과 행동 양식을 가르친다.
⑤ 사회생활에 필요한 지식을 체계적으로 가르친다.

중요
07 사회화 기관에 관한 옳은 설명을 <보기>에서 고른 것은?

┤ 보기 ├
ㄱ. 학교는 가장 기초적인 사회화 기관이다.
ㄴ. 사회화 기관은 특정 시기에만 영향을 미친다.
ㄷ. 가족은 기본적인 인성과 가치관 형성에 큰 영향을 미친다.
ㄹ. 또래 집단에서는 놀이를 통해 공동체 생활에 필요한 규칙과 질서 등을 배운다.

① ㄱ, ㄴ   ② ㄱ, ㄷ   ③ ㄴ, ㄷ
④ ㄴ, ㄹ   ⑤ ㄷ, ㄹ

08 (가), (나)에 해당하는 사회화 기관을 바르게 연결한 것은?

(가) 가장 기초적인 사회화 기관으로 예절, 언어, 기본적인 생활 습관 등을 배운다.
(나) 사회생활에 필요한 지식과 규범 등을 체계적으로 학습하기 위한 기관이다.

	(가)	(나)		(가)	(나)
①	가족	학교	②	가족	직장
③	학교	직장	④	대중 매체	학교
⑤	또래 집단	학교			

09 ㉠에 들어갈 용어에 관한 설명으로 옳지 않은 것은?

(㉠)(이)란 '나는 누구인가'에 관한 답으로 자신의 성격, 가치관, 능력, 관심, 목표 등을 알고 명확히 한 상태를 말한다. 이것은 자신의 노력과 다양한 사회화 기관에서의 상호 작용 속에서 형성되는 것으로, 긍정적이고 올바르게 형성하도록 노력해야 한다.

① 같은 사회의 구성원들은 동일하게 형성된다.
② 자신만의 고유성을 깨달으며 자아가 형성된다.
③ 청소년기에 긍정적 자아 정체성을 찾기 위해 노력해야 한다.
④ 가족, 또래 집단, 학교, 대중 매체 등과의 상호 작용을 통해 확립된다.
⑤ 다른 사람과 구별되는 자신만의 고유한 모습을 찾으려는 노력으로 형성된다.

서술형
10 ㉠에 들어갈 개념을 쓰고, 현대 사회에서 ㉠의 중요성이 커지는 까닭을 서술하시오.

수업 주제: (㉠)

• 사례: 노인을 대상으로 하는 문화 프로그램을 통해 스마트폰을 사용하는 방법을 배운다.

서술형
11 다음과 같은 질문을 통해 공통으로 달성하려는 목적을 쓰고, 그 의미를 서술하시오.

• 나는 누구인가?
• 나는 어떻게 살아야 하는가?

주제 02 사회적 지위와 역할

이 주제의 **학습 목표**
사회적 지위와 역할의 의미를 이해하고 역할 갈등이 발생하는 원인과 대응 방안을 알아 두자.

+ **사회적 관계**
다른 사람과의 지속적인 상호 작용으로 맺게 되는 관계

+ **후천적**
태어날 때부터 타고난 것이 아닌 태어난 후에 얻어지는 것

+ **보상**
어떤 일을 잘 해냈을 때 그 대가로 칭찬이나 물질 등의 긍정적 대가를 주는 것

+ **제재(制 억제하다, 裁 마르다)**
일정한 규칙이나 관습을 어겼을 때 이를 제한하거나 금지하는 것

+ **우선순위**
어떤 것을 먼저 차지하거나 사용할 수 있는 차례나 위치

1 사회적 지위의 의미와 종류 자료 ❶

(1) **사회적 지위** 한 개인이 ⁺사회적 관계 속에서 차지하고 있는 위치 → 개인은 여러 사회적 지위를 동시에 가짐

(2) **사회적 지위의 종류**

① 귀속 지위 개인의 의지나 노력과 관계없이 자연적으로 가지게 되는 지위 예 딸, 장녀, 아들, 여성 등

② 성취 지위 개인의 의지나 노력에 따라 ⁺후천적으로 얻는 지위 예 학생, 교사, 어머니, 남편 등

(3) **특징** 전통 사회에서는 태어나면서 주어지는 귀속 지위가 중요했지만, 현대 사회에서는 성취 지위의 중요성이 커짐

2 역할과 역할 행동 자료 ❷

(1) **역할** 사회적 지위에 따라 기대되는 일정한 행동 양식

(2) **역할 행동**

① 의미 역할을 실제로 수행하는 개인의 구체적인 행동

② 특징 역할 행동은 개인 특성이나 가치관에 따라 다르게 나타남 예 학생이라는 사회적 지위에 따른 역할은 같지만, 수업을 열심히 듣는 학생과 그렇지 않은 학생이 있음

(3) **역할 행동의 결과**

① 역할을 성실히 수행한 경우 칭찬이나 ⁺보상을 받음 예 학생이 수업을 열심히 듣고 교칙을 잘 지킨다면 칭찬을 받음

② 역할을 제대로 수행하지 못한 경우 비난이나 처벌 등 사회적 ⁺제재를 받음 예 학생이 수업 태도가 좋지 않고 학교 교칙을 어기면 꾸지람을 들음

3 역할 갈등과 대응 방안 자료 ❸

(1) **역할 갈등**

① 의미 한 사람이 여러 가지 지위를 갖게 되면서 그 지위에 따른 역할이 서로 충돌하여 일어나는 갈등

② 사례 회사에서 출장을 가야 하는데, 아들이 다쳐서 병원에 가야 함 → 직장인과 부모라는 각각의 사회적 지위에 따른 역할이 충돌함

(2) **역할 갈등의 특징**

① 현대 사회에서는 다양한 사회적 관계가 형성되므로 한 사람이 여러 가지 지위를 가지게 되면서 개인이 경험하는 역할 갈등이 증가하고 있음

② 역할 갈등이 원만하게 해결되지 못하면 개인은 심리적 불안을 겪게 되고 그에 따라 사회도 불안정해지기 쉬움

③ 많은 사회 구성원들이 겪는 역할 갈등은 사회적 차원의 해결 노력이 필요 예 맞벌이 부부가 많아지면서 발생하는 직장인과 부모 역할 간의 갈등 해결 문제 등

(3) **역할 갈등의 대응 방안**

① 개인적 대응 방안 갈등 상황을 명확히 분석하고 기준을 정하여 역할의 ⁺우선순위와 중요도 판단 → 하나의 역할을 선택하거나 우선순위를 정해 순서대로 역할 수행

② 사회적 대응 방안 사회 구성원들이 갈등을 합리적으로 해결할 수 있도록 사회적 차원의 제도 개선 노력 필요

개념 확인 문제

● 바른답·알찬풀이 3쪽

1 다음 설명이 맞으면 ○표, 틀리면 ×표를 하시오.

(1) 아버지라는 사회적 지위는 성취 지위에 해당한다. (　　　)

(2) 현대 사회에서는 과거보다 성취 지위의 중요성이 커졌다. (　　　)

(3) 역할 행동은 같은 역할을 가진 모든 사람이 같게 나타난다. (　　　)

2 다음 괄호 안의 내용 중 옳은 것에 ○표를 하시오.

(1) 성취 지위는 개인의 의지와 노력에 따라 (선천적, 후천적)으로 얻는 지위이다.

(2) 현대 사회에서는 개인이 여러 가지 사회적 지위를 가지게 되면서 역할 갈등이 점차 (증가, 감소)하고 있다.

꼭 나오는 자료

자료 ❶ 사회적 지위

이 학생은 딸, 축구 동아리 회원, 중학생 등의 사회적 지위를 가지고 있어.

개인은 동시에 여러 가지 사회적 지위를 가진다. 학교에서는 중학생, 축구 동아리 회원이고, 가족 내에서는 딸, 장녀가 되기도 한다. 사회적 지위에는 딸, 장녀와 같이 개인의 의지와 상관없이 자연적으로 주어지는 귀속 지위와 축구 동아리 회원, 중학생과 같이 개인의 의지나 노력으로 얻는 성취 지위가 있다.

자료 ❷ 역할과 역할 행동

역할을 잘 수행하면 그에 맞는 보상을 받을 수 있어.

모범납세자

차량 번호:
유효기간: 2024.3.3.~2025.3.2.
이 모범납세증을 부착한 차량은 공영(국립공원)주차장을 무료로 사용할 수 있도록 우대하여 주시기 바랍니다.
국세청장

세금 체납 시 불이익

납부 불성실 가산세 적용
납부 기한의 다음날로부터 자진 납부일까지의 기간 동안 미납부 세액의 1일 3/10,000(연 10.95%)까지 부과

가산세 부과
체납된 국세의 3%의 가산금 부과
국세가 100만원 이상인 경우 매 1개월이 경과할 때마다
1.2%의 중가산금이 5년 동안 부과

역할을 실제로 수행하는 개인의 구체적인 행동을 역할 행동이라고 한다. 역할을 성실히 수행하는 사람에게는 칭찬과 보상이 따르고, 그렇지 못한 사람에게는 비난과 처벌이라는 사회적 제재가 따르게 된다. 대한민국 국민으로서 납세의 의무를 성실히 수행하고 모범 납세자로 선정된 사람은 여러 가지 보상을 받을 수 있다. 반대로 세금을 제때 내지 않으면 가산금을 부과하는 등의 제재가 가해질 수 있다.

자료 ❸ 역할 갈등

회사원으로서 회의를 준비해야 하는 역할과 어머니로서 자녀를 돌봐야 하는 역할이 충돌하여 역할 갈등이 나타났어.

김 과장, 오늘 오후에 있을 회의를 맡아서 준비해 주세요.

지윤이가 아파서 병원에 왔는데 엄마를 찾는구나.

많은 사회 구성원이 공통으로 겪는 역할 갈등이라면 사회적 차원에서 제도를 마련하거나 개선하는 것이 필요하다. 예를 들어 많은 맞벌이 부부가 육아와 일을 동시에 해야 하는 상황에서, 직장인의 지위에 따른 역할과 부모의 지위에 따른 역할이 충돌하여 역할 갈등을 겪는다면 직장 내 어린이집 설치, 돌봄 교실 확충 등 보육 제도를 개선하기 위한 노력이 필요하다.

대표 문제로 **실력 쌓기**

● 바른답·알찬풀이 3쪽

≫ 사회적 지위의 종류 `선택지 하나 더`

1 사회적 지위를 구분한 것으로 옳지 <u>않은</u> 것은?

	사회적 지위	구분
①	딸	귀속 지위
②	왕자	귀속 지위
③	아내	성취 지위
④	의사	성취 지위
⑤	어머니	귀속 지위
⑥	학급 회장	성취 지위

이것만은 꼭 기억하자! 개인의 의지와 노력으로 얻은 지위인지 자연적으로 주어지는 지위인지 구분하자.
✈ 16쪽 02번, 25쪽 07번 문제도 풀어 보자!

≫ 역할 갈등

2 ㉠의 갈등 상황에 관한 설명으로 옳지 <u>않은</u> 것은?

> 민준이는 회사에서 농구 동아리 부장을 맡고 있다. 그런데 농구 동아리의 경기 날짜와 할아버지의 칠순 잔치 날짜가 겹쳤다. ㉠ 민준이는 농구 동아리 부장으로서 농구 대회에 참석해야 하는지, 손자로서 할아버지의 칠순 잔치에 가야 할지 고민하고 있다.

① 현대 사회보다 전통 사회에서 많이 발생하는 상황이다.
② 두 가지 이상의 상반된 역할을 동시에 수행해야 할 때 발생한다.
③ 개인이 여러 가지 사회적 지위를 가지고 있기 때문에 발생하는 갈등 상황이다.
④ 여러 역할의 우선순위를 정해서 하나의 역할을 선택하여 해결하는 대응 방안도 있다.
⑤ 많은 사회 구성원이 겪는 갈등이라면 사회적 차원의 해결 방안을 마련할 필요성이 있다.

이것만은 꼭 기억하자! 복잡한 현대 사회에서는 개인이 가진 지위와 역할이 다양하기 때문에 역할 갈등도 자주 발생해.
✈ 17쪽 09번, 25쪽 12번 문제도 풀어 보자!

실력 다지기

01 사회적 지위에 관한 설명으로 옳지 <u>않은</u> 것은?

① 과거 신분제 사회에서도 존재하였다.
② 개인이 여러 개의 사회적 지위를 가질 수 있다.
③ 사회가 복잡해지고 전문화할수록 다양해진다.
④ 상황에 따라 개인의 사회적 지위가 달라질 수 있다.
⑤ 과거에는 성취 지위가 중요했지만 현대 사회로 오면서 귀속 지위의 중요성이 커지고 있다.

02 사회적 지위 중 나머지 넷과 성격이 <u>다른</u> 것은?

① 어머니
② 막내아들
③ 중학교 학생
④ 편의점 아르바이트생
⑤ 배드민턴 동호회 회장

중요✦
03 갑의 사회적 지위와 역할에 관한 옳은 설명을 <보기>에서 고른 것은?

> 갑은 무역 회사를 운영하는 ㉠ 사장이다. 집에서는 두 딸을 둔 ㉡ 아버지이며 아내의 ㉢ 남편이다. 축구 동호회에서는 ㉣ 회장을 맡고 있는데 회원들 사이에서 ㉤ 동호회를 잘 이끌어 나간다고 ㉥ 칭찬이 자자하다.

⊣ 보기 ⊢
ㄱ. ㉠~㉣은 모두 성취 지위이다.
ㄴ. ㉤은 역할 행동으로 모두 같은 방식으로 수행한다.
ㄷ. ㉥은 갑이 성실히 역할을 수행한 것에 대한 보상이다.
ㄹ. 갑이 가진 사회적 지위에 따른 역할들이 충돌하고 있다.

① ㄱ, ㄴ   ② ㄱ, ㄷ   ③ ㄴ, ㄷ
④ ㄴ, ㄹ   ⑤ ㄷ, ㄹ

중요✦
04 다음 글에서 설명하는 사회적 지위에 해당하는 사례를 <보기>에서 고른 것은?

> 개인의 의지나 노력에 상관없이 태어나면서부터 자연적으로 주어지는 지위를 말한다. 신분제가 있던 전통 사회에서는 이 지위의 영향력이 컸다.

⊣ 보기 ⊢
ㄱ. 아들, 딸
ㄴ. 왕자, 공주
ㄷ. 중학생, 교사
ㄹ. 아버지, 어머니

① ㄱ, ㄴ   ② ㄱ, ㄷ   ③ ㄴ, ㄷ
④ ㄴ, ㄹ   ⑤ ㄷ, ㄹ

고난도
05 다음 자료를 통해 알 수 있는 내용으로 가장 적절한 것은?

> **# 연극의 23번 장면**
> 양반 신분을 사려는 부자 평민이 군수에게 양반의 도리에 관한 설명을 듣고 있다.
>
> 군수: 양반은 날이 더워도 버선을 벗으면 안 되고, 날이 추워져도 곁불을 쬐면 안 된다. 식사할 때는 맨상투로 밥상에 앉지 말고, 아파도 무당을 부르지 말아야 한다.
> 부자: 양반은 신선과 같다고 들었는데 참 불편하군요. 양반 신분 사는 것을 포기하겠습니다.

① 역할 행동은 개인마다 다르게 나타난다.
② 전통 사회에서는 성취 지위가 더 중요하였다.
③ 사회적 지위에 따른 역할은 시대가 변해도 동일하다.
④ 사회적 지위가 달라지면 기대되는 역할이 달라진다.
⑤ 개인의 선택이나 노력으로 얻는 지위에는 더 중요한 역할이 주어진다.

06 다음 글에서 알 수 있는 내용으로 옳은 것은?

> 학급의 회장에게는 학급을 위해 봉사하는 것이 기대되지만, 학급을 위해 열심히 봉사하는 회장이 있는 반면 그렇지 못한 회장도 있다. 학급을 위해 열심히 봉사하는 회장은 칭찬이나 보상을 받고, 그렇지 않은 회장은 비난을 받을 수 있다.

① 역할 행동은 개인마다 같게 나타난다.
② 지위에 따른 역할이 다양하기 때문에 나타난다.
③ 더 중요한 역할이 무엇인지 우선순위를 정해야 한다.
④ 역할을 성실히 수행하는 사람에게는 칭찬이나 보상이 따른다.
⑤ 역할을 성실히 수행하지 않더라도 사회적 제재는 받지 않는다.

중요
07 역할 갈등에 관한 설명으로 옳은 것은?

① 현대 사회보다 전통 사회에서 많이 발생하였다.
② 한 사람이 하나의 지위만 가지기 때문에 발생한다.
③ 두 가지 이상의 상반된 역할을 수행해야 할 때 발생한다.
④ 역할 행동이 모든 사람에게 똑같이 기대되기 때문에 발생한다.
⑤ 개인의 문제이므로 모든 역할 갈등은 사회가 관여할 필요가 없다.

08 역할 갈등이 발생했을 때의 대응 방법으로 적절하지 <u>않은</u> 것은?

① 갈등 상황을 명확히 분석한다.
② 갈등 상황의 역할을 모두 포기한다.
③ 더 중요한 역할부터 순차적으로 처리한다.
④ 여러 역할 중 가장 중요한 하나를 선택한다.
⑤ 더 중요한 역할이 무엇인지 우선순위를 정한다.

09 ㉠에 나타난 사회학적 개념에 관한 설명으로 옳지 <u>않은</u> 것은?

> 성악가 A는 2006년 프랑스 파리에서 데뷔 20주년 공연을 앞두고 한국에서 아버지께서 돌아가셨다는 연락을 받게 되었다. ㉠A는 아버지 장례식에 참석하는 것과 공연하는 것을 두고 어떤 것을 선택해야 할지 고민에 빠졌다.

① 복잡한 현대 사회에서 증가하고 있다.
② 각 지위에 따른 역할이 충돌하여 갈등을 일으킨다.
③ 원만하게 해결되지 못하면 심리적 불안을 겪게 된다.
④ 더 중요한 역할이 무엇인지 우선순위를 정해야 한다.
⑤ 한 사람이 하나의 사회적 지위만 가지고 있어서 발생하는 문제이다.

서술형
10 다음 사례에 공통으로 해당하는 사회적 지위의 유형을 쓰고, 해당 사회적 지위의 의미를 서술하시오.

> • 전교 학생 회장
> • 볼링 동호회 회원

서술형
11 다음 자료에 나타난 역할 갈등을 해결하기 위한 사회적 차원의 대응 방안을 예를 들어 구체적으로 서술하시오.

> 많은 맞벌이 부부가 회사를 다니며 아이를 양육하기 어려워서 부모의 지위에 따른 역할과 직장인의 지위에 따른 역할 간에 갈등을 겪고 있다.

사회적 갈등과 차별

이 주제의 **학습 목표**
우리 사회의 다양한 갈등과 차별을 파악하고 대처 방안을 모색해 보자.

+ **갈등(葛 칡, 藤 등나무)**
갈등은 '칡 갈(葛)'과 '등나무 등(藤)'의 한자로 이루어져 있는데, 칡과 등나무가 서로 다른 방향으로 감아 올라가며 엉키게 되는 것과 같이 개인이나 집단 사이에 목표나 이해관계가 달라 서로 적대시하거나 충돌하는 것을 의미함

+ **편견(偏 치우치다, 見 보다)**
공정하지 못하고 한쪽으로 치우친 생각

+ **고정 관념(固 굳다, 定 정하다, 觀 보다, 念 생각하다)**
굳은 생각 또는 지나치게 당연한 것처럼 알려진 생각

+ **관례(慣 버릇, 例 법식)**
전부터 해 내려오던 사례가 관습으로 굳어진 것

+ **인간의 존엄성**
모든 사람은 인간으로서 그 자체로 존중받을 가치가 있다는 의미임

1 갈등의 의미와 양상

(1) **갈등** 개인이나 집단 사이에 가치나 신념, 목표나 이해관계가 부딪치며 충돌하는 현상

(2) **갈등의 양상** 남녀 간의 갈등, 지역 간의 갈등, 계층 간의 갈등, 정치 갈등 등 다양한 양상으로 나타남

2 차별의 의미와 양상 자료 ❶

(1) **차이와 차별**
① **차이** 서로 같지 않고 다름을 의미함 → 서로를 구분할 수 있는 특성으로 자연스러운 현상임 ⑩ 인종, 외모, 성격, 취향 등이 다름
② **차별** 차이를 근거로 사람이나 집단을 부당하게 대우하는 것 ⑩ 특정 성별이라는 이유로 채용하지 않는 것

(2) **차별의 원인** 다른 사람이나 집단에 대한 +편견과 +고정 관념, 잘못된 +관례나 관행

(3) **차별의 양상** 성차별, 지역 차별, 장애인 차별, 인종 차별 등

(4) **사회 집단과 개인** 자료 ❷
① **사회 집단** 두 명 이상의 사람이 모여 소속감과 공동체 의식을 가지고 지속적인 상호 작용을 하는 집단
② **사회 집단의 유형**
• 내집단: 자신이 그 집단에 속해 있으면서 소속감을 느끼는 집단
• 외집단: 자신이 소속되어 있지 않으며 소속감을 느끼지 않는 집단 → 외집단에 대한 편견으로 차별이 발생하기도 함

3 갈등과 차별에 대한 대처 방안

(1) **갈등에 대처하는 방법**
① **갈등 해결의 필요성**
• 갈등을 해결하지 못할 경우: 사회가 분열되어 통합과 발전이 어려워짐
• 갈등을 평화적으로 해결할 경우: 구성원을 이해하는 폭이 넓어지고 사회 통합이 이루어질 수 있음
② **갈등 해결 방안** 양보와 타협의 자세로 서로의 이익을 조율해 최적의 대처 방안을 찾도록 노력해야 함

(2) **차별에 대처하는 방법**
① **차별 해결의 필요성**
• 차별은 +인간의 존엄성을 훼손함
• 집단 내 또는 집단 간 불필요한 갈등을 유발하여 사회 통합을 저해함
② **차별 해결 방안** 자료 ❸

개인적 차원	• 모든 인간은 존엄하고 평등하다는 생각을 바탕으로 다양성을 존중해야 함 • 다른 사람이나 집단에 대한 편견과 고정 관념을 버리고 다름을 인정해야 함 • 차별을 목격하였을 때는 차별당하는 사람을 보호하려고 노력해야 함
사회적 차원	차별을 막고 사회적 약자를 보호할 수 있도록 법과 제도를 정비해야 함 ⑩ 「장애인 차별 금지 및 권리 구제 등에 관한 법률」, 「남녀 고용 평등과 일·가정 양립 지원에 관한 법률」 등

개념 확인 문제 ● 바른답·알찬풀이 4쪽

1 다음 설명이 맞으면 ○표, 틀리면 ×표를 하시오.
(1) 갈등은 집단 간에만 발생하고, 개인과 개인 사이에서는 발생하지 않는다.
( )
(2) 차이는 서로를 구분할 수 있는 특성을 말한다.
( )
(3) 차이를 근거로 부당하게 대우하는 것은 차별이다.
( )

2 다음 괄호 안의 내용 중 옳은 것에 ○표를 하시오.
(1) 차별과 갈등을 해결하려면 다양성을 (배제, 존중)하고 양보와 타협의 자세를 가지려는 노력이 필요하다.
(2) 차별을 막고 사회적 약자를 보호하는 법과 제도를 마련하는 것은 차별을 해결하기 위한 (개인적, 사회적) 차원의 노력이다.

꼭 나오는 자료

성별, 종교, 장애, 나이 등을 이유로 개인이나 집단을 부당하게 대우하면 차별이야. 다양성을 존중하는 관용의 자세가 필요해.

자료 ❶ 우리 사회에 존재하는 다양한 차별 유형

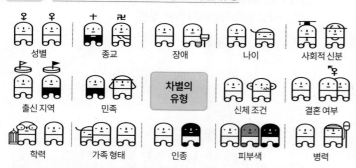

성별　　종교　　장애　　나이　　사회적 신분

출신 지역　　민족　　　차별의 유형　　신체 조건　　결혼 여부

학력　　가족 형태　　인종　　피부색　　병력

차이는 서로를 구분할 수 있는 특성으로 집단 내에서 혹은 집단 간에 차이가 발생하는 것은 자연스러운 현상이다. 이러한 차이를 이유로 특정 개인이나 집단을 부당하게 대우하는 것이 차별이다. 차별은 다른 사람의 인권을 침해하고, 사회 구성원 간 갈등을 일으켜 사회 통합을 어렵게 한다.

자료 ❷ 사회 집단의 유형

나와 같은 국가나 지역 출신의 사람에게는 친밀감을 갖기 쉽지만, 다른 국가나 지역의 사람은 상대적으로 경계하는 모습이 나타나.

내집단	외집단
內 안 내	外 밖 외
We group	They group
구성원 간에 '우리'라는 공동체 의식이 강한 집단	자신이 소속되어 있지 않고 이질감이나 적대 의식을 가진 집단

사회 집단은 소속감에 따라 내집단과 외집단으로 구분할 수 있다. 차별과 갈등 문제는 사회 집단 내에서뿐만 아니라 사회 집단 간에도 발생하는데, '우리' 안에 속하지 않으면 외집단으로 경계하기 때문이다. 사람들은 상대적으로 낯선 외집단 구성원을 만나면 부족한 정보를 가지고 사람들을 판단하게 되면서 편견이 발생하기도 한다. 이는 차별로 이어질 수 있다.

청각 장애인을 위한 방송 자막 서비스, 다문화 가정을 위해 다양한 국가의 언어로 만든 가정 통신문도 차별을 해결하려는 사례로 들 수 있어.

자료 ❸ 차별을 해결하기 위한 사회적 노력

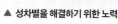

▲ 성차별을 해결하기 위한 노력　　▲ 장애인 차별을 해결하기 위한 노력

사회적 차원에서는 차별을 막고 모두가 인간다운 삶을 영위할 수 있도록 법과 제도를 정비해야 한다. 예를 들어 우리나라에서는 성차별이 없는 직장 문화를 만들기 위해 직장에서의 성차별적 언행을 예방하기 위한 다양한 교육을 진행하고 있다. 또한 휠체어를 이용하는 장애인의 버스 이용이 가능하도록 버스에 경사판을 설치하고 있다.

대표 문제로 실력 쌓기
● 바른답·알찬풀이 4쪽

>> **차이와 차별** [선택지 하나 더]

1 차이와 차별을 구분한 것으로 옳지 않은 것은?

	구분	차이	차별
①	뜻	같지 않고 다름	차이를 근거로 부당하게 대우
②	특징	갈등의 직접적인 원인이 됨	서로를 구분하는 특성이 되기도 함
③	예시	서로 다른 피부색	피부색을 이유로 부당하게 대우
④	원인	자연스러운 현상	편견과 고정 관념
⑤	문제점	다름을 인정하지 않을 때 문제 발생	인간의 존엄성 훼손, 인권 침해 발생
⑥	대처 방안	서로 다름을 인정하고 존중	개인적·사회적 차원의 해결 노력 필요

이것만은 꼭 기억하자! 서로를 구분하는 특성인 차이와 차이를 근거로 부당하게 대우하는 차별을 구분하자.
✈ **20쪽 02번, 26쪽 15번** 문제도 풀어 보자!

>> **갈등과 차별의 해결 방안**

2 다음 상황을 해결하기 위한 사회적 차원의 해결 방안으로 가장 적절한 것은?

① 양보와 타협의 자세를 가진다.
② 다양성을 존중하는 태도를 가진다.
③ 편견과 고정 관념을 버리고 차이를 인정한다.
④ 사회적 약자를 보호하는 법과 제도를 마련한다.
⑤ 차별받는 당사자가 스스로 차별을 극복할 수 있도록 한다.

이것만은 꼭 기억하자! 갈등을 해결하는 개인적 차원과 사회적 차원의 해결 방안을 구분하자.
✈ **21쪽 08번, 26쪽 18번** 문제도 풀어 보자!

01 사회 갈등에 관한 설명으로 옳지 <u>않은</u> 것은?

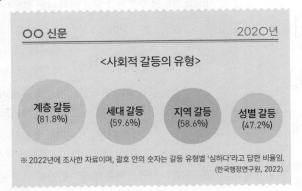

○○ 신문   2020년

<사회적 갈등의 유형>

계층 갈등 (81.8%)   세대 갈등 (59.6%)   지역 갈등 (58.6%)   성별 갈등 (47.2%)

※ 2022년에 조사한 자료이며, 괄호 안의 숫자는 갈등 유형별 '심하다'라고 답한 비율임.
(한국행정연구원, 2022)

① 다양한 유형의 갈등이 발생하고 있다.
② 서로의 이해관계가 달라 발생할 수 있다.
③ 갈등은 한 사회 안에서는 발생하지 않는다.
④ 개인이나 집단의 가치관이 다를 때 발생할 수 있다.
⑤ 갈등이 원만히 해결되면 사회가 더 발전할 수 있다.

02 ^{중요✦} ⑦~ⓒ에 들어갈 용어를 바르게 연결한 것은?

> 나이, 외모, 성별, 종교 등 개인이 가진 특징들이 다르게 나타나 서로를 구분할 수 있는 특성을 (⑦)(이)라고 한다. 한편 개인이나 집단 사이에 가치나 신념, 목표나 이해관계가 부딪치며 충돌하는 현상은 (ⓒ)(이)라고 한다. (ⓒ)은/는 (⑦)을/를 근거로 부당하게 대우하는 것을 말한다.

	⑦	ⓒ	ⓒ
①	차이	갈등	차별
②	차이	다양성	차별
③	갈등	차별	차이
④	차별	갈등	다양성
⑤	다양성	갈등	차별

03 다음 중 사회 집단으로 볼 수 <u>없는</u> 것은?

① 야구 △△팀 응원단
② 도서관에서 독서하는 사람들
③ ○○ 음식점에서 일하는 요리사들
④ 공연을 위해 연습 중인 댄스 동아리 사람들
⑤ 대회 참가를 위해 연습 중인 축구 동호회 사람들

04 ^{중요✦} 일상생활에서 사용하던 표현을 다음과 같이 바꿔 표현한 까닭으로 적절하지 <u>않은</u> 것은?

아빠 다리 → 나비 다리   벙어리 장갑 → 손모아 장갑

① 차별이 담겨 있는 표현이기 때문이다.
② 고정 관념이 담긴 표현이기 때문이다.
③ 인권을 침해할 수 있는 표현이기 때문이다.
④ 서로 다르다는 것은 사회문제이기 때문이다.
⑤ 한쪽으로 치우친 생각을 담은 표현이기 때문이다.

05 ^{고난도} ⑦~ⓜ에 관한 옳은 설명을 <보기>에서 고른 것은?

> ○월 ○일
> 오늘은 ⑦ 3반과 피구 시합을 했는데 ⓒ 우리 반이 이겼다. ⓒ 엎치락뒤치락 손에 땀이 날 정도로 힘겹게 얻은 승리였다. 내일은 ⓓ 밴드부 친구들과 공연 연습을 한 후 함께 야구를 보러 가기로 했다. ⓜ 야구를 보러 온 관중들이 너무 많을까 봐 걱정이지만 응원할 생각에 들뜬 기분이다.

보기

ㄱ. ⑦은 내집단, ⓒ은 외집단이다.
ㄴ. ⓒ은 차별 때문에 발생한 갈등 상황이다.
ㄷ. ⓜ은 지속적인 상호 작용을 하지 않으므로 사회 집단이 아니다.
ㄹ. ⑦~ⓜ 중 내집단의 개수는 2개이다.

① ㄱ, ㄴ   ② ㄱ, ㄷ   ③ ㄴ, ㄷ
④ ㄴ, ㄹ   ⑤ ㄷ, ㄹ

06 차이에 관한 설명으로 옳은 것은?

① 서로 같지 않고 다름을 의미한다.
② 잘못된 사회 제도 때문에 발생하는 경우가 많다.
③ 차이가 나타나는 것은 바람직하지 않은 현상이다.
④ 인권을 침해할 수 있으므로 적극 개선되어야 한다.
⑤ 다르다는 이유로 어떤 사람이나 집단을 부당하게 대우하는 것이다.

07 차별에 해당하는 사례를 <보기>에서 고른 것은?

| 보기 |

ㄱ. 지하철에 노약자를 위한 전용 좌석을 설치한다.
ㄴ. 시각 장애인 수험생에게 시험 시간을 더 길게 준다.
ㄷ. 영어 학원에서 특정 인종을 우대하여 직원을 채용한다.
ㄹ. 학교 출석부에 항상 남학생 이름을 앞에, 여학생 이름을 뒤에 오도록 하였다.

① ㄱ, ㄴ   ② ㄱ, ㄷ   ③ ㄴ, ㄷ
④ ㄴ, ㄹ   ⑤ ㄷ, ㄹ

중요✦
08 다음 법률을 제정한 목적으로 가장 적절한 것은?

「남녀 고용 평등과 일·가정 양립 지원에 관한 법률」
제7조(모집과 채용)
① 사업주는 근로자를 모집하거나 채용할 때 남녀를 차별해서는 아니 된다.
② 사업주는 근로자를 모집·채용할 때 그 직무의 수행에 필요하지 아니한 용모·키·체중 등의 신체적 조건, 미혼 조건, 그 밖에 고용노동부령으로 정하는 조건을 제시하거나 요구하여서는 아니 된다.

① 편견과 고정 관념을 유지하기 위해서이다.
② 양보와 타협의 자세를 가르치기 위해서이다.
③ 차별을 인정하는 태도를 지니기 위해서이다.
④ 제도적으로 차별을 막고 누구나 인간다운 삶을 누릴 수 있도록 하기 위해서이다.
⑤ 차별받는 사회 구성원 스스로 문제를 해결하여 차별을 극복하도록 하기 위해서이다.

09 다음과 같은 사례가 원인이 되어 발생하는 갈등을 해결하는 방안으로 적절하지 않은 것은?

• 장애인에 대한 차별
• 외국인 근로자에 대한 차별

① 개인주의적 성향을 기른다.
② 다른 사람이나 집단에 대한 편견과 고정 관념을 버린다.
③ 사회적 약자를 보호하기 위한 법률과 정책을 마련한다.
④ 모두가 인간다운 생활을 할 수 있는 법과 제도 마련에 힘쓴다.
⑤ 차별받은 사람을 목격하면 방관하지 않고 적극적으로 보호하려는 노력을 한다.

서술형
10 (가)에 들어갈 내용을 서술하시오.

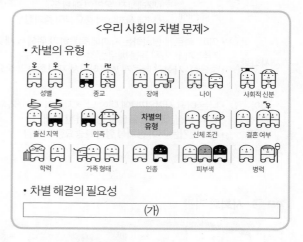

<우리 사회의 차별 문제>
• 차별의 유형
성별 / 종교 / 장애 / 나이 / 사회적 신분
출신 지역 / 민족 / 차별의 유형 / 신체 조건 / 결혼 여부
학력 / 가족 형태 / 인종 / 피부색 / 병력
• 차별 해결의 필요성
(가)

서술형
11 다음 문제점을 해결하기 위한 사회적 차원의 방안을 구체적 사례를 들어 서술하시오.

휠체어를 타는 장애인은 대중교통 시설 이용에 많은 불편을 겪고 있다. 특히 고속버스와 시외버스에는 휠체어 이용자가 이용할 수 있는 장치가 되어있지 않아 이용할 수 없는 경우가 대부분이다.

VII 단원 표와 자료로 정리하기 (한 번 더)

주제 01 사회화 과정과 자아 정체성의 형성

(❶)	의미	인간이 자신이 속한 사회에서 필요한 언어와 행동 양식, 지식과 가치관 등을 배워 나가는 과정
	기능	• 개인적 측면: 개인의 개성과 정체성 형성, 사회생활에 필요한 행동 양식과 규범 학습 등 • 사회적 측면: 한 사회의 문화를 공유하고 다음 세대에 전달하여 사회를 유지하고 발전시킴
사회화 기관 자료 ❶	가족	• 가장 기초적인 사회화 기관 • 언어, 예절, 기본 생활 습관 형성
	(❷)	• 비슷한 나이로 구성된 집단 • 놀이를 통해 공동체 생활에 필요한 규칙과 질서를 배움
	학교	사회생활에 필요한 지식, 규범 등을 체계적으로 배움
	(❸)	업무 수행을 위한 지식과 행동 양식 등을 배움
	대중 매체	• 텔레비전, 온라인 매체 등 • 현대 사회에서 중요성이 증가함
재사회화		• 의미: 빠르게 변화하는 사회에 적응하기 위해서 새로운 지식, 기술, 가치 등을 배우는 것 • 중요성: 사회가 빠르게 변화하면서 재사회화의 중요성이 커짐
자아 정체성 자료 ❷		• 나는 어떤 사람일까?에 대한 답 → 자신의 성격, 가치관, 능력, 관심, 목표 등을 알고 명확히 한 상태 • 청소년기는 자아 정체성 형성에 중요한 시기임

자료 ❶ 사회화 기관

▲ 가족(가정)

▲ 또래 집단

▲ (❹   )

▲ 직장

◎ 개인의 사회화는 가족(가정), 또래 집단, 학교, 직장 등과 같은 다양한 (❺   )을 통해 이루어진다.
◎ 현대 사회에서는 텔레비전, 온라인 매체 등의 (❻   )가 인간의 사회화에 미치는 영향력이 커졌다.

자료 ❷ 자아 정체성의 확립

나는 누구인가?
나는 무엇을 할 것인가?
나는 어떻게 살아가야 하는가?

◎ (❼   )은 자신만의 고유한 특성을 깨닫고 자신이 누구인가를 명확하게 이해하는 것이다. 자아 정체성이 명확한 사람은 객관적 자기 성찰을 통해 능동적이고 적극적인 삶의 자세를 가질 수 있다.
◎ (❽   )는 자아 정체성을 형성하는 데 중요한 시기이므로, 자신에 대해 관심을 가지고 긍정적인 자아 정체성을 찾기 위해 노력해야 한다.

주제 02 사회적 지위와 역할

사회적 지위의 의미와 유형 자료 ❸	사회적 지위	개인이 사회적 관계 속에서 차지하는 위치
	(❶)	• 개인의 의지와 관계없이 태어나면서 주어지는 지위 • 과거 신분제 사회에서 중요 • 남자, 여자, 노인, 청소년 등
	(❷)	• 개인의 의지나 노력에 따라 후천적으로 얻는 지위 • 현대 사회에서 중요성이 커짐 • 교사, 의사, 학생, 어머니 등
역할과 역할 행동 자료 ❹	역할	사회적 지위에 기대되는 일정한 행동 양식
	(❸)	• 역할을 실제로 수행하는 개인의 구체적인 행동 • 지위에 따른 역할은 같지만 역할 행동은 개인마다 다르게 나타남 • 역할 행동을 잘 수행하면 칭찬이나 보상을 받고, 제대로 수행하지 않으면 비난과 처벌 등(❹)를 받을 수 있음
역할 갈등 자료 ❺	의미	한 사람이 여러 가지 지위를 가지면서 각각의 역할이 충돌하여 갈등을 일으키기도 함 → 현대 사회에서 한 사람이 가지는 지위가 많아지면서 빈번히 발생함
	개인적 차원의 해결 방안	어떤 역할들이 갈등을 일으키는지 분석하여 더 중요한 역할이 무엇인지 우선순위를 정하고, (❺)에 따라 중요한 것부터 처리하거나 여러 역할 중 하나를 선택하여 해결해야 함
	사회적 차원의 해결 방안	사회 구성원 다수가 공통으로 겪는 역할 갈등은 제도 개선을 위해 노력해야 함 ⑩ 맞벌이 부부의 부모의 지위에 따른 역할과 직장인의 지위에 따른 역할 간에 생기는 역할 갈등 해결을 위한 보육 제도 개선

자료 3 귀속 지위와 성취 지위

⬆ 제시된 자료의 인물이 가진 사회적 지위 중에 대한민국 국민, 아들은 (**⑥**)에 해당한다. 중학생, 합창단원은 (**⑦**)에 해당한다.

자료 4 역할과 역할 행동

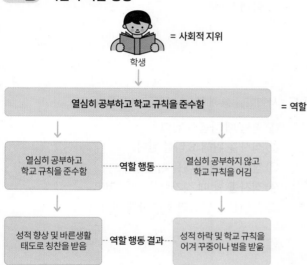

⬆ 사회적 지위에는 그 지위에 따라 사회적으로 기대되는 행동 양식이 있는데, 이를 (**⑧**)이라고 한다. 지위에 따른 역할을 잘 수행할 경우에는 사회로부터 칭찬이나 보상을 받을 수 있다. 반면에 역할을 제대로 수행하지 않을 때에는 비난이나 사회적 제재를 받을 수 있다.

자료 5 역할 갈등의 대처 방안

⬆ (**⑨**)이 발생하였을 때는 여러 가지 역할 중에서 중요한 것이 무엇인지 우선순위를 정해 중요한 것부터 수행해야 한다. 또는 가장 중요한 역할을 선택해 수행할 수 있다.

주제 03 사회적 갈등과 차별

갈등 자료 6	의미	개인이나 집단 사이에 가치나 신념, 목표나 이해관계가 부딪치며 충돌하는 현상
	사례	남녀 간 갈등, 지역 갈등, 이념 갈등 등
차이와 차별 자료 7	차이와 차별의 의미	• (**①**): 같지 않고 다른 것으로 서로를 구분하는 특성 • (**②**): 차이를 이유로 부당하게 대우하는 것
	차별의 원인	• (**③**): 공정하지 못하고 한쪽으로 치우친 생각 • 고정 관념: 굳은 생각 또는 지나치게 당연한 것처럼 알려진 생각
	차별의 양상	성별, 지역, 장애 등을 이유로 부당하게 대우하는 것 → 인간의 존엄성 훼손, 인권 침해
갈등과 차별의 대처 방안	개인적 차원	• 양보와 타협: 갈등 해결을 위해 서로의 이익을 조율하여 최적의 대처 방안을 찾도록 노력해야 함 • 다양성 존중: 모든 인간은 존엄하고 평등하므로 편견과 고정 관념을 버리고 차이를 인정해야 함 • 해결 노력: 차별을 목격하면 방관하지 말고 차별당하는 사람을 보호하려고 노력해야 함
	(**④**) 차원	• 사회적 약자를 보호하는 법과 제도를 정비해야 함 • 사례: 「장애인 차별 금지 및 권리 구제 등에 관한 법률」, 「남녀 고용 평등과 일·가정 양립 지원에 관한 법률」

자료 6 갈등의 다양한 유형

계층 갈등 (81.8%)   세대 갈등 (59.6%)   지역 갈등 (58.6%)   성별 갈등 (47.2%)

※ 2022년에 조사한 자료이며, 괄호 안의 숫자는 갈등 유형별 '심하다'라고 답한 비율임.
(한국행정연구원, 2022)

⬆ (**⑤**)의 어원은 칡과 등나무가 서로 반대 방향으로 나무를 타고 올라가며 엉키는 것에서 비롯되었다. 이는 개인이나 집단 사이에 가치나 신념, 목표나 이해관계가 부딪치며 충돌하는 현상을 말한다.

자료 7 다양한 차별의 양상

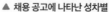

▲ 채용 공고에 나타난 성차별   ▲ 아시아인에 대한 (**⑥**)

⬆ (**⑦**)를 이유로 부당하게 대우하는 것을 차별이라고 한다. 일상생활에서 성차별, 장애인 차별, 외국인이나 이주민에 대한 차별, 외모나 연령에 따른 차별 등이 발생하고 있다.

① 사회화와 자아 정체성

01 ㉠에 들어갈 용어로 옳은 것은?

> **Q&A**
>
> **Q** 오늘날 (㉠)의 중요성이 커지는 이유는 무엇인 가요?
>
> **A** 현대 사회가 급속하게 변화하고 있기 때문에 그 중 요성이 커지고 있습니다. 성인이 된 후에도 사회 변 화에 적응하기 위해서는 새로운 지식과 생활 양식 등을 습득하는 (㉠)이/가 필요합니다.

① 사회화 ② 재사회화 ③ 사회화 기관
④ 사회적 존재 ⑤ 자아 정체성

02 다음에서 설명하는 사회화 기관으로 옳은 것은?

> 사회생활에 필요한 지식과 기술 등을 체계적으로 가르치는 기관이다.

① 가족 ② 직장 ③ 학교
④ 또래 집단 ⑤ 대중 매체

03 다음 글을 통해 내릴 수 있는 결론으로 가장 적절한 것은?

> 인간은 태어나 자신이 속한 사회에 적응하기 위해 가 정에서 기본 생활 습관을 배우고 또래 집단을 통해 놀이와 규칙을 배운다. 학교에서 다양한 지식, 가치 등을 체계적으로 배우며, 성인이 되면 직장의 업무 수행에 필요한 지식과 기술을 배운다. 이후 사회 변 화에 따라 새로운 지식과 정보를 습득하기도 한다.

① 사회화는 강제적으로 이루어진다.
② 사회화는 평생에 걸쳐 이루어진다.
③ 유년기의 사회화가 가장 중요하다.
④ 사회화는 교육 기관을 통해서만 이루어진다.
⑤ 성인이 되면 더 이상의 사회화는 필요하지 않다.

04 ㉠에 해당하는 내용으로 옳지 않은 것은?

> 인간이 자신이 속한 사회에서 생활하는 데 필요한 언어와 행동 양식, 지식과 가치관 등을 배워 나가는 과정을 사회화라고 한다. 사회화는 ㉠ 개인적 · 사회 적으로 중요한 기능을 한다.

① 사회를 유지하고 발전시키는 기능을 한다.
② 사회화의 내용과 방식은 모든 사회에서 동일하다.
③ 사회 구성원들에게 그 사회의 문화를 익히게 한다.
④ 사회 구성원들에게 사회의 규범과 가치 등을 공유 하게 한다.
⑤ 자신이 속한 사회에 적응하고 자아 정체성을 형성 하게 한다.

05 사회화를 통해 학습된 행동이 아닌 것은?

① 졸릴 때 하품을 한다.
② 식사를 위해 요리를 한다.
③ 잠을 잘 때 침대를 사용한다.
④ 식사를 할 때 젓가락을 사용한다.
⑤ 웃어른을 만나면 공손하게 인사한다.

06 다음은 학생의 수행 평가 답안이다. 밑줄 친 ㉠~㉢ 중 옳지 않은 것은?

> **<수행 평가>**
>
> ◎ 자아 정체성의 특징을 서술하시오.
>
> **<학생답안>**
> ㉠ 인간은 사회화 과정을 통해 자아 정체성을 형성 한다. ㉡ 청소년기는 자아 정체성을 확립하는 데 중 요한 시기이다. ㉢ 자아 정체성은 타고난 개인적 특 성에 의해서만 형성된다. ㉣ 자아 정체성이 형성되 는 과정에서 대중 매체의 영향을 받는다. ㉤ 자아 정체성이 명확한 사람은 객관적 자기 성찰을 통해 능동적이고 적극적인 삶의 자세를 지닐 수 있다.

① ㉠ ② ㉡ ③ ㉢ ④ ㉣ ⑤ ㉤

② 사회적 지위와 역할

07 ⊙~⑩ 중 사회적 지위의 유형이 <u>다른</u> 것은?

> 시환이는 ⊙ 중학교 3학년 학생이다. ⓒ 전교 회장을 맡고 있으며 ⓒ 방송반 총무와 ⓔ 연극 동아리 회원이기도 하다. 가정에서는 ⓜ 막내로서 부모님과 형제들로부터 많은 사랑을 받고 있다.

① ⊙   ② ⓒ   ③ ⓒ   ④ ⓔ   ⑤ ⓜ

08 다음 글에서 설명하는 사회적 지위에 해당하는 사례로 옳은 것은?

> 개인의 의지나 노력에 의해 후천적으로 얻는 지위

① 3대 독자 이○○씨
② 청소년이 된 라일리
③ 올해 대학교 입학생
④ 30세 남성 박○○씨
⑤ 영국 왕실에서 2015년에 태어난 공주

09 다음은 어느 학생이 제출한 진단 평가지이다. 이 학생이 받은 점수로 옳은 것은?

> <진단 평가>
>
> 1학년 1반, 이름: 최○○
>
> ○질문 1: 지위가 달라지면 기대되는 역할도 달라진다.
>   예 ☐   아니요 ☑
>
> ○질문 2: 역할 행동은 모든 사람에게 똑같이 나타난다.
>   예 ☐   아니요 ☑
>
> ○질문 3: 귀속 지위는 개인이 노력해서 획득해야 한다.
>   예 ☐   아니요 ☑
>
> ○질문 4: 현대 사회에서는 과거보다 성취 지위의 중요성이 커졌다.
>   예 ☑   아니요 ☐
>
>   점수 합계: _____ 점
>
> ※ 점수 계산: 맞으면 1점, 틀리면 0점

① 0점   ② 1점   ③ 2점   ④ 3점   ⑤ 4점

10 ⊙~⑩에 관한 설명으로 옳은 것은?

> ⊙ 낚시 동호회 회장인 A씨는 동호회 정기 총회를 앞두고 고민에 빠졌다. 뒤늦게 정기 총회와 결혼기념일이 겹친다는 사실을 알았기 때문이다. ⓒ 남편으로서 ⓒ 결혼기념일에 아내와 시간을 보내야 하지만 동호회 회장으로서 정기 총회를 개최해야 하기 때문에 고민하고 있다. ⓔ 동호회 회원들은 A씨가 동호회 회장으로서 더 많은 일을 앞장서 해주기를 바라고 있다. ⓜ 이번 정기 총회에 빠진다면 회원들에게 비난을 받을 수 있다는 생각이 드니 더욱 고민이 깊어졌다.

① ⊙은 귀속 지위이다.
② ⓒ은 성취 지위이다.
③ ⓒ은 사회적 지위가 하나이기 때문에 발생한다.
④ ⓔ은 A씨의 역할 갈등에 해당한다.
⑤ ⓜ은 역할 수행에 따른 사회적 보상에 해당한다.

11 역할 갈등을 해결하는 방안으로 적절하지 <u>않은</u> 것은?

① 갈등 상황의 역할을 모두 포기한다.
② 갈등 상황을 명확하게 분석해야 한다.
③ 더 중요한 일이 무엇인지 기준을 정한다.
④ 가장 중요한 한 가지 역할을 선택하여 수행할 수도 있다.
⑤ 일의 우선순위를 정하여 중요한 순서대로 역할을 수행한다.

12 다음 설명에 해당하는 사례로 옳지 <u>않은</u> 것은?

> 개인이 두 개 이상의 사회적 지위를 갖고 있을 때, 각 지위에 따른 역할이 서로 충돌하여 발생하는 갈등

① 다리가 아픈데 축구 연습을 할지 고민하는 상황
② 아픈 딸을 간호해야 하는데 출근을 해야 하는 상황
③ 회사의 출장과 친한 친구의 결혼식 초대가 겹친 상황
④ 아내의 출산 날짜와 회사의 중요한 회의가 겹친 상황
⑤ 조별 과제를 준비해야 하는데 동생이 숙제를 도와 달라고 하는 상황

13 다음 글에 나타난 문제를 해결하기 위한 사회적 차원의 노력으로 가장 적절한 것은?

> 맞벌이 부부가 늘면서 부모의 지위에 따른 역할과 직장인의 지위에 따른 역할 간에 갈등을 겪는 일이 많아지고 있다.

① 직장 내에 어린이집을 설치한다.
② 바람직한 부모의 역할에 관한 교육을 받는다.
③ 현재 갈등이 발생하는 원인을 면밀히 분석한다.
④ 부모 역할과 직장인 역할 중 우선순위를 정한다.
⑤ 부모 역할과 직장인 역할 중에 하나를 포기한다.

❸ 우리 사회의 다양한 갈등과 차별

14 갈등에 관한 설명으로 옳지 <u>않은</u> 것은?

① 가치나 신념, 이해관계가 부딪치며 충돌하는 현상이다.
② 집단과 집단 사이뿐만 아니라 집단 내에서도 발생한다.
③ 갈등은 원만히 해결될 수 없고 항상 사회 발전을 저해한다.
④ 칡과 등나무가 서로 다른 방향으로 감아 올라가며 엉키는 것에서 유래된 말이다.
⑤ 현대 사회에서 사회 구성원들의 가치나 의견이 다양해지면서 다양한 갈등이 발생하고 있다.

15 다음 개념을 주제로 발표할 때 사례로 선정할 내용으로 적절하지 <u>않은</u> 것은?

> 차이를 근거로 부당하게 대우하는 것

① 특정 지역 출신을 안 뽑는 회사
② 실력보다 외모 기준을 정해 직원을 뽑는 회사
③ 과거 미국에서 피부색에 따라 버스 좌석을 나눴던 사례
④ 추운 날씨에도 여학생은 바지를 입지 못하게 하는 학교
⑤ 장기 무사고 운전자의 보험료를 할인해 주는 보험 회사

16 (가), (나)를 사회 집단인 것과 아닌 것으로 구분하는 기준을 <보기>에서 고른 것은?

> (가) A 축구팀의 선수들
> (나) 축구 경기를 보러 온 관중들

> ┤보기├
> ㄱ. 축구에 대한 열정이 어느 정도인가?
> ㄴ. 지속적인 상호 작용이 이루어지는가?
> ㄷ. 구성원들이 소속감을 느끼고 있는가?
> ㄹ. 사회 집단 구성에 필요한 인원이 모였는가?

① ㄱ, ㄴ   ② ㄱ, ㄷ   ③ ㄴ, ㄷ
④ ㄴ, ㄹ   ⑤ ㄷ, ㄹ

17 다음 자료와 관련된 설명으로 옳지 <u>않은</u> 것은?

① 다른 사람이나 집단의 다양성을 존중해야 한다.
② 서로를 구분할 수 있는 특성을 차별이라고 한다.
③ 인종, 피부색 등이 나와 같지 않다는 이유로 차별해서는 안 된다.
④ 차별을 해결하기 위해서 다양성을 존중하는 태도를 길러야 한다.
⑤ 피부색이 다르다는 이유로 부당하게 대우하는 것은 차별에 해당한다.

18 장애인 차별 문제를 해결하기 위한 사회적 차원의 노력으로 적절하지 <u>않은</u> 것은?

① 장애인 복지 시설을 늘린다.
② 장애인 의무 고용 제도를 마련한다.
③ 장애인 취업 교육에 대한 지원을 늘린다.
④ 장애인 차별을 금지하는 법률을 제정한다.
⑤ 장애인을 존중하고 배려하는 자세를 갖는다.

19 차별에 해당하는 사례를 <보기>에서 고른 것은?

┤ 보기 ├
ㄱ. 성적이 낮아서 원하는 대학에 가지 못하였다.
ㄴ. 실력 부진으로 축구부 엔트리에 들어 가지 못하고 벤치에 앉아 있었다.
ㄷ. 고속버스에 휠체어 이용자가 탑승할 수 있는 장치가 없어서 버스를 타지 못하였다.
ㄹ. 회사에서 직원을 고용할 때 특정 국가 출신인 사람들에게는 면접 기회를 주지 않았다.

① ㄱ, ㄴ   ② ㄱ, ㄷ   ③ ㄴ, ㄷ
④ ㄴ, ㄹ   ⑤ ㄷ, ㄹ

20 ㉠에 들어갈 질문으로 가장 적절한 것은?

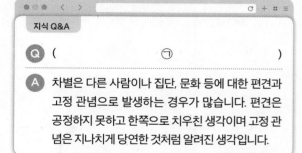

지식 Q&A

Q (㉠)

A 차별은 다른 사람이나 집단, 문화 등에 대한 편견과 고정 관념으로 발생하는 경우가 많습니다. 편견은 공정하지 못하고 한쪽으로 치우친 생각이며 고정 관념은 지나치게 당연한 것처럼 알려진 생각입니다.

① 사회적 차별의 종류에는 어떤 것이 있나요?
② 사회적 차별을 해결하는 방법은 무엇일까요?
③ 사회적 차별이 나타나는 원인은 무엇일까요?
④ 사회적 차별이 사회에 미치는 영향은 무엇일까요?
⑤ 사회적 차별과 세대 갈등과의 관계는 어떠한가요?

21 차이와 차별에 관한 설명으로 옳은 것은?

① 차별을 막기 위해 차이를 없애야 한다.
② 서로의 다름을 이해하고 존중해야 한다.
③ 복잡한 사회에서 차별은 자연스러운 현상이다.
④ 차이를 근거로 정당하게 대우하는 것이 차별이다.
⑤ 차별 문제는 개인의 노력으로 해결해야 하는 것이다.

22 ㉠~㉣을 귀속 지위와 성취 지위로 구분하고, 두 사회적 지위의 의미를 각각 서술하시오.

장영실은 태어나면서부터 ㉠ 어머니의 신분을 따라 ㉡ 관노비가 되었다. 어릴 적부터 손재주가 남달라 부서진 농기구나 무기를 고치는 것은 물론, 아무도 생각하지 못했던 기구를 만들어 주위 사람들을 놀라게 하였다. 뛰어난 재능을 인정받아 조정에 발탁된 장영실은 ㉢ 궁중 기술자로 일하게 되었고, 이후 ㉣ 종3품 관리에까지 오르게 되었다.

23 다음 상황을 일컫는 용어를 쓰고, 대응 방법을 서술하시오.

동균이는 학교 시험을 앞두고 주말 동안 시험 공부를 할 계획을 세웠다. 그런데 친한 친구 다솔이가 주말에 함께 봉사 활동을 가자고 제안하였다. 집에 오니 부모님께서 주말에 시골에 계신 할머니 팔순 잔치에 참석해야 한다고 하였다. 동균이는 어떻게 해야 할지 고민에 빠졌다.

24 (가), (나)와 같은 현상이 나타나는 원인을 쓰고, 이에 대처하는 사회적 차원의 방안을 서술하시오.

(가) 코로나바이러스감염증이 유행할 때 해외에서 아시아인을 대상으로 한 인종 차별 문제가 증가하였다.

(나) 성별에 따라 임금이 다르거나 업무와 상관없는 키나 외모 등의 신체 조건을 채용 조건으로 삼는 경우가 있다.

VIII
다양한 문화의 이해

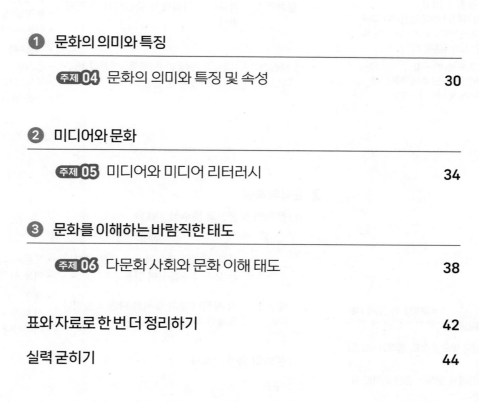

주제 04 문화의 의미와 특징 및 속성

이 주제의 **학습 목표**
문화의 의미를 이해하여 문화인 것과 아닌 것을 구분하고, 문화 사례에 드러나는 문화의 특징을 파악해 두자.

✦ **교양(教 가르치다, 養 기르다)**
학문, 지식, 사회생활을 바탕으로 이루어지는 품위 또는 문화에 대한 폭넓은 지식

✦ **문학(文 글, 學 배우다)**
사상이나 감정을 언어로 표현한 예술 또는 그런 작품으로 시, 소설, 희곡, 수필, 평론 등이 있다.

✦ **유전(遺 남기다, 傳 전하다)**
물려받아 내려옴 또는 그렇게 전해짐

✦ **본능(本 근본, 能 할 수 있다)**
어떤 생물체가 태어난 후에 경험이나 교육에 의하지 않고 선천적으로 가지고 있는 억누를 수 없는 감정이나 충동

✦ **후천적(後 뒤, 天 하늘, 的 ~의)**
성질, 체질 따위가 태어난 후에 얻어진 것
↔선천적(先 먼저, 天 하늘, 的 ~의)

1 문화의 의미

(1) 문화의 좁은 의미와 넓은 의미

구분	의미	사례
좁은 의미	•⁺교양이 있거나 세련된 모습 •⁺문학이나 예술	문화계 소식, 문화생활, 문화 상품권, 문화가 있는 날, 문화 시민, 문화인
넓은 의미	한 사회의 구성원이 공통으로 가지는 전반적인 생활양식	전통문화, 주거 문화, 청소년 문화, 기념일 문화, 인사 문화, 반려동물 문화, 식사 문화, 교복 문화, 결혼 문화

(2) 문화인 것과 문화가 아닌 것 자료 ❶

구분	의미	사례
문화인 것	한 사회의 구성원들이 주어진 환경에 적응하는 과정에서 발전시켜 온 생활 방식	• 여름에는 통풍이 잘되는 소재의 옷을 입는다. • 동짓날에는 팥죽을 먹는다. • 아는 사람을 만나면 인사를 한다.
문화가 아닌 것	⁺유전, ⁺본능에 따른 행동, 개인의 버릇이나 습관, 자연 현상	• 여름에는 날씨가 더워서 땀이 난다. • 음식을 많이 먹으면 배가 부르다. • 부모님과 나의 생김새가 비슷하다. • 추운 날에는 몸이 떨린다.

2 문화의 특징

(1) 문화의 보편성과 특수성 자료 ❷

구분	의미	사례
보편성	모든 사회나 문화에 공통으로 나타나는 모습이나 특징이 있음	• 모든 사회에 결혼, 장례 문화가 있다. • 어느 사회든 춤, 노래를 즐긴다.
특수성 (다양성)	각 사회의 문화에 서로 다른 모습이나 독특한 특징이 나타남	• 결혼, 장례 문화의 구체적인 모습이 사회마다 다르다. • 나라마다 전통 음악, 민속춤이 다르다.

(2) 문화의 속성 자료 ❸

구분	의미	사례
공유성	한 사회의 구성원들은 그들만의 문화를 공유함	우리나라 사람들은 생일에 미역국을 먹는 것을 자연스럽게 여긴다.
학습성	문화는 속한 사회에서 ⁺후천적으로 배워 익히는 것임	우리나라에서 태어났지만 외국에서 자란 사람은 우리 문화가 어색할 수 있다.
축적성	문화는 언어로 전해지거나 문자로 기록되어 다음 세대에 전달됨	김치는 세대를 거치면서 새로운 요소가 추가되어 맛이 더 풍부해졌다.
변동성	문화는 고정된 것이 아니라 끊임없이 변화함	한글이 처음 창제되었을 때의 훈민정음과 오늘날 우리가 쓰는 한글이 다르다.
전체성	한 사회의 문화를 구성하는 요소들은 서로 밀접한 관계를 유지하면서 하나의 전체를 이룸	정보 통신 기술의 발달은 교육 방식, 영상 시청 방식, 물건 구매 방식 등 사회 전반에 영향을 미친다.

개념 확인 문제 ● 바른답·알찬풀이 7쪽

1 다음 설명이 맞으면 ○표, 틀리면 ×표를 하시오.
(1) '문화 시민'에서 '문화'는 좁은 의미로 사용된 것이다. ( )
(2) 유전이나 본능에 따른 행동은 문화에 해당하지 않는다. ( )

2 다음 괄호 안의 내용 중 옳은 것에 ○표를 하시오.
(1) 문화의 보편성은 여러 사회의 문화에서 (공통적인, 서로 다른) 모습이, 문화의 특수성은 사회마다 문화에서 (공통적인, 서로 다른) 모습이 나타난다는 것이다.
(2) 사회의 구성원이 문화를 (공유, 축적)하기 때문에 서로의 행동을 예상할 수 있고, 사회의 구성원이 문화를 (공유, 축적)하기 때문에 세대를 걸쳐 문화가 발전한다.

꼭 나오는 자료

자료 ❶ 문화인 것과 문화가 아닌 것

— 하품은 생리적 현상이므로 문화가 아니야.

— 우리나라는 환경에 적응하며 벼농사를 지었어. 그래서 쌀을 주식으로 하고 국, 반찬을 함께 먹는 식사 문화가 발달했어.

▲ 졸리면 하품이 나온다.

▲ 식사를 할 때 숟가락과 젓가락을 사용한다.

한 사회의 구성원이 주어진 환경에 적응하는 과정에서 발전하여 구성원이 공통으로 가지는 생활양식을 문화라고 한다. 단, 환경 그 자체 또는 자연 현상, 유전이나 본능에 따른 행동 그리고 개인적인 습관이나 버릇은 문화에 해당하지 않는다.

자료 ❷ 문화의 보편성과 특수성

— 모든 사회에 인사 문화가 있지만(보편성), 사회마다 인사 방식은 다 달라(특수성).

▲ 볼을 맞대는 프랑스식 인사법

▲ 손을 잡고 코를 비비는 마오리족의 인사법

▲ 합장하며 고개를 숙이는 인도의 인사법

▲ '안녕하세요' 하며 머리 숙이는 우리 인사법

자료 ❸ 문화의 속성

— 김장철에 많은 사람이 배추를 구매해서 1인 구매량을 제한한 사례야.

▲ 우리나라는 겨울이 오기 전에 많은 가정에서 김장을 담근다.(공유성)

▲ 김치의 매운 맛은 처음에는 먹기 힘들지만 어릴 때부터 먹다 보면 즐길 수 있다.(학습성)

▲ 오늘날에는 김장을 하지 않고 공장에서 생산한 김치를 사 먹는 가정이 늘고 있다.(변동성)

▲ 김치를 담그는 방법은 오래전부터 전해져 내려오면서 다양하고 풍부해졌다.(축적성)

— 김치를 담그는 방법이 말과 글로 다음 세대에 전달되었어.

대표 문제로 실력 쌓기
● 바른답·알찬풀이 7쪽

≫ 문화인 사례와 문화가 아닌 사례 (선택지 하나 더)

1 문화인 사례와 문화가 아닌 사례를 분류한 것으로 옳은 것은?

	문화인 사례	문화가 아닌 사례
①	설날에 떡국을 먹는다.	생일에 미역국을 먹는다.
②	우리나라는 전통적으로 한복을 입었다.	중학생은 교복을 입는다.
③	식사를 할 때 숟가락을 사용한다.	식사를 할 때 젓가락을 사용한다.
④	음식을 먹지 않으면 배에서 소리가 난다.	졸리면 하품이 나온다.
⑤	인도인은 합장하며 고개를 숙여 인사한다.	프랑스인은 볼을 맞대며 인사한다.
⑥	어버이날에 부모님께 카네이션을 드린다.	형제자매와 나의 생김새가 비슷하다.
⑦	우리나라는 여름에 비가 많이 온다.	여름에는 날씨가 더워서 땀이 난다.

> **이것만은 꼭 기억하자!** 유전, 본능에 따른 행동, 개인의 버릇이나 습관, 자연 현상은 문화에 해당하지 않아.
> ✈ 32쪽 03~05번, 44쪽 02~03번 문제도 풀어 보자!

≫ 문화의 속성

2 사례에 드러난 문화의 속성을 옳게 짝지은 것은?

	사례	문화의 속성
①	우리나라는 날씨가 추워지면 김장을 할 준비를 한다.	변동성
②	한국에서 태어났더라도 외국에 사는 사람은 김치가 낯설다.	공유성
③	배춧값이 너무 오르자 양배추로 김치를 담그는 사례가 늘고 있다.	학습성
④	김치를 담그는 방법이 오래전부터 전해져 내려오면서 다양해졌다.	축적성
⑤	오늘날에는 김장을 하지 않고 공장에서 생산한 김치를 사 먹는 집이 늘고 있다.	공유성

> **이것만은 꼭 기억하자!** 문화의 축적성은 변동성과 달리 '세대 간의 전달'과 '쌓여 더해지거나 풍부해지는 것'에 주목해.
> ✈ 33쪽 10번, 12번, 44쪽 05~06번 문제도 풀어 보자!

01 '문화'를 좁은 의미로만 쓴 것을 <보기>에서 고른 것은?

| 보기 |
ㄱ. 대중문화　　　　　ㄴ. 식사 문화
ㄷ. 예술 문화인　　　　ㄹ. 문화계 소식
ㅁ. 문화 상품권　　　　ㅂ. 외국 문화 체험

① ㄱ, ㄴ, ㄷ　　② ㄱ, ㄴ, ㅁ　　③ ㄱ, ㄹ, ㅂ
④ ㄷ, ㄹ, ㅁ　　⑤ ㄷ, ㄹ, ㅂ

02 ㉠~㉢에 관한 옳은 설명을 <보기>에서 고른 것은?

교사: '문화'라는 용어가 사용된 사례를 찾아볼까요?
갑: ㉠ 문화 상품권이요!
을: ㉡ 문화 예술 회관이요!
병: 인터넷 ㉢ 문화요!

| 보기 |
ㄱ. ㉠은 좁은 의미의 문화이다.
ㄴ. ㉡은 ㉢과 달리 넓은 의미의 문화이다.
ㄷ. ㉢은 '교복 문화'에서의 문화와 같은 의미이다.
ㄹ. ㉠~㉢은 모두 본능에 따른 인간의 행동을 포함한다.

① ㄱ, ㄴ　　② ㄱ, ㄷ　　③ ㄴ, ㄷ
④ ㄴ, ㄹ　　⑤ ㄷ, ㄹ

03 문화에 관한 설명으로 옳은 것은?

① 더울 때 땀이 나는 것은 문화이다.
② 사계절은 우리나라의 문화에 해당한다.
③ 법과 종교처럼 형체가 없는 것은 문화가 아니다.
④ 머리카락 색과 같이 한 사회의 구성원이 모두 공유하는 신체적 특징은 문화에 해당한다.
⑤ 문화란 사회 구성원들이 주어진 환경에 적응하면서 발전시켜 온 생활양식을 총칭하는 말이다.

04 문화에 해당하는 행동으로 옳은 것은?

① 긴장되면 다리를 떤다.
② 목이 마르면 물을 마신다.
③ 가을이 되면 단풍이 든다.
④ 배가 고프면 배에서 소리가 난다.
⑤ 신호등에 빨간불이 들어오면 자동차가 멈춘다.

05 문화에 해당하는 사례를 <보기>에서 고른 것은?

| 보기 |
ㄱ. 추우면 몸이 떨린다.
ㄴ. 나의 귀 모양이 부모님의 귀 모양과 비슷하다.
ㄷ. 생일날 생일 축하 노래를 부르며 촛불을 끈다.
ㄹ. 프랑스에서는 식사할 때 포크와 나이프를 쓴다.

① ㄱ, ㄴ　　② ㄱ, ㄷ　　③ ㄴ, ㄷ
④ ㄴ, ㄹ　　⑤ ㄷ, ㄹ

06 문화의 특징에 관한 설명으로 옳은 것은?

① 문화가 언어와 글로 세대 간에 전승되어 발전되는 것을 문화의 학습성이라고 한다.
② 같은 문화권 사람의 행동을 예측하고 해석할 수 있는 것은 문화의 공유성 때문이다.
③ 어느 사회에서나 공통적인 문화 요소가 나타나는 것을 문화의 축적성이라고 한다.
④ 사회마다 문화의 구체적인 모습이나 특징이 다른 것을 문화의 변동성이라고 한다.
⑤ 문화는 한 번 형성되면 변하지 않고 고정되어 있다는 것을 문화의 보편성이라고 한다.

07 다음 사례에 드러난 문화의 특징으로 가장 적절한 것은?

'국물이 시원하다.'라는 말의 의미를 외국인과 한국인이 다르게 이해한다.

① 공유성　　② 변동성　　③ 보편성
④ 학습성　　⑤ 축적성

08 (가)~(다)에 관한 설명으로 옳지 <u>않은</u> 것은?

> (가) 브라질에서는 새해 전날 흰색 옷을 입고 평화를 기원한다. 이는 아프리카에서 유래된 오랜 전통에 따른 것으로 흰색이 평화와 영적 정화를 뜻한다.
>
> (나) 아일랜드 사람들은 집 바깥 벽을 빵으로 두드려 불운과 악령을 물리치고, 깨끗하게 새로 청소한 집에서 새해를 시작한다.
>
> (다) 덴마크는 새해 전날 친구와 가족의 집 앞에 접시를 깨뜨리는 풍습이 있다. 깨진 조각이 많을수록 새해에 좋은 일이 많이 생긴다고 믿는다.

① (가)의 문화가 아프리카 전통에서부터 이어져 왔다는 점에서 문화의 축적성이 드러난다.

② (나)의 문화는 고정된 것이 아니라 끊임없이 변화할 수 있고 이를 문화의 변동성이라 한다.

③ (다)의 문화를 배우지 않으면 깨진 접시의 의미를 오해할 수 있다는 점에서 문화의 학습성을 알 수 있다.

④ (가)~(다)에서 공통으로 새해를 기념하고 좋은 일을 기원하는 문화가 있다는 점에서 문화의 공유성을 알 수 있다.

⑤ (가)~(다)에서 국가마다 새해를 기념하고 좋은 일을 기원하는 방식이 서로 다르다는 점에서 문화의 특수성을 알 수 있다.

09 문화의 특징과 사례를 옳게 짝지은 것을 <보기>에서 고른 것은?

┤ 보기 ├

> ㄱ. 변동성 - 농경 사회와 유목 사회는 의식주를 비롯한 살아가는 방식이 전반적으로 다르다.
>
> ㄴ. 공유성 - 시험을 앞둔 사람에게 엿을 선물로 주는 것을 합격을 기원하는 의미로 해석한다.
>
> ㄷ. 축적성 - 오늘날 성대한 결혼식보다는 가족과 친척 위주로 간소하게 결혼식을 진행하는 경우가 늘어나고 있다.
>
> ㄹ. 전체성 - 1인 가구가 늘어나면서 소형 가전, 간편식, 1인 식사 맞춤 식당, 1인 가구 보안 서비스 등 사회 전반적으로 1인에 특화된 생활 서비스가 늘어났다.

① ㄱ, ㄴ ② ㄱ, ㄷ ③ ㄱ, ㄹ
④ ㄴ, ㄹ ⑤ ㄷ, ㄹ

10 ㉠~㉡에 드러난 문화의 특징을 옳게 짝지은 것은?

> "차례 대신 여행 떠나요."
>
> ㉠ 추석은 우리나라의 대표적인 명절 중 하나로, 한가위라고 불리며 농경 사회에서 풍성한 수확을 기념하고 조상에게 감사하는 마음을 전하는 전통이 예부터 이어져 왔다. 그러나 현대 사회로 접어들면서 추석의 모습도 크게 변화하고 있다. 과거의 추석은 가족이 모두 한자리에 모여 조상에게 차례를 지내고, 친척들과 함께 시간을 보내는 것이 중심이었다. ㉡ 하지만 현대인들은 전통적인 의무보다는 휴식과 여가를 더 중요시하는 경향이 커지고 있다. 설문 조사에 따르면, 응답자의 절반 이상이 이번 추석에 차례를 지낼 계획이 없다고 답했다.

	㉠	㉡		㉠	㉡
①	보편성	특수성	②	보편성	학습성
③	학습성	변동성	④	축적성	변동성
⑤	축적성	특수성			

11 (가)와 (나)에서 공통으로 알 수 있는 문화의 특징을 쓰고, 그 의미를 서술하시오.

> (가) 한국에서도 어린아이들은 젓가락질에 서툴다.
>
> (나) 외국에서 태어난 사람이라도 한국에서 오래 살면 매운 음식에 익숙해질 수 있다.

....

....

12 밑줄 친 문장에서 틀린 부분을 찾아 옳게 고치고, 틀린 까닭을 서술하시오.

> 시대가 변하면서 새로운 용어들이 만들어지는데 이를 신조어라고 한다. 신조어 중 쓰임이 완전히 굳어져서 하나의 단어로 인정될 수 있다고 판단되면 사전에 등재된다. 예를 들면 반려동물, 소개팅, 스마트폰 등이 있다. 이처럼 <u>문화는 다음 세대로 전달되면서도 시대가 흐르면서 그 내용이 더 추가되기도 하는데 이를 문화의 특수성이라고 한다.</u>

....

주제 05 미디어와 미디어 리터러시

+ 매체(媒 중매, 體 몸)
지식, 정보 등을 한쪽에서 다른 쪽으로 전달하는 물체나 수단

+ 범람(氾 넘치다, 濫 넘치다)
바람직하지 못한 것들이 마구 쏟아져 돌아다님

+ 편향(偏 치우치다, 向 향하다)
한쪽으로 치우침

+ 상업성(商 장사, 業 일, 性 성질)
이윤을 얻는 것을 중요시하는 특성

+ 획일화(劃 긋다, 一 하나, 化 되다)
모두가 한결같아서 다름이 없게 됨

+ 풍자(諷 풍자하다, 刺 찌르다)
현실의 부정적 현상이나 모순 따위를 다른 것에 빗대어 비웃으면서 폭로함

1 미디어의 의미와 종류

(1) **미디어의 의미** 정보, 지식, 생각 등을 전달하는 수단 = 매체

(2) **미디어의 종류** 자료 ❶

구분	종류	특징
인쇄 매체	책, 신문, 잡지 등	• 과거에 주로 사용 • 정보 생산자가 만든 내용을 소비자에게 일방향으로 전달
음성 매체	라디오, 음반 등	
영상 매체	텔레비전, 영화 등	
뉴 미디어	인터넷, 컴퓨터, 스마트폰, 사회 관계망 서비스(SNS), 동영상 공유 플랫폼, 웹 게시판 등	• 오늘날 기술 발달로 널리 활용 • 정보 생산자와 소비자의 경계 불분명(누구나 정보 생산 가능) • 생산자와 소비자 간 쌍방향 소통 • 점차 영향력이 커지고 있음

2 미디어의 기능

(1) **미디어의 긍정적 기능** 정보 수집·전달, 사회현상을 바라보는 관점과 견해 형성 지원, 사회문제 개선에 도움, 문화의 이해와 학습 지원, 휴식과 오락 제공, 생활양식 공유, 문화 조성 등

(2) **미디어의 부정적 기능** 자료 ❷

① **정보 범람** 너무 많은 정보가 생산되어 오히려 필요한 정보와 사실을 찾기 어려워짐

② **거짓 정보 유포 및 정보 왜곡** 사실과 다른 정보가 생산되어 사회 혼란과 갈등 심화

③ **편향성 강화** 특정 관점에 치우친 견해만 제공하거나, 사용자 맞춤형 서비스로 제한된 정보만 제공하여 편향된 관점을 갖게 됨

④ **자극적인 내용** 미디어의 상업성으로 대중의 흥미를 끌고 이윤을 추구하고자 자극적·선정적·폭력적인 내용으로 제작

⑤ **행동과 사고방식의 획일화** 사람들이 미디어 속 행동과 사고방식을 따라함

⑥ **사회문제에 관심 저하** 오락적 측면만 강조하면 사회의 중요한 문제에 관심 저하

3 미디어 리터러시

(1) **미디어 리터러시의 의미** 미디어 속 정보를 비판적으로 분석·평가하고 활용하며, 나아가 미디어를 통해 정보를 창의적으로 생산하고 소통하는 능력

(2) **미디어 리터러시를 실천하는 방법** 자료 ❸

① **출처와 작성자 검토** 정보의 출처와 작성자를 확인하고 믿을 만한지 판별

② **근거의 타당성 검토** 사실임을 뒷받침하는 근거가 타당한지 검토

③ **비교 검토** 다른 미디어의 정보와 비교하여 차이점을 검토

④ **의도와 목적, 영향력 파악** 숨겨진 의도를 담고 있는 것은 아닌지, 광고나 풍자 목적의 글인지, 소비자에게 어떠한 영향력을 미칠지 파악

⑤ **편향성 검토** 편향적인 시각을 담고 있지 않은지 검토하고 다른 시각의 정보와 비교

⑥ **사진과 영상의 왜곡 검토** 사진과 영상이 왜곡되지는 않았는지 검토

⑦ **전문 기관의 도움 받기** 사실을 검증할 수 있는 공공 기관, 누리집, 언론 관련 연구소 등의 도움 받기

개념 확인 문제

● 바른답·알찬풀이 8쪽

1 다음 설명이 맞으면 ○표, 틀리면 ×표를 하시오.

(1) 신문, 잡지는 미디어에 포함되지 않는다.
( )

(2) 오늘날 인터넷 등의 미디어에서는 정보의 소비자가 생산자도 될 수 있다.
( )

2 다음 괄호 안의 내용 중 옳은 것에 ○표를 하시오.

(1) 미디어는 다양한 정보와 문화를 전달해 주지만 특정 관점에 치우친 견해만 제공하여 (편향적, 중립적)인 관점을 갖게 할 수도 있다.

(2) 미디어 속 정보를 비판적으로 분석하고 활용하며 정보를 창의적으로 생산하고 소통하는 능력을 (미디어 리터러시, 뉴 미디어)라고 한다.

꼭 나오는 자료

자료 ❶ 우리 주변의 미디어

요즘에는 텔레비전에 인터넷이 결합되어 더 다양한 정보를 얻을 수 있게 됐어.

▲ 텔레비전으로 뉴스, 날씨 등 정보를 얻는다.

▲ 사회 관계망 서비스(SNS)를 통해 또래와 소통하며 정보를 주고 받는다.

우리는 일상 속에서 전통적인 미디어인 책, 신문, 잡지, 라디오, 텔레비전뿐만 아니라, 최근 등장한 동영상 공유 플랫폼, 사회 관계망 서비스 등의 새로운 미디어들을 활용하고 있다.

자료 ❷ 미디어의 부정적 기능

이러한 거짓 정보는 사회의 혼란과 갈등을 키울 수 있으므로 선별할 수 있어야 해.

지진으로 발생한 혼란을 틈타 조선인들이 우물에 독을 풀었다.

포로에게 총을 겨누네.   포로에게 물을 주네.

▲ 사실이 아닌 거짓 정보가 퍼질 수 있다.   ▲ 정보가 의도적으로 왜곡될 수 있다.

세상은 너무 위험해.   학창 시절 싸운 이야기   여름 다이어트 필수   나도 마른 몸을 갖고 싶어.   다 부수자 ○○게임   사소한 사비 가볍으로 이어져   개미허리 만들기

▲ 편향된 시각을 갖게 할 수 있다.

어머! 저런 폭력적인 장면을……

이윤을 얻기 위해서는 사람들의 관심을 모아야 하기 때문이야.

▲ 상업성을 중시하여 자극적일 수 있다.

자료 ❸ 미디어 리터러시를 실천하는 방법

☑ 출처 고려하기	해당 뉴스 누리집의 목적이나 연락처 등을 확인한다.
☑ 본문 읽어 보기	제목은 관심을 끌기 위해 자극적일 수 있는 만큼 전체 내용을 꼼꼼히 확인한다.
☑ 작성자 확인하기	작성자가 실존 인물인지, 어떤 이력을 가졌는지 등을 확인하고 믿을 만한지 판별한다.
☑ 근거 확인하기	관련 정보가 뉴스를 실제로 뒷받침하는지 확인한다.
☑ 날짜 확인하기	오래된 뉴스인지 또는 가공한 것은 아닌지 확인한다.
☑ 풍자 여부 확인하기	현실성과 개연성이 매우 부족한 뉴스라면 풍자성 글일 수 있음을 인지한다.
☑ 선입견 점검하기	자신의 편견이 판단에 영향을 미치지 않았는지 판단한다.
☑ 전문가에게 문의하기	해당 분야 관련자나 사실을 검증할 수 있는 누리집 등에서 확인한다.

어떤 의도와 목적에서 제공되는 정보인지를 검토하는 것이 필요해.

자료: 국제도서관협회연맹(IFLA)

미디어 리터러시를 실천하는 방법은 정보가 믿을 만한지를 검토하고 다른 미디어의 자료와 함께 비교 검토하며, 숨겨진 의도나 목적을 파악하고, 편향된 관점인지 등을 검토하는 것이 있다. 어려운 경우 전문 기관이나 전문가로부터 사실 검증에 도움을 받을 수도 있다.

대표 문제로 실력 쌓기
● 바른답·알찬풀이 8쪽

≫ 미디어의 부정적 기능 (선택지 하나 더)

1 미디어의 부정적 기능으로 옳지 않은 것은?

① 정보가 의도적으로 왜곡될 수 있다.
② 특정 관점에 치우친 견해를 제공한다.
③ 상업성을 중시하여 내용이 자극적이다.
④ 사실이 아닌 거짓 정보가 유포될 수 있다.
⑤ 다른 문화를 경험하고 학습할 수 있게 한다.
⑥ 사람들이 미디어의 내용을 무분별하게 따라하게 한다.
⑦ 너무 많은 정보가 생산되어 필요한 정보를 찾기 어렵다.

> **이것만은 꼭 기억하자!** 미디어는 긍정적인 기능과 부정적인 기능을 모두 갖고 있으니 잘 활용하는 것이 중요해.
> ✈ **37쪽 07번** 문제도 풀어 보자!

≫ 미디어 리터러시를 실천하는 방법 (선택지 하나 더)

2 미디어 리터러시를 실천하는 자세로 옳지 않은 것은?

① 근거의 타당성을 검토한다.
② 작성자의 신뢰도를 검토한다.
③ 출처가 믿을 만한지 확인한다.
④ 사진에 왜곡이 있는지 검토한다.
⑤ 편향된 관점의 정보인지 검토한다.
⑥ 숨겨진 의도가 무엇인지 검토한다.
⑦ 이용자 수나 조회 수가 높은지 확인한다.
⑧ 같은 정보를 다룬 다른 미디어의 자료를 검토한다.

> **이것만은 꼭 기억하자!** 미디어 리터러시를 실천하려면 정보가 믿을 만한지, 거짓과 왜곡이 없는지, 편향된 관점인지, 숨겨진 의도는 무엇인지 등을 검토하는 것처럼 비판적으로 정보를 분석하는 태도가 중요해.
> ✈ **37쪽 08~10번, 45쪽 12번** 문제도 풀어 보자!

01 미디어가 발명된 순서대로 옳게 나열한 것을 <보기>에서 고른 것은?

보기
(가) 신문　　　　　　(나) 라디오
(다) 텔레비전　　　　(라) 스마트폰

① (가)-(나)-(다)-(라)　　② (가)-(다)-(나)-(라)
③ (나)-(가)-(다)-(라)　　④ (나)-(가)-(라)-(다)
⑤ (다)-(가)-(나)-(라)

중요✦
02 미디어에 관한 설명으로 옳지 않은 것은?

① 신문은 정보 생산자와 소비자의 경계가 명확하다.
② 책, 잡지는 인류가 전통적으로 이용해 온 미디어에 속한다.
③ 정보, 지식, 생각을 전달하는 수단은 모두 미디어에 해당한다.
④ 사회 관계망 서비스에서는 쌍방향적인 정보 전달이 불가능하다.
⑤ 인터넷과 컴퓨터의 발달로 정보 생산자와 소비자 간 쌍방향 소통이 가능해졌다.

03 (가)와 (나)에 관한 설명으로 옳은 것은?

(가)　　　　　　　　(나)

① (가)는 음성 매체에 해당한다.
② (나)는 정보 생산자와 소비자의 경계가 불분명하다.
③ (가)와 (나)는 모두 정보와 문화를 전달하는 수단이다.
④ (나)는 (가)와 달리 정보 생산자와 소비자의 쌍방향 소통이 가능하다.
⑤ (나)는 (가)보다 늦게 발명되어 오늘날 사회에 미치는 영향력이 더 커지고 있다.

04 정보 제공자와 정보 수용자 간의 경계가 뚜렷한 미디어만 <보기>에서 고른 것은?

보기
ㄱ. 음반　　　　　　ㄴ. 영화
ㄷ. 인터넷　　　　　ㄹ. 웹 게시판

① ㄱ, ㄴ　　② ㄱ, ㄷ　　③ ㄴ, ㄷ
④ ㄴ, ㄹ　　⑤ ㄷ, ㄹ

중요✦
05 미디어의 기능으로 가장 거리가 먼 것은?

① 쉬는 시간에 즐길 거리를 제공한다.
② 거짓 정보를 유포해 사회 혼란을 유발한다.
③ 다른 문화를 이해하고 학습할 수 있는 경험을 제공한다.
④ 사회현상을 보는 관점과 견해를 형성하는 데 도움이 된다.
⑤ 개성을 중시하여 사람들의 행동과 사고방식을 다양하게 만든다.

06 다음 글에 나타난 미디어의 기능으로 가장 적절한 것은?

텔레비전 프로그램 중 1990년대를 배경으로 하는 드라마가 최근 큰 인기를 끌고 있다. 이 드라마를 통해 많은 사람이 어린 시절을 추억하고 있다. 반면에 2000년대생들은 드라마 속 부모 세대의 문화가 최근 유행하는 레트로 열풍, 복고풍 패션과 비슷하다는 점에 흥미롭다는 반응을 보이고 있다.

① 지식이 미디어 속에서 축적된다.
② 문화를 경험하는 기회를 제공한다.
③ 생활양식을 공유하여 새로운 문화를 조성한다.
④ 사용자 맞춤형 서비스로 필요한 정보를 제공한다.
⑤ 사회문제에 대한 관점을 형성하는 데 도움을 준다.

07 다음 글에 나타난 미디어의 부정적인 기능으로 가장 적절한 것은?

> 스페인에서 발생한 끔찍한 살인 사건의 범인이 이민자라는 근거 없는 가짜 뉴스가 퍼졌다. 가짜 뉴스가 사회 관계망 서비스를 중심으로 계속 확산하면서 스페인 전역에서 시위가 발생하였다.

① 사실과 다른 정보를 생산하고 퍼트린다.
② 사람들의 사고방식과 행동을 획일화한다.
③ 상업성 때문에 자극적인 콘텐츠를 생산한다.
④ 정보량이 너무 많아 필요한 정보를 찾기 어렵다.
⑤ 사람들이 사회의 주요 문제에 관심을 갖지 않게 한다.

중요✦
08 미디어를 활용하는 바람직한 자세로 옳지 <u>않은</u> 것은?

① 숨겨진 의도와 목적을 찾는다.
② 정보의 출처가 믿을 만한 곳인지 확인한다.
③ 정보에서 제시한 근거가 타당한지 검토한다.
④ 가장 큰 신문사의 기사 내용을 사실로 여긴다.
⑤ 같은 주제를 다룬 다른 미디어의 정보와 비교한다.

고난도
09 밑줄 친 부분에 들어갈 을이 갑에게 해줄 조언의 내용으로 가장 적절한 것은?

> 갑: 인터넷을 보니까 나만 고양이를 키우지 않는 것 같아.
> 을: 무슨 소리야. 우리 집도 고양이 안 키워.
> 갑: 우리만 안 키우는 거 아니야? 동영상 공유 플랫폼에서 고양이 영상을 몇 개 시청했더니, 추천 동영상에 온통 고양이 영상만 나오던데. 고양이를 키우는 사람들이 생각보다 많은가 봐.
> 을: _____.

① 미디어에는 너무 많은 정보가 쏟아지니까 필요한 사실과 광고를 잘 구분해야 해.
② 미디어의 오락적 측면에만 몰입하지 말고 사회의 중요한 문제에도 관심을 가져봐.
③ 미디어는 상업성이 있어서 자극적인 내용으로 제작되니까 이를 고려해서 비판적으로 활용해야 해.
④ 미디어는 시청 기록을 토대로 편향적인 내용만 전달하니까 다양한 정보와 관점을 함께 찾아봐야지.
⑤ 미디어에서 접하는 정보 중에 거짓 정보가 있을 수 있으니 영상이 사실인지 왜곡이 없는지 검토해야 해.

10 미디어 리터러시를 실천하는 내용을 <보기>에서 고른 것은?

> **보기**
> ㄱ. 댓글과 리뷰가 좋은 정보를 사실로 간주한다.
> ㄴ. 가장 선호하는 한 종류의 미디어를 골라 여러 정보를 검색한다.
> ㄷ. 편향된 관점을 갖지 않도록 반대 의견과 소수 의견을 함께 검토한다.
> ㄹ. 정보를 제공하는 사람이 해당 분야의 전문가인지 믿을 만한지 확인한다.

① ㄱ, ㄴ   ② ㄱ, ㄷ   ③ ㄴ, ㄷ
④ ㄴ, ㄹ   ⑤ ㄷ, ㄹ

서술형
11 ㉠에 들어갈 알맞은 말을 쓰고, 이를 실천하는 구체적인 방법을 한 가지 서술하시오.

> 미디어를 통해 다양한 정보를 쉽게 접하고 생산할 수 있게 되면서 미디어가 제공하는 정보를 비판적으로 검토하는 태도가 요구되고 있다. 이러한 태도를 가지고 미디어를 비판적으로 분석하고 주체적으로 활용하는 능력을 (㉠)(이)라고 한다.

서술형
12 다음 글과 관련지어 미디어 속 문화를 접할 때 지녀야 할 바람직한 태도를 한 가지 서술하시오.

> 텔레비전 프로그램 속 아랍 왕자 설정을 두고 해외 시청자들이 아랍 문화를 왜곡한다며 평점 테러를 하는 등 혹평을 하고 있다. <u>프로그램 속 아랍 왕자는 바람둥이로 묘사되지만 실제 아랍인들은 종교 교리에 따라 이러한 행동이 금지되어 있다고 한다.</u>

다문화 사회와 문화 이해 태도

✚ 관습(慣 익숙하다, 習 익히다)
어떤 사회에서 오랫동안 지켜 내려와 그 사회 성원들이 널리 인정하는 질서나 풍습

✚ 원동력(原 근원, 動 움직이다, 力 힘)
어떤 움직임의 근본이 되는 힘

✚ 주체성(主 주인, 體 몸, 性 성질)
인간이 어떤 일을 실천할 때 나타내는 자유롭고 자주적인 성질

✚ 정체성(正 본이 되는 것, 體 몸, 性 성질)
변하지 아니하는 존재의 본질을 깨닫는 성질 또는 그 성질을 가진 독립적 존재

✚ 우열(優 뛰어나다, 劣 남보다 뒤떨어지다)
나음과 못함

1 우리 생활 속 다양한 문화

(1) 다양한 문화
① 여러 집단의 다양한 문화 = 문화의 다양성 지역, 세대, 민족, 종교, 언어 등 배경이 서로 다른 집단마다 의식주, 언어, 법과 관습, 제도 등 문화를 이루는 모든 요소가 제각기 다른 모습을 보임
② 세계화에 따른 교류 증가 교통·통신의 발달로 인구 이동 증가, 미디어를 통한 교류 증가 → 과거에 비해 오늘날 세계 여러 지역의 다양한 문화를 쉽게 만날 수 있게 됨

(2) 다문화 사회로 진입한 우리나라 **자료 ❶**
① 다문화 사회의 의미 다양한 문화가 공존하는 사회
② 다문화 사회의 배경 세계화로 취업, 결혼, 유학 등을 위한 이주민이 많아짐 → 다양한 문화적 배경을 가진 구성원이 증가
③ 다문화 사회의 긍정적인 측면과 부정적인 측면

긍정적 측면	우리 사회의 문화를 다양하고 풍부하게 함, 문화 발전의 원동력이 됨
부정적 측면	언어 차이에 따른 의사소통의 어려움, 생활양식과 가치관의 차이, 이주민에 대한 차별과 오해 등으로 갈등이 발생할 수 있음

2 문화를 이해하는 태도

(1) 바람직하지 않은 문화 이해 태도 **자료 ❷**

구분	자문화 중심주의	문화 사대주의
의미	자신이 속한 사회의 문화만 우수하다고 보고, 다른 사회의 문화를 열등하게 여기는 태도	다른 특정 사회의 문화를 우수하다고 보고, 자신이 속한 문화를 열등하게 여기는 태도
장점	• 자기 문화에 대한 자부심 강화 • 구성원 간 결속력 강화 • 사회 통합에 도움	• 다른 사회의 문물을 적극적으로 수용 • 다른 문화의 장점을 수용해 자기 문화의 발전에 도움
단점	• 다른 문화권과의 갈등 유발 • 자기 문화의 발전 기회 상실	• 자기 문화의 주체성, 정체성 상실 • 고유문화의 자부심 상실
공통점	문화 간 우열이 있다고 봄	

(2) 바람직한 문화 이해 태도

구분	문화 상대주의 **자료 ❸**
의미	문화의 상대성을 인정하고 그 사회의 자연환경과 사회적 맥락, 역사적 배경 등을 고려하여 문화를 이해하려는 태도
장점	• 다른 문화를 깊이 있게 이해할 수 있도록 함 • 다른 문화를 있는 그대로 존중하고 차이를 인정함 → 다양한 문화가 공존할 수 있는 기초 마련 → 오늘날 요구되는 태도
유의점	인간의 존엄성 등 보편적 가치를 무시하는 문화까지 문화 상대주의를 적용해 존중하는 극단적 문화 상대주의는 경계해야 함 ⑩ 명예 살인, 전족, 조혼, 인명 피해가 발생하는 소몰이 행사 등

개념 **확인 문제**
● 바른답·알찬풀이 9쪽

1 다음 설명이 맞으면 ○표, 틀리면 ×표를 하시오.

(1) 집단마다 다양한 의식주, 언어, 법, 제도 양상을 보인다. (   )

(2) 우리나라는 아직 다문화 사회라고 할 수 없다. (   )

2 다음 괄호 안의 내용 중 옳은 것에 ○표를 하시오.

(1) 자문화 중심주의와 문화 사대주의는 문화 간 우열이 있다고 보는데 자문화 중심주의는 (자기, 다른) 문화를, 문화 사대주의는 (자기, 다른) 문화를 우수하게 본다.

(2) 자문화 중심주의는 문화의 상대성을 (인정한다, 인정하지 않는다).

(3) 다문화 사회에서 요구되는 태도는 (문화 사대주의, 문화 상대주의)이다.

꼭 나오는 자료

자료 ① 다문화 사회

├ 우리나라는 다양한 문화를 가진
  외국인의 수가 늘고 있어.

┌ 우리나라에 다양한 종교, 민족, 언어가 공존하고
  있음을 알 수 있어.

■ 외국인 인구수(만 명) ─○─ 외국인 인구 비율(%)

```
                        4.2      4.4
               3.4     216      226
      2.3     171
     114
    2010    2015    2020    2022(년)
                    (행정안전부, 2023)
```

▲ 우리나라에 거주하는 외국인 인구수 변화

▲ 우리나라에서 볼 수 있는 다양한 문화 모습

우리나라는 다문화 사회로 변화하고 있으며 지역, 국적, 민족, 종교, 언어 등 배경이 서로 다른 다양한 집단의 문화가 공존하고 있다.

자료 ② 자문화 중심주의와 문화 사대주의

┌ 바닥이 차서 실내에서도 신발을
  신는 문화가 생겼다고 해.

신발을 신고 침대에 눕다니 더러워.

▲ 실내에서 신발을 신는 문화를
열등하다고 보는 태도(자문화 중심주의)

┌ 베트남 사람들은 낮에
  너무 더워 낮잠을 자요.

다들 게으르네.

▲ 낮잠 자는 문화를 게으르다고
보는 태도(자문화 중심주의)

외국어 간판이
더 세련되어 보여.

▲ 영어로 된 간판을 더 세련되다고 보는 태도
(문화 사대주의)

▲ 외국어로 지어진 아파트 이름을
더 고급스럽다고 느끼는 태도(문화 사대주의)

자료 ③ 문화 상대주의

┌ 티베트에서는 사람이 죽으면 들판에 시신을 두어 새가 먹도록
  하는 장례 풍습(조장)이 있는데, 이러한 문화는 매장과 화장이
  어려운 자연환경 때문에 나타났어.

독수리 도움으로 하늘로
올라가 편히 쉬세요.

▲ 티베트의 장례 풍습이 자연환경의 영향으로
발생하였음을 이해하는 태도(문화 상대주의)

우리는 간식으로
애벌레를 먹어요.

▲ 애벌레 섭취 문화를 단백질 음식이 부족한
환경을 고려해 이해하는 태도(문화 상대주의)

▲ 집안의 명예를 더럽혔다고 여겨지는
가족을 살해하는 관습 '명예 살인'

명예 살인은 인간의 존엄성, 인권, 생명 존중이라는 인류의 보편적 가치를 무시하는 문화이므로 이러한 문화까지 문화 상대주의를 적용하는 극단적 문화 상대주의는 바람직하지 않다.

대표 문제로 실력 쌓기

● 바른답·알찬풀이 9쪽

핵심 개념
체크 문제
QR 코드를 스캔해 보세요.

≫ 다문화 사회 [선택지 하나 더]

1 다문화 사회에 관한 설명으로 옳은 것은?

① 새로운 문화가 나타나지 않는다.
② 우리나라는 다문화 사회가 아니다.
③ 세계화로 다문화 사회가 줄어들고 있다.
④ 다양한 문화 중 하나의 문화만 살아남는다.
⑤ 문화 차이에 따른 갈등이 발생하지 않는다.
⑥ 종교, 언어가 다른 집단의 다양한 문화가 공존한다.

> **이것만은 꼭 기억하자!** 세계화로 다양한 문화를 가진 사람들이 함께 공존하며 우리나라도 다문화 사회가 되었어.
> ⇗ 40쪽 01번, 03번, 46쪽 14번 문제도 풀어 보자!

≫ 문화 이해 태도 [선택지 하나 더]

2 사례에 드러난 문화 이해 태도를 옳게 짝지은 것은?

	사례	문화 이해 태도
①	우리나라 사람이 실내에서 신발을 벗는 문화는 미개하다.	자문화 중심주의
②	영어로 된 간판이 한국어 간판보다 세련되었다.	자문화 중심주의
③	낮잠 문화는 낮에 너무 더운 기온에 적응하기 위한 것이다.	문화 사대주의
④	애벌레를 섭취하는 문화는 야만적인 문화이다.	문화 사대주의
⑤	티베트의 장례 풍습은 매장과 화장이 어려운 자연환경 때문에 나타났다.	문화 상대주의
⑥	외국어로 이름이 지어진 아파트가 더 고급스럽다.	문화 상대주의

> **이것만은 꼭 기억하자!** 문화 상대주의는 자문화 중심주의나 문화 사대주의와 달리 어느 문화가 더 우수하거나 열등하다고 판단하지 않고, 환경에 비추어 그 나름의 가치와 의미를 이해하는 태도야.
> ⇗ 41쪽 07~08번, 47쪽 19~20번 문제도 풀어 보자!

3. 문화를 이해하는 바람직한 태도 **39**

01 그래프를 통해 알 수 있는 우리 사회의 변화 모습으로 옳지 <u>않은</u> 것은?

국내 거주 외국인 주민 수 추이
연도별 11월 1일 기준, 3개월 초과 체류자   (단위: 만 명)

*한국 국적을 갖지 않은 사람 중 외국인 근로자, 결혼 이민자만 대상으로 조사
자료: 행정안전부, 통계청

① 다양한 언어와 음식을 더 쉽게 만날 수 있다.
② 문화적 차이에 따른 갈등이 더 많이 발생한다.
③ 우리 사회의 문화가 풍요로워지고 다양해진다.
④ 서로 다른 문화를 이해할 수 있는 교육이 필요하다.
⑤ 전통문화의 영향력이 약해지고 외국 문화의 지배력이 강해졌다.

고난도
02 (가)와 (나)에 관한 설명으로 옳지 <u>않은</u> 것은?

> (가) 외국인이 많이 거주하는 지역의 지방 자치 단체에서 학교 가정통신문과 알림장 통번역 서비스를 제공한다.
> (나) △△국제공항에는 다양한 종교인을 위한 기도실이 마련되어 있다. 종교에 구분 없이 누구나 이용할 수 있다.

① (가)는 한국어 외 언어 사용자를 위한 것이다.
② (나)는 모든 종교를 평등하게 배려하는 것이다.
③ (가)와 (나)는 다문화 사회로 변화하면서 나타난 현상이다.
④ (가)와 (나)는 다양한 문화가 공존하면서 나타난 현상이다.
⑤ (가)와 (나)는 한국인이 아닌 외국인을 배려하기 위한 것이다.

중요
03 다문화 사회에 관한 설명으로 옳지 <u>않은</u> 것은?

① 교통과 통신 기술의 발달이 다문화 사회의 형성을 가속했다.
② 세계화 속에서 우리나라는 다문화 사회로 변화해 가고 있다.
③ 다양한 문화를 가진 이주민의 증가는 다문화 사회를 형성하는 원인이다.
④ 다문화 사회에서는 다양한 문화가 하나로 통합되어 하나의 새로운 문화를 형성한다.
⑤ 다문화 사회란 배경이 서로 다른 다양한 집단의 문화가 함께 공존하는 사회를 의미한다.

04 밑줄 친 부분에 들어갈 말로 가장 적절한 것은?

> 갑: 오늘 텔레비전에서 본 아프리카 원주민의 모습이 아직도 잊히지 않아.
> 을: 왜? 어떤 모습이었는데?
> 갑: 그들은 풀을 엮어 옷을 만들어 입었고 손으로 애벌레를 잡아먹었어. 너무 야만적이지 않니? 우리 문화가 얼마나 위생적이고 우수한 문화인지 다시 깨달았어.
> 을: 사회 시간에 바람직한 문화 이해 태도에 대해서 배운 거 기억 안 나니? 네가 지금 보이는 태도는 _____.

① 문화 사대주의적인 태도야
② 다문화 사회에 바람직한 태도야
③ 문화의 상대적 가치를 인정하는 태도야
④ 자기 문화의 우수성만을 강조하는 태도야
⑤ 문화를 있는 그대로 이해할 수 있게 하는 태도야

05 문화 사대주의 태도를 보이는 사람을 <보기>에서 고른 것은?

┤ 보기 ├
ㄱ. 메뉴판에 음식 이름들이 영어로 적혀 있으니까 더 고급스러워 보여.
ㄴ. 티베트의 장례 풍습은 고도가 높고 겨울이 긴 자연환경에 적응한 결과물이야.
ㄷ. 우리나라의 볶음밥은 서양의 정통 리소토에 비하면 맛의 깊이와 역사가 부족해.
ㄹ. 서양의 벽난로 방식보다 우리의 온돌 방식이 더 우수하고 뛰어난 난방 방식이야.

① ㄱ, ㄴ　　　② ㄱ, ㄷ　　　③ ㄴ, ㄷ
④ ㄴ, ㄹ　　　⑤ ㄷ, ㄹ

중요
06 (가)와 (나)에 관한 옳은 설명을 <보기>에서 고른 것은?

(가) 주방장보다 셰프라고 표현하는 것이 더 멋있어.
(나) 침대에서 신발을 신고 자는 것은 더럽고 미개한 문화야.

┤ 보기 ├
ㄱ. (가)와 같은 문화 이해 태도는 다른 문화를 있는 그대로 존중한다.
ㄴ. (가)와 같은 문화 이해 태도는 다른 문화를 수용하는 데 도움을 주기도 한다.
ㄷ. (나)와 같은 문화 이해 태도는 같은 문화를 지닌 사람들 간의 결속력을 키울 수 있다.
ㄹ. (나)와 같은 문화 이해 태도는 자기 문화를 비하하여 자부심을 잃거나 자기 문화의 정체성을 상실할 수 있다.

① ㄱ, ㄴ　　　② ㄱ, ㄷ　　　③ ㄱ, ㄹ
④ ㄴ, ㄷ　　　⑤ ㄷ, ㄹ

중요
07 문화 상대주의에 관한 설명으로 옳지 <u>않은</u> 것은?

① 문화에 우열이 없다고 가정한다.
② 자기 문화의 정체성을 상실할 수 있다.
③ 문화를 평가하는 절대적인 기준을 두지 않는다.
④ 문화가 형성된 상황이나 맥락을 고려하여 문화를 이해하는 태도이다.
⑤ 인간의 존엄성을 해치는 문화까지 이해하는 극단적인 태도로 이어질 수 있어 경계해야 한다.

08 문화 상대주의 관점에서 밑줄 친 부분에 들어갈 말로 옳은 것은?

갑: 네팔 사람들은 맨손으로 음식을 먹는다고 해.
을: 더러운 손으로 음식을 먹다니. 너무 비위생적인 문화야.
병: _____.

① 인류의 보편적 가치를 훼손하는 문화야.
② 식기를 사용하는 문화에 비해 문화 수준이 높아.
③ 자연환경과 가치관이 반영되어 나름의 의미가 있어.
④ 우리의 식기 문화를 전파하여 문화가 바뀌도록 도와줘야 해.
⑤ 위생 관념이 발달한 현대 사회에서는 문화로 인정하기 어려워.

서술형
09 ㉠에 들어갈 알맞은 말을 쓰고, 그 영향을 서술하시오.

교통과 통신 기술의 발달로 국가 간의 인구 이동이 늘고 미디어를 통한 교류가 활발해졌다. 이러한 배경 속에서 다양한 언어, 종교, 민족 등의 문화가 함께 어우러져 살아가는 사회가 등장하였는데 이를 (㉠)(이)라 한다.

서술형
10 밑줄 친 부분에 들어갈 말을 서술하시오.

일부 이슬람 국가에서는 가족 혹은 공동체의 명예를 더럽혔다고 생각되는 구성원을 살해하는 관습이 있다. 이러한 관습은 문화 상대주의 관점으로도 이해하기 어렵고, 이러한 문화를 인정하는 것은 바람직하지 않다. 왜냐하면 _____.

VIII단원 표와 자료로 정리하기 ^{한번더}

주제 04 문화의 의미와 특징 및 속성

		넓은 의미	좁은 의미
문화의 의미		한 사회의 구성원들이 주어진 환경에 적응하는 과정에서 발전시켜 온 (❶　　)	• 교양이 있거나 세련된 모습 • 문학이나 예술
문화가 아닌 것 자료❶		유전, (❷　　)에 따른 행동, 개인의 버릇과 습관, 자연 현상	
문화의 특징 자료❷	보편성	어느 사회나 공통적인 모습이나 특징이 나타남	
	특수성	사회마다 서로 다른 독특한 모습이 나타남	
문화의 속성 자료❸	공유성	한 사회의 구성원들이 그들만의 문화를 공유함	
	학습성	속한 사회에서 후천적으로 배워 익히는 것임	
	축적성	언어와 문자 등으로 다음 세대에 전달됨	
	변동성	고정된 것이 아니라 끊임없이 변화함	
	(❸　　)	한 사회의 문화를 구성하는 요소들은 서로 밀접한 관계를 유지하면서 하나의 전체를 이룸	

자료❶ 문화가 아닌 것

▲ 졸리면 하품이 나온다.　　▲ 주로 여름이나 가을에 태풍이 발생한다.

◎ 인간의 행동이라고 모두 문화에 해당하는 것은 아니다.
◎ 환경에 적응하여 나타난 것이 아닌 환경 그 자체 또는 자연 현상, (❹　　)이나 본능에 따른 행동 그리고 사회 구성원이 공유하는 것이 아닌 개인적인 습관이나 버릇은 문화에 해당하지 않는다.

자료❷ 문화의 보편성과 특수성

▲ 합장하며 고개를 숙이는 인도　　▲ 머리 숙이며 인사하는 우리나라

◎ 모든 사회에 인사 문화가 있는 것은 문화의 특징 중 (❺　　)을 보여 준다.
◎ 사회마다 인사 문화의 모습이 각기 다른 것은 문화의 (❻　　)을 보여 준다.

자료❸ 문화의 속성

◎ 오늘날 김장을 하지 않고 공장에서 생산된 김치를 사 먹는 가정이 증가하는 것은 문화의 (❼　　)을 보여 주는 사례이다.
◎ 김치를 담그는 방법이 세대 간 전해져 내려오면서 다양해지고 풍부해지는 것은 문화의 (❽　　)을 보여 주는 사례이다.

주제 05 미디어와 미디어 리터러시

		의미	정보, 지식, 생각 등을 전달하는 수단
미디어	종류 자료❶	전통적 미디어	생산자가 소비자에게 (❶　　)으로 정보 전달 ⑩ 인쇄 매체, 음성 매체, 영상 매체 등
		(❷　　)	생산자와 소비자 간 쌍방향 소통 가능, 생산자와 소비자의 경계 불분명 ⑩ 인터넷, 사회 관계망 서비스 등
	기능	긍정적 기능	• 정보 수집 및 전달 • 사회현상에 대한 관점과 견해 형성 지원 • (❸　　)의 이해와 학습 지원 • 휴식과 오락 제공
		부정적 기능 자료❷	• 거짓 정보 유포 및 정보 왜곡 • 편향성 강화 • 상업성과 자극적인 내용 • 행동과 사고방식 획일화
미디어 리터러시 자료❸			• 출처와 작성자 검토　• 근거의 타당성 검토 • 관점의 편향성 검토　• 의도와 목적, 영향력 파악 • 다른 (❹　　)의 정보와 비교 검토 • 사진과 영상의 왜곡 검토

자료❶ 우리 주변의 미디어

▲ 텔레비전　　▲ 사회 관계망 서비스(SNS)

◎ 우리는 일상 속에서 전통적인 미디어인 책, 신문, 잡지, 라디오, 텔레비전 등도 여전히 활용한다.
◎ 기술의 발달로 최근 등장한 동영상 공유 플랫폼, 사회 관계망 서비스 등의 새로운 미디어는 쌍방향 소통이 가능하고 생산자와 소비자의 경계가 (❺　　)하다.

자료 ② 미디어의 부정적 기능

▲ 사실이 아닌 거짓 정보가 퍼질 수 있다.　　▲ 정보가 의도적으로 (⑥　　　)될 수 있다.

▲ (⑦　　　)된 시각을 갖게 할 수 있다.　　▲ 상업성을 중시하여 (⑧　　　)인 내용일 수 있다.

자료 ③ 미디어 리터러시를 실천하는 방법

☑ (⑨　　　) 고려하기	해당 뉴스 누리집의 목적이나 연락처 등 확인
☑ 본문 읽어 보기	제목은 관심을 끌기 위해 자극적일 수 있는 만큼 전체 내용을 꼼꼼히 확인
☑ 작성자 확인하기	작성자가 실존 인물인지, 어떤 이력을 가졌는지 등을 확인하고 믿을 만한지 판별
☑ (⑩　　　) 확인하기	관련 정보가 뉴스를 실제로 뒷받침하는지 확인
☑ 날짜 확인하기	오래된 뉴스인지 또는 가공한 것은 아닌지 확인
☑ 풍자 여부 확인하기	현실성, 개연성이 매우 부족한 뉴스라면 풍자성 글일 수 있음을 인지
☑ 선입견 점검하기	자신의 편견이 판단에 영향을 미치지 않았는지 판단
☑ 전문가에게 문의하기	해당 분야 관련자나 사실을 검증할 수 있는 누리집 등에서 확인

주제 06 다문화 사회와 문화 이해 태도

다문화 사회 자료①	의미	다양한 문화가 공존하는 사회	
	배경	(①　　　)로 인구 이동이 증가하여 다양한 문화적 배경을 가진 이주민이 증가	

	의미	장점	단점
(②　　　)	자기 문화 우수, 다른 문화 열등	자부심과 결속력 강화, 사회 통합에 도움	다른 문화와 갈등 유발
문화 사대주의 자료②	자기 문화 열등, 다른 문화 우수	다른 문물 적극 수용, 자기 문화 발전에 도움	자기 문화의 주체성, 정체성, 자부심 상실

문화 상대주의 자료③	의미	문화를 그 사회의 자연환경, 사회적 맥락, 역사적 배경 등을 고려하여 이해하려는 태도
	장점	문화를 깊이 있게 이해하고 있는 그대로 존중
	유의점	인간의 존엄성 등 보편적 가치를 무시하는 문화까지 존중하는 (③　　　) 문화 상대주의는 경계

자료 ① 다문화 사회

■ 외국인 인구수(만 명)　─○─ 외국인 인구 비율(%)

2.3 / 114 (2010)　3.4 / 171 (2015)　4.2 / 216 (2020)　4.4 / 226 (2022년)
(행정안전부, 2023)

▲ 우리나라 거주 외국인 인구수 변화　　▲ 우리나라의 다양한 문화 모습

⊙ 세계화로 이주민이 늘어나며 이제 우리나라는 서로 다른 다양한 집단의 문화가 공존하는 (④　　　) 사회가 되었다.

자료 ② 문화 사대주의

⊙ 영어로 된 간판을 더 세련되다고 보는 태도, 외국어로 지어진 아파트 이름을 더 고급스럽다고 느끼는 태도는 (⑤　　　)의 사례이다.

자료 ③ 문화 상대주의

▲ 티베트의 장례 풍습(조장)　　▲ 애벌레 섭취 문화

⊙ 다른 문화가 발생하게 된 자연환경, 사회적 맥락, 역사적 배경 등을 고려하여 그 문화의 가치와 의미를 이해하려는 태도를 (⑥　　　)라고 한다.

▲ 집안의 명예를 더럽혔다고 여겨지는 가족을 살해하는 관습 '명예 살인'

⊙ 명예 살인은 (⑦　　　)이라는 인류의 보편적 가치를 무시하는 문화이다. 이러한 문화까지 문화 상대주의를 적용하는 극단적 문화 상대주의는 바람직하지 않다.

① 문화의 의미와 특징

01 '문화'가 좁은 의미로 쓰인 문장을 <보기>에서 고른 것은?

┌─ 보기 ┐
ㄱ. 문화 시민으로서 예절을 지킵시다.
ㄴ. 명절에 가족끼리 모이는 것이 우리의 전통문화 아니겠니.
ㄷ. 오늘은 문화가 있는 날이라 평소보다 미술관 관람료가 저렴해.
ㄹ. 짧은 영상을 만들고 즐겨 보는 것이 요즘 청소년 문화라고 하더라고요.
└────────┘

① ㄱ, ㄴ   ② ㄱ, ㄷ   ③ ㄴ, ㄷ
④ ㄴ, ㄹ   ⑤ ㄷ, ㄹ

02 문화에 관해 나눈 대화 내용 중 옳은 말을 한 사람은?

┌──────────────────────────────┐
갑: 문화는 환경에 적응하면서 발전된 것이야. 그렇기 때문에 자연 현상도 문화가 될 수 있어.
을: 환경이 다르면 문화도 달라져. 어떤 기후에서 사느냐에 따라 문화가 다른 것처럼 말이야.
병: 문화는 사회 구성원이 공유하는 생활양식이지. 개인만의 버릇이나 습관은 포함되지 않아.
정: 졸리면 하품이 나는 행위도 문화에 포함돼. 졸린 환경에 적응하기 위한 행위이기 때문이야.
└──────────────────────────────┘

① 갑, 을   ② 갑, 병   ③ 을, 병
④ 을, 정   ⑤ 병, 정

03 문화에 해당하는 행동으로 옳지 <u>않은</u> 것은?

① 추석에 송편을 빚어 먹는다.
② 겨울이 오기 전에 김장한다.
③ 중학생은 학교에 교복을 입고 간다.
④ 뜨거운 음식을 급하게 먹으면 혀를 덴다.
⑤ 장례식장에 갈 때는 어두운 계통의 옷을 입는다.

04 문화의 특징에 관해 옳지 <u>않은</u> 설명을 하는 학생은?

① 갑: 한 사회의 구성원들끼리는 그들만의 문화를 공유하고 있어.
② 을: 문화는 다른 문화를 만나거나 새로운 요소들이 발명되면 변화해.
③ 병: 문화는 언어나 문자를 통해 후대에 전달되면서 오늘날의 풍요로운 문화로 발전했어.
④ 정: 어떤 문화를 습득하는가를 결정하는 것은 어떤 유전자를 타고났는지보다 어느 사회에서 자랐는지야.
⑤ 무: 오랜 역사 속에서 지역별로 다양한 문화가 발전되어 왔기 때문에 각 문화의 공통적인 모습을 찾기는 힘들어.

05 (가)~(다)에 해당하는 문화의 특징을 바르게 연결한 것은?

┌──────────────────────────────┐
(가) 우리나라 사람들은 어린 시절부터 반말과 존댓말을 구분하여 배운다.
(나) 오늘날 전통 혼례 방식보다는 서양의 혼례 방식으로 결혼식을 치르는 경우가 많다.
(다) 스마트폰의 발달은 SNS를 바탕으로 한 선거 운동 방식의 변화, 전자 상거래와 같은 소비 방식의 변화, 모바일 학습과 같은 교육 방식의 변화 등 일상생활 전반의 변화를 가져왔다.
└──────────────────────────────┘

	(가)	(나)	(다)
①	학습성	변동성	전체성
②	학습성	축적성	축적성
③	공유성	변동성	전체성
④	공유성	학습성	축적성
⑤	공유성	축적성	전체성

06 ㉠에 들어갈 말로 옳은 것은?

┌──────────────────────────────┐
오랜만에 본 친구를 향해 손바닥을 들면, 상대방은 이 행동을 인사를 건네는 것으로 이해하고 인사를 주고받으리라 예측한다. 이렇게 같은 문화를 가진 사회 구성원끼리 원활한 의사소통과 사회생활을 가능하게 하는 문화의 특징은 (㉠)이다.
└──────────────────────────────┘

① 공유성   ② 변동성   ③ 특수성
④ 전체성   ⑤ 보편성

07 다음 내용과 공통으로 관련이 있는 문화의 특징은?

> • 모든 인간은 기본적으로 음식, 의복, 주거, 건강, 사회적 관계 등 기본적인 필요를 충족하려는 공통된 욕구를 가지고 있다.
> • 대부분의 문화에서 가족은 중요한 사회적 단위로 인식된다. 그래서 부모와 자식의 관계, 결혼, 장례, 명절 문화 등이 대부분의 문화권에서 발견된다.

① 공유성　　② 보편성　　③ 특수성
④ 전체성　　⑤ 축적성

② 미디어와 문화

08 ㉠, ㉡에 관한 설명으로 옳은 것은?

> • 교육 정책에 관한 정보를 수집하기 위해 (㉠)의 내용을 살펴보았다. (㉠)은/는 교육 정책 외에도 다양한 정보, 생각을 전달하는 매개물을 총칭하는 개념이다.
> • (㉠)을/를 비판적인 태도로 평가하고 활용하는 역량을 (㉡)(이)라고 한다.

① ㉠은 미디어, ㉡은 디지털 시민성이다.
② ㉠은 인터넷 기술의 발달로 등장하였다.
③ ㉠의 새로운 유형은 최근 100년간 등장하지 않았다.
④ ㉡은 과거보다 현대 사회에 들어 그 중요성이 약해지고 있다.
⑤ ㉡에는 책임감 있는 태도로 미디어를 통해 정보를 공유하는 능력이 포함된다.

09 다음과 같은 특징을 가진 미디어에 관한 설명으로 옳지 <u>않은</u> 것은?

> 정보 수용자가 쉽게 정보 생산자가 될 수 있어서 정보 생산자와 수용자의 경계가 명확하지 않다.

① 인쇄 매체가 이에 포함된다.
② 대중에게 오락과 휴식을 제공한다.
③ 인터넷, 스마트폰이 이에 해당한다.
④ 정보 전달이 쌍방향으로 이루어진다.
⑤ 정보 통신 기술의 발달로 등장한 매체이다.

10 다음 글을 통해 알 수 있는 문화와 미디어의 관계로 가장 적절한 것은?

> 10분 이내의 짧은 영상을 제작해 공유하는 플랫폼이 청소년 사이에서 인기를 끌고 있다. 이에 △△시는 자매결연을 한 중국 □□성과 비대면 한중 청소년 국제 교류 행사를 개최하였다. 이 행사에서 양국 청소년은 전통문화, 지역 관광, 또래 문화 등을 주제로 직접 제작한 짧은 영상을 함께 감상하고 댓글을 나누었다.

① 미디어는 문화를 무비판적으로 수용하게 한다.
② 미디어는 유행에 민감하여 문화를 획일화한다.
③ 미디어를 통해 새로운 문화를 쉽게 접할 수 있다.
④ 미디어는 청소년만의 문화라 세대 격차를 키운다.
⑤ 미디어는 편향적인 정보만을 제공하여 문화에 대한 편견을 키운다.

11 미디어의 기능과 가장 거리가 먼 것은?

① 일기 예보나 교통 상황 등 생활에 필요한 정보를 제공한다.
② 미디어를 통해 개인의 사생활이 기록되어 범죄를 예방한다.
③ 사회현상을 바라보는 관점과 견해를 형성하는 데 도움을 준다.
④ 다양한 미디어 콘텐츠를 통해 개인의 다채로운 흥미와 관심을 충족할 수 있다.
⑤ 사회적인 쟁점에 사람들의 관심을 불러일으켜 사회문제 개선에 도움이 되기도 한다.

12 가장 바람직하게 미디어를 활용하는 학생은?

① 갑: 특정 관점에 집중하여 정보를 수집한다.
② 을: 여가 시간 대부분을 미디어 활용에 할애한다.
③ 병: 정보를 제공하는 글의 목적이 상업적 광고인지 검토한다.
④ 정: 친구의 동의 없이 함께 찍은 사진을 인터넷 사이트에 공유한다.
⑤ 무: 구독자가 많은 미디어의 정보를 주변 사람에게 그대로 공유한다.

13 정보를 비판적으로 평가하는 자세로 옳은 것을 <보기>에서 고른 것은?

┌ 보기 ┐
ㄱ. 출처와 작성자가 믿을 만한지 검토한다.
ㄴ. 나의 편견이 정보를 평가하는 데에 영향을 미쳤는지 검토한다.
ㄷ. 평소 자주 접하는 미디어의 정보를 사실로 보고 다른 정보를 평가한다.
ㄹ. 나의 평소 생각과 다른 정보를 제공하는 미디어의 정보는 신뢰하지 않는다.

① ㄱ, ㄴ　　② ㄱ, ㄷ　　③ ㄴ, ㄷ
④ ㄴ, ㄹ　　⑤ ㄷ, ㄹ

❸ 문화를 이해하는 바람직한 태도

14 ㉠에 들어갈 말로 옳은 것은?

과거에는 다른 지역의 문화를 접하는 데에 한계가 있었지만 오늘날에는 미디어가 발달하면서 세계 여러 지역의 문화를 쉽게 경험할 수 있게 되었다. 이와 함께 세계화로 다양한 지역 출신의 이주민이 늘어나면서 우리 사회가 (㉠) 사회로 변화하고 있다.

① 양극화　　② 다문화　　③ 단일화
④ 고령화　　⑤ 정보화

15 다문화 사회로의 변화가 우리 생활에 미치는 영향으로 옳은 것을 <보기>에서 고른 것은?

┌ 보기 ┐
ㄱ. 이주민의 수 증가로 전통문화가 사라질 수 있다.
ㄴ. 언어, 가치관, 생활양식의 차이로 갈등이 발생할 수 있다.
ㄷ. 사회를 구성하는 문화 요소를 하나로 통합시켜 사회 안정에 이바지한다.
ㄹ. 여러 문화의 상호 작용으로 새로운 문화가 형성될 수 있는 토대를 마련한다.

① ㄱ, ㄴ　　② ㄱ, ㄹ　　③ ㄴ, ㄷ
④ ㄴ, ㄹ　　⑤ ㄷ, ㄹ

16 갑과 을의 문화 이해 태도를 바르게 연결한 것은?

갑: 이슬람교에서는 돼지고기를 먹지 않는다고 해. 어떻게 그 맛있는 돼지고기를 안 먹는 거지? 음식 문화가 덜 발달된 문화인가봐. 돼지고기로 다양한 음식을 만드는 우리 문화가 최고야.
을: 이슬람교가 발생한 지역은 건조한 기후가 나타나는데, 사육하는 데 많은 물이 필요한 돼지를 키우면 사람들이 마실 물이 더 부족해져. 이슬람교는 그런 이유 때문에 돼지고기를 금지하는 거야.

	갑	을
①	문화 사대주의	문화 제국주의
②	문화 제국주의	자문화 중심주의
③	자문화 중심주의	문화 상대주의
④	자문화 중심주의	문화 사대주의
⑤	문화 상대주의	문화 제국주의

17 자문화 중심주의의 문제점으로 옳지 **않은** 것은?

① 문화에 우열이 있다고 여긴다.
② 각 문화의 상대성을 인정하지 않는다.
③ 다른 문화권과 갈등을 일으킬 수 있다.
④ 자기 문화의 발전 기회를 상실할 수도 있다.
⑤ 자기 문화를 과소평가해 주체성을 상실할 수도 있다.

18 문화 사대주의에 관한 옳은 설명을 <보기>에서 고른 것은?

┌ 보기 ┐
ㄱ. 같은 문화를 가진 사람과의 결속력이 강화된다.
ㄴ. 자기의 고유문화에 대한 자부심을 상실할 수 있다.
ㄷ. 인간의 존엄성을 훼손하는 문화까지 가치를 인정한다.
ㄹ. 다른 문화의 장점을 수용해 자기 문화의 발전에 도움이 된다.

① ㄱ, ㄴ　　② ㄱ, ㄹ　　③ ㄴ, ㄷ
④ ㄴ, ㄹ　　⑤ ㄷ, ㄹ

19 갑, 을, 병이 보이는 문화 이해 태도에 관한 설명으로 옳은 것은?

> 갑: 인도에서는 소를 숭배하는데 어떻게 동물을 숭배하지? 정말 야만적인 문화야.
>
> 을: 인도는 소를 비롯한 수많은 신을 모시거든? 오히려 나는 우리의 문화보다 인도의 문화가 자연 만물을 신성시하는 우수한 문화인 것 같아.
>
> 병: 농경 사회인 인도에서 소가 중요한 동물이었기 때문에 그런 문화가 발생한 것 같아.

① 갑은 문화 사대주의 관점의 태도를 보인다.
② 을은 자문화 중심주의 관점의 태도를 보인다.
③ 병은 그 사회의 입장에서 문화를 이해하고 있다.
④ 갑과 을은 병과 달리 문화에 우열을 가리지 않는다.
⑤ 갑, 을, 병 중에서 을이 문화의 다양성을 가장 존중하는 태도를 보이고 있다.

20 다음 글을 읽고 가장 바람직한 문화 이해 태도를 보이는 학생은?

> 외국인 관광객 A 씨는 한 인터뷰에서 한국인이 번데기를 먹는 문화는 야만적이며 가난해 먹을 것이 부족했던 시절에서 비롯된 저급한 문화라고 했다.

① 갑: A 씨의 말이 맞아. 우리 음식 문화는 외국에 비해서 야만적인 것 같아.
② 을: A 씨의 태도는 다른 나라의 문화의 장점을 받아들이는 데에 도움이 되므로 본받아야 해.
③ 병: A 씨에게 우리 음식 문화의 우수함을 알려서 문화 사대주의적 태도를 가지도록 해야겠어.
④ 정: 자신의 문화와 다른 문화를 제대로 이해하려면 그 문화가 발생한 환경과 맥락을 살펴보아야 해.
⑤ 무: 번데기를 먹는 문화는 훌륭한 단백질원을 활용하는 문화라 우리 문화가 다른 어떤 문화보다 우수해.

21 자문화 중심주의와 문화 사대주의의 공통점은?

① 문화의 상대성을 인정한다.
② 다른 문화권과의 갈등을 유발할 수 있다.
③ 인권을 존중하는 문화를 우수하다고 본다.
④ 특정 문화를 기준으로 문화의 우열을 가린다.
⑤ 같은 문화를 가진 사람끼리 결속력을 강화한다.

22 다음 사례에 드러나는 문화의 특징을 쓰고, 그 의미를 서술하시오.

> 시간이 흐르면서 새로운 단어들이 만들어져 널리 사용되면 표준어로 인정받게 되어 국어사전에 추가되고, 그 결과 우리말은 점점 더 풍성해진다. 오늘날의 한글은 세종대왕께서 창제하신 훈민정음에서 시작되어 오랜 세월을 거쳐 풍요로워진 우리의 문화유산이다.

23 현욱이의 고민을 보고 미디어를 바람직하게 활용하는 방법을 포함하여 현욱이에게 조언하는 글을 서술하시오.

> 현욱이는 주변 친구들이 특정 사이트의 정보만을 사실로 믿고 현욱이에게 계속 공유하여 고민이 많다. 친구들이 공유한 정보를 계속 보다 보니 해당 사이트의 정보가 모두 사실인 것처럼 느껴지고 다른 미디어의 정보는 모두 거짓으로 여겨진다. 이제는 다른 미디어의 정보를 보기 귀찮아졌다.

24 다음 글을 읽고 물음에 답하시오.

> 과거 중국에서는 여성의 발이 작을수록 미인이라고 여겨서 여성의 발을 작게 하기 위해 어릴 때부터 헝겊으로 발을 동여매 자라지 못하게 하는 전족의 풍습이 있었다. 문화의 다양성을 존중하기 위해 ㉠ 문화가 발생한 자연환경과 사회적 맥락을 토대로 문화의 의미와 가치를 찾는 태도는 중요하다. 하지만 ㉡ 전족의 풍습은 그 의미와 가치를 인정하기 힘들다.

(1) ㉠과 같은 문화 이해 태도를 쓰시오.

(2) ㉡의 까닭을 서술하시오.

IX

민주주의와 시민

정치의 역할과 민주주의의 필요성

+ 정치권력(政 정사, 治 다스리다, 權 권세, 力 힘)
사회의 여러 기능 중에서도 정치적 기능을 수행하기 위한 강제적인 힘

+ 주권(主 주인, 權 권리)
국가의 의사를 최종적으로 결정하는 권력

+ 관용(寬 너그럽다, 容 얼굴)
본뜻은 다른 사람의 잘못 등을 너그럽게 받아들이거나 용서하는 것이지만, 다른 사람의 사고방식이나 가치관이 나와 다를 수 있음을 인정하고 받아들이는 태도를 의미하기도 함

+ 주인 의식(主 주인, 人 사람, 意 뜻, 識 알다)
일이나 단체 등에 대하여 주체로서 책임감을 가지고 이끌어 가야 한다는 의식

1 정치의 의미와 역할

(1) 정치의 의미 자료 ❶
① 좁은 의미 +정치권력의 획득, 유지, 행사 등 국가와 관련한 활동 예 국회 본회의, 국무회의 등
② 넓은 의미 일상생활에서 발생하는 사회 구성원 간 대립과 갈등을 조정하여 해결해 나가는 모든 활동 예 가족여행 계획을 세우기 위한 가족회의, 학급 규칙을 결정하기 위한 학급 회의, 주차장 내 전기 자동차 충전기 설치에 관한 주민 회의, 임금 인상률에 관한 노사 간 협의 등

(2) 정치의 결과
공동체에서 정치를 통해 의사 결정이 이루어지면 구성원들은 이를 합의된 권력의 행사로 수용함 → 개인은 합의된 결정이 본인 의사와 다르더라도 따르게 됨

(3) 정치의 역할 자료 ❷
① 공동체의 문제 해결 집단 의사 결정과 권력 행사를 통해 개인의 노력만으로 해결할 수 없는 여러 가지 사회문제를 해결할 수 있음
② 사회 안정 및 질서 유지 공동체에서 발생하는 다양한 대립과 갈등을 조정하여 사회를 안정시키고 질서를 유지함
③ 공동체의 발전 방향 제시 사회가 지향해야 할 가치와 목표를 제시하고, 사회가 이를 향해 나아갈 수 있도록 공동의 노력과 합의를 이끌어 냄

2 민주주의의 의미

(1) 정치 형태로서의 민주주의
① 권력을 가진 한 사람이나 소수 또는 특정 집단이 국가의 일을 결정하는 것이 아니라 다수의 시민이 국가를 다스리는 정치 형태, 즉 모든 국민이 나라의 주인인 정치 형태
② +주권을 가진 국민이 정치에 참여하여 공동체의 문제를 해결하는 모습으로 나타남

(2) 생활양식으로서의 민주주의 자료 ❸
① 일상생활에서 발생하는 여러 가지 문제를 자유와 평등을 바탕으로 민주적으로 해결하는 생활양식 → 민주적 의사 결정 과정을 거쳐야 구성원들이 그 결정에 동의하고 따를 수 있음
② 민주적 생활양식
  • 다른 사람에 대한 배려와 +관용
  • 상대방의 주장에 귀를 기울이고 서로 양보하여 합의에 이르는 대화와 타협
  • 다수의 의견에 따라 의사 결정을 하는 다수결의 원칙과 소수 의견 존중
  • 논리적 근거를 바탕으로 옳고 그름을 판단하는 비판적 태도
  • 공동체 의식과 +주인 의식

3 민주주의의 필요성
(1) 소수의 세력이 권력을 독점하여 남용하는 것을 제한하고 다수의 권리를 침해하는 것을 방지함
(2) 국민의 자유와 평등에 기반한 정치 참여를 보장함으로써 국민의 기본권을 보장하고 국민의 뜻에 따른 정치를 실현함
(3) 민주적 생활양식을 통해 갈등을 해결하는 문화를 형성함으로써 공동체를 유지 및 발전시키고 시민은 공동체 의식과 주인 의식을 함양함
(4) 다원화된 현대 사회에서 시민 개개인이 고유한 존재로서 존중받을 수 있음

개념 확인 문제

● 바른답·알찬풀이 12쪽

1 다음 설명이 맞으면 ○표, 틀리면 ×표를 하시오.

(1) 정치의 넓은 의미는 국회 본회의나 국무회의 등을 통해 이루어지는 정치인의 활동만으로 규정할 수 있다. (   )

(2) 일상생활에서도 관용, 비판, 다수결의 원칙, 소수 의견 존중 등과 같은 민주주의 양식을 발견할 수 있다. (   )

2 다음 괄호 안의 내용 중 옳은 것에 ○표를 하시오.

(1) (좁은, 넓은) 의미의 정치란 정치권력을 획득 및 행사하는 것이고, (좁은, 넓은) 의미의 정치란 일상생활 속 갈등을 조정해 나가는 모든 활동이다.

(2) 민주주의는 국민의 기본권을 (보장, 침해)하고 공동체를 (발전, 침체)시키기 위하여 필요하다.

꼭 나오는 자료

자료 ❶ 좁은 의미의 정치와 넓은 의미의 정치

'정치'하면 쉽게 떠올리게 되는 정치인들의 활동 모습이야.

우리도 일상생활 속에서 다양한 정치 활동을 하고 있어.

▲ 국회 본회의

▲ 학급 회의

정치를 국회에서 법률을 제정 및 개정하기 위해 회의를 하거나 정부에서 국정 운영 방안을 의논하기 위해 국무회의를 진행하는 것과 같이 정치권력을 획득·유지·행사하는 행위로만 이해하는 것은 그 의미를 좁게 해석하는 것이다. 정치를 넓은 의미로 파악하면 가정의 크고 작은 일을 결정하기 위한 가족회의, 학교 행사를 준비하기 위한 학급 회의, 임금 등의 근로 조건을 협의하기 위한 사용자와 노동자 간의 회의 등 다양한 공동체 내에서 서로 다른 의견과 이해관계를 조정하고 해결해 나가는 모든 활동이 정치에 해당한다.

자료 ❷ 정치의 역할

이 밖에도 정치는 사회가 지향해야 하는 가치를 제시하는 등의 역할도 하고 있어.

(가) ○○시가 전세 피해 지원 체계를 전세피해지원센터로 통합해 운영한다고 밝혔다. 이에 따라 전세 사기 피해자들이 더욱 신속하고 체계적인 도움을 받을 수 있게 되었다. ○○시 전세피해지원센터에서는 전세 사기 피해자들을 위한 법률·금융 상담뿐만 아니라 대출 이자·월세·이사비 등도 지원한다.

(나) 2025년도 최저 임금이 시간당 1만 30원으로 정해졌다. …… 근로자 위원이 1만 120원을 제안하고, 사용자 위원이 1만 30원을 제안해 그 차이를 좁히기 위해 수차례 협의를 진행하였으나 합의에 이르지 못했다. 이에 표결에 부친 결과 9:14로 다섯 표를 더 얻은 사용자 위원의 제안이 채택된 것이다.

(가)에서는 개인의 노력만으로는 해결하기 어려운 사회문제가 정치를 통해 해결되는 것을, (나)에서는 노동자 집단과 사용자 집단 간의 대립과 갈등이 정치를 통해 조정되는 것을 확인할 수 있다.

자료 ❸ 생활양식으로서의 민주주의

민주적 생활양식은 우리의 일상생활에서 다양하게 활용되고 있어.

▲ 토론을 통한 의사 결정

▲ 다수결의 원칙

오늘날의 민주주의는 정치 형태를 넘어 생활양식으로까지 확대되었다. 사회 구성원끼리 서로 배려하고 관용의 태도로 대하고, 의견 대립이나 갈등을 대화와 타협으로 조정하며, 사회의 여러 쟁점에 관해 자유롭게 토론하고 비판하는 것은 모두 민주적 생활양식이다. 합의에 도달하지 못해 다수결의 원칙을 따를 때 소수의 의견을 존중하는 것도 마찬가지다.

대표 문제로 실력 쌓기

● 바른답·알찬풀이 12쪽

>> **정치의 의미**

1 좁은 의미의 정치에 해당하는 것만을 <보기>에서 있는 대로 고른 것은?

┤ 보기 ├
ㄱ. 국회 본회의 표결
ㄴ. 국회의 법률 제정
ㄷ. 정부의 정책 수립
ㄹ. 청소년 모의국회 활동
ㅁ. 지방 의회의 조례 제정
ㅂ. 아파트 주민 대표 회의
ㅅ. 임금 협상을 위한 노사 협의회

① ㄱ, ㄴ, ㄷ
② ㄱ, ㄴ, ㄷ, ㅁ
③ ㄴ, ㄷ, ㄹ, ㅁ
④ ㄱ, ㄷ, ㄹ, ㅁ, ㅂ
⑤ ㄱ, ㄴ, ㄷ, ㄹ, ㅁ, ㅂ, ㅅ

이것만은 꼭 기억하자! 좁은 의미의 정치란 정치권력을 획득·유지·행사하는 정치인의 활동만을 의미하고, 넓은 의미의 정치란 일상생활 속 다양한 갈등과 대립을 조정하고 해결해 나가는 모든 활동을 의미해.

✈ 52쪽 01번, 64쪽 02번 문제도 풀어 보자!

>> **정치의 역할** (선택지 하나 더)

2 다음 글에서 가장 잘 드러나는 정치의 역할로 적절한 것은?

디지털 기술이 발달하면서 사진이나 영상을 조작하여 음란물을 만들어 퍼뜨리는 딥페이크 범죄가 크게 늘었다. 이로 인한 피해가 급증하자 국회에서는 피해 현황과 전문가 논의 내용을 바탕으로 성폭력법안을 개정하여 본회의에서 통과시켰다.

① 국민의 자유를 억압한다.
② 공익보다 사익을 우선시한다.
③ 권력의 독점과 남용을 방지한다.
④ 개개인의 고유한 특성을 존중한다.
⑤ 사회문제를 해결하기 위한 방안을 모색한다.
⑥ 사회 전체보다 소수 권력 집단의 이익 실현을 강조한다.

이것만은 꼭 기억하자! 정치는 사회문제를 해결하고, 사회 안정과 질서를 유지하며, 공동체의 발전 방향을 모색하는 등의 역할을 수행해.

✈ 52쪽 04번, 64쪽 03번 문제도 풀어 보자!

실력 다지기

중요✦
01 좁은 의미의 정치에 해당하는 사례를 <보기>에서 고른 것은?

┌ 보기 ┐
ㄱ. 행정부에서 민생 안정 정책을 마련하여 발표하였다.
ㄴ. 회사 단합 대회를 준비하기 위한 부서 회의가 진행되었다.
ㄷ. 선거로 국회의원들이 선출되어 새로운 국회가 구성되었다.
ㄹ. 아파트 주민 대표들이 모여 단지 내 공원 조성 문제를 논의하였다.
└────────────────────┘

① ㄱ, ㄴ   ② ㄱ, ㄷ   ③ ㄴ, ㄷ
④ ㄴ, ㄹ   ⑤ ㄷ, ㄹ

02 넓은 의미의 정치에 관한 설명으로 옳지 <u>않은</u> 것은?

① 정치인들의 활동만 정치라고 할 수 있다.
② 획득한 정치권력을 유지하고 행사하는 것도 정치이다.
③ 정치란 일상생활 속 대립과 갈등을 조정하는 모든 활동이다.
④ 선거를 통해 국민이 대통령을 선출하는 과정도 정치에 해당한다.
⑤ 가족 구성원이 함께 의논하여 추석 연휴 계획을 세우는 것도 정치이다.

03 정치의 역할에 관한 설명으로 옳지 <u>않은</u> 것은?

① 사회 안정과 질서를 유지하도록 한다.
② 저소득층과 고소득층 간 격차를 최대한 확대한다.
③ 정치의 과정을 통해 사회가 지향해야 할 가치와 목표를 이끌어 낸다.
④ 사회에서 발생한 문제를 어떻게 해결할지 구성원들이 함께 논의한다.
⑤ 정치를 통해 의사 결정이 이루어진 사항들을 구성원들이 지키도록 강제한다.

중요✦
04 사례에 나타난 정치의 역할로 가장 적절한 것은?

아파트 단지 옆 공원에서는 가을 축제가 한 달 전부터 매일 밤 진행되고 있었다. 매일 늦은 시간까지 축제가 진행되니 공원 옆 아파트 주민들은 소음과 밝은 조명 때문에 크고 작은 피해를 입게 되었다. 이를 둘러싼 갈등이 발생하자 축제를 기획하고 운영하는 단체와 아파트 주민 대표단이 한자리에 모여 논의를 진행하였고, 그 결과 축제는 주말에만 하고 준비된 행사들은 오후 8시 이전에 모두 끝내기로 합의하였다.

① 특정 집단의 이익을 실현한다.
② 구성원 간의 대립과 갈등을 해결한다.
③ 사회가 지향해야 할 가치를 제시한다.
④ 사회적 약자의 권리와 이익을 보호한다.
⑤ 특정 집단이 정치권력을 획득하고 행사한다.

05 ㉠, ㉡에 들어갈 말을 바르게 연결한 것은?

사회 용어 정리   민주주의

권력을 가진 (㉠)이/가 아닌 (㉡)이/가 국가를 다스리는 정치 형태를 의미한다. 오늘날에는 민주주의의 의미가 정치 형태를 넘어 생활양식으로 확대되었다.

	㉠	㉡
①	왕	귀족
②	소수	왕
③	소수	다수
④	다수	왕
⑤	국민	귀족

고난도

06 정치와 민주주의에 관하여 옳은 설명을 한 학생을 고른 것은?

> 유리: 정치를 통해 사회 내 다양한 대립을 부추길 수 있어서 유익해.
> 민종: 정치가 중요한 이유는 우리 사회에 안정을 가져오기 때문이야.
> 서현: 우리는 민주주의를 통해 소수 권력층의 이익보다 다수 국민의 권리를 보장할 수 있어.
> 수범: 여러 국가에서 민주주의를 선뜻 채택하지 못하고 있는 이유는 권력 남용의 가능성이 크기 때문이야.

① 유리, 민종   ② 유리, 서현
③ 민종, 서현   ④ 민종, 수범
⑤ 서현, 수범

중요✦

08 ⓒ의 예로 적절한 것을 <보기>에서 고른 것은?

> ┤ 보기 ├
> ㄱ. 대화 상대방을 이기려고 노력한다.
> ㄴ. 나와 다른 의견이 있을 수 있음을 인정한다.
> ㄷ. 서로 양보하고 협의하여 이해관계를 조율한다.
> ㄹ. 다수결로 결정이 이루어지면 소수 의견은 무시한다.

① ㄱ, ㄴ   ② ㄱ, ㄷ   ③ ㄴ, ㄷ
④ ㄴ, ㄹ   ⑤ ㄷ, ㄹ

서술형

09 ㉠에 들어갈 알맞은 용어를 쓰고, ⓒ의 사례를 **두 가지** 서술하시오.

> 정치란 국회에서 법률안을 제정하기 위한 본회의를 하거나 행정부에서 국무회의를 진행하는 것처럼 국가와 관련하여 (㉠)을/를 획득·유지·행사하는 것을 의미한다. 그러나 이는 정치를 좁게 해석한 것으로, 오늘날에는 ⓒ 정치를 더 넓은 의미로 해석한다.

[07-08] 다음 글을 읽고 물음에 답하시오.

> (㉠)(이)란 그 어원을 찾아보면 '다수에 의한 지배'라는 의미를 지니고 있어요. 국민이 국가의 주인이 되는 정치 형태인 거죠. 오늘날에는 (㉠)의 의미가 정치 형태를 넘어 ⓒ 일상생활 속 여러 문제를 합리적으로 해결하는 생활 양식으로 확대되었어요.
>
> 다수에 의한 지배

07 ㉠에 들어갈 용어로 옳은 것은?

① 관용   ② 평등
③ 권위주의   ④ 민주주의
⑤ 다수결의 원칙

서술형

10 (가)에 들어갈 알맞은 말을 **두 가지** 서술하시오.

> 오늘은 민주주의에 대해서 배워 보았어요. 우리 사회에 민주주의가 필요한 이유는 무엇일까요?
>
> (가) 때문이에요.

주제 08 민주주의의 발전 과정과 원리

+ **윤번(輪 바퀴, 番 차례)**
돌아가면서 차례로 무슨 일을 맡는 것

+ **자연권(自 스스로, 然 그렇다고 여기다, 權 권리)**
자연적 질서에 따라 인간이 태어나면서부터 가지고 있는 권리

+ **사회 계약설(社 단체, 會 모이다, 契 맺다, 約 맺다, 說 말하다)**
사회나 국가가 자유롭고 평등한 개인들의 합의나 계약에 의해 발생하였다는 학설

+ **참정권(參 참여하다, 政 정사, 權 권리)**
국민이 국정에 직접 또는 간접으로 참여하는 권리

+ **독재(獨 홀로, 裁 옷을 짓다)**
특정한 개인, 단체, 계급 등이 어떤 분야에서 모든 권력을 차지하여 모든 일을 마음대로 처리하는 것

1 민주주의의 발전 과정

(1) 고대 아테네 민주주의 [자료 1]
① **직접 민주주의** 민주주의가 시작된 그리스 아테네에서는 모든 시민이 직접 국가의 의사 결정에 참여함 → 다스리는 자와 다스림을 받는 자가 일치함
② **민회** 모든 시민이 모여 국가의 주요 정책을 결정함
③ **시민의 공직 참여** 추첨이나 +윤번에 따라 돌아가면서 행정 업무나 재판을 담당함
④ **한계** 성인 남성에게만 시민으로서의 자격이 주어지고 노예, 여성, 외국인에게는 주어지지 않음 → 제한적 민주주의

(2) 근대 민주주의 [자료 2]
① **등장 배경** 고대 아테네 이후 사라졌던 민주주의는 근대 시민 혁명을 통해 다시 등장함 → 상공업으로 부를 축적한 시민이 +자연권 사상과 +사회 계약설을 바탕으로 왕과 귀족의 지배에 맞서 싸우는 과정에서 자유, 평등의 이념이 확산되고 국민이 나라의 주인이라는 원칙이 확립됨
② **간접 민주주의(대의제)** 시민이 뽑은 대표가 국가를 다스리는 대의제가 보편화함 → 영토가 크고 인구수가 많아 직접 민주주의의 적용이 현실적으로 어려웠기 때문임
③ **한계** 재산이 있는 성인 남성에게만 +참정권이 주어지고 여성, 노동자, 농민에게는 주어지지 않음 → 제한적 민주주의

(3) 현대 민주주의
① **등장 배경** 시민 혁명 이후에도 참정권을 갖지 못했던 노동자, 여성, 흑인이 차티스트 운동(노동자), 여성 참정권 운동, 흑인 참정권 운동을 통해 점차 선거권을 획득함
② **보통 선거 제도 확립** 일정한 나이 이상의 모든 사회 구성원에게 선거권이 부여됨

(4) 우리나라 민주주의의 발전 일제 강점기에서 해방된 이후 짧은 기간에 민주주의가 발전함 → +독재 정치와 부정부패에 대항한 4·19 혁명(1960), 5·18 민주화 운동(1980), 6월 민주 항쟁(1987) 등을 통해 오늘날의 민주주의가 정착됨

2 민주주의의 이념

인간의 존엄성	모든 사람은 인간이라는 이유로 존중받을 가치가 있다는 것 → 민주주의의 궁극적인 이념으로, 이를 실현하기 위해서는 자유와 평등이 보장되어야 함
자유	외부의 간섭을 받지 않고 스스로 판단하여 행동하는 것 → 국가의 부당한 간섭을 받지 않을 자유(소극적 자유)뿐 아니라 정책 결정에 참여할 수 있는 자유, 국가에 인간다운 삶을 요구할 수 있는 자유(적극적 자유)로 범위가 확대됨
평등	모든 사람이 성별, 인종, 종교, 재산 등에 의해 차별받지 않고 동등하게 대우받는 것 → 오늘날에는 기회의 균등과 법 앞에서의 평등(형식적 평등)뿐 아니라 개인의 선천적·후천적 차이를 고려해 약자를 적극적으로 배려하는 실질적 평등을 추구함

3 민주주의의 기본 원리 [자료 3]

국민 주권의 원리	국가의 의사를 결정하는 최고 권력인 주권은 국민에게 있다는 원리 → 모든 국가 권력의 행사는 국민의 동의와 지지를 바탕으로 해야 함
국민 자치의 원리	주권을 가진 국민이 스스로 나라를 다스려야 한다는 원리 → 직접 민주주의와 간접 민주주의(대의제)를 통해 실현함
입헌주의의 원리	헌법에 따라 국가기관을 구성하고 권력을 행사해야 한다는 원리 → 국가 권력의 남용을 막고 인간의 존엄성, 자유, 평등을 실현함
권력 분립의 원리	국가 권력을 서로 독립된 기관이 나누어 맡도록 하는 원리 → 국가기관 간 견제와 균형을 통해 권력 남용을 방지하고 국민의 자유와 권리를 보장함

개념 확인 문제
● 바른답·알찬풀이 13쪽

1 다음 설명이 맞으면 ○표, 틀리면 ×표를 하시오.
(1) 근대 시민 혁명 이후 민주주의가 재등장하면서 보통 선거 제도가 확립되었다.
( )
(2) 민주주의가 지향하는 근본이념은 인간의 존엄성이다. ( )

2 다음 괄호 안의 내용 중 옳은 것에 ○표를 하시오.
(1) 고대 아테네에서는 (직접, 간접) 민주주의가 이루어졌으며, 근대 이후 대부분 국가에서는 (직접, 간접) 민주주의가 시행되었다.
(2) 모든 사람에게 기회를 균등하게 부여하는 것을 (형식적, 실질적) 평등이라고 하고, 개인 간 차이를 고려하여 다르게 대우하는 것을 (형식적, 실질적) 평등이라고 한다.
(3) 국민 (주권, 자치)의 원리는 국민이 스스로 나라를 다스려야 한다는 원리이다.

꼭 나오는 자료

자료 ❶ 고대 아테네의 직접 민주주의 운영 기구

도시 그 자체가 하나의 국가를 이루었던 고대 아테네는 영토의 규모가 작고 인구수가 적어서 모든 시민이 직접 정치에 참여할 수 있었어.

국정 운영에 필요한 공직자는 추첨제나 윤번제로 선출하였기 때문에 아테네 시민이라면 누구나 공직에 참여할 수 있었어.

기구	의미 및 기능
민회	모든 시민이 모여 국가의 주요 정책을 결정한 최고 의결 기구
평의회	민회에서 토론할 안건들을 협의하고 민회에서 결정된 내용을 실행하는 행정 기구
시민 법정	시민 중에서 추첨을 통해 선정된 배심원이 재판에 참여하여 판결을 내리는 사법 기구
도편 추방제	민주주의에 위협이 되는 인물의 이름을 조개껍질이나 도자기 파편에 적는 방식으로 투표를 진행하여 6,000표 이상을 얻은 시민을 10년간 국외로 추방하는 제도

자료 ❷ 민주주의의 재등장을 가져온 근대 시민 혁명

주권이 국민에게 있고 주권의 운영이 국민의 의사에 따라 이루어지는 나라를 말해.

시민 혁명	국가	주요 문서	의의
명예혁명	영국(1688)	권리 장전	의회 정치와 입헌주의 전통 확립
독립 혁명	미국(1776)	독립 선언	• 최초의 민주 공화국 수립 • 국민이 대통령 선출
프랑스 혁명	프랑스(1789)	인권 선언	자유와 평등을 보장하기 위한 제도 규정

영국에서는 국왕의 전제 정치에 반대하여 의회를 중심으로 명예혁명이 일어났고 그 결과 국왕이 권리 장전을 수용하였다. 권리 장전에는 의회의 동의 없이는 법을 만들거나 세금을 부과하는 일을 왕 마음대로 할 수 없다는 내용이 담겨 있다. 미국에서는 영국의 부당한 식민 지배에 저항하여 독립 혁명이 일어났고 그 결과 독립 선언이 공포되었다. 독립 선언에는 의회의 동의 없이 세금을 부과할 수 없다는 내용이 담겨 있다. 프랑스에서는 왕과 귀족의 지배에 대항하여 시민들이 자신의 자유와 권리를 지키기 위한 혁명을 일으켰고, '인간은 자유롭고 평등한 권리를 가지고 태어났다'는 내용을 담은 인권 선언을 발표하였다.

자료 ❸ 헌법으로 확인하는 민주주의의 원리

제1조 ① 대한민국은 민주 공화국이다.
② 대한민국의 주권은 국민에게 있고, 모든 권력은 국민으로부터 나온다.

주권이란 국가의사를 결정하는 최고 권력을 의미해.

▲ 국민 주권의 원리

제72조 대통령은 필요하다고 인정할 때에는 외교·국방·통일 기타 국가 안위에 관한 중요 정책을 국민 투표에 부칠 수 있다.

▲ 국민 자치의 원리

제69조 …… "나(대통령)는 헌법을 준수하고 …… 성실히 수행할 것을 국민 앞에 엄숙히 선서합니다."

헌법은 국가의 모든 법의 체계적 기초이자 국가 운영 원리를 정한 근본법으로, 한 국가의 최고 법규야.

▲ 입헌주의의 원리

제40조 입법권은 국회에 속한다.
제66조 ④ 행정권은 대통령을 수반으로 하는 정부에 속한다.
제101조 ① 사법권은 법관으로 구성된 법원에 속한다.

▲ 권력 분립의 원리

대표 문제로 실력 쌓기

● 바른답·알찬풀이 13쪽

>> 민주주의의 발전 과정 [선택지 하나 더]

1 고대 아테네 민주주의의 특징으로 옳지 않은 것은?
① 직접 민주주의가 이루어졌다.
② 보통 선거 제도가 확립되었다.
③ 시민의 자격이 성인 남성에게만 주어졌다.
④ 노예, 여성, 외국인은 정치에 참여할 수 없었다.
⑤ 공직은 시민이 추첨이나 윤번에 따라 돌아가면서 맡았다.
⑥ 모든 시민이 민회에 모여 국가 정책을 논의하고 결정하였다.

이것만은 꼭 기억하자! 고대 아테네에서는 직접 민주주의가 이루어졌지만, 정치에 참여할 수 있는 시민권이 성인 남성에게만 주어지고 노예, 여성, 외국인에게는 주어지지 않은 제한적 민주주의라는 한계가 있었어.
✈ 56쪽 02번, 65쪽 07번 문제도 풀어 보자!

>> 민주주의의 기본 원리

2 헌법 조항 (가), (나)에 가장 잘 드러난 민주주의의 기본 원리를 바르게 연결한 것은?

(가) 제1조 ② 대한민국의 주권은 국민에게 있고, 모든 권력은 국민으로부터 나온다.
(나) 제69조 …… "나(대통령)는 헌법을 준수하고 …… 성실히 수행할 것을 국민 앞에 엄숙히 선서합니다."

	(가)	(나)
①	국민 주권의 원리	입헌주의의 원리
②	국민 주권의 원리	국민 자치의 원리
③	국민 자치의 원리	권력 분립의 원리
④	권력 분립의 원리	입헌주의의 원리
⑤	권력 분립의 원리	국민 자치의 원리

이것만은 꼭 기억하자! 국민 주권의 원리란 국가의 의사를 결정하는 최고 권력인 주권이 국민에게 있다는 원리이고, 입헌주의의 원리란 헌법에 따라 국가기관을 구성하고 권력을 행사해야 한다는 원리야.
✈ 57쪽 09번, 66쪽 13번 문제도 풀어 보자!

실력 다지기

01 민주주의의 발전 과정에서 일어난 (가)~(라) 사건들을 순서대로 바르게 나열한 것은?

> (가) 보통 선거 제도가 확립되었다.
> (나) 노동자, 여성, 흑인을 중심으로 참정권 운동이 일어났다.
> (다) 시민들이 왕과 귀족의 지배에 맞서 자유와 권리를 주장하는 혁명을 일으켰다.
> (라) 국가 운영비 증가에 따른 세금 인상 안건을 논의하고 결정하기 위해 민회가 소집되었다.

① (나)-(가)-(다)-(라)   ② (나)-(다)-(가)-(라)
③ (다)-(라)-(나)-(가)   ④ (라)-(나)-(다)-(가)
⑤ (라)-(다)-(나)-(가)

중요✦
02 고대 아테네 민주주의에 관한 설명으로 옳지 <u>않은</u> 것은?

① 모든 시민이 정치에 참여하였다.
② 공직자는 윤번을 통해 선출하기도 하였다.
③ 여성이나 노예는 정치에 참여할 수 없었다.
④ 민회에는 추첨을 통해 선출된 소수의 시민만 참여할 수 있었다.
⑤ 그 당시 아테네는 영토 크기가 작고 인구수가 적어 직접 민주주의가 가능하였다.

03 ㉠에 들어갈 용어로 옳은 것은?

> 근대 사회에서는 왕과 귀족이 중심이 되어 나라를 다스렸다. 그러다 상공업을 통해 부를 축적한 시민들이 자유와 권리의 보장을 주장하며 시민 혁명을 일으켰고, 그 결과 민주주의가 역사에 다시 등장하였다. 그러나 고대 아테네와 달리 영토의 규모가 크고 인구가 많아 모든 시민이 정치에 참여하기에는 어려움이 많았다. 이에 시민이 뽑은 대표가 정치를 담당하는 (㉠)이/가 시행되었다.

① 독재 정치   ② 전제 정치
③ 직접 민주주의   ④ 전자 민주주의
⑤ 간접 민주주의

고난도
04 근대 시민 혁명 사례와 혁명 과정에서 발표된 주요 문서를 정리한 것이다. 이에 관한 설명으로 옳지 <u>않은</u> 것은?

> **17~18세기 시민 혁명과 주요 문서**
> • 영국 명예혁명 - 권리 장전
> • 미국 독립 혁명 - 독립 선언
> • 프랑스 혁명 - 인권 선언

① 영국의 명예혁명은 국왕의 전제 정치에 반대하여 일어났다.
② 미국에서는 영국의 식민 지배에 찬성하여 독립 혁명이 일어났다.
③ 자연권 사상, 사회 계약설 등이 시민 혁명의 사상적 기반이 되었다.
④ 프랑스에서는 인권 선언을 통해 시민들의 자유와 평등을 보장하고자 하였다.
⑤ 시민 혁명 이후에도 성별, 재산을 기준으로 한 참정권의 제한은 없어지지 않았다.

중요✦
05 현대 민주주의에 관한 옳은 설명을 <보기>에서 고른 것은?

> ┤ 보기 ├
> ㄱ. 간접 민주주의를 기본으로 한다.
> ㄴ. 일정 나이 이상의 모든 국민이 선거에 참여하는 보통 선거가 실시된다.
> ㄷ. 모든 시민이 국회에 모여 정치에 참여하는 직접 민주주의가 이루어진다.
> ㄹ. 성별, 신분, 재산 등을 기준으로 정치 참여가 제한되는 제한적 민주주의이다.

① ㄱ, ㄴ   ② ㄱ, ㄷ   ③ ㄱ, ㄹ
④ ㄴ, ㄹ   ⑤ ㄷ, ㄹ

06 ⊙에 들어갈 용어로 옳은 것은?

> 민주주의의 가장 근본이 되는 이념인 (⊙)(이)란 모든 사람은 인간이라는 이유로 존중받을 가치가 있다는 것이다.

① 자유　　　　　② 평등
③ 선거권　　　　④ 국민 자치
⑤ 인간의 존엄성

07 적극적 자유에 해당하는 것을 <보기>에서 고른 것은?

> ┤ 보기 ├
> ㄱ. 정책 결정에 참여할 수 있는 자유
> ㄴ. 자기 생각과 의견을 표현할 수 있는 자유
> ㄷ. 국가로부터 부당한 간섭을 받지 않을 자유
> ㄹ. 국가에 인간다운 삶을 요구할 수 있는 자유

① ㄱ, ㄴ　　② ㄱ, ㄹ　　③ ㄴ, ㄷ
④ ㄴ, ㄹ　　⑤ ㄷ, ㄹ

중요
08 평등에 관한 설명으로 옳지 않은 것은?

① 보통 선거 제도는 형식적 평등을 실천한 사례이다.
② 모든 사람이 차별받지 않고 동등하게 대우받는 것이다.
③ 현대 사회에서는 형식적 평등을 지양하고 실질적 평등을 지향한다.
④ 개개인의 차이를 고려하여 다르게 대우하는 것은 실질적 평등의 실천이다.
⑤ 재산이 많은 사람이든 적은 사람이든 범죄를 저지르면 법의 심판을 받는 것은 형식적 평등의 실현이다.

09 ⊙, ⓒ에 들어갈 용어를 바르게 연결한 것은?

> 민주주의 기본 원리 중 국민 (⊙)의 원리는 국가 의사를 결정하는 최고 권력인 (⊙)이/가 국민에게 있다는 것이고, 입헌주의의 원리는 (ⓒ)에 따라 국가기관을 구성하고 권력을 행사해야 한다는 것이다.

	⊙	ⓒ		⊙	ⓒ
①	자치	헌법	②	자치	법률
③	주권	헌법	④	주권	법률
⑤	주권	조례			

서술형
10 ⊙에 들어갈 알맞은 용어를 쓰고, ⓒ의 영향을 구체적으로 서술하시오.

> 근대 시민 혁명 이후 역사에서 사라졌던 민주주의가 다시 등장하였다. 하지만 여성, 노동자, 흑인은 여전히 (⊙)을/를 갖지 못하였다. 이에 여성, 노동자, 흑인을 중심으로 ⓒ(⊙) 운동이 계속되었다.

서술형
11 다음 헌법 조항들로 확인할 수 있는 민주주의의 기본 원리를 쓰고, 그 의의를 서술하시오.

> **헌법**
> 제40조　입법권은 국회에 속한다.
> 제66조　④ 행정권은 대통령을 수반으로 하는 정부에 속한다.
> 제101조　① 사법권은 법관으로 구성된 법원에 속한다.

주제 09 현대 민주주의의 과제와 발전 노력

이 주제의 **학습 목표**
현대 민주주의의 특징과 한계에 대한 이해를 바탕으로 발전 과제를 파악하고, 우리나라 민주주의의 발전을 위한 제도와 시민의 역할을 알아 두자.

+ **정치적 무관심(政 정사, 治 다스리다, 的 과녁, 無 없다, 關 관계하다, 心 마음)**
주권자인 시민이 정치 문제와 현상에 관심을 보이지 않는 것

+ **공청회(公 공평하다, 聽 듣다, 會 모이다)**
국가기관이나 공공 단체가 중요 정책이나 법률안 등을 심의하기 전에 국민이나 전문가 등으로부터 의견을 듣는 제도

+ **조례(條 법규, 例 규정)**
지방 자치 단체가 법령의 범위 안에서 지방 의회의 의결을 거쳐 그 지방의 사무에 관하여 제정한 법

+ **공론장(公 공평하다, 論 논하다, 場 마당)**
여러 사람이 함께 의논할 수 있는 장소나 환경으로, 시민이 합리적 토론을 통해 공공 문제에 관한 사회적 합의를 만들어 가는 자리

1 현대 민주주의의 특징과 과제

(1) 현대 민주주의의 특징
① 간접 민주주의(대의 민주주의, 대의제)를 기본으로 함 → 국민의 대표를 뽑는 선거로 시민의 의사를 확인하고 대표를 통해 그 뜻을 실현함

채택 이유	• 한 국가의 영토와 인구 규모가 확대되어 모든 시민이 한자리에 모이기 어려움 • 토론과 결정에 많은 시간과 비용이 듦 • 구성원들의 이해관계와 요구가 복잡해지고 전문화됨에 따라 정책 논의 및 결정 과정에 전문성을 갖춘 사람이 필요해짐
의의	거대하고 복잡한 현대 사회에서 국민 주권의 원리와 국민 자치의 원리를 실현하는 적합한 방법임

② 직접 민주주의 요소를 일부 도입하여 간접 민주주의의 약점을 보완하고 있음

(2) 현대 민주주의의 한계
① 국민의 뜻이 대표자를 통해 간접 전달되어 정치에 정확히 반영되지 못할 수 있음
② 대표자가 모든 직업, 지역, 계층, 세대별 의견을 고르게 대표하기 어려움
③ 선거 참여 외에는 시민의 의사를 직접 표현할 수 있는 정치 참여 수단과 방법이 제한되어 있음 → +정치적 무관심 증대 → 국민 자치의 원리 훼손 **자료❶**
④ 수준 낮은 참여의 증가

(3) 현대 민주주의의 과제
① 대의제의 한계를 보완하여 국민의 뜻에 충실한 민주주의를 실현해 나가야 함
② 정치에 대한 시민의 관심과 질 높은 참여를 증대해야 함
③ 사회적 약자의 권리와 공동체 구성원의 삶의 질을 향상시키기 위해 노력해야 함

2 우리나라 민주주의의 발전 방안

(1) 제도적 노력
① 언론의 자유와 집회·결사의 자유를 보장하고 +공청회 같은 시민 참여 제도를 운영함
② 직접 민주주의 요소를 일부 도입함 **자료❷**

국민 투표	헌법 개정 등 국가의 중대한 사항을 국민이 직접 투표로 결정하는 제도
주민 발안	지역에 필요한 +조례의 제정, 개정 또는 폐지를 지역 주민이 직접 제안하는 제도
주민 소환	주민 대표로 선출된 공직자가 직무를 잘 수행하지 못하거나 문제를 일으킬 경우 투표를 통해 해임하는 제도

③ +공론장의 활성화 → 공청회, 주민 설명회 등을 통해 시민의 다양한 목소리를 충분히 반영하고자 함
④ 전자 민주주의의 확대 → 온라인 투표, 사이버 국회, 전자 공청회 등 정보 통신 기술을 적극 활용하여 정책 정보의 공유와 여론 수렴이 이루어지고 있음 **자료❸**
⑤ 숙의 민주주의의 활용 → 다양한 분야의 여러 사람이 모여 충분히 의논하여 결정함

(2) 시민의 역할
① 공동체의 문제에 관심을 가지고 적극적으로 참여하려는 자세와 문제 해결을 위한 합리적인 의사 결정 능력을 길러야 함
② 주권의 행사인 선거는 물론 진정, 청원 등을 통해서도 자신의 뜻을 밝히고, 뜻을 같이하는 정당, 이익 집단, 시민단체 활동을 통해서도 정치에 참여할 수 있음 → 여론의 형성 및 전달, 입법 요구, 정책 대안 제시 등의 역할을 수행함
③ 공론장에 적극 참여하고 서로 존중하며 사익과 공익의 조화를 이루어야 함
④ 참여를 통해 정치권력을 감시하고 통제함으로써 스스로 자유와 권리를 지킬 수 있음

개념 확인 문제

● 바른답·알찬풀이 14쪽

1 다음 설명이 맞으면 ○표, 틀리면 ×표를 하시오.
(1) 대부분 현대 국가는 대의제를 채택한다.
( )
(2) 민주주의의 발전을 위해 시민은 대표가 선출된 후에는 주권자로서의 주인 의식을 버려야 한다. ( )

2 다음 괄호 안의 내용 중 옳은 것에 ○표를 하시오.
(1) 현대 민주주의가 지닌 대의제의 한계는 (간접 민주주의, 직접 민주주의) 요소를 부분적으로 도입하여 보완할 수 있다.
(2) 민주주의의 발전을 위해서는 시민들의 (소극적, 적극적) 참여가 필요하고, 시민은 사익과 공익을 (조화롭게, 배척되게) 추구해야 한다.

꼭 나오는 자료

자료 ❶ 정치적 무관심의 증대

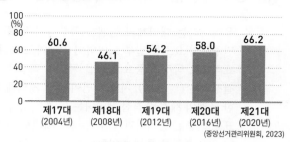

100 (%)
80
60.6
46.1
54.2
58.0
66.2

| 제17대 (2004년) | 제18대 (2008년) | 제19대 (2012년) | 제20대 (2016년) | 제21대 (2020년) |

(중앙선거관리위원회, 2023)

▲ **국회의원 선거 투표율 변화**

시민들이 정치에 관심을 가지지 않으면 국가 권력에 대한 감시와 비판도 소홀해지기 때문이야.

그래프는 역대 국회의원 선거 투표율을 나타낸다. 위 그래프에서 알 수 있듯이 우리나라 국회의원 선거 투표율은 대체로 낮은 편이다. 이처럼 시민들의 정치 참여도가 낮고 정치에 무관심한 것은 현대 민주주의의 한계 중 하나이다. 시민들의 의사가 정치에 제대로 반영되지 않거나 다수의 정책 실패에 대한 실망, 정치 외에도 관심을 쏟을 다양한 흥밋거리들의 존재 등이 정치적 무관심 문제가 나타나는 원인이다. 국민이 정치에 관심을 가지지 않으면 대표자는 국정 운영에 있어서 국민의 이익을 소홀히 하고 권력을 남용할 가능성이 커진다. 민주주의가 발전하기 위해서는 시민들의 정치적 관심 및 참여가 반드시 필요하다.

자료 ❷ 직접 민주주의 요소와 우리나라의 부분적 도입

제도	내용	도입 여부
국민 투표	국가의 중대한 사항을 국민이 직접 투표로 결정함	○
국민 발안	일정 수 이상의 국민이 헌법 개정안이나 법률안을 직접 국회에 제안함	×
국민 소환	선거로 뽑은 공직자를 임기가 끝나기 전에 국민의 투표로 그만두게 함	×
주민 투표	지역의 중요한 사항을 주민이 직접 투표로 결정함	○
주민 발안	지역 주민이 직접 그 지역에 필요한 조례의 제정, 개정 또는 폐지를 제안함	○
주민 소환	지방 선거로 뽑은 공직자를 임기가 끝나기 전에 주민의 투표로 그만두게 함	○

자료 ❸ 전자 민주주의

전자 민주주의의 등장과 활용으로 대의제가 지닌 한계를 보완할 수 있게 된 거야.

정보 통신 기술이 발달하면서 사람들은 시간과 공간의 제약 없이 정치에 참여할 수 있게 되었다. 사람들은 인터넷에 연결함으로써 정치와 관련된 정보를 손쉽게 습득하고, 서로의 생각과 의견을 나누고 모아 여론을 형성하며, 온라인 투표나 사이버 국회 또는 전자 공청회 등에도 참여한다. 이처럼 시민이 정보 통신 기술을 활용하여 정치에 참여하는 것을 전자 민주주의라고 한다. 오늘날에는 다양한 정보 매체를 통해 정책 결정에 영향을 미치고 권력을 감시 및 통제함으로써 국민 주권의 원리와 국민 자치의 원리를 실현할 수 있다.

대표 문제로 실력 쌓기

● 바른답·알찬풀이 14쪽

≫ 현대 민주주의의 한계 [선택지 하나 더]

1 현대 민주주의의 한계로 적절한 것은?

① 인간의 존엄성이 부정된다.

② 보통 선거가 도입되지 않았다.

③ 정치적 무관심이 커질 수 있다.

④ 재산이 일정 정도 이하인 국민에게는 참정권이 제한된다.

⑤ 대표자가 필요하다고 판단할 때마다 국민의 기본권을 제한할 수 있다.

⑥ 모든 국민의 참여로 결정이 이루어지기 때문에 오래 걸리고 비용도 많이 든다.

> **이것만은 꼭 기억하자!** 현대 민주주의는 국민의 뜻이 대표자를 통해 간접적으로 정책에 반영되는 대의제를 기반으로 하고 있어서 선거할 때 외에는 국민이 정치를 멀리하기가 쉬워. 하지만 그럴수록 관심을 가지고 참여하려고 노력해야 민주주의가 발전할 수 있어.
> ◈ 60쪽 02번, 67쪽 24번 문제도 풀어 보자!

≫ 전자 민주주의의 등장과 활용

2 정보 통신 기술의 발달이 현대 민주주의에 가져온 변화로 옳지 않은 것은?

① 보통 선거 제도가 확립되었다.

② 인터넷상에서 여론을 형성할 수 있다.

③ 언제 어디에서든 정치에 참여할 수 있다.

④ 시민들이 정치에 참여하는 방안이 다양해졌다.

⑤ 정책 결정 과정, 영향 등에 관한 정보를 쉽게 얻을 수 있다.

> **이것만은 꼭 기억하자!** 정보 통신 기술이 발달하면서 시민들은 인터넷을 통해 정치에 참여할 수 있게 되었어. 이처럼 정보 통신 기술은 대의제의 한계를 보완하는 수단으로 활용되고 있어.
> ◈ 60쪽 03번, 66쪽 18번 문제도 풀어 보자!

01 현대 민주주의의 특징을 <보기>에서 고른 것은?

┌─ 보기 ┐
ㄱ. 시민이 선출한 대표가 정치를 담당한다.
ㄴ. 정치적 무관심 문제가 나타나기도 한다.
ㄷ. 보통 선거 제도가 확립되지 않아 선거권이 없는 시민도 있다.
ㄹ. 오늘날에는 국가의 영토가 커진 데 반해 인구수가 적어 직접 민주주의를 실현하는 데 어려움이 있다.
└─────────┘

① ㄱ, ㄴ   ② ㄱ, ㄷ   ③ ㄴ, ㄷ
④ ㄴ, ㄹ   ⑤ ㄷ, ㄹ

중요✦
02 현대 민주주의의 한계에 대한 설명으로 옳지 <u>않은</u> 것은?

① 정치적 무관심 문제가 심해질 수 있다.
② 국민의 뜻이 정치에 정확하게 반영되지 못할 수 있다.
③ 보통 선거 제도가 확립되지 않은 제한적 민주주의이다.
④ 대표자가 모든 지역, 세대별 의견을 고르게 대표하기 어렵다.
⑤ 선거 참여 외에 정치에 참여할 수 있는 수단과 방법이 제한적이다.

03 ㉠에 들어갈 용어로 옳은 것은?

정보 통신 기술이 발달하면서 민주주의에도 새로운 변화가 나타났다. 시민들이 인터넷을 이용해 온라인 투표, 청원 등의 방법으로 정치에 참여하는 (㉠)이/가 등장한 것이다. 이에 따라 시민들의 정치 참여 방안은 점점 더 다양해지고 있다.

① 공청회   ② 공론장
③ 입헌주의   ④ 직접 민주주의
⑤ 전자 민주주의

04 ㉠~㉢에 들어갈 용어를 바르게 연결한 것은?

우리나라는 대의제의 한계를 극복하기 위해 직접 민주주의 요소를 일부 도입하여 시행하고 있다. 대표적으로 국정의 중요 사항을 국민이 직접 투표로 결정하는 (㉠), 지역 주민이 해당 지역에 필요한 조례의 제정을 직접 제안하는 (㉡), 주민 대표로 선출된 공직자가 업무 수행을 제대로 하지 못할 경우 투표를 통해 해임하는 (㉢) 등이 있다.

	㉠	㉡	㉢
①	국민 투표	주민 발안	주민 소환
②	국민 투표	주민 소환	주민 발안
③	주민 발안	국민 투표	주민 소환
④	주민 발안	주민 소환	국민 투표
⑤	주민 소환	국민 투표	주민 발안

고난도
05 현대 민주주의에서 대의제를 채택한 배경에 관하여 옳은 설명을 한 학생을 고른 것은?

영희: 국가의 권력 남용을 감시하고 비판하고자 하였어.
민수: 기존에 선거권을 갖지 못한 여성, 노동자, 농민의 참정권을 보장하기 위함이야.
철용: 거대하고 복잡한 현대 사회에서는 대의제가 국민 자치를 실현하는 적합한 방법이야.
민영: 현대 국가에서는 시간과 비용의 문제로 모든 시민이 정치에 직접 참여하기란 거의 불가능해.

① 영희, 민수   ② 영희, 철용   ③ 민수, 철용
④ 민수, 민영   ⑤ 철용, 민영

06 (가)에 들어갈 말로 적절하지 <u>않은</u> 것은?

> 우리나라의 민주주의는 _____(가)_____ 위해서 끊임없이 발전할 필요가 있다.

① 직접 민주주의를 시행하기
② 정치인들의 권력 남용을 방지하기
③ 대의제에서 나타나는 한계를 극복하기
④ 국민의 정치적 무관심 문제를 해결하기
⑤ 국민의 뜻에 충실한 민주주의를 실현하기

07 민주주의의 발전을 위한 시민의 역할로 옳지 <u>않은</u> 것은?

① 시민은 주권자로서 주인 의식을 함양한다.
② 국회의원 선거에 관심을 가지고 투표에 참여한다.
③ 공익보다 자신의 이익이 먼저 실현될 수 있도록 노력한다.
④ 시민단체에 가입하여 국가 권력이 남용되고 있지는 않은지 감시한다.
⑤ 자신이 추구하는 이념, 이상과 함께하는 정당에 가입하여 정당원으로서 활동한다.

08 (가)에 들어갈 알맞은 용어는?

> _____(가)_____
> • 의미: 여러 사람이 함께 의논할 수 있는 장소나 환경으로, 시민이 합리적 토론을 통해 공공 문제에 관한 사회적 합의를 만들어 가는 자리

① 국회   ② 대의제
③ 공론장   ④ 국민 투표
⑤ 주민 소환

09 민주주의 발전을 위한 제도적 측면의 방안을 바르게 제시한 학생을 고른 것은?

> 준수: 공청회 같은 공론장을 많이 마련해야 해.
> 민지: 인터넷을 활용한 정치 참여는 지양해야 해.
> 유빈: 집회 및 결사의 자유를 보장해 국민의 정치적 참여를 활성화해야 해.
> 규현: 사람들 사이의 대립과 갈등을 막으려면 토론의 장을 소극적으로 운영하는 것이 바람직해.

① 준수, 민지   ② 준수, 유빈   ③ 민지, 유빈
④ 민지, 규현   ⑤ 유빈, 규현

서술형

10 ㉠에 들어갈 알맞은 말을 쓰고, 그로 인한 문제점을 서술하시오.

> 현대 민주주의는 시민이 선출한 대표자가 국가를 운영하는 대의제를 채택하였다. 이 경우 선거 참여 외에는 정치 참여 수단 및 방법이 제한되어 있어 시민이 정치 문제나 정치 현상에 관심을 보이지 않는 (㉠) 문제가 커질 수 있다.

서술형

11 민주주의가 발전하려면 시민의 적극적 참여가 필요한 이유를 서술하시오.

IX 단원 표와 자료로 정리하기 (한 번 더)

주제 07 정치의 역할과 민주주의의 필요성

정치	의미 자료❶	좁은 의미	국가와 관련하여 (❶　　　)을 획득·유지·행사하는 것
		넓은 의미	일상생활의 대립과 갈등을 해결해 나가는 모든 활동
	역할		• 공동체의 문제 해결 • 사회 안정 및 질서 유지 • 공동체의 발전 방향 제시
민주주의	의미 자료❷	정치 형태	(❷　　　)의 시민이 국가를 다스리는 정치 형태
		생활양식	일상생활 속 문제를 민주적으로 해결하는 생활양식 → 배려와 관용, 대화와 타협, 다수결의 원칙과 (❸　　　) 의견 존중, 비판적 태도, 공동체 의식과 주인 의식
	필요성		• 소수의 권력 독점 및 남용 제한 • 국민의 정치 참여 보장 → 기본권 보장 • 사회 갈등을 민주적으로 해결하는 문화 형성

자료❶ 정치의 의미

▲ 국회 본회의　　　▲ 학급 회의

⬆ 법을 제정하거나 개정하기 위한 국회의 본회의, 국정 운영 방안을 의논하기 위한 국무회의와 같은 정치인들의 활동은 (❹　　　) 의미의 정치에 해당한다.
⬆ 가족여행 계획을 의논하는 가족회의, 학급 체험 학습 장소를 정하기 위한 학급 회의, 근로 조건 합의를 위한 사용자와 노동자 간의 협상 등은 (❺　　　) 의미의 정치에 해당한다.

자료❷ 정치 형태로서의 민주주의와 생활양식으로서의 민주주의

▲ 국민의 대표에 의한 정책 결정

◀ (❻　　　)로서의 민주주의는 주권을 가진 국민이 정치에 참여하여 공동체의 문제를 해결하는 모습으로 나타난다.

▶ 일상생활에서 발생하는 여러 가지 문제를 자유와 평등을 바탕으로 민주적으로 해결하는 것은 (❼　　　)으로서의 민주주의이다.

▲ 토론을 통한 의사 결정

주제 08 민주주의의 발전 과정과 원리

1. 민주주의의 발전 과정

고대 아테네 민주주의	직접 민주주의	• 모든 시민이 (❶　　　)에 모여 국가의 중요 정책을 직접 결정함 자료❸ • 행정 업무나 재판을 담당하는 공직은 추첨이나 (❷　　　)에 따라 시민이 돌아가면서 맡음
	한계	시민권이 (❸　　　)에게만 주어짐 → 노예, 여성, 외국인의 정치 참여를 제한함
근대 민주주의	등장 배경	시민들이 왕과 귀족에 대항해 자유와 권리의 보장을 주장하며 시민 혁명을 일으킴 자료❹
	간접 민주주의 (대의제)	영토가 크고 인구수가 많아 직접 민주주의를 실현하는 데 어려움이 있어 시민이 선출한 대표가 국가를 다스리는 대의제가 보편화함
	한계	(❹　　　)이 있는 성인 남성에게만 참정권이 주어짐 → 여성, 노동자, 농민의 정치 참여를 제한함
현대 민주주의	등장 배경	노동자, 여성, 흑인이 (❺　　　)을 통해 점차 선거권을 획득함
	특징	국가 대부분이 일정한 나이 이상의 모든 국민에게 제한 없이 선거권을 부여하는 (❻　　　) 제도를 확립함

자료❸ 고대 아테네의 직접 민주주의

▲ 고대 아테네의 민회

◀ 고대 아테네에서는 모든 시민이 정치에 참여하는 (❼　　　) 민주주의가 시행되었다. 모든 시민은 민회에 모여 국가의 중요 정책을 의논하고 결정하였다.

자료❹ 시민 혁명과 근대 민주주의

▲ 미국 독립 혁명　　　▲ 프랑스 혁명

⬆ 영국의 시민들은 왕과 귀족 중심의 전제 정치에 반대하여 의회를 중심으로 (❽　　　)을 일으켰고, 그 결과 의회 정치와 입헌주의의 전통을 확립하였다.
⬆ 미국에서는 영국의 부당한 식민 지배에 저항해 (❾　　　)이 일어났고, 그 결과 최초의 민주 공화국이 수립되었다.
⬆ 프랑스에서는 시민들이 왕과 귀족의 지배에 대항해 (❿　　　)을 일으켰고, 그 결과 인간의 자유와 평등의 보장을 약속한 인권 선언이 발표되었다.

2. 민주주의의 이념과 기본 원리

이념	인간의 존엄성		모든 사람은 인간이라는 이유로 존중받을 가치가 있다는 것 → 민주주의의 근본이념
	자유 자료5		외부의 간섭 없이 스스로 판단하여 행동하는 것
		소극적 자유	(⑪)의 부당한 간섭을 받지 않을 자유
		적극적 자유	· 국가의 정책 결정에 참여할 수 있는 자유 · 국가에 인간다운 삶을 요구할 수 있는 자유
	평등		모든 사람이 성별, 인종, 종교, 재산 등에 의해 차별받지 않고 동등하게 대우받는 것
		형식적 평등	(⑫)의 균등, 법 앞에서의 평등
		실질적 평등	개개인의 선천적·후천적 (⑬)를 고려해 약자를 적극적으로 배려하는 것
기본 원리 자료6	국민 주권의 원리		국가 의사를 결정하는 최고 권력인 주권이 국민에게 있다는 원리
	국민 자치의 원리		(⑭)을 가진 국민이 스스로 나라를 다스려야 한다는 원리
	입헌주의의 원리		(⑮)에 따라 국가기관을 구성하고 권력을 행사해야 한다는 원리
	권력 분립의 원리		국가 권력을 서로 독립된 기관이 나누어 맡도록 하는 원리

자료5 민주주의 이념의 실현

◀ 현대 민주주의 국가에서는 경찰이 범죄가 의심되는 사람을 체포할 때 체포의 이유, 변호인의 도움을 받을 권리, 진술을 거부할 수 있는 권리 등을 미리 알려 주어야 한다. 이는 강압적 수사로 개인의 권리가 침해당하지 않도록 하기 위함이며, 이는 곧 민주주의 이념 중 (⑯   )를 보장하고자 함이다.

자료6 민주주의 기본 원리의 실현

▲ 국민 주권의 원리

▲ ◆◆군 주민 투표 개표
▲ 국민 자치의 원리

헌법
▲ 입헌주의의 원리

대한민국 국회
▲ (⑰   )의 원리

🔺 국민이 직접 뽑은 대표자가 국가 의사를 결정한다.
🔺 대의제와 더불어 국민 투표, 주민 투표 등을 통해 국민 자치의 원리를 실현한다.
🔺 국가 권력은 헌법을 준수하고 헌법에 규정된 국민의 기본권을 보장해야 한다.
🔺 입법부(국회)는 법률의 제정을, 행정부(정부)는 법률의 집행을, 사법부(법원)는 법률의 적용을 각각 담당한다.

주제09 현대 민주주의의 과제와 발전 노력

현대 민주주의의 특징과 과제	대의제	의미	국민에 의해 선출된 (❶)가 국가를 운영함
		채택 배경	거대하고 복잡한 현대 국가에서 직접 민주주의의 대안으로 대의제가 보편화됨
		의의	선거로 국민이 대표자 선출 → 국민 주권의 원리와 국민 자치의 원리 실현
		한계	· 국민의 뜻이 대표자를 통해 간접적으로 전달되어 정치에 정확히 반영되지 못할 수 있음 · 대표자가 모든 직업, 지역, 계층, 세대별 의견을 고르게 대표하기 어려움 · 선거 참여 외 정치 참여 수단이 제한적 → 정치적 (❷) 증대
	과제		· 대의제의 한계를 보완하여 국민의 뜻에 충실한 민주주의 실현 · 정치에 대한 시민의 관심과 질 높은 참여 증대 · 사회적 약자의 권리 보장과 공동체 구성원의 삶의 질 향상
우리나라 민주주의의 발전 방안	제도적 노력		· 언론의 자유와 집회·결사의 자유 보장 · (❸) 민주주의 요소의 부분적 도입 예 국민 투표, 주민 발안, 주민 소환 · 공론장의 활성화 자료7 · 전자 민주주의의 확대 자료8 · 숙의 민주주의 활용
	시민의 역할		· 정치 참여 자세와 합리적 의사 결정 능력 함양하기 · 선거, 진정, 청원 등에 참여하기 · 정당, 이익 집단, 시민단체 등에 가입하여 활동하기 · 사익과 공익의 조화 추구하기 · 적극적 정치 참여로 정치권력을 감시하고 통제하기

자료7 공론장

◆◆군 예산 주민 토론회

◀ 공론장이란 시민이 합리적 토론을 통해 공공 문제에 관한 (❹   )를 만들어 가는 자리이다. 이를 통해 시민의 다양한 목소리가 정책 결정 과정에 더 잘 전달될 수 있다.

자료8 전자 민주주의

🔺 정보 통신 기술이 발달하면서 이를 활용한 온라인 투표, 사이버 국회, 전자 공청회 등을 통해 정책 정보를 공유하고 여론을 수렴하는 전자 민주주의가 확대되고 있다. 전자 민주주의는 시민들이 시간과 공간의 제약 없이 정치에 참여할 수 있게 함으로써 (❺   )의 한계를 보완한다.

IX 단원 실력 굳히기

① 정치와 민주주의

[01-02] 그림은 사회 개념 ㉠을 도식화한 것이다. 물음에 답하시오.

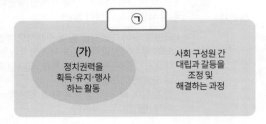

01 ㉠에 들어갈 알맞은 용어는?

① 법   ② 사회   ③ 종교
④ 문화   ⑤ 정치

02 (가)에 해당하는 사례로 가장 적절한 것은?

① 지역 주차 문제 해결을 위한 주민 회의
② 자리 배정 방법을 정하기 위한 학급 회의
③ 플라스틱 사용 감축을 호소하는 시민운동
④ 전세 사기 관련 법률 제정을 위한 국회 본회의
⑤ 노동자와 사용자 간 임금 협상을 위한 노사 회의

03 (가)에 들어갈 말로 옳지 <u>않은</u> 것은?

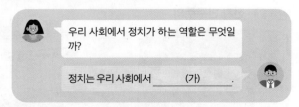

우리 사회에서 정치가 하는 역할은 무엇일까?

정치는 우리 사회에서 _____ (가) _____ .

① 구성원 간 대립 현상을 극대화해
② 여러 사회문제의 해결 방안을 제시해
③ 사회에서 발생하는 다양한 갈등을 조정해
④ 공동체가 지향해야 할 가치와 목표를 제시해
⑤ 여러 사안에 관한 공동의 합의와 노력을 이끌어 내

[04-05] 다음 자료를 보고 물음에 답하시오.

> (가) 정치 형태로서의 민주주의
> (나) 생활양식으로서의 민주주의

04 (가), (나)에 대한 설명으로 옳은 것은?

① (가)는 왕과 귀족이 다스리는 정치 형태이다.
② (가)는 국민이 국가의 주인이 되는 정치 형태이다.
③ (가)는 국가 권력이 소수에 집중되는 정치 형태이다.
④ (나)는 구성원 간의 문제를 강압적으로 해결하는 방법이다.
⑤ (나)는 일상생활 속 자유와 평등을 제한하는 것을 의미한다.

05 (나)의 사례로 적절하지 <u>않은</u> 것은?

① 나와 다른 의견을 인정하고 존중하다.
② 충분한 토론을 거쳐 합리적 대안을 마련한다.
③ 선거를 통해 국회의원을 선출하여 국회를 구성한다.
④ 다수결의 원칙에 따라 결정하되 소수 의견을 존중한다.
⑤ 논리적 근거로 옳고 그름을 판단하는 비판적 태도를 기른다.

06 민주주의의 필요성에 관하여 <u>잘못</u> 설명한 학생은?

① 가영: 국민의 정치 참여를 보장하기 위해 필요해.
② 나영: 신속한 정책 결정으로 사회 안정을 이루기 위해 필요해.
③ 다영: 국민의 자유와 권리가 침해되는 것을 막기 위해 필요해.
④ 라영: 민주적 문화의 형성을 가져와 여러 사회 갈등을 해결할 수 있어.
⑤ 마영: 권력이 특정 세력에 집중되어 남용되는 것을 방지하기 위해 필요해.

❷ 민주주의의 이념과 기본 원리

07 고대 아테네에서 직접 민주주의가 시행될 수 있었던 이유를 <보기>에서 고른 것은?

┤ 보기 ├
ㄱ. 시민의 수가 오늘날에 비해 크게 적었기 때문에
ㄴ. 헌법으로 직접 민주주의의 원칙을 규정하였기 때문에
ㄷ. 시민 혁명을 통해 시민들의 정치 참여 의식이 높아졌기 때문에
ㄹ. 도시 그 자체가 하나의 국가를 이루고 있어 영토의 규모가 작았기 때문에

① ㄱ, ㄴ   ② ㄱ, ㄹ   ③ ㄴ, ㄷ
④ ㄴ, ㄹ   ⑤ ㄷ, ㄹ

[08-09] 다음은 한 학생의 수행평가 보고서이다. 물음에 답하시오.

<수행평가 보고서>
• 주제: _____(가)_____
• 조사 방법: 관련 도서 및 문헌 검색
• 조사 내용
 - 영국의 명예혁명
 - 미국 독립 혁명
 - 프랑스 혁명

08 (가)에 들어갈 말로 가장 적절한 것은?

① 대의제   ② 보통 선거
③ 독재 정치   ④ 시민 혁명
⑤ 참정권 운동

09 (가)의 결과로 옳은 것은?

① 보통 선거 제도가 확립되었다.
② 왕과 귀족이 중심이 되는 사회가 형성되었다.
③ 여성과 노예도 정치에 참여할 수 있게 되었다.
④ 다수에 의한 지배가 이루어지는 체제가 도입되었다.
⑤ 모든 시민이 국가 의사 결정에 직접 참여하게 되었다.

10 현대 민주주의에 관한 설명으로 옳은 것은?

① 직접 민주주의가 전면적으로 시행되고 있다.
② 시민 모두가 민회에 모여 국가의 주요 사항을 결정한다.
③ 노동자나 농민, 여성도 성인 남성과 동등하게 참정권이 인정된다.
④ 보통 선거가 확립되어 성별, 신분, 재산에 따라 선거권이 차등 부여된다.
⑤ 자연권 사상과 사회 계약설에 바탕을 둔 시민 혁명의 결과로 등장하였다.

11 다음 글의 ⊙~⑩ 중 옳지 않은 것은?

민주주의 이념 중에서도 인간의 존엄성은 ⊙ 민주주의의 가장 근본이 되는 이념이다. 인간의 존엄성이란 ⓒ 모든 사람은 인간이라는 이유로 존중받을 가치가 있다는 것이다. 이는 ⓒ 우리나라 헌법 제10조 "모든 국민은 인간으로서의 존엄과 가치를 가지며, 행복을 추구할 권리를 가진다."에서도 뚜렷이 드러난다. 이때 ⓔ 인간의 존엄성을 실현하기 위해서는 자유와 평등이 보장되어야 하고, ⑩ 자유보다 평등의 가치를 우선시해야 한다.

① ⊙   ② ⓒ   ③ ⓒ   ④ ⓔ   ⑤ ⑩

12 (가)~(다)를 소극적 자유와 적극적 자유로 구분하여 바르게 연결한 것은?

(가) 국가의 정책 결정에 참여할 수 있는 자유
(나) 국가로부터 부당한 간섭을 받지 않을 자유
(다) 국가에 대해 인간다운 삶을 요구할 수 있는 자유

	소극적 자유	적극적 자유
①	(가)	(나), (다)
②	(가), (나)	(다)
③	(나)	(가), (다)
④	(나), (다)	(가)
⑤	(다)	(가), (나)

13 민주주의의 기본 원리에 관한 설명으로 옳지 <u>않은</u> 것은?

① 국가기관은 서로 견제하며 균형을 유지한다.
② 국가 의사를 정하는 최고 권력은 대통령에게 있다.
③ 헌법에 따라 국가기관이 조직되고 운영되어야 한다.
④ 국가 권력을 나누어 상호 견제와 균형을 유지해야
  한다.
⑤ 국가 권력의 행사는 국민의 지지와 동의에 따라 이
  루어져야 한다.

14 (가), (나)의 헌법 조항에 가장 잘 드러나는 민주주의의 기본 원리를 바르게 연결한 것은?

> (가) 제1조 ② 대한민국의 주권은 국민에게 있고, 모
> 든 권력은 국민으로부터 나온다.
> (나) 제72조 대통령은 필요하다고 인정할 때에는
> 외교·국방·통일 기타 국가 안위에 관한 중요
> 정책을 국민 투표에 부칠 수 있다.

	(가)	(나)
①	국민 자치의 원리	국민 주권의 원리
②	국민 자치의 원리	권력 분립의 원리
③	국민 주권의 원리	국민 자치의 원리
④	국민 주권의 원리	권력 분립의 원리
⑤	권력 분립의 원리	국민 자치의 원리

15 다음 글을 통해 도출할 수 있는 결론으로 적절한 것은?

> 오늘날 민주주의는 모든 사람의 자유와 권리를 보장
> 하여 모두가 인간으로서 존중받는 사회를 만들어 가
> 는 바탕이지만 처음부터 그랬던 것은 아니다. 노예,
> 여성, 노동자, 흑인 등의 자유와 권리는 근대 시민 혁
> 명, 참정권 운동 등 시민들의 계속된 노력 끝에 보장
> 받을 수 있었다. 우리나라의 경우는 시민들이 독재
> 정치와 부정부패에 맞서 일어난 4·19 혁명, 5·18 민
> 주화 운동, 6월 민주 항쟁 등을 통해 오늘날과 같은
> 모습의 민주주의가 정착되었다.

① 시민은 정치에 관심을 가지지 말아야 한다.
② 민주주의는 시간이 지나면서 저절로 발전한다.
③ 민주주의가 발전하려면 시민 모두가 노력해야 한다.
④ 국가 권력이 소수에 집중될 때 민주주의가 발전한다.
⑤ 독재와 부정부패를 막으려면 정치인 간의 감시와
  통제가 필요하다.

❸ 민주주의의 발전 방안

16 현대 민주주의가 발전하기 위한 제도적 방안으로 적절하지 <u>않은</u> 것은?

① 언론의 자유를 보장한다.
② 관계자들의 의견을 수렴하는 공청회를 운영한다.
③ 공론장을 활성화하여 다양한 의견들을 정책에 반
  영한다.
④ 시민의 안전을 위해 집회나 결사의 자유는 최소한
  으로 제한한다.
⑤ 시민이 뽑은 시민의 대표가 공직자로서 직무를 잘
  수행하지 못할 경우 투표로 해임하는 제도를 시행
  한다.

17 민주주의 발전을 위한 시민의 노력을 <보기>에서 고른 것은?

> ┤ 보기 ├
> ㄱ. 선거에 적극 참여하되 국가의 운영은 공직자에게
>   맡긴다.
> ㄴ. 사익을 추구할 때 공익과 조화를 이룰 수 있도록
>   주의한다.
> ㄷ. 정당, 이익 집단, 시민단체 활동을 통해 정책 대
>   안을 제시한다.
> ㄹ. 자신이 뽑은 대표에 대한 주인 의식을 가지고 자
>   신의 뜻대로 해 달라고 항상 요구한다.

① ㄱ, ㄴ　　② ㄱ, ㄷ　　③ ㄴ, ㄷ
④ ㄴ, ㄹ　　⑤ ㄷ, ㄹ

18 ㉠에 들어갈 용어로 옳은 것은?

> 현대 사회에서는 정보 통신 기술이 빠르게 발달하면
> 서 인터넷을 기반으로 하는 정치 참여 방법이 다양
> 해졌다. 이처럼 시민들이 정보 통신 기술을 활용하여
> 정치에 참여하는 것을 (㉠)(이)라고 한다.

① 청원　　　　　　② 투표
③ 공론장　　　　　④ 숙의 민주주의
⑤ 전자 민주주의

[19-21] 다음 글을 읽고 물음에 답하시오.

(㉠)은/는 주권을 가진 국민이 스스로 나라를 다스려야 한다는 민주주의의 기본 원리이다. (가) 국가에서는 국민이 직접 정치에 참여하여 주권을 행사하지만, (나)를 채택하고 있는 우리나라에서는 (㉡)와/과 같은 제도를 통해 (㉠)을/를 실현하고 있다.

19 ㉠, ㉡에 들어갈 용어를 바르게 연결한 것은?

	㉠	㉡
①	입헌주의의 원리	국민 발안, 국민 투표
②	입헌주의의 원리	국민 투표, 국민 소환
③	국민 자치의 원리	주민 소환, 국민 발안
④	국민 자치의 원리	주민 발안, 국민 투표
⑤	권력 분립의 원리	주민 발안, 국민 투표

20 (가), (나)에 해당하는 정치 형태를 바르게 연결한 것은?

	(가)	(나)
①	대의제	직접 민주주의
②	대의제	간접 민주주의
③	전자 민주주의	대의제
④	직접 민주주의	숙의 민주주의
⑤	직접 민주주의	간접 민주주의

21 우리나라에서 (가)가 아닌 (나)를 채택하고 있는 이유로 옳은 것은?

① (가)는 권력 분립의 원리를 훼손하기 때문이다.
② 모든 국민이 공직을 돌아가면서 맡기 위해서이다.
③ 정치는 정치 전문가가 하는 것이 바람직하기 때문이다.
④ 오늘날에는 시간, 비용 등 (가)를 채택하기에는 어려움이 많기 때문이다.
⑤ 정치에 대한 시민들의 지나친 관심과 참여는 국가 운영에 걸림돌이 되기 때문이다.

22 정치에 참여할 수 있는 권리를 가진 시민의 범위가 확대되어 온 과정을 고대 아테네 민주주의, 근대 민주주의, 현대 민주주의의 시대 순서로 서술하시오.

_____

_____

23 ㉠에 들어갈 말을 쓰고, ㉠ 평등의 의미를 서술하시오.

농어촌 특별 전형이나 장애인 의무 고용 제도는 왜 만들어졌을까요?

(㉠) 평등을 보장하기 위해서요.

_____

_____

24 다음 글을 읽고 물음에 답하시오.

현대 사회에서는 ㉠ 대의제의 한계를 극복하고 보완하기 위해 ㉡ 여러 가지 노력이 필요하다.

(1) ㉠을 두 가지 이상 구체적으로 서술하시오.

_____

(2) ㉡과 관련된 제도적 방안을 두 가지 서술하시오.

_____

X

정치과정과 시민 참여

주제 10 선거와 선거 참여의 중요성

이 주제의 **학습 목표**
선거의 기능과 기본 원칙을 파악하고, 선거 과정에서 유권자와 정당이 수행하는 역할을 알아 두자.

✦ 정책(政 나라를 다스리는 일, 策 계책)
공적인 문제를 해결하거나 공공의 목표를 달성하기 위하여 공공 기관이 수행하는 활동 방향이나 계획

✦ 공약(公 공평하다, 約 약속하다)
정부, 정당, 선거의 후보자 등이 국민에게 실행하겠다며 제시하는 공적인 약속

✦ 유권자(有 있다, 權 권리, 者 사람)
선거에 참여하여 대표자를 선출할 수 있는 권리를 가진 사람으로, 우리나라에서는 18세 이상이면 누구나 유권자가 된다.

✦ 공보(公 공평하다, 報 알리다)
국가기관에서 국민에게 각종 활동 사항에 관하여 널리 알리는 일

✦ 정당(政 정사, 黨 무리)
정치적 의견을 같이하는 사람들이 정치권력을 획득하여 정치적 이상을 실현하기 위해 만든 단체

✦ 공천(公 공평하다, 薦 천거하다)
정당이 대통령 선거나 국회의원 선거에 출마할 후보자를 공식적으로 추천하는 일

1 선거의 기능과 기본 원칙

(1) 선거의 의미와 기능
① **의미** 국민을 대신하여 나라의 일을 담당할 대표자를 선출하는 과정
② **기능**

대표자 선출	시민을 대신하여 국정을 담당할 대표자를 선출함 → 선거의 가장 기본적인 기능
대표자에 정당성 부여	민주적 절차에 따라 시민의 지지와 동의를 얻어 선출된 대표자는 권위를 인정받아 정당한 권한을 가짐
정치권력 통제	대표자가 역할을 제대로 수행하지 못하면 국민은 다음 선거에서 그 책임을 물어 교체할 수 있음
주권 행사	시민의 투표권 행사는 후보자의 정책과 공약을 평가하고 의사를 표현함으로써 주권자로서의 권리를 행사하는 것임

(2) 민주 선거의 기본 원칙 【자료 ①】

보통 선거	일정 나이 이상의 모든 국민에게 선거권을 부여해야 한다는 원칙
평등 선거	모든 유권자에게 동등한 가치의 투표권을 주어야 한다는 원칙
직접 선거	유권자가 대리인을 거치지 않고 자신이 직접 투표해야 한다는 원칙
비밀 선거	유권자가 누구에게 투표했는지 다른 사람이 알지 못하도록 해야 한다는 원칙

(3) 우리나라 선거의 종류

구분	대통령 선거	국회의원 선거	지방 선거	교육감 선거
선출되는 대표	대통령	국회의원	지방 자치 단체장, 지방 의회 의원	교육감
주기	5년		4년	

2 유권자와 정당의 역할

(1) 유권자의 활동 【자료 ②】
① **후보자 비교** 선거 공보 및 벽보, 정당 누리집, 후보자 정책 토론회 등을 통해 후보자의 공약과 자질을 비교하고 분석함
② **선거 운동 참여** 자신이 지지하는 정당이나 후보자의 선거 운동에 다양한 방법으로 참여할 수 있음 【자료 ③】
③ **선거 과정 감시** 공정한 선거가 이루어질 수 있도록 선거 기간에 정당과 후보자의 불법적인 선거 활동을 감시하고 통제함 → 선거가 끝난 후에는 선출된 대표의 공약 이행 여부를 감시하고 평가해야 함
④ **투표권 행사** 자신이 지향하는 가치와 신념을 잘 구현해 줄 수 있다고 생각하는 정당과 후보자에게 투표함

(2) 정당의 활동
① **후보자 추천** 유권자의 지지를 얻기 위해 자질과 능력을 갖춘 사람을 선거에 공천함
② **공약 개발** 자신들의 정치적 견해와 시민의 다양한 요구를 반영한 정책을 개발해 공약으로 제시함
③ **정치적 이념 홍보** 정책 설명회, 토론회, 공청회 등을 통해 국민에게 정당과 후보자의 정치적 이념이나 정책 내용을 알림
④ **선거 운동 지원** 소속 후보자가 유권자의 지지를 얻어 당선될 수 있도록 선거 운동을 지원함

개념 확인 문제
● 바른답·알찬풀이 17쪽

1 다음 설명이 맞으면 ○표, 틀리면 ✕표를 하시오.
(1) 선거의 가장 기본적인 기능은 대표자가 국민을 통제하는 것이다. (   )
(2) 정당은 선거에 공천한 후보자를 국민의 대표로 당선시키기 위해 노력한다. (   )

2 다음 괄호 안의 내용 중 옳은 것에 ○표를 하시오.
(1) (보통 선거, 평등 선거)는 일정 나이 이상의 국민이라면 누구나 선거권을 가진다는 원칙이다.
(2) 우리나라에서는 (18세, 19세) 이상의 모든 국민이 선거권을 가진다.

🗨️ 꼭 나오는 자료

대표 문제로 **실력 쌓기**
● 바른답·알찬풀이 17쪽

핵심 개념
체크 문제
QR 코드를 스캔해 보세요.

자료 ❶ 투표 절차에 나타난 민주 선거의 기본 원칙

- 일정 나이 이상이면 누구나 선거권을 가져.
- 18세 이상이면 누구나 투표할 수 있어요.

OO동 제1투표소

▲ 보통 선거

- 유권자는 자신이 직접 투표해야 해.
- 본인인지 확인하고 선거인 명부의 본인 이름 옆에 서명하세요.

▲ 직접 선거

- 투표용지는 각자 한 장씩이에요.
- 모든 사람이 똑같은 가치의 투표권을 행사해.

▲ 평등 선거

- 누구에게 투표했는지 아무도 모르게 해야 해.
- 표시는 기표소 안에서 해요.

기표소 / 투표함

▲ 비밀 선거

자료 ❷ 우리나라의 선거권 연령 변화

선거권 연령이 낮아져 2020년부터는 고등학교 3학년 학생(18세 이상)도 유권자가 되었어.

연도	1948년	1960년	2005년	2020년
선거권 연령	21세	20세	19세	18세

우리나라의 선거권 연령은 1948년에 21세에서 시작하여 1960년에 20세가 되었다가 2005년에 이르러서야 19세로 낮아졌다. 이후 「공직 선거법」의 개정으로 18세가 되면서 2020년에 실시된 국회의원 선거부터는 18세가 된 청소년도 투표에 참여할 수 있었다. 2022년부터는 18세 이상이면 국회의원 선거와 지방 선거에 출마할 수도 있게 되었고, 정당에 가입하여 활동할 수 있는 연령은 16세로 낮아졌다. 이처럼 선거권과 정당 가입 연령이 낮아짐에 따라 청소년들이 정치과정에 참여할 수 있는 기회가 더욱 확대되었다.

자료 ❸ 유권자의 선거 운동

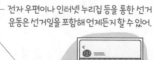

- 선거 운동은 법정 선거 운동 기간(해당 선거 기간 개시일~선거일 전일)에 할 수 있어.
- 전자 우편이나 인터넷 누리집 등을 통한 선거 운동은 선거일을 포함해 언제든지 할 수 있어.

기호 1번 / 기호 1번 / 기호 1번

OO후보님 응원합니다!!

「공직 선거법」에 따르면 유권자는 모두 선거 운동을 할 수 있다. 법적으로 정해진 선거 운동 기간에는 친구나 지인을 직접 만나서 특정 후보자의 지지를 권유할 수 있고, 특정 후보자의 선거 운동에 자원봉사자로 참여할 수도 있다. 평상시에는 정당과 후보자를 지지하는 문자 메시지를 전송할 수 있고, 인터넷이나 사회 관계망 서비스(SNS)에 후보자와 관련된 정보를 게시할 수 있다. 그러나 후보자를 비방하거나 허위 사실을 게시 및 공유하는 일, 선거 운동에 참여한 대가를 요구하거나 기표소 안에서 투표지를 촬영하는 일은 금지된다.

≫ 민주 선거의 기본 원칙

1 투표 절차 ㉠~㉤ 중에서 직접 선거의 원칙을 보장하기 위한 단계로 가장 적절한 것은?

> 미래는 ㉠ 올해 18세가 되어 선거권을 가지게 되었다. 이에 대통령 선거에 참여하기 위해 투표소에 들어가 ㉡ 신분증을 제시하고 선거인 명부에 서명을 하였다. 그리고 ㉢ 다른 사람들과 마찬가지로 투표용지 1장을 받아 ㉣ 기표소 안으로 들어갔다. 미래는 자신이 지지하는 후보자와 정당에 기표한 후, ㉤ 기표한 내용이 보이지 않도록 투표용지를 잘 접어 투표함에 넣었다.

① ㉠　② ㉡　③ ㉢　④ ㉣　⑤ ㉤

> **이것만은 꼭 기억하자!** 공정한 선거를 치르기 위해서는 민주 선거의 기본 원칙인 보통 선거, 평등 선거, 직접 선거, 비밀 선거가 모두 보장되어야 해.
> 🖊 **72쪽** 06번, **84쪽** 05번 문제도 풀어 보자!

≫ 유권자의 선거 운동 `선택지 하나 더`

2 선거 포스터의 (가)에 들어갈 내용으로 알맞지 <u>않은</u> 것은?

공개 장소에서 지지 호소

🕊 중앙선거관리위원회
일반 유권자도 선거 운동을 할 수 있습니다.

(가)

① 기표소 안에서 투표지 촬영
② 선거 운동에 자원봉사자로 참여
③ 전자 우편에 선거 운동 정보 전달
④ 누리집에 후보자를 지지하는 글 탑재
⑤ 개별적인 만남에서 대화를 통한 선거 운동
⑥ 사회 관계망 서비스(SNS)에 선거 관련 내용 게시

> **이것만은 꼭 기억하자!** 유권자는 자신이 지지하는 정당이나 후보자의 선거 운동에 다양한 방법으로 참여할 수 있지만, 선거의 공정성을 해치는 행동을 해서는 안 돼.
> 🖊 **73쪽** 08번, **85쪽** 07번 문제도 풀어 보자!

중요✦

01 선거에 관한 옳은 설명을 <보기>에서 고른 것은?

┤ 보기 ├
ㄱ. 정치를 담당할 대표자를 뽑는 절차이다.
ㄴ. 국민이 주권을 행사할 수 있는 제도이다.
ㄷ. 직접 민주주의를 실현하기 위한 방법이다.
ㄹ. 시민이 정치에 참여할 수 있는 유일한 방법이다.

① ㄱ, ㄴ   ② ㄱ, ㄷ   ③ ㄴ, ㄷ
④ ㄴ, ㄹ   ⑤ ㄷ, ㄹ

02 ㉠에 들어갈 내용으로 적절하지 <u>않은</u> 것은?

교사: 선거란 국민을 대신할 대표자를 선출하는 과
      정을 말합니다.
학생: 유권자는 어떤 대표를 뽑을 수 있나요?
교사: 우리나라에서는 각종 선거를 통해 (㉠)
      등을 선출하고 있습니다.

① 대통령   ② 교육감
③ 국회의원   ④ 교육부 장관
⑤ 지방 자치 단체장

고난도

03 다음은 우리나라에서 시행되는 선거를 구분한 표이다. 이에 관한 옳은 설명을 <보기>에서 고른 것은? (단, A~C는 각각 대통령 선거, 국회의원 선거, 지방 선거 중 하나이다.)

구분	A	B	C
4년마다 실시되나요?	㉠	㉠	㉡
지역 대표를 선출하나요?	㉡	㉠	㉡

*㉠, ㉡은 각각 '예', '아니요' 중 하나임

┤ 보기 ├
ㄱ. ㉠은 '아니요', ㉡은 '예'이다.
ㄴ. A는 대통령 선거에 해당한다.
ㄷ. B를 통해 지방 자치 단체가 구성된다.
ㄹ. C의 의해 선출된 대표자는 임기가 5년이다.

① ㄱ, ㄴ   ② ㄱ, ㄷ   ③ ㄴ, ㄷ
④ ㄴ, ㄹ   ⑤ ㄷ, ㄹ

04 ㉠에 해당하는 내용으로 적절하지 <u>않은</u> 것은?

선거는 시민이 정치과정에 참여하는 가장 기본적이
고 대표적인 방법이다. 주권자인 시민이 어떤 대표자
를 선출하느냐에 따라 국가 운영의 방향과 정책이 달
라지기 때문에 선거는 대의제에서 가장 중요한 요소
이다. 이러한 선거는 ㉠ 여러 가지 기능을 한다.

① 대표자에게 정당성을 부여한다.
② 국정을 담당할 대표자를 선출한다.
③ 시민이 주권자로서의 권리를 행사한다.
④ 대표자가 국민을 통제하는 수단이 된다.
⑤ 대표자가 책임 있는 정치를 실현할 수 있게 한다.

중요✦

05 ㉠에 들어갈 민주 선거의 원칙으로 옳은 것은?

① 보통 선거   ② 평등 선거   ③ 직접 선거
④ 비밀 선거   ⑤ 대리 선거

중요✦

06 (가), (나)에 해당하는 민주 선거의 원칙을 바르게 연결한 것은?

(가) 일정 나이 이상의 모든 국민에게 선거권을 부여
    해야 한다는 원칙이다.
(나) 유권자가 어느 후보에게 투표했는지 다른 사람
    이 알지 못하도록 해야 한다는 원칙이다.

	(가)	(나)
①	보통 선거	평등 선거
②	보통 선거	비밀 선거
③	평등 선거	비밀 선거
④	평등 선거	직접 선거
⑤	비밀 선거	직접 선거

07 유권자에 관한 옳은 설명을 <보기>에서 고른 것은?

┤ 보기 ├

ㄱ. 우리나라에서는 18세 이상의 시민이 해당한다.
ㄴ. 선거에 참여하여 대표자를 선출할 수 있는 권리를 가진 사람이다.
ㄷ. 입법부, 행정부, 사법부의 모든 구성원을 선출할 권한을 가진다.
ㄹ. 자신의 정치적 견해를 반영한 정책안을 만들어 공약을 개발하는 역할을 수행한다.

① ㄱ, ㄴ   ② ㄱ, ㄷ   ③ ㄴ, ㄷ
④ ㄴ, ㄹ   ⑤ ㄷ, ㄹ

08 선거 과정에서 수행하는 유권자의 역할에 관한 설명으로 적절하지 않은 것은?

① 후보자 선택에 필요한 정보를 수집한다.
② 불법적인 선거 활동을 감시하고 통제한다.
③ 자질과 능력을 갖춘 후보자를 선거에 공천한다.
④ 자신이 지지하는 후보자의 선거 운동에 다양한 방법으로 참여한다.
⑤ 자신의 정치적 신념을 잘 구현할 수 있다고 생각되는 후보자에게 투표한다.

09 ㉠에 들어갈 적절한 내용을 <보기>에서 고른 것은?

유권자는 선거 과정에서 후보자의 (㉠) 등을 꼼꼼하게 살펴보아야 해.

맞아. 그런 다음에 자신의 가치와 신념을 잘 구현해 줄 수 있다고 생각되는 후보자에게 투표해야 해.

┤ 보기 ├

ㄱ. 공약   ㄴ. 경제력
ㄷ. 정치 능력   ㄹ. 출신 지역

① ㄱ, ㄴ   ② ㄱ, ㄷ   ③ ㄴ, ㄷ
④ ㄴ, ㄹ   ⑤ ㄷ, ㄹ

10 ㉠에 해당하는 내용으로 적절하지 않은 것은?

정권 획득을 목적으로 정치적 견해가 같은 사람들이 모여 만든 정당은 선거 과정에서 ㉠ 중요한 역할을 한다.

① 후보자의 선거 운동을 다양한 방법으로 지원한다.
② 선거의 공정성을 높이기 위해 「공직 선거법」을 개정한다.
③ 유권자의 지지를 얻기 위해 각종 선거에 후보자를 공천한다.
④ 자신들의 정치적 견해와 시민의 요구를 바탕으로 공약을 개발한다.
⑤ 정책 설명회, 공청회 등을 통해 국민에게 정치적 이념이나 정책 내용을 알린다.

중요✦
11 자료에 나타난 정당의 역할로 가장 적절한 것은?

정당 누리집에 접수된 다양한 의견을 바탕으로 선거에서 유권자에게 제시할 정책 내용을 만들어 봅시다.

① 후보자 선택에 필요한 정보를 수집한다.
② 유권자의 불법적인 선거 활동을 감시한다.
③ 시민의 요구를 바탕으로 공약을 개발한다.
④ 캠페인을 통해 유권자의 투표 참여를 독려한다.
⑤ 시민의 의견을 대변할 수 있는 후보자를 추천한다.

서술형
12 (가)에 들어갈 내용을 세 가지 서술하시오.

선거의 의미와 기능
선거는 정치를 담당할 대표자를 선출하는 절차로, 선거의 가장 기본적인 기능은 대표자 선출이다. 그리고 _____ (가)

정치 주체의 역할과 정치과정의 의미

1 다양한 정치 주체

(1) 정치 주체의 의미와 종류

① 의미 정치에 참여하여 영향력을 행사하는 개인이나 집단

② 종류 시민(개인), 이익 집단, 시민단체, 정당, 언론, 국가기관 등

이익 집단	의미	✛이해관계를 같이하는 사람들이 그들의 특수한 이익을 실현하기 위해 만든 단체 ⑩ 노동조합, 변호사협회 등
	역할	• 자기 집단의 이익을 정치에 반영하기 위해 정부에 압력을 행사함 • 전문적인 지식을 바탕으로 정책을 평가하거나 ✛대안을 제시하기도 함
시민 단체 **자료 ❶**	의미	사회문제를 해결하고 공익을 실현하기 위해 시민들이 자발적으로 만든 단체 ⑩ 환경운동연합, 녹색소비자연대 등
	역할	• 시민의 자발적인 정치 참여를 유도하고 ✛여론을 형성함 • 사회문제를 해결하기 위한 대안을 제시함 • 국가기관이 정치 활동을 제대로 하고 있는지 감시하고 비판함
정당	의미	정치적 의견이 같은 사람들이 정권 획득을 목적으로 만든 단체
	역할	• 시민의 다양한 의견과 요구를 ✛수렴하여 여론 형성에 이바지하고, 여론을 국회나 정부에 전달하여 정책에 반영하고자 노력함 • 정부의 정책을 평가하고, 새로운 정책이나 수정·보완된 정책을 제시함 • 선거에 후보자를 공천하여 대표자를 배출함
언론 **자료 ❷**	의미	신문, 방송, 인터넷 등의 미디어를 통해 정치에 관한 전반적인 정보를 제공하는 정치 주체
	역할	• 정책에 대한 비판과 해설을 제공하여 여론 형성을 주도함 • 국가기관을 비롯한 다양한 정치 주체의 활동을 감시하고 비판함
국가 기관	국회	시민의 의견을 반영하여 법률을 제정 및 개정하거나 폐지함
	정부	법률을 기반으로 구체적인 정책을 수립하고 집행함
	법원	정책 집행 과정에서 발생한 문제와 분쟁을 재판을 통해 해결하여 정책의 결정과 집행에 영향을 미침

(2) 정치 주체의 구분

공식적 주체	헌법에 따라 정책을 공식적으로 결정하고 집행할 수 있는 국가기관
비공식적 주체	정책을 결정하고 집행할 공식적인 권한은 없지만 정치과정에 참여하여 영향력을 행사하는 정당, 이익 집단, 시민단체, 언론 등

2 정치과정의 의미와 단계

(1) 정치과정의 의미 시민의 다양한 요구와 이익을 ✛집약하여 정책으로 결정하고 집행하는 과정

(2) 정치과정의 단계 **자료 ❸**

① 이익 표출 개인이나 집단이 그들의 다양한 의견과 요구 사항 등을 다양한 방법으로 자유롭게 표현함

② 이익 집약 정당이나 언론 등이 시민의 다양한 이익을 모아 요약하고 대안을 제시함

③ 정책 결정 국회는 관련 법률을 제정하고, 정부와 함께 정책을 결정함

④ 정책 집행 정치과정을 통해 결정된 정책을 정부가 구체화하여 실제로 집행함

⑤ 정책 평가 및 환류 시민의 평가를 받아 정책이 수정 또는 보완되기도 하고, 새로운 정책이 만들어지기도 함

꼭 나오는 자료

핵심 개념
체크 문제
QR 코드를 스캔해 보세요.

자료 ① 이익 집단과 시민단체의 비교

└ 이익 집단은 자기 집단의 이익만을 지나치게 추구하는 과정에서 공익과 충돌하여 사회 혼란을 가져올 수도 있어.

┌ 시민단체는 공동체의 발전을 위해 환경, 인권, 교육 등 사회의 다양한 분야에 걸쳐 활동해.

▲ 이익 집단

▲ 시민단체

구분	이익 집단	시민단체
활동 목적	자기 집단의 이익 추구	공익 추구
관심 분야	자기 집단의 이익 관련 분야	사회 모든 분야

자료 ② 언론

└ 언론은 정치과정에서 시민들이 표출한 다양한 요구를 모아 여론을 형성함으로써 정책 결정에 영향을 미쳐.

학교 폭력 감소 대책 필요

시민 67.2% 소비 기한 표시제 도입 찬성
유통 기한 20일 빵류, 소비 기한은 31일

언론은 신문, 텔레비전, 인터넷 등의 다양한 미디어를 통해 정보를 전달하고 해설과 비판을 제공한다. 이 과정에서 언론은 여론을 형성하는 데 중요한 역할을 한다. 따라서 언론은 시민들이 올바른 시각을 가지고 정책 등의 정보를 판단할 수 있도록 공정하고 객관적으로 보도하기 위해 노력해야 한다.

자료 ③ 정치과정의 단계

└ 정치과정을 통해 다양한 가치와 이익이 조정되면서 갈등이 해결되고, 이를 통해 사회 통합과 발전을 이룰 수 있어.

다원화된 현대 사회에서 개인과 집단이 추구하는 가치와 이익은 매우 다양하며 이해관계도 매우 복잡하게 얽혀 있다. 그에 따라 어떤 사회적 쟁점이나 문제를 둘러싸고 의견이 서로 대립하고 충돌하는 일이 자주 발생한다. 이러한 사회 구성원 간의 갈등을 조정하기 위해서 정치과정이 필요하다. 정치과정은 이익 표출, 이익 집약, 정책 결정, 정책 집행, 정책 평가, 환류(피드백)를 거치면서 이루어진다. 우선 개인이나 집단이 다양한 이익을 표출하면 정당이나 언론 등이 그러한 이익을 집약한다. 이를 기반으로 국가기관에서 정책을 결정하고 집행하면서 다양한 이해관계가 조정된다. 각각의 단계에서 시민의 평가를 받아 수정 또는 보완되는 환류가 이루어지기도 한다.

대표 문제로 실력 쌓기
● 바른답·알찬풀이 18쪽

》》 이익 집단과 시민단체

1 이익 집단과 시민단체를 비교한 표이다. 내용이 옳지 **않은** 것은?

	구분	이익 집단	시민단체
①	목적	집단의 특수 이익 추구	사회 전체의 이익 추구
②	유형	비공식적 정치 주체	공식적 정치 주체
③	관심 영역	자기 집단의 이익과 관련된 분야	환경, 인권 등 사회의 다양한 분야
④	사례	노동조합	녹색소비자연대
⑤	공통점	자발적으로 결성한 단체	

> **이것만은 꼭 기억하자!** 이익 집단은 자기 집단의 특수 이익을 추구하고, 시민단체는 사회 전체의 이익을 추구한다는 점에서 달라. 하지만 모두 정치과정에 참여해 정책 결정에 영향력을 행사한다는 공통점이 있어.
> ◁ 76쪽 03번, 85쪽 10번 문제도 풀어 보자!

》》 정치과정의 단계 선택지 하나 더

2 정치과정의 단계를 나타낸 도표이다. (가)에서 핵심적인 역할을 하는 정치 주체로 옳은 것은?

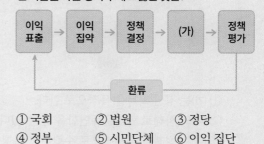

① 국회   ② 법원   ③ 정당
④ 정부   ⑤ 시민단체   ⑥ 이익 집단

> **이것만은 꼭 기억하자!** 정치과정은 이익 표출, 이익 집약, 정책 결정, 정책 집행, 정책 평가, 환류의 단계를 거치면서 이루어져.
> ◁ 77쪽 11번, 86쪽 15번 문제도 풀어 보자!

01 자료에 제시된 집단의 공통된 역할에 대한 설명으로 옳은 것은?

> • ○○조합   • □□일보   • △△연대

① 국민의 대표자를 배출한다.
② 법률을 제정 및 개정하거나 폐지한다.
③ 정책을 구체적으로 수립하고 집행한다.
④ 정치에 관한 정보를 객관적으로 보도한다.
⑤ 정치에 참여하여 정책 결정에 영향력을 행사한다.

02 ㉠에 들어갈 정치 주체로 옳은 것은?

> (㉠)은/는 사회 전체의 이익을 실현하기 위하여 시민이 자발적으로 만든 집단으로, 국가기관이 하는 일을 감시하고 비판하는 역할을 한다.

① 국회   ② 언론   ③ 정당
④ 시민단체   ⑤ 이익 집단

고난도
03 자료는 정치 주체 (가)~(다)를 구분하기 위한 도표이다. 이에 대한 설명으로 옳은 것은? (단, (가)~(다)는 각각 정당, 시민단체, 이익 집단 중 하나이다.)

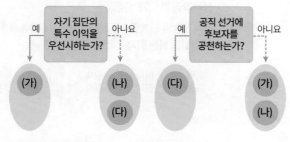

① (가)는 정권 획득을 목적으로 한다.
② (나)의 사례로 환경운동연합을 들 수 있다.
③ (다)는 정책을 구체적으로 수립하고 집행한다.
④ (가)는 (나)와 달리 다양한 요구를 자유롭게 표출한다.
⑤ (나)는 (다)와 달리 정치과정에 공식적으로 영향력을 행사한다.

04 언론에 대한 옳은 설명을 <보기>에서 고른 것은?

> **보기**
> ㄱ. 다양한 정치 주체의 활동을 감시하고 비판한다.
> ㄴ. 미디어를 통해 정치에 관한 전반적인 정보를 제공한다.
> ㄷ. 각종 선거에 후보자를 공천하여 국민의 대표를 배출한다.
> ㄹ. 특수한 이익을 정책에 반영하기 위해 정부에 압력을 행사한다.

① ㄱ, ㄴ   ② ㄱ, ㄷ   ③ ㄴ, ㄷ
④ ㄴ, ㄹ   ⑤ ㄷ, ㄹ

05 ㉠에 들어갈 정치 주체를 <보기>에서 고른 것은?

> 오늘날에는 다양한 정치 주체가 정치에 참여하여 영향력을 행사하고 있다. 그중에서 (㉠)은/는 헌법에 따라 공식적으로 정책을 결정할 권한을 가진다.

> **보기**
> ㄱ. 국회   ㄴ. 정당
> ㄷ. 정부   ㄹ. 언론

① ㄱ, ㄴ   ② ㄱ, ㄷ   ③ ㄴ, ㄷ
④ ㄴ, ㄹ   ⑤ ㄷ, ㄹ

중요✦
06 자료에 나타난 정치 주체에 대한 설명으로 옳은 것은?

① 비공식적인 정치 주체이다.
② 정책을 구체적으로 수립하고 집행한다.
③ 국민의 의견을 모아 법률을 만들거나 고친다.
④ 자기 집단의 이익만 강조하여 공익과 충돌하기도 한다.
⑤ 법률이나 정책과 관련된 분쟁을 재판을 통해 해결한다.

07 정치과정에 대한 설명으로 옳지 <u>않은</u> 것은?

① 사회 구성원의 다양한 가치와 이익을 조정한다.

② 오늘날에는 모든 단계에서 국가기관이 주도하고 있다.

③ 사회 갈등을 해결하여 사회 통합과 발전을 이루는 데 기여할 수 있다.

④ 다양한 요구와 이익을 집약하여 정책을 결정하고 집행하는 과정이다.

⑤ 시민의 평가를 통해 이미 시행되고 있는 정책이 수정·보완되기도 한다.

08 자료에 공통으로 나타난 정치과정의 단계는?

① 이익 표출   ② 이익 집약   ③ 정책 결정

④ 정책 집행   ⑤ 정책 평가

09 자료는 정치과정의 단계를 나타낸 도표이다. (가)에 해당하는 사례로 가장 적절한 것은?

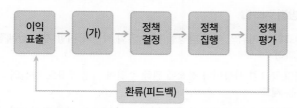

① 청소년 단체는 게임 셧다운제가 청소년의 자유로운 결정권을 침해한다고 주장하였다.

② '게임 시간 선택제' 도입 이후 발생한 문제들을 해결하기 위한 개선 방안이 논의되었다.

③ 셧다운제를 폐지하고 게임 시간을 선택하여 제한할 수 '게임 시간 선택제'가 시행되었다.

④ 국회 본회의에서 자율적 방식의 '게임 시간 선택제'를 도입하는 법률 개정안을 의결하였다.

⑤ 언론사는 설문 조사를 진행한 후 국민의 53.5%가 '게임 셧다운제 폐지'에 찬성한다고 밝혔다.

10 (가)~(마)를 정치과정의 순서대로 바르게 나열한 것은?

> (가) ○○신문에서 많은 시민이 소비 기한 표시제의 도입에 찬성한다고 보도하였다.
>
> (나) 환경 단체에서 자원 낭비를 최소화하자며 소비 기한 표시제의 도입을 주장하였다.
>
> (다) 정부는 소비 기한 표시제를 현실에 맞는 다양한 방법을 통해 구체적으로 실행하였다.
>
> (라) 소비 기한 표시제 도입 이후 발생한 문제들을 해결하기 위한 개선 방안이 논의되었다.
>
> (마) 국회는 식품에 '유통 기한' 대신 '소비 기한'을 표시하도록 하는 법 개정안을 통과시켰다.

① (가)-(나)-(라)-(마)-(다)
② (나)-(가)-(마)-(다)-(라)
③ (나)-(다)-(라)-(마)-(가)
④ (마)-(가)-(다)-(나)-(라)
⑤ (마)-(나)-(가)-(라)-(다)

11 (가), (나) 사례가 해당하는 정치과정의 단계를 바르게 연결한 것은?

(가)   (나)

	(가)	(나)
①	이익 표출	이익 집약
②	이익 표출	정책 결정
③	이익 표출	정책 집행
④	이익 집약	정책 결정
⑤	이익 집약	정책 집행

서술형

12 그림은 사회 퀴즈 대회의 한 장면이다. (가)에 들어갈 내용을 서술하시오.

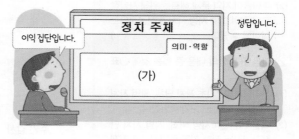

주제12 지방 자치의 중요성과 주민 참여의 의의

이 주제의 **학습 목표**
지방 자치의 중요성을 민주주의의 발전 측면에서 이해하고, 지역 사회의 문제를 해결하기 위한 주민 참여 방법을 파악해 두자.

＋ 조례(條 가지, 例 본보기)
법령의 범위 내에서 지방 의회의 의결로 제정되어 해당 지역의 일에 적용되는 법

＋ 예산(豫 미리, 算 계산)
필요한 비용을 미리 헤아려 계산함

＋ 심의(審 살피다, 議 의논하다)
어떤 안건을 자세히 심사하고 검토하여 협의하는 것

＋ 규칙(規 법, 則 법칙)
법령과 조례를 시행하기 위해 해당 범위 내의 구체적인 사무에 관하여 제정한 법

＋ 해임(解 놓아주다, 任 맡기다)
어떤 지위나 맡은 임무를 그만두게 하는 것

1 우리나라의 지방 자치 제도

(1) 지방 자치 자료 ❶
① **의미** 일정한 지역에 사는 주민들이 지방 자치 단체를 구성하여 그 지역의 일을 자율적으로 처리하는 제도
② **중요성** 지역 실정에 맞는 정치 실시, 국가 권력이 중앙 정부에 집중되는 것을 막음으로써 권력 분립 실현, 지역 주민의 정치 참여 기회 확대, 민주주의의 실천 등

(2) 우리나라의 지방 자치 단체 자료 ❷
① **종류**

광역 자치 단체	기초 자치 단체
특별시, 광역시, 특별자치시, 도, 특별자치도	시, 군, 구

② **구성**

구분	지방 의회(의결 기관)	지방 자치 단체장(집행 기관)
역할	• 지역 실정에 맞는 ＋조례를 제정·개정하거나 폐지함 • 지방 자치 단체가 사용할 ＋예산을 ＋심의·확정함 • 집행 기관이 일을 잘하고 있는지 견제하고 감시함	• 지방 의회가 만든 조례를 실천하는 데 필요한 ＋규칙을 만듦 • 지역의 재산을 관리하며 예산안을 편성하고 집행함 • 지역 내 이해관계를 조정하면서 지역을 위한 각종 행정 사무를 처리함

2 지역 주민의 정치 참여

(1) 지방 자치와 주민 참여
① **지역 사회의 문제 해결 과정** 지역 문제와 관련한 이익 표출 → 이익 집약 → 지역 정책의 결정과 집행 → 지역 정책 평가
② **시민 참여의 중요성** 시민이 지역 문제 해결을 위해 자발적으로 참여할 때 지방 자치가 성공적으로 실현될 수 있음

(2) 시민의 다양한 참여 방법 자료 ❸

지방 선거	주민을 대표하여 지역의 일을 담당할 지방 의회 의원과 지방 자치 단체장을 선출하는 과정
주민 투표	지역 사회의 중요한 사항이나 정책에 관해 주민이 직접 투표로 자신의 의사를 표시하는 제도
주민 소환	지역 대표가 직무를 잘 수행하지 못할 때 주민이 투표로 지역 공직자의 해임 여부를 결정하는 제도
주민 조례 발안 제도	지역 주민이 직접 지방 의회에 조례를 제정하거나 개정 또는 폐지할 것을 제안할 수 있는 제도
주민 청원	지역 주민이 지역 행정에 관한 의견이나 요구 사항을 지방 자치 단체에 문서로 제출하는 제도
주민 참여 예산제	주민이 지방 자치 단체의 예산 편성 과정에 참여하여 예산의 우선순위 등을 결정하는 제도
주민 감사 청구제	지방 자치 단체의 업무 수행이 법에 위반되거나 공익을 침해한다고 인정되는 경우 감사를 요청할 수 있는 제도
기타	민원 제기, 공청회 및 주민 설명회 참가 등

개념 확인 문제

● 바른답·알찬풀이 19쪽

1 다음 설명이 맞으면 ○표, 틀리면 ×표를 하시오.
(1) 지방 자치 제도는 정치권력이 중앙 정부에 집중되는 것을 방지하여 권력 분립을 실현한다. (　　)
(2) 주민들이 지역 문제 해결을 위해 자발적으로 참여할 때 지방 자치가 성공적으로 실현될 수 있다. (　　)

2 다음 괄호 안의 내용 중 옳은 것에 ○표를 하시오.
(1) 우리나라의 (기초 자치 단체, 광역 자치 단체)에는 시, 군, 구가 해당한다.
(2) 의결 기관인 (지방 의회, 지방 자치 단체장)은/는 집행 기관을 감시하고 견제한다.

🔴나오는 자료

핵심 개념
체크 문제
QR 코드를 스캔해 보세요.

지방 자치 단체가 대여·반납 체계를 갖춰 해당 지역 주민 또는 방문객에게 빌려주는 자전거로 서울특별시의 '따릉이', 창원시의 '누비자' 등이 있어.

자료 ❶ 지방 자치와 공공형 교통수단의 확대

▲ 무인 공공 자전거

버스가 운영되지 않거나 정류장까지 거리가 먼 시골 마을 사람들이 100원 내고 탈 수 있는 택시로, 나머지 금액은 지방 자치 단체에서 부담해. 아산시의 '마중택시', 충청북도 '행복택시', 충남 서천 '희망택시' 등이 있어.

▲ 100원 택시

▲ 수요 응답형 버스

이용자의 수요에 맞춰 운행되는 버스로 경기도의 '똑버스', 용인시의 '타바용' 등이 대표적이야. 택시처럼 부르면 오는 버스를 버스 요금으로 이용할 수 있어.

자료 ❷ 지방 자치 단체의 구성

시는 도나 특별자치도의 구역 안에 있고, 군은 광역시, 도, 특별자치도의 구역 안에 있어. 구는 특별시, 광역시 안에 있어.

```
               지방 자치 단체
        ┌──────────────┴──────────────┐
     광역 자치 단체              기초 자치 단체
  특별시, 광역시, 특별자치시,          시, 군, 구
     도, 특별자치도
  ┌──────┬──────┐        ┌──────┬──────┐
 의결 기관  집행 기관      의결 기관   집행 기관
 시·도 의회  시장·도지사    시·군·구 의회  시장·군수·구청장
   ↑선거    ↑선거        ↑선거     ↑선거
        ┌──────────────┴──────────────┐
                    지역 주민
```

우리나라의 지방 자치 단체는 광역 자치 단체와 기초 자치 단체로 구분하며, 각 지방 자치 단체는 의결 기관인 지방 의회와 집행 기관인 지방 자치 단체장으로 구성된다.

자료 ❸ 시민 참여 제도

지방 선거는 지역 주민이 지방 자치에 참여하는 가장 기본적인 방법이야.

예산 편성 과정에 주민의 참여를 확대함으로써 예산 운영의 투명성과 민주성, 공정성을 높이기 위한 제도야.

▲ 지방 선거

▲ 주민 참여 예산제

지방 자치 제도가 잘 운영되려면 그 지역 주민의 적극적인 참여가 있어야 한다. 주민들이 주인 의식을 바탕으로 책임감을 가지고 지역의 일에 참여할 때, 지방 의회와 지방 자치 단체장은 주민의 요구와 필요를 반영한 정책을 만들고 추진할 수 있다. 이처럼 주민이 지방 자치를 통해 민주주의를 직접 체험하고 배울 수 있기 때문에 지방 자치 제도를 '민주주의의 학교'라고 부르기도 한다. 또한 주민의 자발적인 참여로 민주주의의 기초를 다지고 발전시킬 수 있다는 의미에서 '풀뿌리 민주주의'라고 하기도 한다.

대표 문제로 **실력 쌓기**

● 바른답·알찬풀이 19쪽

>> 지방 자치 단체의 구성 [선택지 하나 더]

1 지방 자치 단체의 구성을 나타낸 도표이다. ⊙, ⓒ에 대한 설명으로 옳은 것은?

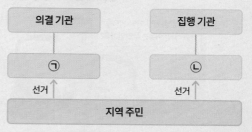

```
   의결 기관              집행 기관
      │                    │
      ▼                    ▼
     ⊙                    ⓒ
      ↑선거                ↑선거
   ┌──────────────────────────┐
          지역 주민
```

① ⊙은 규칙을 제정한다.
② ⊙은 지방 자치 단체장이다.
③ ⓒ의 임기는 5년이다.
④ ⓒ은 지역의 사무를 처리한다.
⑤ ⊙은 ⓒ에 예산안을 제출한다.
⑥ ⓒ은 ⊙에 예산의 집행을 청구한다.

> **이것만은 꼭 기억하자!** 지방 자치 단체 중 지방 의회는 의결 기관이고, 지방 자치 단체장은 집행 기관이야.
> ◁ 80쪽 04번, 86쪽 18번 문제도 풀어 보자!

>> 시민 참여 제도

2 ⊙에 들어갈 시민의 정치 참여 제도로 옳은 것은?

지방 의회 의원과 지방 자치 단체의 장을 선출하는 (⊙)이/가 얼마 남지 않았습니다. 여론 조사에 따르면……

① 지방 선거   ② 주민 발의
③ 주민 소환   ④ 주민 청원
⑤ 주민 투표

> **이것만은 꼭 기억하자!** 시민이 지역의 정치과정에 참여하는 가장 기본적인 방법은 지방 선거에 참여하는 거야.
> ◁ 81쪽 07번, 87쪽 19번 문제도 풀어 보자!

01 (가)에 들어갈 적절한 내용을 <보기>에서 고른 것은?

선생님, 지방 자치 제도를 실시하는 이유는 무엇인가요?

(가) 때문에 주민이 그 지역의 일을 처리하는 지방 자치 제도를 실시하고 있어요.

┌ 보기 ┐
ㄱ. 정치권력이 중앙 정부에 집중되는 것이 바람직하기
ㄴ. 지역마다 처한 상황이나 해결해야 할 문제가 다르기
ㄷ. 지역 주민이 정치에 참여할 수 있는 기회가 제한되어 있기
ㄹ. 중앙 정부를 중심으로 처리하면 주민의 다양한 요구를 반영하기 어렵기

① ㄱ, ㄴ   ② ㄱ, ㄷ   ③ ㄴ, ㄷ
④ ㄴ, ㄹ   ⑤ ㄷ, ㄹ

중요✦
02 우리나라 지방 자치 단체와 그 구성에 관한 설명으로 옳은 것은?

① 지방 자치 단체장은 의결 기관이다.
② 광역 자치 단체에는 시, 군, 구가 있다.
③ 지방 의회는 지역 주민이 선출한 의원으로 구성된다.
④ 지역 대표를 선출하는 지방 선거는 5년마다 실시된다.
⑤ 기초 자치 단체의 집행 기관에는 광역시장, 도지사 등이 있다.

03 우리나라 지방 자치 단체를 정리한 표이다. (가)에 들어갈 기관으로 옳은 것은?

구분	광역 자치 단체	기초 자치 단체
지방 의회		
지방 자치 단체장		(가)

① 여수시장   ② 경기도지사
③ 인천광역시장   ④ 세종특별자치시장
⑤ 강원특별자치도지사

고난도
04 우편 번호 검색창에 입력된 주소의 ㉠, ㉡에 대한 설명으로 옳지 않은 것은?

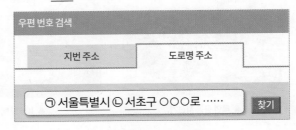

우편 번호 검색

지번 주소	도로명 주소

㉠ 서울특별시 ㉡ 서초구 ○○○로 …… [찾기]

① ㉠은 광역 자치 단체에 해당한다.
② ㉠의 집행 기관은 서울특별시장이다.
③ ㉡의 의결 기관은 조례를 제정 및 개정한다.
④ ㉡의 의회 의원은 예산을 편성하고 집행한다.
⑤ ㉠, ㉡의 의결 기관과 집행 기관은 모두 지방 선거로 구성된다.

05 우리나라 지방 의회에 관한 설명으로 옳은 것은?

① 의결 기관이다.
② 규칙을 제정한다.
③ 예산을 집행한다.
④ 지역의 재산을 관리한다.
⑤ 지역을 위한 행정 사무를 처리한다.

06 자료에 제시된 두 기관에 대한 옳은 설명을 <보기>에서 고른 것은?

• 대전광역시장   • 진안군수

┌ 보기 ┐
ㄱ. 지방 의회에서 선출된다.
ㄴ. 지방 자치 단체의 집행 기관이다.
ㄷ. 법령의 범위 안에서 조례를 제정한다.
ㄹ. 지역의 재산을 관리하고 예산을 집행한다.

① ㄱ, ㄴ   ② ㄱ, ㄷ   ③ ㄴ, ㄷ
④ ㄴ, ㄹ   ⑤ ㄷ, ㄹ

07 지역 주민이 정치에 참여할 수 있는 방법을 <보기>에서 고른 것은?

| 보기 |

ㄱ. 지역의 살림살이 계획인 예산을 심의·확정할 수 있다.
ㄴ. 주민 복지를 위해 지역의 행정 업무를 직접 처리할 수 있다.
ㄷ. 지역의 중요한 결정 사항이나 정책에 관해 투표로 의사를 표시할 수 있다.
ㄹ. 주민 설명회에 참여하여 지역 사회의 문제와 관련된 의견을 제시할 수 있다.

① ㄱ, ㄴ　　　② ㄱ, ㄷ　　　③ ㄴ, ㄷ
④ ㄴ, ㄹ　　　⑤ ㄷ, ㄹ

중요✦
08 자료에 나타난 시민 참여 제도로 가장 적절한 것은?

○○광역시 △△구에는 아동을 위한 지원이나 시설이 부족하다. 이에 그 지역 주민들은 아동 돌봄을 위한 조례의 내용을 직접 구성하고 4,000명의 서명을 받아서 구 의회에 접수하였다. 이러한 주민의 요구를 담은 조례안이 구 의회를 통과하였고, △△구는 해당 조례를 기반으로 공공 도서관 건립, 돌봄 서비스 제공 등에 박차를 가할 예정이다.

① 지방 선거　　　　　② 주민 소환
③ 주민 감사 청구제　　④ 주민 참여 예산제
⑤ 주민 조례 발안 제도

09 지방 자치 제도를 실현하기 위한 조건으로 적절하지 않은 것은?

① 주민의 자발적인 참여
② 주민에 의한 지역 대표 선출
③ 중앙 정부 중심의 권한 집중
④ 지방 자치 단체의 자율성 확보
⑤ 지역 주민의 다양한 요구 반영

10 ㉠이 활발하게 시행될 때 나타날 수 있는 효과로 적절하지 않은 것은?

지방 자치에서 ㉠ 지역 주민이 참여할 수 있는 제도에는 지방 선거, 주민 투표, 주민 소환, 주민 청원 등이 있다. 이 밖에도 공청회, 설명회 등에 참가하여 자신의 의견을 제시하는 방법도 있다.

① 주민의 이익과 행복이 증진된다.
② 지역 대표가 주민의 요구를 파악할 수 있다.
③ 지역 문제에 대한 주민의 관심이 증가할 것이다.
④ 지역 정책 결정에 중앙 정부의 영향력이 커진다.
⑤ 지역 실정에 맞는 정책이 수립되고 집행될 수 있다.

서술형
11 빈칸에 공통으로 들어갈 제도를 쓰고, 그 제도의 중요성을 두 가지 서술하시오.

(　　　)은/는 일정한 지역에 사는 주민들이 그 지역의 일을 자율적으로 처리하는 제도이다. 지역마다 처한 상황이나 해결해야 할 문제가 다르므로 지역 주민이 (　　　)을/를 통해 지역의 일을 스스로 처리하는 것이 바람직하다.

서술형
12 사회 용어를 온라인 백과사전으로 검색한 결과이다. (가)에 들어갈 내용을 서술하시오.

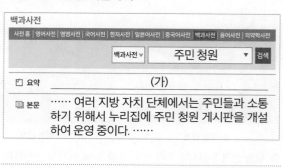

본문 …… 여러 지방 자치 단체에서는 주민들과 소통하기 위해서 누리집에 주민 청원 게시판을 개설하여 운영 중이다. ……

X 단원 표와 자료로 정리하기 (한 번 더)

주제 10 선거와 선거 참여의 중요성

(①)	의미	국민을 대신하여 나라의 일을 담당할 대표자를 선출하는 과정
	기능	• 대표자 선출 • 대표자에 정당성 부여 • 정치권력 통제 • 주권 행사
민주 선거의 기본 원칙 자료①	(②)	일정 나이 이상의 모든 국민에게 선거권을 부여해야 한다는 원칙
	(③)	모든 유권자에게 동등한 가치의 투표권을 주어야 한다는 원칙
	직접 선거	유권자는 대리인을 거치지 않고 자신이 직접 투표해야 한다는 원칙
	비밀 선거	유권자가 누구에게 투표했는지 다른 사람이 알지 못하도록 해야 한다는 원칙
선거 과정에서 유권자와 정당의 활동	유권자의 활동	• 후보자 비교 • 선거 운동 참여 • 선거 과정 감시 • 투표권 행사
	정당의 활동 자료②	• (④) 공천 • 공약 개발 • 정치적 이념 홍보 • 선거 운동 지원

자료① 민주 선거의 기본 원칙

▲ 보통 선거

▲ (⑥   )

⊙ 보통 선거의 원칙에 따라 나이가 (⑤   ) 이상인 시민이라면 누구나 투표할 수 있다.

⊙ 이 원칙에 따라 유권자는 대리인을 거치지 않고 직접 투표해야 한다.

▲ 평등 선거

▲ 비밀 선거

⊙ 평등 선거의 원칙에 따라 모든 사람은 똑같은 가치의 투표권을 행사한다.

⊙ 비밀 선거의 원칙에 따라 유권자가 어느 후보자에게 투표했는지 다른 사람이 알지 못하도록 한다.

자료② 선거 과정에서 정당의 활동

▲ 공약 개발

▲ 선거 운동 지원

⊙ 정권 획득을 목적으로 하는 (⑦   )은 선거에서 후보자를 공천하고, 공약을 개발하여 후보자가 당선될 수 있도록 노력한다.

주제 11 정치 주체의 역할과 정치과정의 의미

정치 주체 자료③	이익 집단	• 자기 집단의 특수한 이익을 정치에 반영하기 위해 정부에 압력을 행사함 • 전문적인 지식을 바탕으로 정책을 평가하거나 대안을 제시하기도 함
	시민 단체	• 시민들의 정치 참여를 유도하고 여론을 형성함 • 사회문제를 해결하고 공익을 실현하기 위한 대안을 제시함 • 국가기관이 정치 활동을 제대로 하고 있는지 감시하고 비판함
	정당	• 시민의 의견과 요구를 수렴하여 국회, 정부 등 국가기관에 전달함 • 정부 정책을 평가하고, 대안을 제시함 • 선거에 후보자를 공천하여 대표자를 배출함
	언론	• 정책에 대한 비판과 해설을 제공하여 (①) 형성을 주도함 • 다양한 정치 주체의 활동을 감시하고 비판함
	국가 기관	(②) 시민의 의견을 반영하여 법률을 제정 및 개정하거나 폐지함
		정부 · 법률을 기반으로 정책을 구체적으로 수립하고 집행함
		법원 · 정책과 관련한 분쟁을 재판을 통해 해결함
정치 과정	의미	시민들의 다양한 요구와 이익을 집약하여 정책으로 결정하고 집행하는 과정
	단계 자료④	이익 표출 · 개인이나 집단이 다양한 방법으로 의견과 요구 사항을 자유롭게 표현함
		이익 (③) · 정당이나 언론 등이 시민들의 다양한 이익을 모아 요약하고 대안을 제시함
		정책 결정 · 국회는 관련 법률을 제정하고, 정부와 함께 정책을 결정함
		정책 집행 · 결정된 정책을 정부가 현실에 맞게 구체화하여 집행함
		정책 평가 및 환류 · 시민의 평가를 통해 정책이 수정·보완되거나 새롭게 만들어지기도 함

자료 ❸ 이익 집단과 시민단체

▲ 이익 집단

▲ 시민단체

◈ (④   )은 자기 집단의 특수한 이익만을 추구하는 데 반해 (⑤   )는 사회 전체의 이익, 즉 공익을 추구한다.

자료 ❹ 정치과정의 단계

◈ (❼   )이란 시민들의 다양한 요구와 이익을 집약하여 정책으로 결정하고 집행하는 과정이다.
◈ 정치과정은 이익 표출, 이익 집약, 정책 결정, (❽   ), 정책 평가, 환류(피드백)를 거치면서 이루어진다.

주제 12 지방 자치의 중요성과 주민 참여의 의의

지방 자치 자료 ❺	의미	주민들이 (❶)를 구성하여 그 지역의 일을 자율적으로 처리하는 제도
	중요성	지역 실정에 맞는 정치 실시, 권력 분립의 실현, 주민의 정치 참여 기회 확대, 민주주의 실천 등
지방 자치 단체 자료 ❻	지방 의회	(❷) 제·개정 및 폐지, 예산 심의·확정, 집행 기관 견제 및 감시 등
	지방 자치 단체장	규칙 제정, 지역 재산 관리, 예산안 편성 및 집행, 지역의 각종 행정 사무 처리 등
시민의 다양한 참여 방법 자료 ❼	지방 선거	지역의 일을 담당할 지방 의회 의원과 지방 자치 단체장을 선출하는 과정
	주민 투표	지역 사회의 중요한 사항이나 정책에 관해 주민이 직접 투표로 의사를 표시하는 제도
	주민 소환	지역 대표가 직무를 잘 수행하지 못할 때 주민이 (❸)로 해임 여부를 결정하는 제도
	주민 조례 발안 제도	지방 의회에 조례를 제정하거나 개정 또는 폐지할 것을 제안할 수 있는 제도
	주민 청원	지역 행정에 관한 의견이나 요구 사항을 지방 자치 단체에 문서로 제출하는 제도
	주민 참여 예산제	지방 자치 단체의 예산 편성 과정에 참여하여 예산의 우선순위 등을 결정하는 제도
	주민 감사 청구제	지방 자치 단체의 업무 수행이 위법하거나 공익을 침해할 경우 감사를 요청할 수 있는 제도
	기타	민원 제기, 공청회 및 주민 설명회 참가 등

자료 ❺ 지방 자치의 의의

◈ 주민이 민주주의를 직접 체험하고 배울 수 있기 때문에 지방 자치를 '민주주의의 학교'라고 부르기도 한다.
◈ 민주주의의 기초를 다지고 발전시킬 수 있다는 의미에서 지방 자치를 '(④   )'라고 하기도 한다.

자료 ❻ 지방 자치 단체의 구성

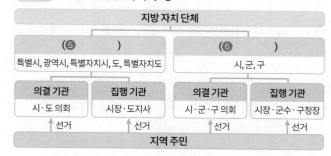

◈ 우리나라의 지방 자치 단체는 광역 자치 단체와 기초 자치 단체로 구분된다.
◈ 각 지방 자치 단체는 (❼   )인 지방 의회와 (❽   )인 지방 자치 단체장으로 구성된다.

자료 ❼ 시민의 다양한 참여 방법

▲ (❾   )

▲ 주민 투표

▲ 주민 청원

▲ 주민 참여 예산제

◈ 지역 사회의 문제를 해결하기 위해 시민이 적극적으로 참여할 때 지방 자치 제도가 성공적으로 운영될 수 있다.
◈ 주민은 지방 선거, 주민 투표, 주민 청원, 주민 참여 예산제 등과 같은 다양한 방법을 통해 지방 자치에 참여할 수 있다.

❶ 선거와 선거 과정

01 선거에 대한 설명으로 옳은 것은?

① 직접 민주주의의 요소이다.
② 연령에 관계없이 모든 시민이 참여할 수 있다.
③ 국민의 대표를 추첨을 통해 선출하는 과정이다.
④ 대표자가 국민 통제 수단으로 활용하기도 한다.
⑤ 시민이 정치과정에 참여하는 가장 기본적인 방법이다.

02 그림에 나타난 선거에 관한 옳은 설명을 <보기>에서 고른 것은?

보기
ㄱ. 5년마다 실시된다.
ㄴ. 지방 선거라고도 불린다.
ㄷ. 우리나라의 국가 원수가 선출된다.
ㄹ. 간접 선거의 원칙에 따라 이루어진다.

① ㄱ, ㄴ　　② ㄱ, ㄷ　　③ ㄴ, ㄷ
④ ㄴ, ㄹ　　⑤ ㄷ, ㄹ

03 자료에 나타난 선거의 기능으로 가장 적절한 것은?

> 선거를 통해 시민의 동의와 지지를 얻어 선출된 대표자는 권위를 인정받아 떳떳하게 역할을 수행할 수 있다. 그에 반해 공정하지 못한 방법으로 선거 운동을 하여 뽑힌 사람은 대표자로서의 권위를 인정받지 못한다.

① 정치권력을 통제한다.
② 정치 참여 기회를 제공한다.
③ 권력 분립의 원리를 실현한다.
④ 대표자에게 정당성을 부여한다.
⑤ 시민이 자신의 의사를 표현한다.

04 그림에 나타난 민주 선거의 원칙은?

① 보통 선거　　② 평등 선거　　③ 제한 선거
④ 직접 선거　　⑤ 비밀 선거

05 (가), (나) 사례에 공통으로 나타난 문제점으로 가장 적절한 것은?

> (가) A국에서는 고학력자에게는 2표, 저학력자에게는 1표를 행사하게 하였다.
> (나) B국에서는 세금을 많이 내는 사람에게는 2표, 적게 내는 사람에게는 1표의 투표권을 부여하였다.

① 보통 선거의 원칙을 지키지 않았다.
② 투표 내용을 다른 사람에게 공개하고 있다.
③ 유권자가 가지는 표의 가치가 동등하지 않다.
④ 선거권 있는 사람이 대리인을 통해 투표하고 있다.
⑤ 일정한 자격을 가진 사람들만이 선거에 참여하게 하고 있다.

06 유권자에 대한 설명으로 옳은 것은?

① 선거 운동에 참여하는 것은 제한된다.
② 우리나라에서는 중·고등학생을 포함한다.
③ 정치권력을 획득하기 위하여 선거에 참여한다.
④ 입법부의 모든 구성원을 선출할 권한을 가진다.
⑤ 선거에서 어떤 직위를 얻기 위해 출마한 사람을 의미한다.

07 선거 과정에서 유권자가 수행하는 역할을 <보기>에서 고른 것은?

┤ 보기 ├

ㄱ. 후보자에 대한 허위 사실을 유포한다.
ㄴ. 인터넷에 후보자와 관련된 정보를 게시한다.
ㄷ. 기표소 안에서 투표지를 촬영하여 공유한다.
ㄹ. 자신이 지지하는 후보의 선거 운동에 참여한다.

① ㄱ, ㄴ   ② ㄱ, ㄷ   ③ ㄴ, ㄷ
④ ㄴ, ㄹ   ⑤ ㄷ, ㄹ

08 다음과 같은 학습 목표에 따른 발표 내용으로 옳지 <u>않은</u> 것은?

<학습 목표> 선거 과정에서 정당이 수행하는 활동을 설명할 수 있다.

① 가영: 시민의 다양한 요구를 반영하여 공약을 개발해요.
② 나희: 선거에서 승리하기 위해 경쟁 후보자를 비방해요.
③ 다윤: 소속 후보자가 당선될 수 있도록 선거 운동을 지원해요.
④ 라온: 정책 설명회, 공청회 등을 통해 정치적 이념이나 정책 내용을 알려요.
⑤ 마리: 유권자의 지지를 얻기 위해 자질과 능력을 갖춘 후보자를 선거에 추천해요.

② 정치 주체와 정치과정

09 (가)에 들어갈 내용으로 가장 적절한 것은?

이익 집단
• 의미: 이해관계를 같이하는 사람들이 자신들의 특수한 이익을 실현하기 위해 만든 단체
• 역할: _____ (가)

① 전문적인 지식을 바탕으로 정책을 평가한다.
② 선거에 후보자를 공천하여 대표자를 배출한다.
③ 시민의 의견을 반영한 법률을 제정 및 개정한다.
④ 현실에 맞는 구체적인 정책을 수립하여 집행한다.
⑤ 미디어를 통해 정치에 관한 전반적인 정보를 제공한다.

10 (가), (나)에 대한 옳은 설명을 <보기>에서 고른 것은?

(가) 노동조합, 변호사협회
(나) 환경운동연합, 녹색소비자연대

┤ 보기 ├

ㄱ. (가)는 시민단체, (나)는 이익 집단에 해당한다.
ㄴ. (가)는 (나)와 달리 공식적인 정치 주체이다.
ㄷ. (나)는 (가)와 달리 공공의 이익을 추구한다.
ㄹ. (가), (나) 모두 시민의 다양한 이익을 표출한다.

① ㄱ, ㄴ   ② ㄱ, ㄷ   ③ ㄴ, ㄷ
④ ㄴ, ㄹ   ⑤ ㄷ, ㄹ

11 다음 설명에 해당하는 정치 주체는?

• 시민의 다양한 의견과 요구를 수렴하여 여론을 형성한다.
• 선거에 후보자를 공천하여 정권을 획득하기 위해 노력한다.

① 국회   ② 언론   ③ 정당
④ 시민단체   ⑤ 이익 집단

12 정치 주체를 (가)와 (나)로 구분하기 위한 질문으로 가장 적절한 것은?

(가) 국회, 정부   (나) 정당, 언론

① 정치과정에 영향력을 행사하는가?
② 정치권력 획득을 목적으로 하는가?
③ 시민이 자발적으로 결성한 단체인가?
④ 공정하고 객관적인 보도를 할 책임이 있는가?
⑤ 헌법에 따라 정책을 결정할 수 있는 권한이 있는가?

13 사회 수업 시간에 학생이 필기한 내용이다. A에 대한 옳은 설명을 <보기>에서 고른 것은?

> (A)
> • 의미: 시민들의 다양한 요구와 이익을 집약하여 정책으로 결정하고 집행하는 과정
> • 단계: 이익 표출 → 이익 집약 → 정책 결정 → 정책 집행 → 정책 평가

| 보기 |
> ㄱ. A를 통해 결정된 정책은 수정할 수 없다.
> ㄴ. 사회문제를 합리적으로 해결하는 과정이다.
> ㄷ. A의 기능이 잘 발휘되면 사회 통합과 발전을 이룰 수 있다.
> ㄹ. 이익 집단과 시민단체는 이익 집약 단계에서 핵심적인 역할을 수행한다.

① ㄱ, ㄴ ② ㄱ, ㄷ ③ ㄴ, ㄷ ④ ㄴ, ㄹ ⑤ ㄷ, ㄹ

14 다음 내용에 해당하는 정치과정의 단계로 옳은 것은?

> 학부모와 시민단체는 학교 앞에 불법 주정차가 심각하여 학생들의 등하굣길이 위험하다면서 안전사고 예방 방안이 마련되어야 한다고 주장하였다.

① 이익 표출 ② 이익 집약 ③ 정책 결정
④ 정책 집행 ⑤ 정책 평가

15 그림에 나타난 정치과정의 (가)~(마) 단계에 대한 설명으로 옳지 않은 것은?

① (가)에서 개인과 집단이 요구 사항을 자유롭게 표현한다.
② (나)에서 정당, 언론 등이 다양한 이익을 모아 요약한다.
③ (다)를 통해 시민의 요구를 바탕으로 법률이 제·개정된다.
④ (라)에서 가장 핵심적인 역할을 하는 정치 주체는 정당이다.
⑤ (마)의 결과는 다시 정치과정에 반영된다.

❸ 지방 자치와 시민 참여

16 지방 자치에 대한 설명으로 옳지 않은 것은?

① 지역 실정에 맞는 정치를 실현하는 데 기여한다.
② 주민이 정치에 참여할 수 있는 기회를 확대한다.
③ 민주주의를 직접 체험하고 배울 수 있는 기회를 제공한다.
④ 주민들이 한자리에 모여 지역 문제를 논의하는 방식으로 실시된다.
⑤ 국가 권력이 중앙 정부에 집중되어 나타나는 문제를 방지할 수 있다.

17 다음 주소에 거주하는 유권자가 지방 선거를 통해 선출할 지방 자치 단체장을 <보기>에서 고른 것은?

> 경상북도 청도군 ○○읍 □□로 901

| 보기 |
> ㄱ. 청도군수   ㄴ. 경상북도지사
> ㄷ. 청도군 의회 의원   ㄹ. 경상북도 의회 의원

① ㄱ, ㄴ   ② ㄱ, ㄷ   ③ ㄴ, ㄷ
④ ㄴ, ㄹ   ⑤ ㄷ, ㄹ

18 우리나라 지방 자치 단체의 구성을 나타낸 도표이다. ㉠에 대한 설명으로 옳은 것은?

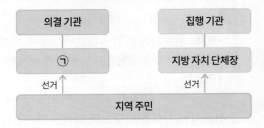

① 예산안을 편성한다.
② 지역 정책을 집행한다.
③ 시장, 군수, 구청장이 해당한다.
④ 조례를 제·개정하거나 폐지한다.
⑤ 지역의 각종 행정 사무를 처리한다.

● 바른답·알찬풀이 20쪽

19 ⊙에 해당하는 내용으로 적절하지 <u>않은</u> 것은?

> 우리나라에서는 1995년에 지방 자치 제도가 실시된 이후 ⊙ 지역 주민의 참여를 보장하기 위해서 다양한 제도를 잇달아 도입하여 시행하고 있다.

① 지방 정부의 예산 편성에 지역 주민이 참여할 수 있다.
② 국민을 대신하여 나랏일을 담당할 대통령과 국회 의원을 선출할 수 있다.
③ 지역 행정에 관한 요구 사항을 지방 자치 단체에 문서로 직접 제출할 수 있다.
④ 지방 자치 단체의 주요 결정 사항에 대해 주민이 투표로 의사를 표시할 수 있다.
⑤ 지방 자치 단체의 업무 수행이 법에 위반되거나 공익을 침해할 경우 감사를 요청할 수 있다.

20 자료에 나타난 지역 주민의 정치 참여 방법은?

> 지역 대표가 주민의 의사에 반하는 정책을 펼치거나 직무를 잘 수행하지 못할 때 투표를 통해 해임할 수 있는 제도이다.

① 주민 청원
② 주민 소환
③ 주민 감사 청구제
④ 주민 참여 예산제
⑤ 주민 조례 발안 제도

21 ⊙~ⓒ에 대한 옳은 설명을 <보기>에서 고른 것은?

> ⊙ 경상남도 의회는 주민이 자치 법규인 (ⓒ)을/를 직접 제정 또는 개정하거나 폐지할 것을 제안할 수 있는 (ⓒ)을/를 홍보하는 설명회를 연다.

┌ 보기 ┐
ㄱ. ⊙은 기초 자치 단체의 의결 기관이다.
ㄴ. ⊙을 구성하는 지역 대표의 임기는 4년이다.
ㄷ. ⓒ에 해당하는 자치 법규는 지방 자치 단체장이 제정한다.
ㄹ. ⓒ에 들어갈 주민 참여 제도는 주민 조례 발안 제도이다.

① ㄱ, ㄴ
② ㄱ, ㄷ
③ ㄴ, ㄷ
④ ㄴ, ㄹ
⑤ ㄷ, ㄹ

22 자료에 나타난 정치 제도를 쓰고, 그 의미를 서술하시오.

_____

_____

23 사회 시간 수행평가 자료이다. 물음에 답하시오.

> <발표 주제> 정치 주체
> • 종류: (⊙)
> • 의미: 정치적 의견이 같은 사람들이 정권을 획득하기 위해 만든 단체
> • 역할: _____ (가) _____

(1) ⊙에 해당하는 정치 주체를 쓰시오.

_____

(2) (가)에 들어갈 내용을 세 가지 서술하시오.

_____

_____

24 다음 글을 읽고 물음에 답하시오.

> 우리나라의 지방 자치 단체는 특별시, 특별자치시, 광역시, 특별자치도, 도로 이루어진 (⊙)와/과 시, 군, 구로 이루어진 (ⓒ)(으)로 나뉜다. 그리고 각 단체는 의결 기관인 ⓒ 지방 의회와 집행 기관인 ⓔ 지방 자치 단체장으로 구분된다.

(1) ⊙, ⓒ에 해당하는 지방 자치 단체를 각각 쓰시오.

_____

(2) ⓒ, ⓔ의 역할을 입법, 예산 두 측면에서 비교하여 서술하시오.

_____

_____

XI

일상생활과 법

주제13 법의 의미와 특징

이 주제의 학습 목표
법의 의미와 특징을 이해하고, 법이 추구하는 목적을 파악해 두자.

+ **풍습(風 바람, 習 익히다)**
옛날부터 그 사회에 전해 오는 생활 전반에 걸친 습관

+ **교리(敎 가르치다, 理 다스리다)**
종교적인 원리나 이치를 말하는 것으로 각 종교에서 진리라고 규정한 내용

+ **계율(戒 경계하다, 律 법)**
불자가 지켜야 할 규범 또는 모든 종교에서 정해 놓은 행동의 규칙이나 법칙이 되는 본보기

+ **가책(呵 꾸짖다, 責 꾸짖다)**
자신이나 다른 사람의 잘못에 대하여 꾸짖고 책망함

+ **선(善 착하다)**
올바르고 착하여 도덕적 기준에 맞음

+ **제재(制 억제하다, 裁 치수에 맞게 자르다)**
법이나 규정을 어겼을 때 국가가 처벌이나 금지 등을 행하는 일

+ **공공복리(公 공평하다, 共 함께, 福 복, 利 이롭다)**
사회 구성원 전체에 공통되는 이익이나 복지를 말함

1 일상생활과 법 자료❶

(1) **일상생활과 법** 우리의 일상생활은 법과 밀접한 관련을 가지고 있음

(2) **일상생활 속 법의 사례** 출생, 가족생활, 학교생활, 경제생활 등에 다양한 법이 영향을 미침 예 운전을 하거나 길을 건널 때 「도로 교통법」을 따라야 함

2 법의 의미와 특징

(1) **사회 규범**
① **의미** 사회 질서 유지를 위해 사회 구성원이 합의하여 만든 규칙
② **역할** 사람들 간의 갈등과 분쟁을 해결하고 사회를 유지하는 역할을 함
③ **사회 규범의 종류**

구분	의미	사례
관습	한 사회에서 오랫동안 지켜져 내려온 행동 양식이나 풍습	돌잔치, 장례식 등
종교 규범	특정한 종교를 믿는 사람들 사이에서 지키도록 정해 놓은 교리나 계율	불경 등
도덕	양심 등에 비추어 인간이 마땅히 지켜야 할 바람직한 행동의 기준	효도, 어른 공경 등
법	사회 구성원의 합의에 따라 국가가 제정한 사회 규범 → 내용이 구체적이고 명확함	「식품 위생법」, 「도로 교통법」, 「학교 급식법」 등

(2) **도덕과 법의 비교** 자료❷

구분	판단 기준	특징	위반할 경우	목적
도덕	양심과 동기	자율성	양심의 가책, 사회적 비난	선의 실현
법	행위와 그 결과	강제성	국가에 의한 공식적인 제재	정의의 실현

3 법의 목적과 기능

(1) **법의 목적** 자료❸
① 법은 정의 실현을 목적으로 함
② 정의의 의미
• 모든 사람에게 각자가 받아야 할 정당한 몫을 주는 것
• '같은 것은 같게, 다른 것은 다르게' 대우하는 것
③ 정의 실현의 사례
• 개인의 능력과 노력 등에 따라 정당한 보상과 대우를 받게 하는 것
• 다른 사람의 권리를 침해하거나 사회를 어지럽힌 사람에게 제재를 가하는 일

(2) **법의 기능**
① **분쟁의 예방 및 해결** 공정하고 객관적인 판단 기준을 제시하여 분쟁을 예방하거나 해결함
② **개인의 권리 보호** 개인이 어떤 권리를 갖는지 명시하고, 권리를 침해하는 행위를 제재함으로써 개인의 권리를 보호함
③ **사회 질서 유지** 구성원 간의 다툼을 해결하고 범죄로부터 사람들을 보호함으로써 사회 질서를 유지함
④ **공공복리 추구** 소수의 이익이 아닌 모든 사회 구성원이 이익을 얻고 행복을 누릴 수 있도록 함

● 바른답·알찬풀이 22쪽

개념 확인 문제

1 다음 설명이 맞으면 ○표, 틀리면 ×표를 하시오.
(1) 우리의 일상생활은 법과 밀접하게 관련되어 있다. ( )
(2) 사회 질서를 유지하기 위해 사회 구성원이 합의하여 만든 규칙을 사회 규범이라고 한다. ( )
(3) 정의란 '같은 것은 다르게, 다른 것은 같게' 대우하는 것을 말한다. ( )

2 다음 괄호 안의 내용 중 옳은 것에 ○표를 하시오.
(1) 사회 규범 중 도덕은 행위의 (동기, 결과)를 중시하고, 법은 행위의 (동기, 결과)를 중시한다.
(2) 법은 다른 사회 규범과는 달리 (강제성, 자율성)이 있다.

꼭 나오는 자료

자료 ❶ 일상생활 속의 법

「도로 교통법」은 도로에서 일어나는 위험과 장해를 방지하고 안전하고 원활한 교통을 확보하기 위한 법률이야.

안전하게 등교해요.

「학교 급식법」은 초중고 학생들에게 양질의 안전한 급식 제공에 필요한 사항들을 정할 목적으로 제정된 법률이야.

영양가 높고 위생적인 급식을 먹어요.

▲ 「도로 교통법」

▲ 「학교 급식법」

우리의 일상생활은 다양한 법과 밀접한 관련을 가지고 있다. 학교생활을 예로 들면, 학교 주변 도로 중 일부 구간은 「도로 교통법」에 따라 어린이 보호 구역으로 지정되어 있어 학생들이 안전하게 등하교를 할 수 있다. 또한 「학교 급식법」에 따라 학생들은 품질이 우수하고 안전하게 관리된 식품을 섭취할 수 있다. 이러한 학교생활뿐만 아니라 출생, 취업, 결혼, 사망에 이르기까지 우리는 법의 영향 속에서 살아간다.

자료 ❷ 착한 사마리아인 법
이 법의 명칭은 강도를 당해 길에 쓰러졌던 유대인을 사마리아인만이 구해주었다는 이야기에서 유래되었어.

앗! 사람이 쓰러졌는데 신고도 하지 않고 가다니!

늦었으니까 그냥 가야겠다.

다른 사람을 도와주는 건 개인의 자유야.

'착한 사마리아인 법'이란 자신에게 특별한 위험이나 피해가 발생하는 것도 아닌데 어려움에 처한 사람을 구하지 않는 행위를 처벌하는 법을 말한다. 착한 사마리아인 법에 찬성하는 사람은 이 법을 통해 시민의 생명과 안전을 보장할 수 있다고 주장한다. 하지만 반대하는 사람은 도덕을 법으로 강제하는 것은 개인의 자유를 침해한다고 말한다.

자료 ❸ 정의의 여신

정의를 상징하는 것으로 '정의의 여신상' 이외에도 해태가 있어. 해태는 해치라고도 불리는 상상의 동물로서 옳고 그름을 잘 판단하여 죄를 지은 사람을 뿔로 들이받는다고 알려져 있어.

법은 개인의 능력과 노력 등에 따라 정당한 보상과 대우를 받게 하고, 다른 사람의 권리를 침해하거나 사회를 어지럽힌 사람에게 제재를 가함으로써 정의를 실현한다. 이러한 정의를 나타내는 대표적인 상징으로는 정의의 여신이 있다. 정의의 여신상은 대체로 눈을 가리거나 감고 있으며, 한 손에는 저울을, 다른 한 손에는 칼을 들고 있다. 두 눈을 가리거나 감는 것은 법에 따라 공정하게 판단을 내리겠다는 의미이다. 저울은 모든 사람에게 공평하게 판결하겠다는 것이며, 칼은 법의 강제성을 의미한다.

▲ 정의의 여신상

대표 문제로 실력 쌓기
● 바른답·알찬풀이 22쪽

>> **일상생활 속의 법**

1 ㉠에 들어갈 수업 주제로 가장 적절한 것은?

> 수업 주제: _____㉠_____
>
> 학교 주변 도로는 「도로 교통법」에 따라 어린이 보호 구역으로 지정되어 있다. 점심시간에는 「학교 급식법」에 따른 영양가 높은 급식을 먹을 수 있다. 편의점에서 음료수를 살 때는 「식품 표시 광고법」에 따른 소비 기한을 확인하고 구매할 수 있다.

① 정의의 의미
② 법의 강제성
③ 사회 규범의 종류
④ 일상생활 속의 법
⑤ 법과 도덕의 차이점

이것만은 꼭 기억하자! 우리의 일상생활은 법과 밀접한 관련을 맺고 있어.

92쪽 03번, 104쪽 04번 문제도 풀어 보자!

>> **정의의 실현** (선택지 하나 더)

2 ㉠을 실현하는 사례로 적절하지 않은 것은?

> (㉠)(이)란 '같은 것은 같게, 다른 것은 다르게' 대우하는 것으로, 모든 사회 구성원에게 각자가 받아야 할 정당한 몫을 주는 것을 말한다.

① 일정 연령 이상의 모든 국민에게 선거권을 부여한다.
② 자녀는 성별에 관계없이 부모의 유산을 똑같이 상속받는다.
③ 주간에 근무한 사람보다 야간 근무자에게 추가 임금을 준다.
④ 우수한 실적을 기록한 판매 직원에게 더 많은 성과급을 지급한다.
⑤ 범죄자가 저지른 범죄의 종류와 상관없이 동일한 형량을 선고한다.
⑥ 공무원 시험에서 시각 장애를 가진 수험생에게 시험 시간을 더 길게 준다.

이것만은 꼭 기억하자! 정의란 '같은 것은 같게, 다른 것은 다르게' 대우하는 것으로 모든 사람이 인간으로서 동등한 대우를 받고 각자 노력한 만큼의 몫을 얻는 것을 의미해.

93쪽 10번, 105쪽 07번 문제도 풀어 보자!

---

01 사회 규범에 관한 설명으로 옳지 <u>않은</u> 것은?

① 대표적으로 법과 도덕이 있다.
② 사회를 유지하는 역할을 한다.
③ 구성원 간의 갈등과 분쟁을 해결한다.
④ 도덕을 지키지 않으면 국가로부터 처벌을 받는다.
⑤ 법은 다른 사회 규범과 다르게 위반할 경우 국가에 의한 제재를 받는다.

02 다음 글의 사회 규범에 따라 행동한 사람으로 옳은 것은?

> 한 사회에서 오래 지켜져 내려온 행동 양식이나 풍습을 말한다.

① 안식일에 예배하는 기독교인
② 아이의 돌잔치를 준비하는 가족
③ 신호등을 지켜 도로를 주행하는 운전자
④ 무거운 짐을 들고 있는 친구를 도와주는 학생
⑤ 지하철에서 어르신에게 자리를 양보하는 젊은이

03 ㉠에 들어갈 법으로 가장 적절한 것은?

[일상생활 속 법]

학생들은 (㉠)에 따라 등하교 시 횡단보도를 안전하게 이용할 수 있다.

① 「교육 기본법」
② 「도로 교통법」
③ 「학교 보건법」
④ 「청소년 보호법」
⑤ 「제품 안전 기본법」

04 법에 관한 설명으로 옳은 것은?

① 자율성을 가진다.
② 선(善)의 실현을 목적으로 한다.
③ 위반할 경우 국가의 처벌을 받는다.
④ 행동의 결과보다 동기를 중요시한다.
⑤ 인간이 마땅히 지켜야 할 도리를 뜻한다.

중요✦
05 (가), (나)의 사회 규범에 관한 설명으로 옳은 것은?

> (가) 사회 구성원의 합의에 따라 국가가 제정한 규범
> (나) 인간이 마땅히 지켜야 할 바람직한 행동의 기준

① (가)는 내면의 양심을 중시한다.
② (나)는 행위의 결과를 중시한다.
③ (가)는 도덕이고, (나)는 법이다.
④ (가)는 (나)에 비해 강제성을 가진다.
⑤ (나)는 (가)에 비해 규제하는 내용이 명확하다.

고난도
06 다음 그림의 갑과 을의 주장에 관한 옳은 설명을 <보기>에서 고른 것은?

┤ 보기 ├
ㄱ. 갑은 착한 사마리아인 법에 찬성하는 입장이다.
ㄴ. 갑은 법과 도덕을 명확하게 구분해야 한다고 생각한다.
ㄷ. 을은 도덕을 법으로 강제하는 것은 개인의 자유를 침해한다고 볼 것이다.
ㄹ. 을은 어려움에 처한 사람을 구하지 않는 행위를 처벌해야 한다고 강조한다.

① ㄱ, ㄴ
② ㄱ, ㄷ
③ ㄴ, ㄷ
④ ㄴ, ㄹ
⑤ ㄷ, ㄹ

중요✦

07 자료는 학생이 작성한 형성 평가 답안지이다. (가)~(마) 중 답을 옳게 표시한 것은?

※ 도덕과 비교하여 <u>법만 가진 특징</u>에 해당하는 내용이면 ○표, 그렇지 않으면 ×표 하시오.

구분	내용	답
(가)	행위와 그 결과를 중시한다.	○
(나)	내면의 동기를 규율한다.	○
(다)	내용이 구체적이고 명확하다.	×
(라)	사람들이 따라야 할 행동 기준이다.	○
(마)	위반 시 국가에 의해 제재를 받는다.	×

① (가) ② (나) ③ (다) ④ (라) ⑤ (마)

08 (가)에 들어갈 내용으로 적절하지 <u>않은</u> 것은?

> **법의 의미와 기능**
> • 의미: 사회 구성원들의 합의를 반영하여 국가가 제정한 사회 규범
> • 기능: [(가)]

① 분쟁의 해결 ② 공공복리 추구
③ 국가 권력의 강화 ④ 개인의 권리 보호
⑤ 사회 질서의 유지

09 다음 사례에 나타난 법의 기능으로 가장 적절한 것은?

> 「주택 임대차 보호법」에서는 경제적으로 불리한 위치에 있는 세입자의 안정적인 주거 생활을 위해 임대차 계약 기간을 2년간 보장하고 있다.

① 범죄 행위를 처벌한다.
② 국민의 생활을 규제한다.
③ 개인의 권리를 보호한다.
④ 공권력의 남용을 방지한다.
⑤ 국가와 개인 간의 분쟁을 해결한다.

10 ㉠에 관한 옳은 설명을 <보기>에서 고른 것은?

> 우리 사회에는 다양한 법들이 저마다 다른 내용을 담고 있지만 공통적으로 (㉠)을/를 실현하는 것을 궁극적인 목적으로 하고 있다.

┤ 보기 ├
ㄱ. 상징물로는 정의의 여신상이 대표적이다.
ㄴ. 같은 것은 다르게, 다른 것은 같게 대우하는 것을 말한다.
ㄷ. 모든 사람에게 각자가 받아야 할 정당한 몫을 주는 것이다.
ㄹ. 개인의 능력과 노력에 상관없이 똑같이 보상하는 것을 예로 들 수 있다.

① ㄱ, ㄴ ② ㄱ, ㄷ ③ ㄴ, ㄷ
④ ㄴ, ㄹ ⑤ ㄷ, ㄹ

서술형

11 다음 내용에 해당하는 사회 규범을 쓰고, 그 기능을 <u>두 가지</u> 서술하시오.

> • 정의를 실현하기 위해 사회 구성원의 합의를 바탕으로 국가에서 정한 규범이다.
> • 인간의 양심과 동기를 중시하는 도덕과 달리 겉으로 드러나는 구체적인 행위와 그 결과를 중시한다.

서술형

12 ㉠에 들어갈 용어를 쓰고, 그 의미를 서술하시오.

제가 이번에 발표할 주제는 법의 목적인 (㉠)입니다. 먼저 (㉠)을/를 상징하는 여신상에 관해 설명하도록 하겠습니다.

주제 14

우리 생활과 관련된 다양한 법

이 주제의 학습 목표

일생생활 속의 다양한 법을 탐색하고, 사회법의 의미와 종류, 등장 배경을 알아두자.

+ 규율(規 법, 律 법)
질서나 제도를 좇아 다스림

+ 형벌(刑 형벌, 罰 벌주다)
국가가 범죄자에게 제재를 가하는 것으로 사형, 징역, 자격 상실, 벌금 등이 있음

+ 산업 혁명
18세기 중반 기계 발명과 기술 혁신으로 생산력이 급증함에 따라 나타난 사회적·경제적 대변혁을 말함

+ 이해관계(利 이롭다, 害 해롭다, 關 관계하다, 係 걸리다)
서로의 이익과 손해가 걸려 있는 관계

+ 독점(獨 홀로, 占 차지하다)
개인이나 하나의 단체가 다른 경쟁자를 배제하고 생산과 시장을 지배하여 이익을 독차지함

1 공법과 사법 [자료 1]

(1) 공법

① 의미 국가와 개인 또는 국가기관 간의 공적인 생활 관계를 +규율하는 법

② 종류

헌법	• 국민의 권리와 의무, 국가의 통치 구조와 운영 원리 등을 규정한 최고법 • 모든 법 제정 및 국가기관의 권한 행사에 근거를 제공함
형법	• 범죄의 종류와 그에 따른 +형벌의 내용과 정도를 규정한 법 • 범죄를 저지른 사람을 처벌함으로써 사회 질서를 유지하고 국민의 권리를 보호함

(2) 사법

① 의미 개인과 개인 사이의 사적인 생활 관계를 규율하는 법

② 종류

민법	계약 등의 재산 관계 및 혼인과 이혼, 출산과 입양 등의 가족 관계에 관한 권리와 의무 등을 규정한 법
상법	기업의 설립과 활동 등 기업에 관한 사항과 상거래와 관련된 경제생활 관계를 규정한 법

2 사회법

(1) 의미 개인 간의 생활 영역에 국가가 개입하는 법

(2) 등장 배경 [자료 2]

근대 사회	자본주의 발달 과정의 사회문제	사회법의 필요성 제기
시민 혁명 이후 개인의 자유로운 경제활동을 최대한 보장하기 위해 국가의 간섭이나 개입은 최소화하였음 →	+산업 혁명이 진행되면서 빈부 격차, 노동 문제 등의 사회문제가 발생함 →	• 사회문제를 해결하기 위해 사법 영역인 개인 간의 생활 관계에 국가가 개입하는 사회법이 등장함 • 현대 복지 국가에서 그 중요성이 더욱 커지고 있음

(3) 목적

① 사회적·경제적 약자를 보호

② 모든 국민의 인간다운 생활 보장

(4) 사회법의 종류 [자료 3]

노동법	의미	노동자의 권리와 근로 조건을 규정하고, 노사 간의 +이해관계를 조정하기 위한 법
	종류	「근로 기준법」, 「최저 임금법」, 「노동조합 및 노동관계 조정법」 등
경제법	의미	기업 간의 공정하고 자유로운 경쟁을 보장하고 소비자의 권익을 보호하기 위한 법
	종류	「소비자 기본법」, 「독점 규제 및 공정 거래에 관한 법률(공정 거래법)」, 「전자 상거래 등에서의 소비자 보호에 관한 법률(전자 상거래법)」 등
사회 보장법	의미	빈곤, 질병, 장애, 고령 등으로 어려움을 겪고 있는 사람들을 돕고 모든 국민의 인간다운 생활을 보장하기 위한 법
	종류	「국민 기초 생활 보장법」, 「국민연금법」, 「국민 건강 보험법」, 「장애인 복지법」, 「사회 보장 기본법」 등

개념 확인 문제

● 바른답·알찬풀이 23쪽

1 다음 설명이 맞으면 ○표, 틀리면 ×표를 하시오.

(1) 법은 규율하는 생활 영역에 따라 공법, 사법, 사회법으로 구분할 수 있다.
( )

(2) 사회법은 개인의 자유로운 경제활동을 보장하기 위한 법이다. ( )

2 다음 괄호 안의 내용 중 옳은 것에 ○표를 하시오.

(1) (공법, 사법)에는 대표적으로 헌법과 형법이 있다.

(2) 국민 기초 생활 보장법은 사회법의 종류 중 (노동법, 경제법, 사회 보장법)에 속한다.

꼭 나오는 자료

선거와 같이 공적인 생활 관계를 다루는 법이 공법이야.

자료 ① 공법과 사법

혼인과 같이 사적인 생활 관계를 다루는 법이 사법이야.

▲ 공법이 적용되는 사례　　　　▲ 사법이 적용되는 사례

개인은 일생 동안 국가의 구성원으로서 국가에 세금을 납부하고 나라를 지킬 의무를 이행하며, 선거에 참여하여 국민의 대표를 선출한다. 이처럼 공적인 생활 관계를 규율하는 법을 공법이라고 하는데, 대표적으로 헌법과 형법이 있다. 한편, 개인은 다른 사람들과 다양한 관계를 맺으면서 살아간다. 혼인, 출산 등으로 가족을 구성하기도 하고 시장에서 물건을 사고팔기도 한다. 이러한 사적인 생활 관계를 규율하는 법을 사법이라고 하는데, 대표적으로 민법과 상법이 있다.

자료 ② 산업화 시기의 아동 노동 문제

▲ 산업화 시기의 아동 노동

산업 혁명 당시 아동 노동자들은 하루에 16~17시간 동안 노동을 하며 다치거나 목숨을 잃기도 하였다. 이러한 문제점을 인식한 사람들은 노동 시간을 법으로 규제해야 한다고 요구하였다. 이에 영국에서는 1802년에 아동 노동자의 권리를 보호하기 위한 공장법을 만들었다.

영국의 공장법을 시작으로 다른 나라에서도 사회적·경제적 약자를 보호하기 위한 사회법이 등장하게 되었어.

자료 ③ 사회법의 종류

「근로 기준법」에 따라 8시간 동안 근로할 경우 1시간의 휴게 시간을 보장받을 수 있어.

일하는 동안 쉬는 시간이 없어서 힘들어요.

「장애인 복지법」에 따라 장애인의 기본 생활을 보장하기 위해 활동 지원사의 도움을 받을 수 있어.

일상적인 생활을 하는 데 어려움이 많아요.

▲ 노동법이 적용되는 사례　　　　▲ 사회 보장법이 적용되는 사례

파손된 제품이 왔는데 환불을 안 해 주네.

「소비자 기본법」에 사업자가 물품 등의 하자로 인한 소비자의 불만이나 피해를 해결하거나 보상해야 한다고 규정되어 있어.

▲ 경제법이 적용되는 사례

사회법은 크게 노동법, 사회 보장법, 경제법 등으로 구분할 수 있다. 노동법은 근로자의 권리를 보장할 수 있도록 노동관계를 규율하는 법이다. 사회 보장법은 빈곤, 질병, 노령, 실업, 장애 등으로 어려운 처지에 있는 사람들을 돕고 모든 국민의 인간다운 생활을 보장하기 위한 법이다. 경제법은 기업 간의 공정하고 자유로운 경쟁을 보장하고 소비자의 권익을 보호하기 위한 법이다.

대표 문제로 실력 쌓기　● 바른답·알찬풀이 23쪽

>> **공법과 사법** 선택지 하나 더

1 다음 글에서 설명하고 있는 법 영역이 적용되는 사례로 가장 적절한 것은?

> 국가와 개인 또는 국가기관 간의 공적인 생활 관계를 규율하는 법이다.

① 18세가 된 사람은 혼인할 수 있다.
② 일정 연령 이상의 국민은 선거권을 가진다.
③ 부모가 사망하면 자녀는 재산을 상속받는다.
④ 생활이 어려운 사람은 국가로부터 급여를 보조받는다.
⑤ 근로자는 근로 시간 중에 적절한 휴게 시간을 보장받는다.
⑥ 하자가 있는 상품을 구입한 소비자는 피해를 보상받을 수 있다.

이것만은 꼭 기억하자! 공법은 공적인 생활 관계를 규율하고, 사법은 사적인 생활 관계를 규율하는 법이야.
✐ 96쪽 03번, 105쪽 08번 문제도 풀어 보자!

>> **사회법의 종류**

2 (가), (나)에 나타난 사회문제를 해결하기 위한 사회법의 종류를 바르게 연결한 것은?

> (가) 자본가에 비해 사회적·경제적 약자인 근로자는 열악한 조건에서 일하는 경우가 많다.
> (나) 장애인, 노인 중 경제적 능력이 없어 어려운 생활을 하는 사람들이 있다.

	(가)	(나)
①	노동법	경제법
②	노동법	사회 보장법
③	경제법	사회 보장법
④	사회 보장법	경제법
⑤	사회 보장법	노동법

이것만은 꼭 기억하자! 사회법은 사회적·경제적 약자를 보호하고 나아가 모든 국민의 인간다운 생활을 보장하는 것을 목적으로 해.
✐ 97쪽 09번, 105쪽 12번 문제도 풀어 보자!

01 (가)에 들어갈 내용으로 가장 적절한 것은?

법은 ___(가)___ 에 따라 공법, 사법, 사회법으로 구분할 수 있어.

① 제정하는 주체
② 규율하는 생활 영역
③ 결정되는 처벌 강도
④ 개입하는 국가기관의 종류
⑤ 적용되는 법적 분쟁의 해결 방식

중요
02 법 영역 중 공법에 관한 설명으로 옳은 것은?

① 가족 관계, 재산 관계 등을 다룬다.
② 사회적 약자의 보호를 목적으로 한다.
③ 대표적으로 헌법과 형법을 들 수 있다.
④ 개인과 개인 간의 생활 영역을 규율한다.
⑤ 사법의 영역에 국가가 개입하여 등장하였다.

03 (가), (나)에 해당하는 법을 바르게 연결한 것은?

(가) 사람을 체포 또는 감금한 자는 5년 이하의 징역 또는 700만 원 이하의 벌금에 처한다.
(나) 모든 국민은 헌법과 법률이 정한 법관에 의하여 법률에 의한 재판을 받을 권리를 가진다.

	(가)	(나)
①	헌법	형법
②	헌법	민법
③	형법	헌법
④	형법	민법
⑤	민법	헌법

중요
04 그림은 법을 생활 영역에 따라 구분한 것이다. ㉠에 관한 옳은 설명을 <보기>에서 고른 것은?

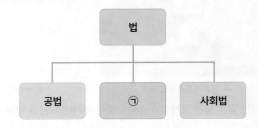

보기
ㄱ. 민법과 상법 등이 속한다.
ㄴ. 사적인 생활 관계를 규율한다.
ㄷ. 사회적·경제적 약자를 보호하고자 한다.
ㄹ. 현대 복지 국가에서 그 중요성이 더욱 커지고 있다.

① ㄱ, ㄴ   ② ㄱ, ㄷ   ③ ㄴ, ㄷ
④ ㄴ, ㄹ   ⑤ ㄷ, ㄹ

05 다음 글의 법 영역에 해당하는 생활 모습으로 가장 적절한 것은?

개인과 개인 사이의 관계, 즉 사적인 생활 영역을 규율하는 법이다.

① 아파트 취득세를 납부한다.
② 부모님의 재산을 상속받는다.
③ 국회의원 선거에서 투표한다.
④ 입영 통지를 받고 군대에 간다.
⑤ 폭행 혐의로 형사 재판을 받는다.

06 자료는 일상생활 속 사례와 관련 법률을 연결한 법 카드이다. ㉠에 들어갈 법으로 옳은 것은?

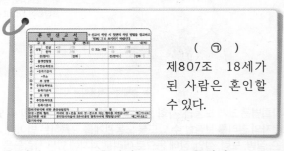

(㉠)
제807조 18세가 된 사람은 혼인할 수 있다.

① 민법   ② 상법   ③ 형법
④ 헌법   ⑤ 경제법

07 사회법의 등장 배경으로 적절하지 <u>않은</u> 것은?

① 국가의 간섭을 최소화하기 위해서
② 사회적·경제적 약자를 보호하기 위해서
③ 빈부 격차, 노동 문제 등을 해결하기 위해서
④ 자본주의 발달 과정의 문제를 해결하기 위해서
⑤ 모든 국민의 인간다운 생활을 보장하기 위해서

중요✦
08 ㉠에 해당하는 법 영역에 관한 설명으로 옳은 것은?

> 산업화가 진행되고 자본주의가 발달하는 과정에서 자본가와 노동자의 빈부 격차가 심해지고, 근로 조건과 임금 등을 둘러싼 갈등과 대립이 증가하였다. 이를 해결하기 위해 (㉠)이/가 등장하였다.

① 헌법, 형법이 속한다.
② 사법과 공법의 중간적 성격을 가진다.
③ 개인과 개인 간의 사적 생활 관계를 규율한다.
④ 범죄 행위를 처벌하여 침해된 권리를 구제한다.
⑤ 재산권과 계약, 손해 배상 등과 관련된 개인의 권리와 의무를 다룬다.

고난도
09 ㉠, ㉡에 들어갈 법에 관한 옳은 설명을 <보기>에서 고른 것은?

> (㉠)
> 제1조(목적) 이 법은 국민의 노령, 장애 또는 사망에 대하여 연금 급여를 실시함으로써 국민의 생활 안정과 복지 증진에 이바지하는 것을 목적으로 한다.

> (㉡)
> 제1조(목적) 이 법은 헌법에 따라 근로 조건의 기준을 정함으로써 근로자의 기본적 생활을 보장, 향상시키며 균형 있는 국민 경제의 발전을 꾀하는 것을 목적으로 한다.

| 보기 |

ㄱ. ㉠은 노동법, ㉡은 사회 보장법에 속한다.
ㄴ. ㉠, ㉡과 같은 법은 현대 복지 국가에서 그 중요성이 커지고 있다.
ㄷ. ㉠과 ㉡은 사회적·경제적 약자를 보호하는 것을 목적으로 한다.
ㄹ. ㉠은 ㉡과 달리 국가로부터 개인의 자유를 최대한 보장하기 위해 등장하였다.

① ㄱ, ㄴ   ② ㄱ, ㄷ   ③ ㄴ, ㄷ
④ ㄴ, ㄹ   ⑤ ㄷ, ㄹ

중요✦
10 그림에 나타난 문제 상황에 적용할 수 있는 법으로 옳은 것은?

> 파손된 제품이 왔는데 환불을 안 해 주네.

① 「근로 기준법」   ② 「최저 임금법」
③ 「소비자 기본법」   ④ 「장애인 복지법」
⑤ 「국민 건강 보호법」

서술형
11 ㉠에 들어갈 우리나라의 최고법을 쓰고, 그 의미를 서술하시오.

㉠

법률

명령

자치 법규
(조례, 규칙)

서술형
12 다음 자료를 보고 물음에 답하시오.

> (㉠)의 의미와 종류
> • 의미: 사법 영역인 개인 간의 생활 관계에 국가가 개입하는 법
> • 종류: 노동법, 경제법, 사회 보장법

(1) ㉠에 들어갈 법 영역을 쓰시오.

(2) ㉠이 추구하는 목적을 서술하시오.

재판의 종류와 공정한 재판의 중요성

이 주제의 학습 목표

재판의 의미와 종류를 파악하고, 공정한 재판을 위한 제도의 종류와 그 내용을 알아 두자.

+ **소장(訴 하소연하다, 狀 문서)**
  재판을 청구하기 위하여 법원에 제출하는 서류

+ **변론(辯 말 잘하다, 論 논의하다)**
  소송 당사자나 변호인이 법정에서 주장하거나 진술하는 일

+ **고소(告 아뢰다, 訴 하소연하다)**
  범죄의 피해자 등이 수사 기관에 범죄 사실을 신고하여 처벌을 요구하는 일

+ **기소(起 일어나다, 訴 하소연하다)**
  검사가 특정한 형사 사건에 대하여 법원에 심판을 요구하는 일

+ **신문(訊 묻다, 問 묻다)**
  법원이나 기타 국가기관이 어떤 사건에 관하여 증인, 당사자, 피고인 등에게 말로 물어 조사하는 일

+ **심리(審 살피다, 理 다스리다)**
  재판의 기초가 되는 사실 관계 및 법률관계를 명확히 하기 위해 법원이 증거나 방법 등을 심사하는 행위

+ **불복(不 아니하다, 服 입다)**
  재판의 결과를 받아들이지 않는 것

1 재판의 의미와 종류

(1) 재판의 의미와 기능

① **의미** 법원이 분쟁 사건에 관하여 법적인 판단을 내리는 과정

② **기능** 분쟁의 예방과 해결, 사회 질서 유지, 개인의 권리 보호, 정의 실현 등

(2) 민사 재판과 형사 재판 자료 ❶

① **민사 재판**

의미	개인과 개인 사이에서 발생한 분쟁을 해결하는 재판
절차	원고의 +소장 제출 → 피고의 답변서 제출 → 원고와 피고의 +변론 → 판사의 판결

② **형사 재판**

의미	범죄가 발생했을 때 범죄 여부를 판단하고 형벌의 종류와 정도를 정하는 재판
절차	+고소 또는 고발 → 검사의 +기소 → 검사의 +신문, 변호인의 변론 → 판사의 판결

(3) 재판 외의 분쟁 해결 방법

① **합의** 개인과 개인 사이의 분쟁은 대화를 통해 사건 당사자끼리 합의를 하는 방법이 가장 좋음

② **조정과 중재** 당사자 간에 합의가 잘되지 않으면 제삼자가 양쪽의 의견을 듣고 해결을 돕는 '조정'이나 '중재'의 방법을 이용할 수 있음 → 재판에 비해 시간과 비용이 적게 소요됨

2 공정한 재판을 위한 제도 자료 ❷

(1) 사법권의 독립

① **의미** 재판이 다른 국가기관의 간섭이나 영향을 받지 않고 공정하게 이루어지도록 하는 것

② **실현 방법** 법원의 독립, 법관의 신분 보장

<사법권의 독립을 규정한 헌법>

제101조　① 사법권은 법관으로 구성된 법원에 속한다.

제103조　법관은 헌법과 법률에 의하여 그 양심에 따라 독립하여 심판한다.

(2) 공개 재판주의와 증거 재판주의

공개 재판주의	재판의 +심리와 판결을 소송 당사자뿐만 아니라 일반 시민에게도 공개해야 한다는 원칙
증거 재판주의	재판은 구체적이고 명확하며 적법하게 수집된 증거를 바탕으로 진행되어야 한다는 원칙

(3) 심급 제도 자료 ❸

① **의미** 한 사건에 대해 급을 달리하는 법원에서 여러 번 재판을 받을 수 있게 한 제도 → 3심제를 원칙으로 함

② **목적** 법관의 잘못된 판결로 발생할 수 있는 국민의 피해 최소화 → 공정한 재판을 통한 국민의 기본권 보장

③ **상소** 하급 법원의 판결에 불만이 있을 경우 상급 법원에 재판을 다시 청구하는 것

항소	1심 법원의 판결에 +불복하여 2심 재판을 청구하는 것
상고	2심 법원의 판결에 불복하여 3심 재판을 청구하는 것

개념 확인 문제
● 바른답·알찬풀이 24쪽

1 다음 설명이 맞으면 ○표, 틀리면 ×표를 하시오.

(1) 민사 재판에서 원고는 소송을 제기한 사람이고, 피고는 소송을 당한 사람이다. (　　)

(2) 재판은 분쟁 당사자의 경제적 부담 없이 다툼을 해결한다. (　　)

(3) 원고, 피고 등의 개인 정보를 보호하기 위해서 재판은 비공개로 진행하는 것을 원칙으로 한다. (　　)

2 다음 괄호 안의 내용 중 옳은 것에 ○표를 하시오.

(1) (민사 재판, 형사 재판)은 개인과 개인 사이의 분쟁을 해결하는 재판이다.

(2) 1심 법원의 판결에 불복하여 2심을 청구하는 것은 (항소, 상고)라고 하며, 2심 법원의 판결에 불복하여 3심을 청구하는 것은 (항소, 상고)라고 한다.

꼭 나오는 자료

자료 ① 민사 재판과 형사 재판

민사 재판은 돈을 빌려주는 과정에서 일어난 다툼, 손해 배상과 같이 개인 사이에서 일어난 분쟁을 해결해.

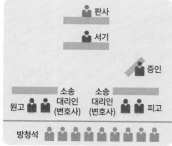

▲ 민사 재판정

형사 재판은 폭행, 절도 등의 범죄 사건을 다루는 재판이야.

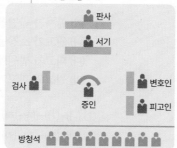

▲ 형사 재판정

- 민사 재판에는 소송을 제기한 원고, 소송을 제기당한 피고, 판결을 내리는 판사가 참여한다. 원고와 피고의 편에서 법률적인 도움을 주는 소송 대리인(변호사), 사건에 대해 자신이 경험한 사실을 진술하는 증인도 참여할 수 있다.
- 형사 재판에는 공소를 제기(기소)한 검사, 기소되어 재판을 받는 피고인, 판결을 내리는 판사, 피고인의 편에서 법률적인 도움을 주는 변호인이 참여한다. 사건에 대해 자신이 경험한 사실을 진술하는 증인도 참여할 수 있다.

자료 ② 국민 참여 재판 제도

▲ 국민 참여 재판 모습

20세 이상의 국민이라면 누구나 무작위 추첨을 통해 배심원이 될 수 있어.

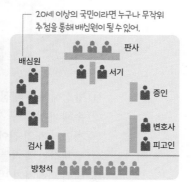

▲ 국민 참여 재판정

국민 참여 재판이란 일반 국민이 형사 재판에 배심원으로 참여할 수 있게 하는 제도를 말한다. 이 제도는 국민의 사법 참여를 확대하고 재판의 공정성과 투명성을 높이는 데 기여하고 있다. 배심원단은 재판에 참여하여 토의를 통해 피고인의 유무죄 및 형벌의 정도(형량)를 판단하여 판사에게 의견을 전달한다. 판사가 배심원의 판단을 의무적으로 반영해야 하는 것은 아니지만 그 의견을 참고하여 판결을 내린다. 국민 참여 재판은 살인, 강도 등 죄가 무거운 형사 사건을 대상으로 이루어지며, 피고인이 원할 경우에만 시행된다.

자료 ③ 심급 제도

대법원은 사법부의 최고 법원으로 3심을 담당하고, 대법원의 판결은 최종적인 확정 판결이야.

심급 제도는 급을 달리하는 법원에서 여러 번 재판을 받을 수 있게 하는 제도이다. 민사나 형사 사건 중 판사 1명이 처리하는 사건은 '지방 법원 단독 판사 → 지방 법원 본원 합의부 → 대법원'의 순서로 심급 제도가 이루어진다. 한편, 판사 3명이 처리하는 합의 사건은 '지방 법원 합의부 → 고등 법원 → 대법원'의 순서로 이루어진다. 심급 제도는 법관이 잘못된 판결을 내릴 가능성을 최소화하고 공정한 재판을 실현하는 것을 목적으로 한다.

≫ 민사 재판과 형사 재판

1 그림 속 재판에 관한 옳은 설명을 <보기>에서 고른 것은?

| 보기 |

ㄱ. 원고의 소송 제기로 재판이 시작된다.
ㄴ. 개인 사이에서 발생한 분쟁을 해결한다.
ㄷ. 판사는 범죄의 유무와 형량 등을 결정한다.
ㄹ. 피고가 원하면 국민 참여 재판으로 진행된다.

① ㄱ, ㄴ   ② ㄱ, ㄷ   ③ ㄴ, ㄷ
④ ㄴ, ㄹ   ⑤ ㄷ, ㄹ

> **이것만은 꼭 기억하자!** 민사 재판은 개인 간의 분쟁을 해결하고, 형사 재판은 범죄 사건을 해결하는 재판이야.
> ✈ 100쪽 03번, 106쪽 17번 문제도 풀어 보자!

≫ 심급 제도 선택지 하나 더

2 자료는 우리나라의 사법 제도를 나타낸다. 이에 관한 설명으로 옳지 않은 것은?

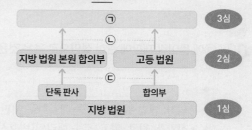

① ㉠은 우리나라의 최고 법원이다.
② ㉡은 상고이고, ㉢은 항소이다.
③ 민사 재판에서는 3심제를 원칙으로 한다.
④ 잘못된 판결에 따른 국민의 피해를 줄인다.
⑤ 신속한 사건 해결로 재판의 효율성을 높인다.
⑥ 한 사건에 대해서 여러 번 재판을 받을 수 있다.

> **이것만은 꼭 기억하자!** 심급 제도는 법관이 잘못된 판결을 내릴 가능성을 최소화하고 공정한 재판을 실현하여 국민의 권리를 보장해.
> ✈ 101쪽 10번, 107쪽 24번 문제도 풀어 보자!

01 재판에 관한 설명으로 옳지 <u>않은</u> 것은?

① 입법부인 국회에서 담당한다.
② 분쟁을 해결하는 기능을 한다.
③ 개인의 권리를 보호하는 기능을 한다.
④ 대표적으로 민사 재판과 형사 재판이 있다.
⑤ 법을 적용하여 옳고 그름을 밝히는 과정이다.

02 (가)에 들어갈 적절한 내용을 <보기>에서 고른 것은?

> 우리는 분쟁이 생겼을 때 재판을 통해 문제를 해결
> 하고자 한다. 하지만 재판은 _____ (가) _____ 는
> 단점이 있다. 이 때문에 분쟁을 해결하는 대안으로
> 합의나 조정 및 중재 등을 이용하기도 한다.

┤ 보기 ├
ㄱ. 법적인 강제성이 없다
ㄴ. 경제적 부담이 들 수 있다
ㄷ. 법을 공정하게 적용하기 어렵다
ㄹ. 최종 판결까지 오랜 기간이 필요하다

① ㄱ, ㄴ   ② ㄱ, ㄷ   ③ ㄴ, ㄷ
④ ㄴ, ㄹ   ⑤ ㄷ, ㄹ

중요✧
03 ㉠에 들어갈 재판에 관한 설명으로 옳은 것은?

> ┌─────────── ㉠ ───────────┐
> • 의미: 개인 간의 분쟁을 해결하는 재판
> • 참가자: 원고, 피고, 소송 대리인(변호사), 판사 등

① 폭행, 살인 등과 같은 사건의 처벌을 다룬다.
② 원고가 법원에 소장을 제출함으로써 시작된다.
③ 범죄의 유무와 형벌의 정도에 대한 판결이 이루어
진다.
④ 재판 당사자의 개인 정보를 보호하기 위해 비공개
로 진행된다.
⑤ 강제성이 없어 원고와 피고가 판결을 반드시 따를
필요는 없다.

04 민사 재판의 절차를 순서대로 바르게 나열한 것은?

> (가) 판사가 판결을 내린다.
> (나) 원고가 소장을 제출한다.
> (다) 피고가 법원에 답변서를 제출한다.
> (라) 원고와 피고가 법정에서 각자의 주장을 펼친다.

① (나)-(가)-(다)-(라)   ② (나)-(다)-(라)-(가)
③ (다)-(나)-(가)-(라)   ④ (다)-(라)-(나)-(가)
⑤ (라)-(다)-(가)-(나)

고난도
05 그림에 나타난 재판에 관한 설명으로 옳은 것은?

① 방청석에는 배심원이 자리한다.
② 손해 배상 청구 사건을 다룰 수 있다.
③ 개인과 개인 간에 발생한 분쟁을 해결한다.
④ 구체적인 증거를 바탕으로 진행되어야 한다.
⑤ 범죄 피해자가 법원에 소장을 제출하면서 시작된다.

06 다음 그림은 제시된 단어를 설명하여 맞히는 게임의 한
장면이다. (가)에 들어갈 내용으로 옳은 것은?

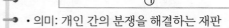

① 민사 소송을 당한 사람
② 재판에서 판결을 내리는 사람
③ 범죄를 수사하고 공소를 제기하는 사람
④ 범죄 혐의가 있어 형사 재판을 받는 사람
⑤ 피해를 입었다고 주장하면서 재판을 청구하는 사람

중요 ✦
07 표는 민사 재판과 형사 재판을 비교한 것이다. 다음 중 옳지 <u>않은</u> 것은?

구분	민사 재판	형사 재판
① 목적	분쟁 해결	범죄자 처벌
② 청구자	원고	검사
③ 상대방	피고인	피고
④ 판결 내용	손해 배상, 계약 이행 등	범죄 유무, 형벌 부과 등
⑤ 관련 사건	채무 불이행 사건	폭행·상해 사건

08 ㉠에 들어갈 재판으로 옳은 것은?

> 갑은 을에게 1년 후에 돈을 갚기로 하고, 3,000만 원을 빌렸다. 그러나 1년 후에 갑은 빌린 돈을 갚지 않았고 을의 전화도 받지 않았다. 을은 갑을 상대로 빌린 돈을 갚으라는 (㉠)을/를 청구하려고 한다.

① 가사 재판   ② 민사 재판   ③ 선거 재판
④ 행정 재판   ⑤ 형사 재판

09 ㉠에 해당하는 내용을 <보기>에서 고른 것은?

> 재판이 공정하지 못하다면 국민의 자유와 권리는 제대로 보장되지 못하며, 더 나아가 사회 질서와 안정을 유지하기 힘들 것이다. 이에 우리나라에서는 공정한 재판을 위하여 ㉠ 여러 가지 제도를 두고 있다.

┤ 보기 ├
ㄱ. 시민의 여론을 반영하여 판결을 내린다.
ㄴ. 재판의 과정에 재판 당사자만 참가하도록 한다.
ㄷ. 구체적이고 명확하며 적법하게 수집된 증거를 바탕으로 판결한다.
ㄹ. 한 사건에 대해 급이 다른 법원에서 여러 번 재판을 받을 수 있도록 한다.

① ㄱ, ㄴ   ② ㄱ, ㄷ   ③ ㄴ, ㄷ
④ ㄴ, ㄹ   ⑤ ㄷ, ㄹ

중요 ✦
10 그림에 나타난 사법 제도에 관한 설명으로 옳은 것은?

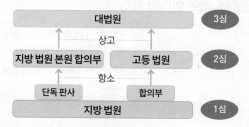

① 재판의 신속성을 목적으로 한다.
② 최종심은 고등 법원이 담당한다.
③ 재판을 제기한 원고나 검사만이 이용할 수 있다.
④ 법관이 잘못된 판결을 내릴 수 있는 가능성을 줄여 준다.
⑤ 판결에 불복할 경우 하급 법원에 재판을 다시 청구할 수 있다.

11 우리나라의 국민 참여 재판 제도에 관한 설명으로 옳은 것은?

① 법률 전문가들로 배심원이 구성된다.
② 모든 형사 사건을 대상으로 이루어진다.
③ 검사나 피고인이 원할 경우에만 시행된다.
④ 판사는 배심원의 평결을 반드시 따라야 한다.
⑤ 배심원은 유무죄와 형량에 대한 의견을 제시할 수 있다.

서술형
12 ㉠에 들어갈 재판의 원칙을 쓰고, 그 의미를 서술하시오.

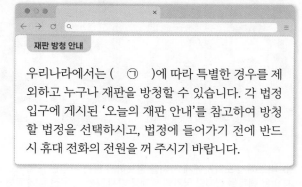

> 재판 방청 안내
>
> 우리나라에서는 (㉠)에 따라 특별한 경우를 제외하고 누구나 재판을 방청할 수 있습니다. 각 법정 입구에 게시된 '오늘의 재판 안내'를 참고하여 방청할 법정을 선택하시고, 법정에 들어가기 전에 반드시 휴대 전화의 전원을 꺼 주시기 바랍니다.

주제 13 법의 의미와 특징

(①)	의미	사람들이 사회생활을 하면서 따라야 할 행동의 기준
	종류	• 관습: 한 사회의 지속된 행동 양식이나 풍습 • 종교 규범: 특정 종교에서 지키는 교리나 계율 • (②): 인간이 마땅히 지켜야 할 도리 • 법: 국가가 제정한 사회 규범
도덕과 법 자료 ①	도덕	• 양심과 동기를 규율 • 강제성 없음 • 위반할 경우 양심의 가책이나 사회적 비난을 받음 • 선의 실현이 목적
	법	• 행위와 그 결과를 규율 • (③) 있음 • 위반할 경우 국가에 의한 공식적인 제재를 받음 • 정의의 실현이 목적
법의 기능	분쟁 예방 및 해결	공정하고 객관적인 판단 기준을 제시하여 분쟁을 예방하거나 해결함
	개인의 권리 보호	개인이 어떤 권리를 갖는지 명시하고, 권리를 침해하는 행위를 제재함
	사회 질서 유지	구성원 간의 다툼을 해결하고 범죄로부터 사람들을 보호함으로써 사회 질서를 유지함
	공공복리 추구	소수의 이익이 아닌 사회 전체의 이익을 추구함
법의 목적 자료 ②	(④)의 실현	• 모든 사람에게 각자가 받아야 할 정당한 몫을 주는 것 • '같은 것은 같게, 다른 것은 다르게' 대우하는 것

자료 ① 도덕과 법

▲ (⑤   )을 위반한 경우   ▲ 법을 위반한 경우

🔎 버스에서 노약자에게 자리를 양보하지 않는 사람은 도덕적으로 옳지 않은 행동을 했지만 국가의 제재를 받지 않는다. 운전 중에 교통 신호를 위반한 사람은 (⑥   )을 어겼기 때문에 국가에 의한 공식적인 제재를 받는다.

자료 ② 정의의 상징물

▲ 정의의 여신상   ▲ 해태상

🔎 (⑦   )의 여신상이 들고 있는 저울은 모든 사람에게 법을 공평하게 집행한다는 의미이고, 칼은 법을 엄격하고 공정하게 집행한다는 의미로, 법의 강제성을 뜻한다.

🔎 (⑧   )는 해치라고도 불리는 상상의 동물로, 옳고 그름을 잘 분별하여 나쁜 사람을 만나면 머리에 달린 뿔로 들이받아 벌을 준다고 알려져 있다. 우리나라에서 공정한 판단과 집행을 상징하는 대표적인 동물이다.

주제 14 우리 생활과 관련된 다양한 법 자료 ③

공법	의미	공적인 생활 관계를 규율하는 법
	사례	• (①): 국민의 권리와 의무, 국가의 통치 구조와 운영 원리 등을 규정한 최고법 • 형법: 범죄의 종류와 그에 따른 형벌의 내용과 정도를 규정한 법
사법	의미	사적인 생활 관계를 규율하는 법
	사례	• (②): 개인의 재산 관계 및 가족 관계에 관한 권리와 의무 등을 규정한 법 • 상법: 기업에 관한 사항과 상거래와 관련된 경제생활 관계를 규정한 법
사회법 자료 ④	의미	개인 간의 생활 영역에 (③)가 개입하는 법 → 공법과 사법의 중간적 성격을 띰
	등장 배경	개인의 경제활동에 국가의 개입을 최소화하는 근대 서구 사회에서 노동 문제, 빈부 격차 등의 문제를 해결하기 위해 사적 영역에 국가가 개입할 필요성이 증가함
	목적	사회적·경제적 약자 보호, 모든 국민의 인간다운 생활 보장
	노동법	• 노동자의 권리와 근로 조건을 규정하고, 노사 간의 이해관계를 조정하기 위한 법 • 「근로 기준법」, 「최저 임금법」 등
	종류 (④)	• 기업의 자유로운 경쟁을 보장하고 소비자의 권익을 보호하기 위한 법 • 「소비자 기본법」, 「공정 거래법」 등
	사회 보장법	• 어려움을 겪고 있는 사람들을 돕고 모든 국민의 인간다운 생활을 보장하기 위한 법 • 「국민 기초 생활 보장법」, 「장애인 복지법」, 「국민연금법」 등

자료 3 공법과 사법

헌법
제24조 모든 국민은 법률이 정하는 바에 의하여 선거권을 가진다.

형법
제329조(절도) 타인의 재물을 절취한 자는 6년 이하의 징역 또는 1천만 원 이하의 벌금에 처한다.

민법
제807조(혼인 적령) 18세가 된 사람은 혼인할 수 있다.

▲ 헌법과 형법은 공적인 생활 관계를 다루는 (❺   )에 속한다.
▲ 민법은 사적인 생활 관계를 다루는 (❻   )에 속한다.

자료 4 사회법의 등장 배경

▲ 산업화 시기의 아동 노동

산업 혁명 당시 아동 노동자들은 하루에 16~17시간의 노동을 하며 다치거나 목숨을 잃기도 하였다. 이러한 문제점을 인식한 사람들은 아동 노동을 막고 노동 시간을 법으로 규제해야 한다고 요구하였다.

▲ 자본주의의 발달 과정에서 나타난 빈부 격차, 노동 문제 등을 해결하기 위해 개인 간의 생활 영역에 국가가 개입하는 (❼   )이 등장하였다.

주제 15 재판의 종류와 공정한 재판의 중요성

재판		의미	법원이 분쟁 사건에 관하여 법적인 판단을 내리는 과정
		기능	분쟁의 예방과 해결, 사회 질서 유지, 개인의 권리 보호 등
민사 재판과 형사 재판 자료 5	민사 재판	의미	개인 간의 분쟁을 해결하는 재판
		절차	(❶)의 소장 제출 → 피고의 답변서 제출 → 양측 변론 → 판결
	(❷)	의미	범죄 행위의 유무죄를 판단하고 형벌의 종류와 형량을 결정하는 재판
		절차	고소 또는 고발 → 검사의 기소 → 검사의 신문, 변호인의 변론 → 판결

공정한 재판을 위한 제도	(❸)		• 의미: 재판이 외부의 영향을 받지 않고 공정하게 이루어지도록 하는 것 • 실현 방법: 법원의 독립, 법관의 신분 보장
	공개 재판주의		재판 과정을 소송 당사자뿐만 아니라 일반 시민에게도 공개해야 한다는 원칙
	(❹)		재판은 구체적이고 적법하게 수집된 증거를 바탕으로 해야 한다는 원칙
	심급 제도 자료 6	의미	한 사건에 대해 여러 번 재판을 받을 수 있게 한 제도 → 3심제 원칙
		상소	• 의미: 판결에 불복하여 상급 법원에 재판을 다시 청구하는 것 • (❺): 1심 법원의 판결에 불복해 2심 재판을 청구하는 것 • 상고: 2심 법원의 판결에 불복해 3심 재판을 청구하는 것

자료 5 민사 재판과 형사 재판

▲ 민사 재판정   ▲ 형사 재판정

▲ 민사 재판은 분쟁에서 피해를 입었다고 생각하는 사람이 원고가 되어 법원에 소장을 제출함으로써 시작된다. 이때, 원고에 의해 소송을 당한 사람을 (❻   )라고 한다.
▲ 형사 재판은 범죄가 발생하였을 때 고소, 고발 등에 의해 사건에 대한 수사가 이루어지고, (❼   )가 피의자를 대상으로 공소를 제기하면서 시작된다. 형사 재판이 열리면 피의자는 (❽   )이라고 불린다.

자료 6 심급 제도

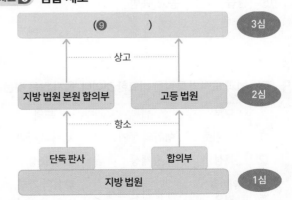

▲ (❿   )란 한 사건에 대해 급을 달리하는 법원에서 여러 번 재판을 받을 수 있게 하는 제도이다.
▲ 법관이 잘못된 판결을 내릴 가능성을 최소화하고 공정한 재판을 실현하여 국민의 기본권을 보장할 수 있다.

① 법의 의미와 목적

01 사회 규범에 관한 옳은 설명만을 <보기>에서 있는 대로 고른 것은?

┤ 보기 ├
ㄱ. 사회 구성원들이 따라야 할 행동의 기준이다.
ㄴ. 위반할 경우 국가로부터 공식적인 제재를 받는다.
ㄷ. 관습, 종교 규범, 도덕, 법과 같이 다양한 형태로 존재한다.
ㄹ. 갈등과 분쟁을 해결하고 사회 질서를 유지하는 기능을 한다.

① ㄱ, ㄴ   ② ㄴ, ㄷ   ③ ㄷ, ㄹ
④ ㄱ, ㄴ, ㄹ   ⑤ ㄱ, ㄷ, ㄹ

02 (가), (나)에 해당하는 사회 규범을 바르게 연결한 것은?

(가) 한 사회에서 오랫동안 지켜져 내려온 행동 양식이나 풍습이다.
(나) 불교, 기독교 등에서 지키도록 정해 놓은 교리나 계율을 말한다.

	(가)	(나)
①	법	관습
②	도덕	관습
③	관습	도덕
④	도덕	종교 규범
⑤	관습	종교 규범

03 표는 법과 도덕의 특징을 비교한 것이다. 옳지 않은 것은?

	구분	법	도덕
①	판단 기준	행위의 동기	행위의 결과
②	특성	강제성	자율성
③	위반할 경우	국가에 의한 제재	양심의 가책, 사회적 비난
④	목적	정의의 실현	선의 실현
⑤	사례	형법, 민법 등	효, 어른 공경 등

04 자료는 수행 평가 보고서의 일부이다. 밑줄 친 (가)에 들어갈 내용으로 가장 적절한 것은?

〈 수행 평가 보고서 〉
이름: ○○○

• 주제: _____(가)_____
우리는 법을 법관, 변호사 등과 같은 전문가들만의 영역이라고 생각하기 쉽다. 하지만 법은 ……

• 사례
- 「초·중등 교육법」에 따라서 학교에서 수업을 받는다.
- 「학교 급식법」에 따라 점심시간에 균형적인 식단을 제공받는다.
- 「정보 통신망 이용 촉진 및 정보 보호 등에 관한 법률」이 웹 게시판에 댓글을 달 때 적용된다.

① 도덕의 특징   ② 우리 생활과 법
③ 사회 규범의 의미   ④ 사회 규범의 종류
⑤ 법과 도덕의 차이점

05 자료에 나타난 사회 규범에 관한 설명으로 옳은 것은?

• 1주 간의 근로 시간은 휴게 시간을 제외하고 40시간을 초과할 수 없다.
• 차마의 운전자는 보도와 차도가 구분된 도로에서는 차도로 통행하여야 한다.

① 자율성을 특징으로 한다.
② 선의 실현을 목적으로 한다.
③ 인간의 양심이나 동기를 중시한다.
④ 인간으로서 마땅히 지켜야 할 도리이다.
⑤ 위반할 경우 국가의 공식적인 제재를 받는다.

06 법의 기능으로 적절하지 않은 것은?

① 사회 질서를 유지한다.
② 국가 권력을 강화한다.
③ 침해된 권리를 구제한다.
④ 분쟁을 예방하거나 해결한다.
⑤ 범죄로부터 사람들을 보호한다.

● 바른답·알찬풀이 26쪽

07 사진 속 상징에 관한 옳은 설명을 <보기>에서 고른 것은?

┤ 보기 ├
ㄱ. 한 손에 든 칼은 법의 강제성을 의미한다.
ㄴ. 저울은 죄의 경중과 무관하게 동일한 처벌을 내린다는 뜻이다.
ㄷ. 사진 속 동상은 '같은 것은 같게, 다른 것은 다르게' 대우하는 것을 상징하고 있다.
ㄹ. 눈을 감고 있는 것은 죄를 지은 사람의 잘못을 용서해 주겠다는 의미를 담고 있다.

① ㄱ, ㄴ   ② ㄱ, ㄷ   ③ ㄴ, ㄷ
④ ㄴ, ㄹ   ⑤ ㄷ, ㄹ

❷ 생활 속의 다양한 법

08 다음 학습 목표에 따라 옳은 답을 제시한 학생은?

학습 목표: 공적 생활 관계를 규율하는 법을 열거할 수 있다.

① 가람: 민법, 상법   ② 나경: 상법, 헌법
③ 다빈: 헌법, 형법   ④ 라희: 형법, 민법
⑤ 마루: 민법, 노동법

09 공법의 적용을 받는 사례만을 <보기>에서 있는 대로 고른 것은?

┤ 보기 ├
ㄱ. 소득에 대한 세금을 납부한다.
ㄴ. 상품의 하자로 입은 피해 보상을 요구한다.
ㄷ. 부동산을 사고팔 때 매매 계약서를 작성한다.
ㄹ. 18세 이상의 국민이라면 누구나 유권자가 된다.

① ㄱ, ㄴ   ② ㄱ, ㄹ   ③ ㄷ, ㄹ
④ ㄱ, ㄴ, ㄷ   ⑤ ㄴ, ㄷ, ㄹ

10 ㉠에 들어갈 법 영역에 관한 설명으로 옳은 것은?

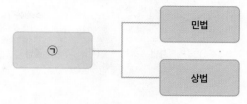

① 범죄 행위로부터 사람들을 보호한다.
② 개인과 개인 사이의 생활 관계를 규율한다.
③ 공권력을 행사하는 것과 관련된 내용을 다룬다.
④ 자본주의의 문제점을 해결하기 위해 등장하였다.
⑤ 현대 복지 국가에서 그 중요성이 더욱 커지고 있다.

11 ㉠, ㉡에 들어갈 법을 바르게 연결한 것은?

교사: 사법 영역에 속하는 법에는 무엇이 있나요?
가온: (㉠)이 있어요.
나래: 선생님, (㉡)도 사법에 속해요.
교사: 잘 말해 주었어요. 가온이가 발표한 법은 기업에 관한 사항과 상거래 활동을 규율하고 있어요. 그리고 나래가 말한 법은 개인의 가족 관계 및 재산 관계를 규정하고 있어요.

	㉠	㉡		㉠	㉡
①	상법	민법	②	상법	형법
③	형법	민법	④	형법	상법
⑤	민법	상법			

12 사회법에 관한 옳은 설명을 <보기>에서 고른 것은?

┤ 보기 ├
ㄱ. 사법과 공법의 중간적인 성격을 띤다.
ㄴ. 가족 및 재산 관계, 기업의 상거래 활동을 규율한다.
ㄷ. 모든 국민의 인간다운 생활을 보장하는 것을 목적으로 한다.
ㄹ. 국가와 개인 간 또는 국가기관 상호 간의 공적인 관계를 다룬다.

① ㄱ, ㄴ   ② ㄱ, ㄷ   ③ ㄴ, ㄷ
④ ㄴ, ㄹ   ⑤ ㄷ, ㄹ

13 (가) 영역에 해당하는 법을 <보기>에서 고른 것은?

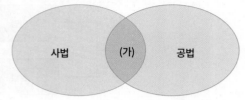

| 보기 |
ㄱ. 민법   ㄴ. 헌법
ㄷ. 「국민연금법」   ㄹ. 「근로 기준법」

① ㄱ, ㄴ   ② ㄱ, ㄷ   ③ ㄴ, ㄷ
④ ㄴ, ㄹ   ⑤ ㄷ, ㄹ

14 ㉠에 들어갈 법으로 옳은 것은?

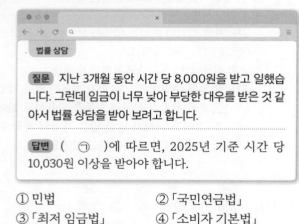

법률 상담

질문 지난 3개월 동안 시간 당 8,000원을 받고 일했습니다. 그런데 임금이 너무 낮아 부당한 대우를 받은 것 같아서 법률 상담을 받아 보려고 합니다.

답변 (㉠)에 따르면, 2025년 기준 시간 당 10,030원 이상을 받아야 합니다.

① 민법   ② 「국민연금법」
③ 「최저 임금법」   ④ 「소비자 기본법」
⑤ 「장애인 복지법」

❸ 재판의 의미와 공정한 재판

15 재판에 관한 옳은 설명을 <보기>에서 고른 것은?

| 보기 |
ㄱ. 분쟁을 해결하는 가장 바람직한 방법이다.
ㄴ. 대표적으로 민사 재판과 형사 재판이 있다.
ㄷ. 입법부가 법을 적용하여 옳고 그름을 밝히는 과정이다.
ㄹ. 개인의 권리를 보호하고 사회 질서를 유지하는 기능을 한다.

① ㄱ, ㄴ   ② ㄱ, ㄷ   ③ ㄴ, ㄷ
④ ㄴ, ㄹ   ⑤ ㄷ, ㄹ

16 민사 재판에 관한 설명으로 옳지 않은 것은?

① 재판 당사자는 판결에 따라야 한다.
② 손해 배상 청구 사건을 다룰 수 있다.
③ 검사가 공소를 제기하면서 시작된다.
④ 개인 간의 권리와 의무에 관한 다툼을 해결한다.
⑤ 공개 재판주의와 증거 재판주의에 따라 진행된다.

17 자료에 나타난 문제 상황을 해결할 수 있는 재판에 관한 설명으로 옳은 것은?

A 씨는 결혼식 전 과정을 영상으로 촬영해 파일을 받기로 계약하고 B 예식장에서 결혼식을 하였다. 그러나 사진 기사의 실수로 결혼식이 전혀 촬영되지 않았다는 것을 알게 되었다. 이에 A 씨는 B 예식장을 상대로 손해 배상을 청구하고 싶다.

① 고소나 고발을 통해 이루어진다.
② A 씨는 증인 신분으로 재판에 참여할 수 있다.
③ B 예식장이 원할 경우 국민 참여 재판으로 진행된다.
④ 범죄 사실을 밝히고 형벌의 종류와 정도를 결정한다.
⑤ 재판 당사자는 소송 대리인(변호사)의 도움을 받아 변론할 수 있다.

18 그림 속 재판을 청구한 사람으로 옳은 것은?

① 검사   ② 증인   ③ 판사
④ 변호인   ⑤ 피고인

19 다음 제도가 공통으로 추구하는 목적으로 옳은 것은?

> • 공개 재판주의 • 증거 재판주의 • 심급 제도

① 공정한 재판 실현   ② 신속한 재판 진행
③ 재판 절차의 간소화   ④ 재판의 투명성 확보
⑤ 분쟁 해결 비용의 절감

20 사법권의 독립을 보장하기 위한 방법을 <보기>에서 고른 것은?

> ┤ 보기 ├
> ㄱ. 법관의 신분을 보장한다.
> ㄴ. 국민이 재판에 배심원으로 참여하여 의견을 제시한다.
> ㄷ. 법원을 외부의 간섭이나 영향을 받지 않도록 운영한다.
> ㄹ. 한 사건에 대해 급이 다른 법원에서 여러 번 재판을 받을 수 있다.

① ㄱ, ㄴ   ② ㄱ, ㄷ   ③ ㄴ, ㄷ
④ ㄴ, ㄹ   ⑤ ㄷ, ㄹ

21 다음 그림 속 사법 제도에 관한 설명으로 옳지 <u>않은</u> 것은?

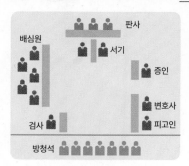

① 피고인이 원할 경우에 시행될 수 있다.
② 재판의 공정성과 투명성을 높이는 데 기여한다.
③ 죄가 무거운 형사 사건을 대상으로 이루어진다.
④ 법률에 관한 전문적인 지식을 갖춘 국민이 배심원으로 선정된다.
⑤ 배심원은 피고인의 유무죄 및 형벌 정도에 대한 의견을 제시할 수 있다.

22 (가), (나)에서 위반한 사회 규범의 종류를 각각 쓰고, 해당 사회 규범을 위반할 때의 차이점을 비교하여 서술하시오.

(가)   (나)

▲ 노인에게 자리를 양보하지 않았다.   ▲ 교통 신호를 위반하였다.

23 (가)에 들어갈 공법의 의미와 사례를 서술하시오.

> 법은 규율하는 생활 영역에 따라 공법, 사법 등으로 구분된다. 공법은 _____(가)_____. 사법은 개인 간의 사적인 생활 관계를 규율하는 법으로, 대표적으로 민법, 상법 등이 있다.

24 다음 자료를 보고 물음에 답하시오.

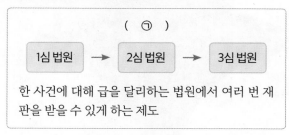

(㉠)

1심 법원 → 2심 법원 → 3심 법원

한 사건에 대해 급을 달리하는 법원에서 여러 번 재판을 받을 수 있게 하는 제도

(1) ㉠에 들어갈 제도를 쓰시오.

(2) ㉠ 제도를 시행하는 목적을 서술하시오.

XII

인권과 기본권

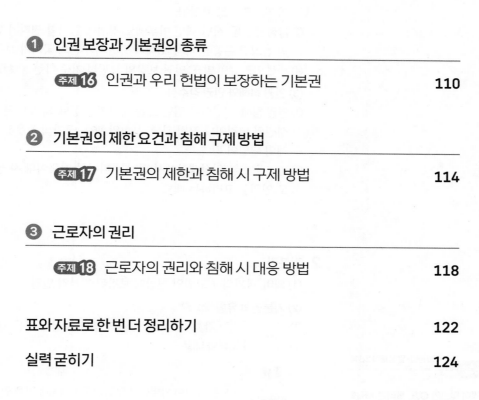

주제 16

XII. 인권과 기본권 ❶ 인권 보장과 기본권의 종류

인권과 우리 헌법이 보장하는 기본권

이 주제의 **학습 목표**

인권의 의미를 이해하고 헌법에 보장된 기본권의 종류와 내용을 알아 두자.

✚ **군주(君 임금, 主 임금)**
세습적으로 나라를 다스리는 최고 지위에 있는 사람

✚ **보통 선거**
연령 이외의 자격 조건을 두지 않고 국민 모두에게 선거권이 주어지는 선거

✚ **감수성(感 느끼다, 受 받다, 性 성질)**
외부의 자극을 받아들이고 느끼는 성질

---

1 인권

(1) 인권의 의미와 특징
① **인권의 의미** 인간이 인간답게 살아가기 위해 마땅히 누려야 할 기본적인 권리
② **인권의 특징**
- 피부색, 성별, 나이, 장애의 유무 등에 상관없이 인간이라면 누구나 가지는 기본적이고 보편적인 권리
- 인간이 태어나면서부터 가지는 천부 인권
- 국가에서 제도로 보장하기 이전부터 존재하는 자연적 권리
- 어떤 권력도 함부로 침해할 수 없는 불가침의 권리

(2) 인권 보장의 역사
① **근대 이전** 노예, 흑인, 여성 등은 다른 시민들과 동등한 권리를 보장받지 못함
② **시민 혁명** 시민들이 절대 군주의 억압에 맞서 저항과 투쟁 → 시민의 자유와 평등이 제도적으로 보장됨
③ **참정권 운동** 시민 혁명 이후에도 정치에 참여할 권리가 없었던 노동자, 여성, 흑인의 참정권 운동을 거쳐 20세기 중반 대부분의 국가가 보통 선거 확립
④ **세계 인권 선언 발표** 인권 보장의 보편적 기준 마련 **자료 ❶**

(3) 인권 침해와 인권 감수성
① **인권 침해** 개인이나 집단 또는 국가기관 등에 의해 인권 침해가 발생하며, 사회 구성원의 편견이나 고정 관념, 사회의 관습, 국가의 잘못된 법률과 제도 등이 인권 침해의 원인이 됨
② **인권 감수성** 일상생활에서 만나는 다양한 자극이나 사건의 매우 사소한 요소에서도 인권을 고려하는 태도

2 기본권

(1) 의미 국가의 최고법인 헌법에 보장된 기본적 인권

(2) 기본권의 유형 **자료 ❷**
① **인간의 존엄과 가치 및 행복 추구권** 헌법에 보장된 모든 기본권의 토대가 됨
② 기본권의 종류와 내용

종류	내용
평등권	• 모든 국민이 차별받지 않고 동등하게 대우받을 권리 • 다른 기본권 보장의 전제가 됨
자유권	• 국가 권력의 간섭을 받지 않고 자유롭게 생활할 수 있는 권리 • 신체의 자유, 거주·이전의 자유, 언론·출판의 자유 등 • 역사가 가장 오래된 기본권, 소극적인 권리
참정권	• 국가의 의사 결정에 참여할 수 있는 권리 • 선거권, 공무 담임권, 국민 투표권 등
청구권	• 기본권 침해 시 구제를 요청할 수 있는 권리 • 청원권, 재판 청구권, 국가 배상 청구권 등 • 다른 기본권을 보장받기 위한 수단적 성격의 기본권
사회권	• 국민이 국가에 인간다운 생활을 요구할 수 있는 권리 • 교육을 받을 권리, 근로의 권리, 인간다운 생활을 할 권리 등 • 국가에 요구하는 적극적 권리로서 현대 복지 국가에서 중요시됨

개념 확인 문제 ● 바른답·알찬풀이 28쪽

1 다음 설명이 맞으면 ○표, 틀리면 ×표를 하시오.
(1) 인권은 국가의 법으로 정해야 보장된다. (　　)
(2) 인권은 인간이라면 누구나 가지는 보편적인 권리이다. (　　)

2 다음 괄호 안의 내용 중 옳은 것에 ○표를 하시오.
(1) 인권은 (태어나면서부터, 성년기부터) 가지는 권리이다.
(2) 대부분의 국가에서는 국가의 최고법인 (헌법, 법률)을 통해 국민의 인권을 보장하고 있다.

꼭 나오는 자료

핵심 개념 체크 문제 QR 코드를 스캔해 보세요.

자료 ① 세계 인권 선언

— 1948년에 채택된 이후 많은 국가의 헌법과 법률에 반영되었어.

천부 인권 사상이 담겨 있어.

- 제1조 모든 사람은 태어날 때부터 자유롭고 존엄하며 평등하다. 모든 사람은 이성과 양심을 가지고 있으므로 서로에게 형제애의 정신으로 대해야 한다.
- 제2조 모든 사람은 인종, 피부색, 성별, 언어, 종교 등 어떤 이유로도 차별받지 않으며 이 선언에 나와 있는 모든 권리와 자유를 누릴 자격이 있다.

제2차 세계 대전 전후로 벌어진 인권 침해 상황을 반성하고 인간의 기본적인 권리 존중을 위해 1948년 12월 국제연합 총회에서 채택된 선언이다. 모든 사람이 누릴 수 있는 인권의 보편적 기준을 제시하였다.

자료 ② 기본권의 종류 — 헌법에 보장된 기본적 인권을 기본권이라고 해.

모든 사람은 법 앞에 평등해요.

▲ 평등권

언론·출판의 자유와 집회·결사의 자유가 있어요.

▲ 자유권

모든 국민은 정치에 참여할 수 있는 권리가 있어요.

▲ 참정권

나의 권리가 침해당하면 국가에 보상을 요구할 수 있어요.

▲ 청구권

누구나 교육을 받을 권리가 있어요.

▲ 사회권

— 인간의 존엄과 가치 및 행복 추구권은 5가지 기본권 보장의 토대가 되는 권리야.

헌법 제10조 모든 국민은 인간으로서의 존엄과 가치를 가지며, 행복을 추구할 권리를 가진다. 국가는 개인이 가지는 불가침의 기본적 인권을 확인하고 이를 보장할 의무를 진다.

▲ 인간의 존엄과 가치 및 행복 추구권

대표 문제로 실력 쌓기
● 바른답·알찬풀이 28쪽

>> 세계 인권 선언 선택지 하나 더

1 세계 인권 선언에 관한 설명으로 옳지 않은 것은?

① 국제연합 총회에서 채택되었다.
② 천부 인권 사상이 반영되어 있다.
③ 제2차 세계 대전 이후 채택되었다.
④ 세계 여러 나라 헌법에 반영되었다.
⑤ 참정권 중심의 인권 사상이 강조되었다.
⑥ 보편적으로 누려야 할 인권의 기준을 제시하였다.

> 이것만은 꼭 기억하자! 참정권 운동은 시민 혁명 이후로도 참정권을 갖지 못했던 노동자, 여성, 흑인을 중심으로 이루어졌어.
> ✈ 112쪽 02번, 127쪽 22번 문제도 풀어 보자!

>> 기본권의 내용

2 다음 사례와 관련 있는 기본권으로 옳은 것은?

> 67세인 갑은 '학교 안전 도우미'에 지원하였으나 나이가 많다는 이유로 탈락하였다. 학교 안전 도우미 지원 자격을 55~65세로 제한하고 있기 때문이다. 하지만 갑은 개인의 건강 상태를 고려하지 않은 일률적인 나이 제한은 합리적이지 않다는 생각이 들었다.

① 자유권   ② 평등권   ③ 참정권
④ 청구권   ⑤ 사회권

> 이것만은 꼭 기억하자! 평등권은 법 앞에 모든 국민이 차별받지 않을 권리야.
> ✈ 112쪽 03번, 113쪽 07번, 124쪽 04번 문제도 풀어 보자!

01 인권에 관한 설명으로 옳지 <u>않은</u> 것은?

① 태어나면서부터 갖는 권리이다.
② 자연적으로 주어지는 권리이다.
③ 헌법으로 규정되어야 보장받는 권리이다.
④ 어떤 권력도 함부로 침해할 수 없는 권리이다.
⑤ 모든 사람이 동등하게 누릴 수 있는 권리이다.

중요✦
02 다음은 세계 인권 선언의 일부이다. 이에 관한 옳은 설명을 <보기>에서 고른 것은?

> 제1조 모든 사람은 태어날 때부터 자유롭고 존엄하며 평등하다. 모든 사람은 이성과 양심을 가지고 있으므로 서로에게 형제애의 정신으로 대해야 한다.
> 제2조 모든 사람은 인종, 피부색, 성별, 언어, 종교 등 어떤 이유로도 차별받지 않으며 이 선언에 나와 있는 모든 권리와 자유를 누릴 자격이 있다.

┤ 보기 ├
ㄱ. 계몽 사상을 확립하였다.
ㄴ. 절대 군주의 억압에서 벗어나게 되었다.
ㄷ. 인권은 모든 사람이 보편적으로 누려야 하는 권리이다.
ㄹ. 모든 사람이 보편적으로 누려야 할 인권의 기준을 제시하였다.

① ㄱ, ㄴ   ② ㄱ, ㄷ   ③ ㄱ, ㄹ
④ ㄴ, ㄹ   ⑤ ㄷ, ㄹ

03 다음 사례에서 침해당한 기본권은?

> 갑은 결혼 정보 회사에 가입하려고 했지만 갑의 학력이 고졸이라는 이유로 회원 가입을 거절당하였다.

① 자유권   ② 평등권   ③ 사회권
④ 참정권   ⑤ 청구권

고난도
04 다음 헌법 조항에 관한 옳지 <u>않은</u> 설명을 <보기>에서 고른 것은?

> 제10조 모든 국민은 인간으로서의 존엄과 가치를 가지며, 행복을 추구할 권리를 가진다. 국가는 개인이 가지는 불가침의 기본적 인권을 확인하고 이를 보장할 의무를 진다.

┤ 보기 ├
ㄱ. 기본권을 제한하는 규정의 근거가 된다.
ㄴ. 헌법에 보장된 모든 기본권의 토대가 된다.
ㄷ. 인권 보장을 위한 국가의 의무를 강조하고 있다.
ㄹ. 행복을 추구하는 자유와 권리에 관한 구체적 내용을 제시한다.

① ㄱ, ㄴ   ② ㄱ, ㄷ   ③ ㄱ, ㄹ
④ ㄴ, ㄹ   ⑤ ㄷ, ㄹ

05 다음과 같은 활동을 통해 얻을 수 있는 효과로 적절한 것은?

> 제시된 상황이 인권 침해에 해당하는지 '예' 또는 '아니요'로 답하고, 그 까닭을 써 보자.

	상황	나의 답변	까닭
1	휠체어를 탄 승객의 버스 탑승을 거부하였다.		
2	학생의 수행 평가 점수를 칠판에 게시하였다.		
3	청소년보다 성인이 지하철 요금을 더 많이 낸다.		
4	허락 없이 친구의 휴대 전화 속 문자 메시지를 보았다.		
5	육아 휴직을 쓰겠다고 하자 회사에서 퇴사를 권하였다.		

① 인권 감수성을 키울 수 있다.
② 인권 침해의 종류를 알 수 있다.
③ 인권 침해의 구제 방안을 알 수 있다.
④ 다양한 인권 구제 기관을 알 수 있다.
⑤ 인권 보장을 위한 다양한 법과 제도를 알 수 있다.

06 뉴스 내용에서 주민들이 침해당한 기본권은?

○○동의 대형 쇼핑몰 야외 공연장에서 아이돌 그룹의 공연이 자주 이루어지고 있는데요. ○○동 주민들은 소음 때문에 생활의 불편을 호소하고 있습니다.

① 자유권 　② 평등권 　③ 참정권
④ 사회권 　⑤ 청구권

중요
07 다음은 우리나라 헌법 조항의 일부이다. (가)~(다)와 관련 있는 기본권에 관한 설명으로 옳은 것은?

(가) 모든 국민은 법 앞에 평등하다.
(나) 모든 국민의 재산권은 보장된다.
(다) 모든 국민은 법률이 정하는 바에 의하여 선거권을 가진다.

① (가)는 역사가 가장 오래된 기본권이다.
② (나)는 다른 기본권을 실현하기 위한 전제 조건이다.
③ (다)는 국민 주권의 원리를 실현하기 위해 필요하다.
④ 신체의 자유, 표현의 자유 등은 (가) 기본권에 속한다.
⑤ (가)~(다)의 기본권 침해 시 사회권을 사용하여 구제받을 수 있다.

08 다음과 같은 권리들이 속한 기본권은?

• 국민 투표권 　• 공무 담임권

① 참정권 　② 평등권 　③ 사회권
④ 자유권 　⑤ 청구권

09 ㉠에 들어갈 권리에 관한 설명으로 옳은 것은?

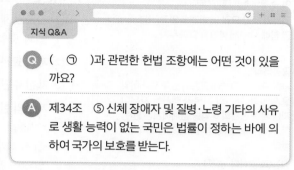

지식 Q&A

Q (㉠)과 관련한 헌법 조항에는 어떤 것이 있을까요?

A 제34조 ⑤ 신체 장애자 및 질병·노령 기타의 사유로 생활 능력이 없는 국민은 법률이 정하는 바에 의하여 국가의 보호를 받는다.

① 가장 역사가 오래된 기본권이다.
② 국가 권력으로부터 간섭을 받지 않을 권리이다.
③ 다른 기본권 보장의 전제 조건이 되는 권리이다.
④ 모든 국민이 차별받지 않고 동등하게 대우받을 권리이다.
⑤ 국민이 국가에 인간다운 생활을 요구할 수 있는 권리이다.

서술형
10 다음 헌법 조항이 규정하고 있는 기본권을 쓰고, 이 기본권의 특징을 서술하시오.

제26조 ① 모든 국민은 법률이 정하는 바에 의하여 국가기관에 문서로 청원할 권리를 가진다.

서술형
11 다음 헌법 조항이 규정하고 있는 기본권을 쓰고, 이 기본권에 속하는 권리를 두 가지 서술하시오.

제34조 ① 모든 국민은 인간다운 생활을 할 권리를 가진다.

기본권의 제한과 침해 시 구제 방법

이 주제의 학습 목표

기본권 제한 요건 및 한계를 알고 기본권 침해 시 구제 방법을 알아 두자.

✦ 공공복리
사회 구성원 전체에 공통되는 복지나 이익을 말한다. 개인의 기본권 행사는 자유이지만 사회 전체의 이익을 침해해서는 안 된다. 이때 사회 전체의 이익을 공공복리라고 한다.

✦ 진정(陳 말하다, 情 뜻)
국가기관에 사정을 알리고 어떤 조치를 희망하는 것을 말한다.

✦ 행정 심판
행정 기관의 잘못된 처분 등으로 권리나 이익을 침해받은 국민이 행정 기관에 제기하는 권리 구제 절차이다.

1 기본권의 제한

(1) 기본권 제한의 필요성 개인이 자신의 권리를 행사하는 과정에서 다른 사람의 기본권과 충돌하는 경우가 생기기도 하고, 공동체의 이익에 해를 끼치기도 함

(2) 제한 요건 국가 안전 보장, 질서 유지, ✦공공복리를 위하여 필요한 경우 **자료 1**

(3) 제한 수단 국회에서 만든 법률로써만 제한 가능

(4) 제한의 한계 기본권을 제한하는 경우에도 자유와 권리의 본질적인 내용은 침해할 수 없음

　　⑩ 집회와 시위 활동의 과도한 소음은 제한할 수 있으나 집회와 시위의 자유를 전면 금지할 수는 없음

(5) 제한의 한계 규정을 둔 까닭 국가 권력의 남용을 방지하여 국민의 기본권을 최대한 보장하기 위함

> 헌법 제37조　② 국민의 모든 자유와 권리는 국가 안전 보장·질서 유지 또는 공공복리를 위하여 필요한 경우에 한하여 법률로써 제한할 수 있으며, 제한하는 경우에도 자유와 권리의 본질적인 내용을 침해할 수 없다.

2 기본권 침해 시 권리 구제 기관

(1) 다양한 국가기관을 통한 권리 구제 자료 2

종류	내용
헌법 재판소	• 헌법 질서를 수호하고 국민의 기본권을 보장함 • 공권력의 행사 또는 불행사로 기본권이 침해된 국민이 헌법 소원을 청구하면 이를 심판함(최후의 권리 구제 수단)
법원	• 법을 적용하여 분쟁을 해결함으로써 국민의 침해된 권리를 구제함 • 재판은 침해된 권리를 구제하는 가장 보편적인 수단임 　- 민사 재판: 다른 사람이 나의 권리를 침해했을 때 청구(개인 간 분쟁) 　- 행정 재판: 행정 기관의 잘못으로 나의 권리를 침해했을 때 청구 　- 형사 재판: 범죄 행위로 다른 사람의 권리를 침해한 사람을 처벌하고 범죄를 예방함
국가인권 위원회	• 인권 침해나 차별 행위를 조사하여 구제함 • 일상생활에서 인권 침해가 발생하면 진정을 받아 권리를 구제함 • 인권 보호와 향상을 위한 모든 사항을 다루는 인권 전담 기구
국민 권익 위원회	• 국가기관의 잘못된 법 집행 등으로 피해가 발생했을 때 이를 조사하여 침해된 권리를 구제함(✦행정 심판) • 고충 민원 처리와 불합리한 행정 제도 개선 • 부패 발생을 예방하며 부패 행위를 효율적으로 규제하기 위한 기관
한국 소비자원	소비자의 권리가 침해되었을 때 이를 구제함
언론중재 위원회	잘못된 언론 보도로 피해를 보았을 때 침해된 권리를 구제함

(2) 기본권을 지키기 위한 자세
① 권리 구제 방법과 절차를 알고 적극적으로 대응할 수 있어야 함
② 자신의 기본권뿐만 아니라 다른 사람의 기본권을 존중하며 보호하려는 자세를 가져야 함

개념 확인 문제

● 바른답·알찬풀이 29쪽

1 다음 설명이 맞으면 ○표, 틀리면 ×표를 하시오.

(1) 기본권은 어떤 경우에도 제한할 수 없다.
　　　　　　　　　　　　　(　　　)

(2) 국가인권위원회는 재판을 통해 국민의 기본권을 보장하는 대표적인 국가기관이다. 　　　　　　　　(　　　)

2 다음 괄호 안의 내용 중 옳은 것에 ○표를 하시오.

(1) 국민권익위원회는 (행정 심판, 헌법 소원 심판)을 통해 침해된 권리를 구제한다.

(2) (법원, 헌법재판소)은/는 범죄 행위에 대한 (민사 재판, 형사 재판)을 통해 기본권을 침해한 사람을 처벌한다.

꼭 나오는 자료

대표 문제로 **실력 쌓기** ● 바른답·알찬풀이 29쪽

자료 ① 기본권의 제한

— 기본권을 제한할 때는 반드시 법률로써만 가능해.

— 기본권 제한 요건 중 공공복리에 해당해.

청소년은 22시까지만 이용할 수 있어요.

OO피시방

OO피시방

— 기본권 제한 요건 중 국가 안전 보장에 해당해.

군사 시설을 촬영하려면 허가를 받아야 합니다.

드론으로 군사 시설을 촬영하고 싶어요.

무단 횡단을 하면 안 됩니다.

기본권 제한 요건 중 질서 유지에 해당해.

청소년의 건강과 안전을 위해 피시방 이용 시간을 제한하는 것은 「청소년 보호법」에 근거하여 기본권을 제한하는 것이고, 교통질서 유지를 위해 신호 위반 등을 단속하는 것은 「도로 교통법」에 근거하여 기본권을 제한하는 것이다. 군사 시설의 사진 촬영을 제한하는 것은 「군사 시설 보호법」에 근거한 기본권 제한이다.

자료 ② 권리 구제 기관

— 침해된 기본권을 구제받기 위해 여러 가지 방법을 동시에 또는 순차적으로 활용할 수 있어. 단, 헌법 소원은 다른 구제 절차를 모두 거친 후에 마지막으로 청구해야 해.

병원에서 임신 32주 이전에는 태아의 성별을 알려 주지 않아요.

해당 「의료법」은 부모의 권리를 침해합니다.

▲ 헌법재판소

개 주인은 치료비와 위자료를 배상하세요.

주인이 풀어 놓은 개에 물렸어요.

▲ 법원

교실 내 CCTV 설치는 자유권을 침해해요.

교실 내에 CCTV를 설치하는 것은 초상권, 행동 및 표현의 자유를 침해할 수 있습니다.

▲ 국가인권위원회

손님이 익지 않은 음식을 판다며 신고했는데, 구청이 현장 확인도 없이 영업 정지 처분을 내렸어요.

구청이 확인 없이 영업 정지 처분을 내린 점은 부당하므로 취소되어야 합니다.

▲ 국민권익위원회

전기 매트가 고장 났는데 판매자가 연락 두절이라 교환, 수리를 받을 수 없어요.

한국소비자원

판매자는 보유하고 있는 재고 제품을 활용해 조속히 교환, 수리해 주도록 하세요.

▲ 한국소비자원

저도 모르게 제 얼굴이 신문에 보도되어 초상권이 침해되었어요.

권고를 수용하겠습니다.

언론중재위원회

피해 보상을 받을 수 있게 언론사에 조정안을 제시하겠습니다.

▲ 언론중재위원회

대표 문제로 **실력 쌓기** ● 바른답·알찬풀이 29쪽

>> **기본권의 제한 요건**

1 사진에 나타난 기본권 제한에 관한 설명으로 옳은 것은?

① 질서 유지를 위한 기본권 제한이다.
② 국가 안전 보장을 위한 기본권 제한이다.
③ 헌법에 의해서만 기본권을 제한할 수 있다.
④ 재산권 행사가 제한되므로 사회권이 제한된다.
⑤ 사회 구성원 다수의 이익을 위한 기본권 제한이다.

이것만은 꼭 기억하자! 기본권은 공공복리, 질서 유지, 국가 안전 보장을 위해 필요한 경우에 한하여 법률로써만 제한할 수 있고 자유와 권리의 본질적 내용은 침해할 수 없어.
◁ 116쪽 01, 10번, 125쪽 08번 문제도 풀어 보자!

>> **권리 구제 기관** 선택지 하나 더

2 밑줄 친 부분과 관련한 내용으로 옳지 않은 것은?

> 갑은 사회 시간에 기본권이 침해되었을 때는 다양한 국가기관을 통해 구제받을 수 있다는 사실을 알게 되었다.

① 법원은 각종 재판을 통해 권리를 구제한다.
② 한국소비자원에서는 소비자 피해를 구제한다.
③ 헌법재판소는 헌법 소원 심판을 통해 권리를 구제한다.
④ 언론중재위원회는 언론 보도에 따른 피해를 구제한다.
⑤ 국민권익위원회는 개인 간 분쟁에 따른 피해를 구제한다.
⑥ 국가인권위원회는 잘못된 법이나 제도 등의 개선을 권고하여 권리를 구제한다.

이것만은 꼭 기억하자! 침해된 기본권을 구제받기 위해 여러 기관의 도움을 받을 수 있어. 피해 상황에 맞게 국가기관의 역할을 잘 살펴보자.
◁ 117쪽 07번, 125쪽 12번 문제도 풀어 보자!

실력다지기

01 다음 글에서 알 수 있는 내용으로 가장 적절한 것은?

> 개발 제한 구역과 같이 환경 보호라는 공공복리를 목적으로 개인의 토지 이용에 제한을 가하는 일은 가능하다. 하지만 사유 재산을 전면적으로 부정하거나 개인의 재산을 보상 없이 빼앗을 수는 없다.

① 기본권 제한은 법률로써만 가능하다.
② 기본권 제한은 공공복리 목적으로만 가능하다.
③ 국가는 언제든지 국민의 기본권을 제한할 수 있다.
④ 기본권 제한 요건이 충족될 때만 권리를 제한할 수 있다.
⑤ 기본권을 제한할 때는 권리의 본질적인 내용을 침해할 수 없다.

02 우리 헌법에 기본권 제한의 요건과 한계를 정해 놓은 까닭으로 옳은 것은?

① 국가 권력을 효율적으로 사용하기 위해서이다.
② 국민의 기본권을 정확하게 제한하기 위해서이다.
③ 국민의 기본권을 최대한으로 보장하기 위해서이다.
④ 국민의 기본권을 헌법으로만 제한하기 위해서이다.
⑤ 국민이 스스로 기본권을 행사하도록 하기 위해서이다.

중요✦
03 다음 사례와 같은 헌법재판소의 재판 유형은?

> 헌법재판소는 여대생 5명과 몸이 불편해 군대를 가지 못한 남학생 1명이 신청한 '군 가산점 제도' 위헌 여부에 대하여 위헌을 결정하였다. 「제대 군인 지원에 관한 법률」에 의하면 제대 군인이 채용 시험에 응시할 때 가산점을 받을 수 있었는데 이는 여성과 비(非)제대 군인에 대한 차별이고 평등권 침해라는 이유에서였다.

① 탄핵 심판
② 헌법 소원 심판
③ 위헌 법률 심판
④ 권한 쟁의 심판
⑤ 정당 해산 심판

04 A에 들어갈 국가기관으로 옳은 것은?

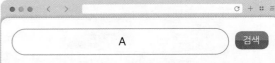

> 인권 침해를 조사하고 잘못된 법이나 제도 등의 개선을 권고하여 구제하는 역할을 합니다. 일상생활에서 인권이 침해되면 진정을 넣어 권리 구제를 요청할 수 있습니다.

① 법원
② 헌법재판소
③ 국가인권위원회
④ 국민권익위원회
⑤ 언론중재위원회

고난도
05 갑과 을이 권리를 구제받기 위해 할 수 있는 일을 <보기>에서 고른 것은?

> • 갑은 평소 인터넷을 활용하여 다양한 정보를 얻고 글을 쓰며 자신의 의사를 표현해 왔다. 하지만 인터넷 실명제가 실시되면서 표현의 자유가 제약되어 불편함을 겪고 있다.
> • 연예인으로 활동 중인 을은 A 업체에서 을의 허락 없이 을의 사진과 동영상 자료를 사용하여 업체 홍보를 해 온 사실을 알게 되어 A 업체를 상대로 손해 배상을 청구할 계획이다.

┤보기├

ㄱ. 갑은 헌법재판소에 심판을 신청할 수 있다.
ㄴ. 갑은 언론중재위원회에 권리 구제를 요청할 수 있다.
ㄷ. 을은 A 업체를 상대로 법원에 재판을 신청할 수 있다.
ㄹ. 을은 국민권익위원회에 권리 구제를 요청할 수 있다.

① ㄱ, ㄴ
② ㄱ, ㄷ
③ ㄱ, ㄹ
④ ㄴ, ㄹ
⑤ ㄷ, ㄹ

06 다음 글에서 설명하는 기본권 침해 구제 방법으로 옳은 것은?

> • 침해된 기본권을 구제하는 가장 보편적인 수단이다.
> • 법원에서 국민의 기본권 침해 여부를 심판한다.

① 진정
② 재판
③ 행정 소송
④ 입법 청원
⑤ 헌법 소원 심판

07 그림과 같은 상황에서 상담자가 해줄 수 있는 조언은?

① 법원에 민사 재판을 청구하세요.
② 헌법재판소에 심판을 청구하세요.
③ 한국소비자원에 피해 구제를 신청하세요.
④ 국민권익위원회에 행정 심판을 청구하세요.
⑤ 언론중재위원회에 피해 구제를 신청하세요.

08 헌법재판소에 관한 설명으로 옳지 않은 것은?

① 개인의 권리 구제를 위한 최후의 기관이다.
② 독립된 국가기관으로 국민의 인권을 보장한다.
③ 인권 침해에 관한 진정을 받아 권리를 구제한다.
④ 헌법 질서를 수호하고 국민의 기본권을 보장한다.
⑤ 공권력 행사 또는 불행사로 기본권이 침해된 경우
　이를 심판한다.

고난도
09 다음 국가기관들의 역할이 공통으로 추구하는 목적으로 가장 적절한 것은?

> • 법원의 재판
> • 행정 기관의 행정 심판
> • 국가인권위원회의 조사
> • 헌법재판소의 헌법 소원 심판

① 공정한 재판을 실현한다.
② 사법권의 독립을 보장한다.
③ 국가 권력의 집중을 방지한다.
④ 헌법재판소의 독립을 보장한다.
⑤ 국민의 침해된 기본권을 구제한다.

서술형
10 밑줄 친 내용에 해당하는 것을 세 가지 쓰고, 기본권 제한의 한계를 서술하시오.

> 기본권은 헌법을 통해 보장되므로 함부로 침해할 수 없지만 제한 없이 누릴 수 있는 권리는 아니다. 우리나라 헌법은 필요한 때에만 기본권을 제한할 수 있도록 명시하고, 반드시 국민의 대표 기관인 국회에서 만든 법률로써만 제한하도록 하고 있다.

서술형
11 다음 사례에서 연예인 A씨가 권리 구제를 받을 수 있는 방법을 두 가지 서술하시오.

> 연예인 A씨는 자신에 관해 허위 사실을 유포한 방송사 때문에 명예가 크게 실추되었다.

주제18 근로자의 권리와 침해 시 대응 방법

이 주제의 학습 목표

헌법에 보장된 근로자의 권리와 근로자의 권리가 침해당할 경우 구제 방법을 알아 두자.

┼ 최저 임금제
임금의 최저 수준을 보장하도록 법률로 정하여 근로자를 보호하는 제도이다. 최저 임금액보다 적은 임금을 지급하기로 한 계약은 그 부분에 한하여 무효로 하며, 무효로 된 부분은 최저 임금액과 동일한 임금을 지급해야 한다. 매년 최저임금위원회에서 정하며 고용노동부 장관이 고시한다.

┼ 교섭(交 오고 가다, 涉 건너다)
어떤 일을 이루기 위해 서로 의논하고 절충하는 것

┼ 쟁의 행위
특정한 목적을 이루기 위해 노동조합 또는 사용자가 정상적인 업무 운영을 저해하는 행위

┼ 임금 체불
마땅히 지급해야 할 임금을 지급하지 못하고 미룸

1 헌법에 보장된 근로자의 권리

(1) 근로의 권리
① 근로자 임금을 받기 위해 근로를 제공하는 사람
② 근로의 권리 근로의 능력과 의사를 가진 사람이 근로할 수 있는 기회의 보장을 요구할 권리

(2) 근로 조건
① 의미 근로자가 노동력을 제공하는 조건으로 임금, 근로 시간, 휴식 시간, 휴가 등이 포함됨
② 근로 조건의 최저 기준
  • ┼최저 임금제 시행으로 근로자는 최저 임금 이상을 받아야 함
  • 근로 계약서 작성(청소년 근로자도 작성해야 함 **자료❶**)
  • 근로 시간은 원칙적으로 1일 8시간, 1주 40시간을 초과할 수 없음

(3) 노동 3권

단결권	근로자가 근로 조건의 유지·개선을 위해 노동조합을 조직 또는 가입하여 단결할 수 있는 권리
단체 교섭권	• 노동조합을 통해 근로 조건에 관하여 사용자와 교섭할 수 있는 권리 • 사용자는 정당한 이유 없이 교섭을 거부할 수 없음
단체 행동권	• 단체 교섭이 원만하게 이루어지지 않을 경우 ┼쟁의 행위 등의 단체 행동을 할 수 있는 권리(파업, 태업, 불매 운동 등) • 정당한 쟁의 행위에 대해서는 민형사상 책임 면제

2 근로자의 권리 침해 시 대응 방법

(1) 근로자의 권리 침해
① 「근로 기준법」에 보장된 근로자의 권리 침해 ┼임금 체불, 근로 계약서 미작성, 최저 임금 미준수 등
② 부당 해고 정당한 해고 요건을 갖추지 않은 해고
  • 정당한 사유가 있어야 함
  • 합리적이고 공정한 기준으로 해고 대상자를 선정해야 함
  • 해고의 사유와 시기를 반드시 문서로 알려야 함
  • 30일 전에 해고 계획을 알려야 함
③ 부당 노동 행위 사용자가 근로자에게 노동조합 조직·가입·활동 등을 이유로 불이익을 주거나 노동조합과의 단체 교섭을 거부하는 등 정당한 노동조합 활동을 방해하는 것 **자료❷**
  ⑩ 노동조합에 가입 또는 가입하지 않을 것을 조건으로 채용하는 것, 노동조합 활동을 이유로 해고하는 것, 노동조합에 과다한 특혜를 주는 것 등

(2) 근로자의 권리 구제 방법
① 「근로 기준법」 위반으로 침해된 경우
  • 고용노동부에 진정 제기
  • 법원에 재판 청구(민사 또는 형사 재판)
② 부당 해고와 부당 노동 행위로 침해된 경우
  • 노동 위원회에 구제 신청
  • 법원에 해고 무효 확인 소송 제기, 손해 배상 청구 등

개념 확인 문제
● 바른답·알찬풀이 30쪽

1 다음 설명이 맞으면 ○표, 틀리면 ×표를 하시오.
(1) 사용자가 정당한 노동조합 활동을 방해하는 것을 부당 노동 행위라고 한다.
( )
(2) 노동조합은 파업으로 회사에 손해를 끼쳤을 경우에는 반드시 민형사상 책임을 져야 한다.
( )

2 다음 괄호 안의 내용 중 옳은 것에 ○표를 하시오.
(1) 부당 해고가 발생하면 근로자는 (고용노동부, 노동 위원회)에 구제를 신청할 수 있다.
(2) 근로자가 노동조합을 통해 근로 조건에 관해 사용자와 협상할 수 있는 권리는 (단체 교섭권, 단체 행동권)이다.

꼭 나오는 자료

자료 ① 청소년 근로자를 고용할 경우 꼭 알아야 할 15가지

☑ 15세 미만 청소년 고용 금지
☑ 연소자 증명서 비치
☑ 유해·위험 사업 고용 금지
☑ 근로 계약서 작성 및 교부, 임금 명세서 교부
☑ 1일 7시간, 1주 35시간 이내 근로
☑ 야간·휴일 근로 금지
☑ 유급 주휴일 부여
☑ 법정 최저 임금 준수
☑ 임금 지급 4대 원칙 준수(통화·직접·전액·정기)
☑ 업무상 재해에 대한 보상
☑ 연차 휴가 부여
☑ 강제 근로 및 폭행 금지
☑ 직장 내 성희롱 금지
☑ 직장 내 괴롭힘 금지
☑ 부당 해고 금지, 해고 예고

> 임금은 청소년 근로자 본인의 통장이나 현금인 경우 직접 받아. 부모님 통장으로 받거나 현금이 아닌 상품권으로 받지 않아.

「근로 기준법」에서는 15세 이상 18세 미만자를 연소 근로자라고 하여 특별히 보호한다. 15세 미만 청소년은 취직 인허증이 있어야 취업이 가능하다. 근로 계약서는 본인이 반드시 작성해야 하며 부모나 제3자가 대리해서는 안 된다.

자료 ② 부당 노동 행위

> 부당 노동 행위를 당하면 노동 위원회에 구제 요청을 해. 근로자 또는 노동조합이 신청할 수 있어.

① 노조 가입·조직, 정당한 조합 활동·단체 행동 등을 이유로 한 불이익

② 특정 노조에의 가입·탈퇴를 고용 조건으로 하는 경우

③ 정당한 이유 없는 단체 교섭 거부

④ 노동조합의 조직·운영에 대한 지배·개입 및 운영비 원조

> 부당 노동 행위로 노동3권 침해 시 법원에 소송을 제기할 수도 있어. 전직이나 감봉 처분 등 불이익을 받았다면 해당 처분의 취소 소송을 제기할 수 있어.

대표 문제로 실력 쌓기
● 바른답·알찬풀이 30쪽

>> 청소년 근로자 〔선택지 하나 더〕

1 다음 사례에 관한 설명으로 옳지 않은 것은?

> 16세인 윤아는 용돈을 벌기 위해 아르바이트를 하려고 한다. 마침 아르바이트생을 구하는 곳이 몇 군데 있어서 근로 조건을 알아보고 근로 계약서를 작성할 생각이다.

① 성인과 같은 최저 임금을 받을 수 있다.
② 노래방, 피시방, 오락실에서는 일할 수 없다.
③ 근로 계약서는 부모님 또는 후견인이 작성한다.
④ 일을 하다 다치면 산재 보험으로 치료받을 수 있다.
⑤ 휴일에 일하거나 초과 근무 시 가산 임금을 받는다.
⑥ 1일 7시간, 1주에 35시간을 초과하여 일할 수 없다.
⑦ 부모님 동의서와 나이를 알 수 있는 증명서가 필요하다.

> **이것만은 꼭 기억하자!** 청소년 근로자는 근로 계약서 작성 시 부모님이나 친권자 또는 후견인의 동의서를 받아야 하지만 근로 계약서는 반드시 본인이 작성해야 해.
> ✒ 120쪽 03번, 126쪽 16, 18번 문제도 풀어 보자!

>> 부당 노동 행위 사례

2 근로자의 권리를 침해하는 사례 중 구제 절차가 다른 하나는?

① 임금을 6개월 동안 받지 못하고 있다.
② 회사를 그만두라는 통보를 하루 전에 받았다.
③ 노동조합에 가입하지 않는 조건으로 직원을 뽑았다.
④ 파업에 참여한 직원들을 승진 대상에서 제외하였다.
⑤ 회사에서 노동조합과의 교섭을 이유 없이 거부하였다.

> **이것만은 꼭 기억하자!** 임금 체불, 근로 계약서 미작성과 같은 「근로 기준법」 위반으로 권리가 침해된 경우는 고용노동부에 진정을 제기하거나 법원에 재판을 청구한다. 부당 해고와 부당 노동 행위로 권리가 침해된 경우에는 노동 위원회에 구제를 신청하거나 법원에 재판을 청구한다.
> ✒ 121쪽 09, 11번, 127쪽 21번 문제도 풀어 보자!

01 다음 중 근로자에 해당하는 사람을 <보기>에서 고른 것은?

근로자라 함은 직업의 종류를 불문하고 사업 또는 사업장에 임금을 목적으로 근로를 제공하는 자를 말한다.

┤ 보기 ├
ㄱ. 중소기업 직원
ㄴ. 떡볶이집 사장님
ㄷ. 편의점 아르바이트생
ㄹ. 가전제품 대리점 운영자

① ㄱ, ㄴ   ② ㄱ, ㄷ   ③ ㄱ, ㄹ
④ ㄴ, ㄹ   ⑤ ㄷ, ㄹ

02 근로자의 권리에 관한 설명으로 옳은 것은?

① 청소년 근로자는 최저 임금제를 적용받지 않는다.
② 근로 조건의 최고 기준을 「근로 기준법」으로 정하였다.
③ 노동 3권은 국회에서 제정한 노동법에 의해 보장하고 있다.
④ 일정한 절차를 거쳐 쟁의 행위를 할 수 있는 단체 교섭권을 갖는다.
⑤ 노동 3권을 보장하는 것은 근로자가 사용자에 비해 사회·경제적 약자이기 때문이다.

03 청소년의 근로에 관한 ○× 퀴즈에서 ○의 개수는?

다음 질문에 ○, ×로 답하시오.

1. 성인과 같은 최저 임금을 적용받는다. (○, ×)
2. 18세 이상의 청소년만 근로할 수 있다. (○, ×)
3. 위험한 일이나 유해 업종의 일을 할 수 없다.
                                    (○, ×)
4. 일을 하다 다치면 산업 재해 보상 보험으로 치료와 보상을 받을 수 있다.   (○, ×)
5. 원칙적으로 근로 시간은 하루 8시간, 일주일에 40시간을 기준으로 이를 초과할 수 없다.
                                    (○, ×)

① 1개   ② 2개   ③ 3개   ④ 4개   ⑤ 5개

고난도

04 사진과 관련한 내용으로 옳지 않은 것은?

① 임금의 최저 수준을 보장하도록 법률로 정하였다.
② 최저 임금은 정부에서 심의하고 결정하여 고용노동부 장관이 1년에 한 번 고시한다.
③ 최저 임금액보다 적은 임금을 지급하기로 한 근로 계약은 그 부분에 한하여 무효이다.
④ 사용자는 최저 임금제를 준수하여 근로자에게 최저 임금 이상의 임금을 지급해야 한다.
⑤ 최저 임금액보다 적어 무효로 된 부분은 최저 임금액과 동일한 임금을 지급하는 것이 원칙이다.

중요
05 다음 신문 기사와 관련한 내용으로 옳은 것은?

○○ 신문	2020○년

○○노조 무기한 파업 돌입

임금 협상에 실패한 ○○노조가 오늘 오전 9시부터 무기한 파업을 시작해 시민들의 불편이 이어지고 있다.

① 노동 3권 중 단결권에 관한 내용이다.
② 노동조합이 사용자와 협상할 수 있는 권리이다.
③ 노사 간 단체 교섭이 이루어지지 않을 경우 행사할 수 있는 권리이다.
④ 사용자가 정당한 이유로 근로 조건에 관한 요구 거부 시 행사할 수 있다.
⑤ 경제적 약자인 근로자가 사용자와 대등한 위치에서 협상하는 것은 바람직하지 않다.

06 근로자의 권리 침해로 볼 수 <u>없는</u> 것은?

① 임금 체불
② 부당 해고
③ 부당 노동 행위
④ 근로 계약서 미작성
⑤ 30일 전에 서면으로 알린 해고

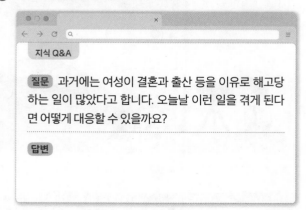

07 다음과 같은 상황에 해당하는 내용을 <보기>에서 고른 것은?

• 임금 체불   • 근로 계약서 미작성

┤ 보기 ├
ㄱ. 「근로 기준법」 위반으로 권리가 침해된 경우이다.
ㄴ. 고용노동부에 진정을 제기하여 구제받을 수 있다.
ㄷ. 노동 위원회에 구제 신청을 하여 구제받을 수 있다.
ㄹ. 사용자가 근로자의 노동 3권을 침해하는 행위이다.

① ㄱ, ㄴ   ② ㄱ, ㄷ   ③ ㄱ, ㄹ
④ ㄴ, ㄹ   ⑤ ㄷ, ㄹ

08 다음 질문의 답변으로 적절한 것은?

> 지식 Q&A
>
> **질문** 과거에는 여성이 결혼과 출산 등을 이유로 해고당하는 일이 많았다고 합니다. 오늘날 이런 일을 겪게 된다면 어떻게 대응할 수 있을까요?
>
> **답변**

① 고용노동부에 진정을 제기합니다.
② 관례에 따른 것이므로 수용합니다.
③ 노동 위원회에 구제 신청을 합니다.
④ 노동 3권 침해이므로 파업을 합니다.
⑤ 헌법재판소에 헌법 소원을 신청합니다.

09 부당 노동 행위에 해당하는 것을 <보기>에서 고른 것은?

┤ 보기 ├
ㄱ. 근로자를 정당한 이유 없이 해고하였다.
ㄴ. 근로자에게 최저 임금보다 낮은 임금을 주었다.
ㄷ. 노동조합에 가입한 근로자에게 불이익을 주어 노동조합 가입을 방해하였다.
ㄹ. 태업에 참여한 근로자의 근무 점수를 낮게 주어 성과급 산정에 불이익을 주었다.

① ㄱ, ㄴ   ② ㄱ, ㄷ   ③ ㄱ, ㄹ
④ ㄴ, ㄹ   ⑤ ㄷ, ㄹ

서술형

10 ㉠, ㉡, ㉢에 들어갈 말을 차례대로 쓰고, 제시문의 내용 중 <u>틀린</u> 부분을 찾아 바르게 고쳐 서술하시오.

> 우리 헌법은 근로자가 사용자와 대등하게 근로 조건을 협의, 결정할 수 있는 권리를 보장하고 있다.
> (㉠)은 근로자의 근로 조건 유지와 개선을 위해 단결할 수 있는 권리이고, (㉡)은 사용자와 근로 조건을 교섭할 수 있는 권리이다. (㉢)은 일정한 절차를 거쳐 쟁의 행위를 할 수 있는 권리이다. 사용자가 이를 침해했을 때는 노동 위원회에 소송을 제기할 수 있다.

서술형

11 다음과 같은 상황에서 갑이 취할 수 있는 권리 구제 방법을 <u>두 가지</u> 서술하시오.

> 갑은 동료와 함께 노동조합을 만들기로 하였으나 회사 측에서 노동조합 조직에 반대하며 방해하고 있다.

주제 16 인권과 우리 헌법이 보장하는 기본권

	(①)	(②)
인권과 기본권	• 인간이 인간답게 살아가기 위해 마땅히 누려야 할 권리 • 기본적이고 보편적 권리 • 천부 인권 • 자연적 권리 • 불가침의 권리	• 국가의 최고법인 헌법에 보장된 기본적 인권 • 국가의 부당한 간섭과 침해로부터 국민의 자유와 권리를 지키고, 적극적으로 보장하기 위해 국가의 최고법인 헌법에 규정함
기본권의 종류 자료❶	평등권	모든 국민이 차별받지 않고 동등하게 대우받을 권리
	자유권	국가 권력의 간섭을 받지 않고 자유롭게 생활할 수 있는 권리
	참정권	국가의 의사 결정에 참여할 수 있는 권리
	청구권	다른 기본권이 침해되었을 때 이의 구제를 요구할 수 있는 권리
	사회권	국민이 국가에 인간다운 생활을 요구할 수 있는 권리
인간의 존엄과 가치 및 행복 추구권	헌법에 보장된 모든 기본권의 토대가 됨

주제 17 기본권의 제한과 침해 시 구제 방법

기본권 제한 자료❷	요건	국가 안전 보장, 질서 유지, 공공복리
	수단	국회에서 만든 (❶)로써만 제한 가능
	한계	자유와 권리의 본질적인 내용은 침해할 수 없음
기본권 침해 시 구제 기관 자료❸	헌법 재판소	• 헌법 질서를 수호하고 국민의 기본권 보장 • 공권력의 행사 또는 불행사로 기본권이 침해된 국민이 (❷)을 청구하면 이를 심판함 • 최후의 권리 구제 수단
	법원	• (❸)을 통해 침해된 권리를 구제함 • 민사 재판, 형사 재판, 행정 재판 등
	국가인권 위원회	• 인권 침해나 차별 행위를 조사하여 구제함 • 인권 침해가 발생하면 (❹)을 받아 권리를 구제함
	국민권익 위원회	• 국가기관의 잘못된 법 집행으로 피해 발생 시 조사하여 침해된 권리를 구제함(행정 심판) • 고충 민원 처리
	한국 소비자원	소비자의 권리가 침해되었을 때 이를 구제함
	언론중재 위원회	잘못된 언론 보도로 피해를 보았을 때 침해된 권리를 구제함

자료❶ 기본권의 종류

▲ (❸) ▲ (❹)

▲ (❺) ▲ (❻)

▲ (❼)

◆ 모든 법과 제도의 기초가 되는 (❽)을 통해 기본권을 보장하는 까닭은 국가의 부당한 간섭과 침해로부터 국민의 (❾)와 권리를 지키고, 적극적으로 보장하기 위해서이다.

자료❷ 기본권의 제한 요건

▲ (❺)

▲ (❻)

▲ (❼)

자료 3 기본권 침해 시 구제 기관

▲ (⑧   )

◎ 헌법재판소는 헌법 질서를 수호하고 국민의 기본권을 보장하는 국가 기관이다.

◎ 헌법재판소는 공권력의 행사 또는 불행사로 기본권이 침해된 국민이 권리 구제를 요청하면 (⑨   ) 심판을 통해 이를 심판한다.

◎ 법원의 재판은 당사자에게만 효력을 미치지만 헌법 재판은 모든 국가기관이 재판 결과에 따라야 한다.

◎ 헌법 소원 심판 외에도 위헌 법률 심판, 탄핵 심판, 권한 쟁의 심판, 정당 해산 심판도 담당하고 있다.

▲ (⑩   )

◎ 법원은 (⑪   )을 통해 침해된 권리를 구제한다.

◎ 다른 사람이 나의 권리를 침해했을 때는 (⑫   ), 행정 기관의 잘못으로 나의 권리를 침해받았을 때는 행정 재판, 범죄 행위로 다른 사람의 권리를 침해한 사람을 처벌하고, 범죄를 예방하고자 할 때는 (⑬   )을 청구할 수 있다.

▲ (⑭   )

◎ 국가인권위원회는 인권 침해나 차별 행위를 조사하여 구제하며, 인권 침해나 차별 행위에 관해 개인이나 기관에 시정할 것을 권고한다.

주제 18 근로자의 권리와 침해 시 대응 방법

(①)	의미	임금을 받기 위해 근로를 제공하는 사람
	근로 조건	• (②) 보장(임금의 최저 수준을 법률로 정함) • (③) 작성(업무 내용, 근로 시간, 임금, 임금 지급일, 휴일 등)
(④) 자료 4	단결권	근로자가 (⑤)을 조직·운영할 수 있는 권리
	단체 교섭권	노동조합을 통해 근로 조건에 관해 사용자와 교섭할 수 있는 권리
	단체 행동권	단체 교섭이 원만하게 이루어지지 않을 경우 쟁의 행위(태업, 파업, 불매 운동 등) 등의 단체 행동을 할 수 있는 권리
노동권 침해 시 구제 방법	「근로 기준법」 위반	• 근로 계약서 미작성, 임금 체불 등 • (⑥)에 진정을 제기하거나 법원에 민사 또는 형사 재판 청구
	부당 해고	• 정당한 이유가 없거나 정당한 해고 요건을 갖추지 않은 해고 • (⑦)에 구제 신청하거나 법원에 해고 무효 확인 소송 제기
	부당 노동 행위	• 노동 3권 침해 • 노동 위원회에 구제 신청하거나 법원에 손해배상 청구 등 재판 청구

자료 4 노동 3권

노동조합 활동에 참여하세요!

○○노조 결성

▲ (⑧   )

○○회사

6%의 임금 인상을 요구합니다.

회사 차원에서 볼 때 너무 높습니다.

▲ (⑨   )

임금을 인상하고 고용을 보장하라!

임금 인상   고용 보장

▲ (⑩   )

① 인권 보장과 기본권의 종류

01 ㉠에 들어갈 용어에 관한 설명으로 옳지 <u>않은</u> 것은?

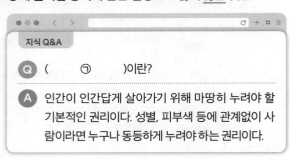

지식 Q&A

Q (㉠)이란?

A 인간이 인간답게 살아가기 위해 마땅히 누려야 할 기본적인 권리이다. 성별, 피부색 등에 관계없이 사람이라면 누구나 동등하게 누려야 하는 권리이다.

① 천부 인권이라고도 한다.
② 타인에게 양도할 수 있는 권리이다.
③ 모든 사람이 누리는 보편적 권리이다.
④ 국가에서 제도로 보장하기 이전에 주어진다.
⑤ 어떤 권력도 함부로 침해할 수 없는 권리이다.

02 인권 침해에 관한 설명으로 옳지 <u>않은</u> 것은?

① 사회 구성원들의 편견이나 고정 관념 때문에 발생한다.
② 국가의 잘못된 법률이나 제도 때문에 발생하기도 한다.
③ 인권 침해에 민감하게 반응하는 사람은 인권 감수성이 높다.
④ 여성에게 월 1회 생리 휴가를 주는 것은 차별이므로 인권 침해이다.
⑤ 시각 장애인에게 시험 시간을 1.5배 주는 것은 인권 침해에 해당하지 않는다.

03 헌법에 보장된 기본권에 관한 설명으로 옳은 것은?

① 평등권은 역사가 가장 오래된 기본권이다.
② 자유권은 다른 기본권 실현의 전제 조건이다.
③ 참정권은 다른 기본권 보장의 수단적 권리이다.
④ 사회권은 복지 국가에서 더욱 중요해진 권리이다.
⑤ 청구권은 국민 주권의 원리 실현을 위해 필요하다.

04 다음 헌법 조항이 보장하고 있는 기본권에 관한 옳은 설명을 <보기>에서 고른 것은?

헌법 제35조 ① 모든 국민은 건강하고 쾌적한 환경에서 생활할 권리를 가지며, 국가와 국민은 환경 보전을 위하여 노력하여야 한다.

┤ 보기 ├

ㄱ. 국가로부터 간섭받지 않을 권리이다.
ㄴ. 복지 사회의 실현을 위해 더욱 강조되고 있는 권리이다.
ㄷ. 모든 국민이 차별받지 않고 동등하게 대우받을 권리이다.
ㄹ. 국가에 인간다운 생활을 요구할 수 있는 적극적인 권리이다.

① ㄱ, ㄴ   ② ㄱ, ㄹ   ③ ㄴ, ㄷ
④ ㄴ, ㄹ   ⑤ ㄷ, ㄹ

05 다음 글에서 북한 주민이 보장받지 <u>못한</u> 기본권은?

북한은 국내에서 일반 사람들이 다른 지역으로 이동하기 위해서는 반드시 당국의 허가를 받아야 한다. 평양, 나선과 같은 일부 특수 도시나 국경 지역 방문은 더욱 엄격하게 통제된다. 또한 해외로의 자유로운 출국은 사실상 상상하기 어려우며, 해외에서 본국으로의 복귀도 국가의 허가 없이는 불가능하다.

① 자유권   ② 평등권   ③ 참정권
④ 사회권   ⑤ 청구권

06 다음 내용과 관련된 기본권에 관한 설명은?

해외에 살고 있는 재외 국민도 대통령 선거와 국회의원 선거에 참여하여 투표할 수 있다.

① 인간다운 생활을 요구할 수 있는 권리이다.
② 차별받지 않고 동등하게 대우받을 권리이다.
③ 국가의 의사 결정에 참여할 수 있는 권리이다.
④ 국가의 간섭 없이 자유롭게 생활할 수 있는 권리이다.
⑤ 기본권을 침해당했을 때 구제를 요청할 수 있는 권리이다.

❷ 기본권의 제한 요건과 침해 구제 방법

07 다음 기본권 제한의 요건과 한계에 관한 내용 중 옳지 <u>않</u>은 것은?

> 대한민국 헌법은 ㉠ 국가 안전 보장, ㉡ 질서 유지, ㉢ 공공복리에 한해서만 기본권을 제한할 수 있도록 하고 있다. 기본권을 제한할 때에는 ㉣ 법률로써만 제한할 수 있으며 ㉤ 자유와 권리의 본질적인 내용도 제한할 수 있다.

① ㉠ ② ㉡ ③ ㉢ ④ ㉣ ⑤ ㉤

08 사진과 같은 제도를 시행하는 것과 관계 깊은 기본권 제한 요건으로 옳은 것은?

① 공공복리
② 질서 유지
③ 자유권 보장
④ 국가 안전 보장
⑤ 개인의 재산권 보장

09 다음 사례에서 제한된 기본권과 기본권 제한 사유가 옳게 연결된 것은?

> 코로나19가 대유행하자 정부는 코로나19 감염자를 강제 격리하는 조치를 취했다.

① 평등권 - 공공복리
② 자유권 - 공공복리
③ 사회권 - 질서 유지
④ 자유권 - 질서 유지
⑤ 사회권 - 국가 안전 보장

10 사진 속 기관이 권리 구제 기관으로서 하는 역할로 옳은 것은?

① 국민 고충 처리와 행정 심판 기능을 한다.
② 민사, 형사 재판 등을 통해 분쟁을 해결한다.
③ 헌법 소원 심판을 통해 국민의 인권을 보호한다.
④ 인권 침해 사실을 조사하여 제도나 법의 개선을 권고한다.
⑤ 잘못된 언론 보도에 따른 피해를 조사하여 침해된 권리를 구제한다.

11 다음 사례와 같이 권리를 구제하는 기관으로 적절한 것은?

> 영유아의 출입을 막는 이른바 '노키즈존(No-Kids Zone)'인 백화점 우수 고객 전용 라운지에 대해 아동 차별이라는 결론이 나왔다. 이에 따라 각 백화점에 우수 고객 전용 라운지 운영 방식을 수정하라는 권고가 내려졌다.

① 법원
② 헌법재판소
③ 국가인권위원회
④ 언론중재위원회
⑤ 국민권익위원회

12 국민권익위원회의 역할을 <보기>에서 고른 것은?

> **보기**
> ㄱ. 소비자의 권리 침해 구제
> ㄴ. 고충 민원을 조사하여 구제
> ㄷ. 잘못된 법이나 제도 개선 권고
> ㄹ. 행정 심판이 제기되면 조사하여 바로잡음

① ㄱ, ㄴ ② ㄱ, ㄹ ③ ㄴ, ㄷ
④ ㄴ, ㄹ ⑤ ㄷ, ㄹ

13 밑줄 친 방법을 통해 권리 구제를 받을 수 있는 기관으로 옳지 <u>않은</u> 것은?

> 개인이 일상생활에서 인권 침해 상황을 겪었을 때 국가기관에 민원이나 진정을 넣어 권리를 구제받을 수 있다.

① 헌법재판소　　　　② 한국소비자원
③ 국민권익위원회　　④ 언론중재위원회
⑤ 국가인권위원회

❸ 근로자의 권리

14 근로자에 해당하는 사람이 <u>아닌</u> 것은?

① 국가로부터 월급을 받는 중학교 교사
② 소속팀에서 연봉을 받는 프로 야구 선수
③ 공공 도서관에서 주말에만 근무하는 사서
④ 대기업에 입사하여 몇 달째 근무 중인 회사원
⑤ 일정 기간 아르바이트생을 고용했던 음식점 주인

15 다음은 근로자의 근로 조건에 관한 진단 평가지이다. 이 학생이 받은 점수는?

> **진단 평가**
>
> ○ 질문 1: 근로 조건의 최고 기준이 법률로 정해진다.
> 　　　예 ☐　　　　아니요 ☑
>
> ○ 질문 2: 근로 시간은 원칙적으로 1일 9시간 이내이다.
> 　　　예 ☐　　　　아니요 ☑
>
> ○ 질문 3: 휴일에 일하면 50% 가산 임금을 받을 수 있다.
> 　　　예 ☐　　　　아니요 ☑
>
> ○ 질문 4: 해고 사유와 시기는 반드시 문서로 알려야 한다.
> 　　　예 ☑　　　　아니요 ☐
>
> 　　　　　　　　　　점수 합계: _____ 점
>
> ※ 점수 계산: 맞으면 1점, 틀리면 0점

① 0점　② 1점　③ 2점　④ 3점　⑤ 4점

16 갑의 근로 조건에 관한 옳은 설명을 <보기>에서 고른 것은?

> 17세 고등학생 갑은 겨울 방학을 이용하여 패스트 푸드점에서 아르바이트를 하려고 한다.

┤ 보기 ├
ㄱ. 성인보다 낮은 임금을 적용받는다.
ㄴ. 근로 계약서는 부모가 대리 작성한다.
ㄷ. 1일 7시간, 1주 35시간을 초과하여 일할 수 없다.
ㄹ. 일주일을 개근하고 15시간 이상 일을 하면 하루의 유급 휴일을 받을 수 있다.

① ㄱ, ㄴ　　② ㄱ, ㄹ　　③ ㄴ, ㄷ
④ ㄴ, ㄹ　　⑤ ㄷ, ㄹ

17 근로자와 사용자가 근로 계약서를 작성할 때 반드시 포함되어야 할 요소가 <u>아닌</u> 것은?

① 학력　　　　　　② 휴일
③ 근로 시간　　　④ 업무 내용
⑤ 임금 지급일

18 다음은 청소년 A가 아르바이트를 하기 위해 맺은 근로 계약서이다. ㉠~㉤ 중 노동권 침해에 해당하는 것은?

> • 근로 장소: 키즈 카페
> • 근로 시간: ㉠ 16시 00분부터 22시 00분까지
> • 휴게 시간: ㉡ 19시 30분부터 20시까지
> • 임금
> 　- 시급: ㉢ 올해 최저 임금과 같은 금액
> 　- 지급일: ㉣ 매월 17일
> 　- 지급 방법: ㉤ A의 부모님 통장으로 계좌 이체

① ㉠　② ㉡　③ ㉢　④ ㉣　⑤ ㉤

● 바른답·알찬풀이 31쪽

19 다음 사례와 관련된 근로자의 권리는?

> **○○ 신문**　　　　　　　　　　2020○년
>
> 서울 지하철 1~8호선을 운영하는 서울교통공사와 서울교통공사 노조는 임금 단체 협약 합의서에 서명하였다. 이로써 며칠 동안 계속되었던 노사 간 협상은 극적으로 타결되었다.

① 쟁의
② 단결권
③ 단체 행동권
④ 단체 교섭권
⑤ 최저 임금제

20 노동권 침해 사례를 <보기>에서 고른 것은?

> ┤ 보기 ├
> ㄱ. 휴일 근무 근로자에게 가산 임금을 주지 않았다.
> ㄴ. 회사가 어려워져 근로자에게 한 달 전에 퇴사 통보를 하였다.
> ㄷ. 노동조합과 사용자 간의 협상이 진행되었으나 타결되지 않았다.
> ㄹ. 노동조합에 가입하지 않는다는 조건으로 근로자를 채용하였다.

① ㄱ, ㄴ
② ㄱ, ㄹ
③ ㄴ, ㄷ
④ ㄴ, ㄹ
⑤ ㄷ, ㄹ

21 ㉠에 들어갈 질문으로 옳지 <u>않은</u> 것은?

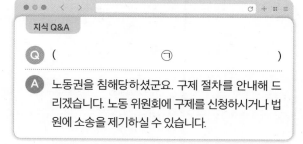

> **지식 Q&A**
>
> Q　(　　　　　　㉠　　　　　　)
>
> A　노동권을 침해당하셨군요. 구제 절차를 안내해 드리겠습니다. 노동 위원회에 구제를 신청하시거나 법원에 소송을 제기하실 수 있습니다.

① 부당하게 해고를 당했는데 어떻게 해야 할까요?
② 월급을 계속 못 받고 있는데 어떻게 해야 할까요?
③ 회사에서 노동조합 가입을 방해하는데 어떻게 해야 할까요?
④ 회사에서 노동조합과의 단체 교섭을 거부하는데 어떻게 해야 할까요?
⑤ 회사에서 노동조합이 파업을 했다는 이유로 감봉 처분을 내렸는데 어떻게 해야 할까요?

22 다음은 제2차 세계 대전 이후 국제연합에서 채택한 선언의 일부이다. 이 선언의 명칭과 의의를 서술하시오.

> 제1조　모든 사람은 태어날 때부터 자유롭고 존엄하며 평등하다. 모든 사람은 이성과 양심을 가지고 있으므로 서로에게 형제애의 정신으로 대해야 한다.
> 제2조　모든 사람은 인종, 피부색, 성별, 언어, 종교 등 어떤 이유로도 차별받지 않으며 이 선언에 나와 있는 모든 권리와 자유를 누릴 자격이 있다.

23 우리 헌법에서 그림과 같이 기본권을 제한하는 까닭을 서술하고, 이때 제한된 기본권은 무엇인지 쓰시오.

24 밑줄 친 부분은 근로자의 노동 3권 중 무엇에 해당하는지 쓰고, 종류를 세 가지 서술하시오.

> □□회사 측은 근로자 인원을 감축하는 구조 조정안을 꺼내들면서 노동조합 측과 갈등을 빚었다. 노동조합과 회사 측은 여러 차례 교섭했지만 결국 합의가 이루어지지 않았고, <u>노동조합에서는 일정한 절차를 거쳐 쟁의 행위에 돌입하였다.</u>

MEMO

중등 사회

1·2

시험
대비편

1 사회화와 자아 정체성

01 다음 사례를 통해 알 수 있는 내용으로 가장 적절한 것은?

> 2008년에 러시아의 어느 집에서 이상한 소리가 난다는 신고를 받고 경찰이 출동하였다. 집 안에는 커다란 새장이 있었고 새와 어린아이가 함께 갇혀 있었다. 경찰이 아이를 꺼내려고 하자 아이는 새가 공격하듯 입으로 쪼아 대고 날갯짓을 하듯 양팔을 퍼드덕대며 새소리를 냈다. 7년 만에 처음 바깥세상을 보게 된 아이는 보호 시설로 보내졌지만, 인간의 행동을 배워 나가는 것을 매우 힘들어 했다. 이후에도 새와 새장을 계속 그리워하며 자신이 사람이라는 사실을 받아들이지 못하였다.

① 인간의 사회적 특성은 타고나는 것이다.
② 초기 사회화보다 재사회화가 더 중요하다.
③ 인간의 사회화는 평생에 걸쳐 이루어진다.
④ 동물과의 상호 작용을 통해서도 사회화될 수 있다.
⑤ 한 사회 구성원으로 성장하기 위해서는 적절한 시기에 인간과의 상호 작용과 학습이 필요하다.

02 다음 사회화 기관들의 공통점으로 옳은 것은?

▲ 가족　　▲ 학교　　▲ 직장

① 가장 기초적인 사회화 기관이다.
② 공식적으로 만든 사회화 기관이다.
③ 기초 생활 습관을 배우는 사회화 기관이다.
④ 청소년기에 많은 영향을 끼치는 사회화 기관이다.
⑤ 사회생활에 필요한 가치, 규범, 행동 양식 등을 학습할 수 있는 사회화 기관이다.

03 (가)에 들어갈 질문으로 적절한 것은?

> 사회 수행 평가
> 　　　　　　　　　1학년 ○반 이름: □□□
> 문제: _____(가)_____
> <답> 인간은 사회화를 통해 사회생활에 필요한 생활 양식을 습득하고 사회 구성원으로서 성장해 가며, 그 과정에서 자신만의 개성과 정체성을 형성합니다.

① 사회화와 재사회화는 어떻게 다른가요?
② 사회화가 이루어지는 시기는 언제인가요?
③ 사회화는 개인적 측면에서 어떤 기능을 하나요?
④ 사회화는 사회적 측면에서 어떤 기능을 하나요?
⑤ 사회화 기관의 종류에는 어떤 것들이 있을까요?

중요✦
04 청소년기에 관한 설명으로 옳은 것은?

① 사회화가 완성되는 시기이다.
② 자아 정체성 확립에 매우 중요한 시기이다.
③ 언어 등 기초 생활 습관 등이 형성되는 시기이다.
④ 직장에서 업무에 필요한 지식과 기술을 터득하는 시기이다.
⑤ 주로 가정에서 사회생활에 필요한 내용을 배우는 시기이다.

05 사회화 기관과 그에 관한 설명을 바르게 연결한 것은?

① 학교 – 가장 기초적인 사회화 기관이다.
② 직장 – 사회화를 목적으로 만들어진 기관이다.
③ 대중 매체 – 공식적이고 체계적인 사회화 기관이다.
④ 가족 – 유아기와 유년기에 중요한 영향을 주는 사회화 기관이다.
⑤ 또래 집단 – 재사회화를 전문적이고 체계적으로 수행하는 사회화 기관이다.

06 재사회화의 사례를 <보기>에서 고른 것은?

┤ 보기 ├

ㄱ. 이민 간 나라의 언어와 문화를 학습한다.
ㄴ. 중학교 신입생 오리엔테이션에 참석한다.
ㄷ. 퇴직 후에 새로운 직업 기술을 배우고 있다.
ㄹ. 중학교 2학년이 되면 새로운 과목을 학습한다.

① ㄱ, ㄴ   ② ㄱ, ㄷ   ③ ㄴ, ㄷ
④ ㄴ, ㄹ   ⑤ ㄷ, ㄹ

07 다음 교육을 시행하는 공통적인 목적으로 옳은 것은?

• 노인 대상 정보 통신 교육
• 외국인 근로자 대상 한국어 교육
• 영어 업무를 맡은 직원 대상 사내 영어 교육

① 저출산·고령화 시대에 적응하기 위해
② 다양한 계층의 의견을 반영하기 위해서
③ 공식적인 교육 기관의 중요성이 증가해서
④ 다문화 사회에 적응하는 것을 돕기 위해서
⑤ 사회 변화에 따른 새로운 지식 습득이 필요해서

08 다음에서 설명하는 사회화 기관의 특징으로 옳은 것은?

• 비슷한 연령의 집단
• 놀이를 통해 공동체 생활에 필요한 규칙, 질서를 학습함

① 가장 기초적인 사회화 기관이다.
② 신문, 방송, 인터넷 등이 대표적이다.
③ 청소년기 자아 형성에 큰 영향을 미친다.
④ 업무에 필요한 지식과 행동 양식을 배운다.
⑤ 기본적인 생활 습관, 언어, 예절을 배우는 기관이다.

09 다음에서 설명하는 사회화 기관의 특징으로 옳은 것은?

• 가장 기초적인 사회화 기관
• 기본적인 생활 습관, 언어, 예절 등 학습

① 대표적인 재사회화 기관이다.
② 비슷한 연령의 놀이 집단이다.
③ 특정 시기에만 개인에게 영향을 미친다.
④ 유년기의 인격 형성에 중요한 영향을 미친다.
⑤ 사회생활에 필요한 지식을 체계적으로 가르친다.

❷ 사회적 지위와 역할

10 (가), (나)의 사회적 지위에 관한 설명으로 옳지 않은 것은?

(가) 여자, 아들, 장녀
(나) 의사, 군인, 공무원

① (가)는 귀속 지위, (나)는 성취 지위이다.
② (가)는 노력과 상관없이 주어지는 지위이다.
③ (가)는 현대 사회에서 더욱 중시되고 있는 지위이다.
④ (나)는 개인의 노력이나 의지에 따라 얻게 되는 지위이다.
⑤ (나)는 사회가 발달하고 전문화될수록 많아지는 지위이다.

11 다음 사회적 지위의 공통점으로 옳은 것은?

• 남편   • 의사   • 회사원   • 대학생

① 귀속 지위에 해당한다.
② 신분제 사회에서 더 중요시되는 지위이다.
③ 태어날 때부터 자연스럽게 주어지는 지위이다.
④ 개인의 의지나 노력에 의해 성취하는 지위이다.
⑤ 사회가 복잡해질수록 종류가 적어지는 지위이다.

12 다음 사례를 통해 알 수 있는 내용으로 가장 적절한 것은?

> 회사의 A 부서 직원들은 일 년 동안 제품 홍보와 좋은 제품 만들기에 심혈을 기울인 결과 고객 만족도 1위와 제품 판매량 1위를 달성하여 회사에서 보너스를 받았다. 반면 일 년 동안 제품 홍보와 제품 개발에 소홀했던 B 부서의 직원들은 고객 만족도와 제품 판매량 순위가 떨어져 회사로부터 질책을 받고 있다.

① 한 가지 지위에는 여러 가지 역할이 요구된다.
② 개인은 여러 개의 지위와 역할을 가지고 있다.
③ 서로 다른 두 역할이 충돌하면 갈등이 발생한다.
④ 사회가 복잡해질수록 지위와 역할이 다양해진다.
⑤ 역할을 어떻게 수행하는가에 따라 보상이나 제재를 받는다.

13 ㉠~㉤에 관한 설명으로 옳지 않은 것은?

> ㉠중학교 학생인 미연이는 ㉡댄스 동아리 회장으로 곧 있을 댄스 대회에 나가기 위해 ㉢열심히 연습을 해왔다. 그런데 조금 전 발표된 대회 날짜가 큰오빠의 결혼식 날짜와 겹쳤다. 미연이는 댄스 대회에 나가야 할지, ㉣동생으로서 큰오빠의 결혼식에 가야 할지 ㉤고민에 빠졌다.

① ㉠ - 자연적으로 주어지는 지위이다.
② ㉡ - 개인의 노력이나 의지에 따라 후천적으로 얻는 지위이다.
③ ㉢ - 동아리 회장에게 기대되는 역할을 수행한 것이다.
④ ㉣ - 개인의 노력이나 의지와 상관없이 주어지는 지위이다.
⑤ ㉤ - 각각의 지위에 따른 역할이 충돌하여 생기는 결과로 역할 갈등이라고 한다.

14 ㉠~㉣에 관한 옳은 설명을 <보기>에서 고른 것은?

> • ㉠직업 훈련소의 탈북민 대상 ㉡직업 교육
> • ㉢직장의 ㉣동영상 제작 방법 학습 강좌

| 보기 |
ㄱ. ㉠은 가장 기초적인 사회화 기관이다.
ㄴ. ㉡과 ㉣은 재사회화의 사례이다.
ㄷ. ㉢은 사회화를 위해 전문적으로 만든 기관이다.
ㄹ. ㉣은 직장인으로서의 역할을 성실히 수행하는 데 도움을 줄 수 있다.

① ㄱ, ㄴ　② ㄱ, ㄷ　③ ㄴ, ㄷ
④ ㄴ, ㄹ　⑤ ㄷ, ㄹ

15 밑줄 친 사회적 지위의 종류가 나머지와 다른 것은?

① 갑은 형제 많은 집안의 첫째 아들이다.
② 을은 반장 선거에 출마하여 당선되었다.
③ 병의 아내는 다음 달에 출산할 예정이다.
④ 정은 ○○중학교 1학년에 재학 중인 학생이다.
⑤ 무의 아버지는 국회의원 선거에 출마 예정이다.

③ 우리 사회의 다양한 갈등과 차별

16 다음은 차이와 차별을 비교한 표이다. 그 내용이 옳지 않은 것은?

	구분	차이	차별
①	뜻	같지 않고 다름	갈등을 근거로 부당하게 대우함
②	예시	서로 다른 피부색	피부색이 다르다는 이유로 부당하게 대우
③	원인	자연스러운 현상	편견과 고정 관념 등
④	문제점	다름을 인정하지 않을 때 문제 발생	인간의 존엄성 훼손, 인권 침해 발생
⑤	해결 방안	서로 다름을 인정하고 존중	개인적·사회적 차원의 해결 노력 필요

17 다음 사례에 관한 설명으로 옳은 것은?

> 고속도로 휴게소에 가보면 여자 화장실의 줄이 남
> 자 화장실보다 훨씬 길다. 이는 남녀 신체 구조의 차
> 이 때문이다. 이러한 차이 때문에 「공중화장실법」은
> 공공 화장실의 경우 남자 화장실보다 여자 화장실
> 에 변기 개수가 많도록 규정하고 있다.

① 남녀의 화장실 이용 시간은 차이가 없다.
② 남녀의 신체 구조 차이를 무시한 법률이다.
③ 남녀 화장실의 변기 수가 같게 시정해야 한다.
④ 여자 화장실 변기 개수가 더 많은 것은 차별이다.
⑤ 「공중화장실법」의 규정은 남녀 신체 구조의 차이
　를 반영한 정당한 규정이다.

18 다음 사례가 사회 집단이 <u>아닌</u> 이유로 옳은 것은?

> • 머드 축제에 참가하기 위해 모인 사람들
> • 가수의 공연을 보기 위해 모인 관중들

① 구성원들의 취향이 비슷하지 않다.
② 구성원들이 이루고자 하는 목표가 다르다.
③ 구성원들이 서로 친밀한 인간관계를 맺고 있다.
④ 소속감이 없고 지속적인 상호 작용을 하지 않는다.
⑤ 구성원들이 대면적인 만남만을 하므로 상호 작용
　이 제한적이다.

19 다음 제도와 법이 공통적으로 추구하는 목적으로 옳은
것은?

> • 여성의 정치 참여 활성화를 위한 여성 할당제 도입
> • 「남녀 고용 평등과 일·가정 양립 지원에 관한 법
> 률」 제정

① 여성 위주의 사회 추구
② 차이를 인정하는 태도 함양
③ 고정 관념을 버리고 다양성을 존중하는 자세 추구
④ 차별을 금지하고 사회적 약자를 보호하는 제도 마련
⑤ 교육을 통해 배려하고 존중하는 사회적 분위기 조성

20 다음 질문을 통해 공통으로 확립하고자 하는 것은 무엇이
며, 특히 어느 시기에 중요하게 형성되는지 서술하시오.

_____

_____

21 다음 글을 통해 알 수 있는 역할 갈등의 발생 원인을 서술
하시오.

> 대학교수인 A씨는 미국에서 열리는 학회에서 논문
> 발표를 맡아 출국 준비를 하고 있었는데, 고향 친구
> 가 사망했다는 소식을 들었다. A씨는 학회에 참석
> 해야 할지 친구 장례식에 가야 할지 고민이다.

_____

_____

22 다음 글을 읽고, ○○기업이 이런 노력을 하는 까닭이 무
엇인지 '차이'라는 단어를 사용하여 서술하시오.

> ○○기업은 과거에 긴 다리, 잘록한 허리의 금발의
> 백인 인형만 만들어왔다. 그러나 사람들에게 백인
> 만이 아름답다는 인식을 심어줄 수 있다는 비판을
> 받고, 최근에는 다양한 특성을 반영한 인형을 출시
> 하고 있다. 다양한 인종의 인형, 휠체어나 보청기 또
> 는 의족을 사용하는 인형, 통통하거나 키가 작은 인
> 형, 백반증을 앓거나 얼굴에 큰 반점이 있는 인
> 형 등
> 이다.

_____

① 사회화와 자아 정체성

중요✦

01 다음은 학생의 수행 과제 결과이다. 다음 내용의 ⊙~⊙ 중 옳지 <u>않은</u> 것은?

	<수행 과제>	
과제: 사회화 기관의 종류와 특징을 조사하시오.		
⊙	가족	예절, 언어, 기본적인 생활 습관 등을 배운다.
ⓛ	학교	사회 변화에 적응하기 위해 새로운 지식과 기술을 다시 배운다.
ⓒ	직장	업무 수행을 위한 지식과 규범, 행동 양식 등을 배운다.
ⓔ	또래 집단	놀이를 통해 공동체 생활에 필요한 규칙과 질서를 배운다.
ⓜ	대중 매체	텔레비전, 인터넷, 신문, 라디오 등을 통해 지식과 정보를 학습한다.

① ⊙　　② ⓛ　　③ ⓒ　　④ ⓔ　　⑤ ⓜ

02 사회화에 관한 옳은 설명을 <보기>에서 고른 것은?

┤ 보기 ├
ㄱ. 유아기에 시작되어 청소년기에 완료된다.
ㄴ. 다른 사람들과의 상호 작용을 통해 이루어진다.
ㄷ. 사회의 규범과 가치를 다음 세대에 전달하는 기능을 한다.
ㄹ. 어릴 때 제대로 이루어지면 성인이 된 뒤에는 새로운 기술과 지식 등을 익힐 필요가 없다.

① ㄱ, ㄴ　　② ㄱ, ㄷ　　③ ㄴ, ㄷ
④ ㄴ, ㄹ　　⑤ ㄷ, ㄹ

03 다음 글의 개념에 관한 설명으로 옳은 것은?

'나는 누구인가'에 관한 답으로 자신의 성격, 가치관, 능력, 목표, 관심 등을 알고 명확히 한 상태

① 유년기에 대부분 형성된다.
② 태어날 때부터 선천적으로 형성된다.
③ 같은 사회의 구성원들은 똑같이 나타난다.
④ 또래 집단과의 상호 작용은 중요하지 않다.
⑤ 사회화 과정에서 개인마다 다르게 나타난다.

04 다음 글을 바탕으로 사회화된 행동에 해당하는 사례를 고른 것은?

인간은 동물과 동일하게 배고픔, 기쁨 등의 본능적인 욕구와 감정을 갖는다. 그러나 동물이 이를 그대로 표현하는 것과 달리, 인간은 자신이 속한 사회에서 익힌 관습과 규범 등에 따라서 이를 표현한다. 이와 같이 한 개인이 다른 사람들과 상호 작용하며 사회 구성원으로 살아가는 데 필요한 언어, 규범, 지식, 가치관 등을 배워 나가는 과정을 사회화라고 한다.

① 감기에 걸려 기침을 한다.
② 어머니를 닮아 시력이 좋다.
③ 맛있는 냄새를 맡고 군침이 돈다.
④ 신호등에 파란불이 들어오면 횡단보도를 건넌다.
⑤ 특정 동물의 털에 접촉하면 재채기 등의 알레르기 증상을 보인다.

05 다음 사례에 관한 설명으로 옳지 <u>않은</u> 것은?

군대에 갓 입대한 민수는 군대의 규칙과 생활에 대해 신병 교육을 받으며 새로운 생활에 적응하는 중이다.

① 재사회화 사례이다.
② 과거 전통 사회에서는 필요하지 않았다.
③ 사회가 빠르게 변화하면서 더욱 중시되고 있다.
④ 사회 변화에 적응하기 위해 새로운 지식, 기술, 가치 등을 배우는 과정이다.
⑤ 기존에 습득한 지식과 기술만으로는 사회에 적응하기 어려워 발생하게 되었다.

● 바른답·알찬풀이 34쪽

06 ㉠에 들어갈 말로 가장 적절한 것은?

Q&A

Q 선생님, 사회화 과정에서 (㉠)이(가) 중요한 까닭이 있을까요?

A 중요합니다. 어려서부터 인간과 격리되어 야생 동물에게서 길러진 아이들의 사례를 보면 나중에 사회화 교육을 해도 인간과 소통하는 능력을 갖추는 데 매우 어려움을 겪습니다.

① 재사회화
② 초기 사회화
③ 규칙과 질서
④ 자아 정체성 확립
⑤ 사회화 기관의 종류

07 다음 특징을 모두 갖고 있는 사회화 기관으로 옳은 것은?

• 전문적이고 체계적인 사회화가 이루어진다.
• 사회화를 목적으로 한 공식적 사회화 기관이다.

① 가족
② 직장
③ 학교
④ 또래 집단
⑤ 대중 매체

08 사회화의 개인적 차원의 기능에 해당하는 것을 <보기>에서 고른 것은?

보기
ㄱ. 사회를 유지하고 발전시킨다.
ㄴ. 개인의 개성과 정체성을 형성하게 한다.
ㄷ. 자신이 속한 사회의 문화를 학습하게 한다.
ㄹ. 다음 세대에 사회의 규범과 가치를 전달한다.

① ㄱ, ㄴ
② ㄱ, ㄷ
③ ㄴ, ㄷ
④ ㄴ, ㄹ
⑤ ㄷ, ㄹ

09 청소년기에 올바른 자아 정체성을 형성하기 위한 노력으로 적절하지 않은 행동은?

① 자신이 어떤 삶을 살고 싶은지 탐색한다.
② 다른 사람과 구별되는 자신의 고유성을 깨닫고자 노력한다.
③ 자신의 가치관이나 관심 영역 등을 분명하게 이해하고자 노력한다.
④ 자신에 대해 관심을 갖고 긍정적 자아 정체성을 찾으려고 노력한다.
⑤ 미디어에 나오는 유명인 중에 인기가 많은 사람이 있으면 똑같이 따라한다.

❷ 사회적 지위와 역할

중요✨
10 ㉠~㉤ 중 지위의 종류가 다른 하나는?

㉠ 중학생 라희는 고등학교 입학을 앞두고 있다. 작년에 대학생이 된 ㉡ 언니에게 고등학교 생활에 대해 여러 가지 질문을 하며 입학 준비를 하고 있다. 입학하면 ㉢ 밴드부 회원으로서 악기 연주를 담당할 생각에 들뜬 마음이 든다. ㉣ 어머니께서 기타도 새로 사주셨다. ㉤ 학원 선생님께 기타 레슨도 받을 예정이다.

① ㉠
② ㉡
③ ㉢
④ ㉣
⑤ ㉤

11 ㉠~㉤에 관한 설명으로 옳은 것은?

㉠ 회사원 민주는 회사 내 ㉡ 볼링 동호회 회장을 맡고 있다. 가족으로는 ㉢ 남편과 유치원에 다니는 ㉣ 딸이 있다. 오늘은 볼링 동호회 정기 모임이 있는 날인데 딸이 열이 난다는 연락을 받아서 모임에 가야 할지 말아야 할지 ㉤ 고민하고 있다.

① ㉠~㉣은 모두 성취 지위이다.
② ㉢은 자연적으로 얻는 지위이다.
③ ㉣은 후천적 노력으로 얻는 지위이다.
④ ㉤은 역할 행동에 대한 사회적 제재이다.
⑤ 민주는 여러 역할이 충돌하는 것을 경험하고 있다.

VII

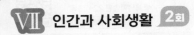

12 다음 대화의 ㉠에 들어갈 내용으로 가장 적절한 것은?

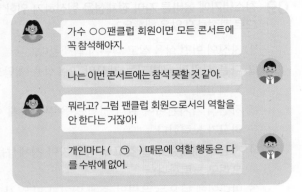

가수 ○○팬클럽 회원이면 모든 콘서트에 꼭 참석해야지.

나는 이번 콘서트에는 참석 못할 것 같아.

뭐라고? 그럼 팬클럽 회원으로서의 역할을 안 한다는 거잖아!

개인마다 (㉠) 때문에 역할 행동은 다를 수밖에 없어.

① 특성이나 가치관이 다르기
② 하나의 지위에 여러 가지 역할이 요구되기
③ 항상 두 가지 이상의 역할이 충돌하기 때문에
④ 사회적 보상이나 사회적 제재가 따르기 때문에
⑤ 한 사람은 하나의 사회적 지위와 역할만 가지기 때문에

13 다음 글을 통해 알 수 있는 내용으로 가장 적절한 것은?

> 교실에서 시끄럽게 떠드는 게 일상이었던 갑은 반장이 된 이후 면학 분위기 조성에 힘쓰고 있다. 가끔 예전처럼 떠들고 싶어도 반장이 어떻게 그럴 수 있느냐며 선생님과 친구들에게 핀잔을 듣기 때문이다.

① 귀속 지위보다 성취 지위가 더 중요하다.
② 모든 사람에게 지위는 한 가지씩 주어진다.
③ 지위가 달라지면 기대되는 역할도 달라진다.
④ 역할 행동은 모든 사람에게 똑같이 나타난다.
⑤ 역할 갈등이 발생하면 지혜롭게 대처해야 한다.

14 다음 글의 상황이 발생할 때의 적절한 대응 방법을 <보기>에서 고른 것은?

> 개인이 가진 두 가지 이상의 지위에 대해 각각의 역할을 동시에 수행해야 할 때 발생한다.

┤ 보기 ├

ㄱ. 개인적 차원의 노력은 필요하지 않다.
ㄴ. 원인이나 상황을 분석하지 말고 역할을 모두 포기해야 한다.
ㄷ. 여러 역할 중 우선순위를 정해 차례대로 수행하여 해결할 수 있다.
ㄹ. 많은 사회 구성원들이 겪는 경우 사회적 차원의 제도 개선이 필요하다.

① ㄱ, ㄴ   ② ㄱ, ㄷ   ③ ㄴ, ㄷ
④ ㄴ, ㄹ   ⑤ ㄷ, ㄹ

15 사회적 지위와 역할에 관한 설명으로 옳지 <u>않은</u> 것은?

① 역할을 수행하는 방법은 개인에 따라 다르다.
② 역할은 사회적 지위에 따라 기대되는 행동 양식이다.
③ 현대 사회에서는 과거보다 성취 지위가 중요해지고 있다.
④ 개인의 의지나 노력으로 얻어지는 지위는 귀속 지위에 해당한다.
⑤ 역할에 맞는 역할 행동을 수행하면 칭찬이나 보상을 받을 수 있다.

③ 우리 사회의 다양한 갈등과 차별

16 차이에 관한 옳은 설명을 <보기>에서 고른 것은?

┤ 보기 ├

ㄱ. 서로 같지 않고 다름을 의미한다.
ㄴ. 차이를 인정하면 사회적 갈등이 나타난다.
ㄷ. 차이가 나타나는 것은 자연스러운 현상이다.
ㄹ. 잘못된 사회 제도 때문에 발생하는 경우가 많다.

① ㄱ, ㄴ   ② ㄱ, ㄷ   ③ ㄴ, ㄷ
④ ㄴ, ㄹ   ⑤ ㄷ, ㄹ

17 다음 글에서 갑이 겪은 문제에 관한 설명으로 옳지 않은 것은?

> 영어를 전공한 갑은 집에서 가까운 영어 유치원에서 교사를 채용한다는 소식을 듣고 면접에 응시하려고 하였다. 하지만 영어 유치원에서는 여성만 채용한다고 하였다.

① 갈등이나 인권 침해가 발생할 수 있다.
② 차이를 근거로 부당하게 대우하는 것이다.
③ 편견과 고정 관념이 원인이 되어 일어난다.
④ 다름을 인정하고 존중해서 발생한 상황이다.
⑤ 성별에 따라 다른 임금을 주는 회사의 경우도 같은 문제 상황으로 볼 수 있다.

18 차별에 관한 옳은 설명을 <보기>에서 고른 것은?

> ┤ 보기 ├
> ㄱ. 사회적 차원의 제도 개선이 필요하다.
> ㄴ. 편견이나 고정 관념 때문에 발생할 수 있다.
> ㄷ. 차별을 인정하고 존중하는 자세가 필요하다.
> ㄹ. 사회적 약자인 여자가 남자보다 항상 유리한 위치에 있도록 하는 것은 차별이라고 할 수 없다.

① ㄱ, ㄴ   ② ㄱ, ㄷ   ③ ㄴ, ㄷ
④ ㄴ, ㄹ   ⑤ ㄷ, ㄹ

19 사회 집단과 사회 집단이 아닌 것을 구분하는 질문으로 옳지 않은 것은?

① 둘 이상의 사람들이 모였는가?
② 구성원들의 역할 행동이 같은가?
③ 구성원들은 소속감을 가지고 있는가?
④ 구성원들은 공동체 의식을 가지는가?
⑤ 구성원들은 지속적인 상호 작용을 하는가?

20 밑줄 친 용어의 뜻을 서술하시오.

> 인간의 사회화는 평생에 걸쳐 이루어진다. 성인이 된 후에도 노인들이 재취업을 위해 교육을 받는 것과 같이 재사회화가 이루어지기도 한다.

21 다음 사례의 ㉠에 나타난 고민을 가리키는 용어를 쓰고, 충돌하는 역할 두 가지가 무엇인지 서술하시오.

> 피겨 스케이팅 선수인 A는 올림픽에 국가 대표 선수로 출전하였다. 그런데 대회 이틀 전 어머니가 돌아가셨다. ㉠ 그녀는 딸로서 장례식에 참석해야 할지 국가 대표 선수로서 대회에 출전해야 할지 고민하였다.

22 다음과 같은 공익 광고가 만들어진 까닭을 '차이', '차별'의 의미를 포함하여 서술하시오.

> ✦차별없는 우리는 지구인✦
>
> 인종이 달라도, 피부색이 달라도
> 우리는 모두 지구에서 함께 살아가고 있어요.

1 문화의 의미와 특징

01 문화에 관한 옳은 설명을 <보기>에서 고른 것은?

┤ 보기 ├
ㄱ. 인간의 행위가 모두 문화에 해당하지는 않는다.
ㄴ. 문자 기록이 없던 선사 시대에는 문화가 없었다.
ㄷ. 공연, 문학과 같은 예술적 가치가 있는 것만을 의미한다.
ㄹ. 환경에 적응하는 과정에서 사회 구성원이 공유하는 생활양식이다.

① ㄱ, ㄴ   ② ㄱ, ㄹ   ③ ㄴ, ㄷ
④ ㄴ, ㄹ   ⑤ ㄷ, ㄹ

02 밑줄 친 '문화'와 같은 의미로 '문화'를 사용한 문장을 <보기>에서 고른 것은?

사회 구성원의 문화적 배경이 다양해지면서 서로의 차이를 이해하고 존중하는 문화 다양성의 가치가 더욱 중요해지고 있다. 이에 문화체육관광부에서는 문화 다양성 주간을 지정해 문화 다양성의 가치를 실천하는 행사를 진행한다.

┤ 보기 ├
ㄱ. 문화 시민이라면 교양과 성숙한 시민 의식을 갖추어야 한다.
ㄴ. 미국은 일반적으로 단독 주택 형태의 주거 문화를 가지고 있다.
ㄷ. 세계화로 이주민이 늘어나면서 우리나라도 다문화 사회로 변화하고 있다.
ㄹ. 시간과 경제적 여유가 없어서 문화생활을 제대로 즐기지 못하는 사람들이 많아지고 있다.

① ㄱ, ㄴ   ② ㄱ, ㄹ   ③ ㄴ, ㄷ
④ ㄴ, ㄹ   ⑤ ㄷ, ㄹ

중요✦
03 '문화인 것'과 '문화가 아닌 것'으로 <보기>의 내용을 옳게 구분한 것은?

┤ 보기 ├
ㄱ. 배가 부르면 잠이 쏟아진다.
ㄴ. 인도인은 오른손으로만 음식을 먹는다.
ㄷ. 이슬람교도는 돼지고기를 먹지 않는다.
ㄹ. 시간 간격을 두고 배가 고파지면 밥을 먹는다.
ㅁ. 지역 식재료를 활용한 지역별 전통 음식이 발전하였다.

	문화인 것	문화가 아닌 것
①	ㄱ, ㄴ, ㄷ	ㄹ, ㅁ
②	ㄱ, ㄴ	ㄷ, ㄹ, ㅁ
③	ㄴ, ㄷ	ㄱ, ㄹ, ㅁ
④	ㄴ, ㄷ, ㄹ	ㄱ, ㅁ
⑤	ㄴ, ㄷ, ㅁ	ㄱ, ㄹ

04 다음 자료를 모두 활용하여 문화의 특징을 한 가지 소개하는 보고서를 작성하고자 할 때 보고서 제목으로 가장 적절한 것은?

• 연말연시에 우리나라는 한 해 동안 좋은 일이 가득하길 바라는 염원을 담아 보신각의 종을 33번 울린다.
• 연말에 일본은 소바를 먹는데, 소바 면이 가늘고 길어 무병장수하라는 바람이 담겨 있다고 한다.
• 중국은 새해에 복이 나가지 말라는 의미로 복(福)자를 거꾸로 달아놓기도 한다.
• 환경이 다르면 인간이 그 환경에 적응하는 방식이 달라진다.

① 다른 지역, 같은 문화
② 끊임없이 변화하는 인류의 문화
③ 말과 글로 전승되는 전통문화 사례
④ 각 지역 문화 요소들의 밀접한 관계
⑤ 서로 다른 모습의 나라별 연말연시 풍습

중요

05 문화의 특징을 옳게 설명한 사람은?

① 문화는 선천적으로 타고나는 것이다.
② 문화는 한 번 형성되면 변화하지 않는다.
③ 문화는 한 사회의 구성원들이 공유하는 것이다.
④ 문화를 구성하는 문화 요소들은 각기 독립적이다.
⑤ 문화는 세대마다 다르기 때문에 다음 세대로 전달되지 않는다.

06 문화의 학습성이 가장 잘 드러나는 사례는?

① 과학 기술의 발달이 사회 각 분야의 변화를 이끌었다.
② 젓가락을 사용하는 방법은 어린 시절부터 연습하여 터득한 것이다.
③ 스마트폰은 발명된 이후에도 다양한 기능이 추가되어 발전을 거듭해 왔다.
④ 한 손의 검지만 펴서 입술 위에 올리는 동작을 보면 조용히 하라는 의미로 이해한다.
⑤ 과거에는 학교에서 점심으로 개인이 준비한 도시락을 먹었지만 오늘날에는 급식을 먹는다.

07 다음 자료와 가장 관련이 있는 문화의 특징은?

> 학교는 이전 세대의 경험, 지식, 가치관 등을 다음 세대에 전달하는 대표적인 공간이다. 이러한 세대 간의 전승 과정은 단순히 지식을 전달하는 데 그치지 않고, 각 세대가 쌓아온 유산을 바탕으로 새로운 창작과 발전을 끌어내는 중요한 토대를 형성한다.

① 한 사회 구성원들끼리 공통적인 문화 현상을 공유한다.
② 문화는 세대를 거치며 새로운 요소가 추가되거나 풍부해진다.
③ 문화는 어느 한 사회의 구성원으로 성장하면서 학습하는 것이다.
④ 문화는 시간이 지나면서 새로운 문화 요소를 만나 끊임없이 변화한다.
⑤ 앞선 세대로부터 전승된 문화는 주어진 환경에 적합하게 발달한 것이므로 쉽게 변하지 않는다.

② 미디어와 문화

08 미디어에 관한 설명으로 옳지 않은 것은?

① 책, 잡지, 교과서는 인쇄 매체로 불린다.
② 정보 생산자와 소비자의 경계가 분명하다.
③ 정보와 지식, 생각을 전달하는 매개물이다.
④ 문화의 교류와 형성에 이바지하는 매체이다.
⑤ 기술이 발전함에 따라 새로운 유형이 등장한다.

09 (가)와 (나)에 나열된 미디어에 관한 설명으로 옳은 것은?

> (가) 텔레비전, 영화
> (나) 인터넷, 스마트폰, 사회 관계망 서비스(SNS)

① (가)는 음성 매체로 분류된다.
② (가)는 오늘날 그 영향력이 점차 커지고 있다.
③ (나)는 오늘날보다 과거에 더 많이 활용되었다.
④ (나)는 정보 생산자와 수용자 간의 소통이 쌍방향으로 이루어진다.
⑤ (가)와 (나)는 모두 소수의 특권 계층만 이용할 수 있는 미디어이다.

10 미디어가 우리 생활에 미치는 영향에 관해 옳지 않게 설명한 학생은?

① 갑: 미디어를 통해 실시간 정보를 빠르고 쉽게 얻을 수 있어.
② 을: 쉬는 시간에 다양한 콘텐츠를 감상하며 즐겁게 시간을 보낼 수 있어.
③ 병: 또래 친구들과 생활양식을 공유하며 청소년 문화를 형성할 수 있어.
④ 정: 광고로 이윤을 얻는 미디어의 산업 구조 때문에 자극적이고 폭력적인 내용에 많이 노출돼.
⑤ 무: 사람들이 미디어 속 행동과 사고방식을 따라해서 다양한 문화가 유지되고 공존할 수 있어.

VIII

중요✦
11 진우에게 바람직한 미디어 생활에 관해 조언하고자 할 때 가장 적절한 것은?

> 진우는 수행 평가를 준비하기 위해 자신이 평소에 사용하는 미디어에서 주제를 검색하여 발표 자료를 준비하였다. 그런데 발표가 끝난 후 발표 자료가 사실과 다르다는 것을 알게 되어 크게 당황하였다.

① 제목만 보지 말고 내용을 읽어봐야 해.
② 사진이 왜곡되지 않았는지 검토해야 해.
③ 자극적인 내용을 담고 있는지 검토해야 해.
④ 다양한 출처의 정보를 비교하여 검토해야 해.
⑤ 내가 수집한 정보가 광고 글인지 확인해야 해.

12 정보를 비판적으로 평가할 때 고려해야 하는 기준으로 옳은 것을 <보기>에서 고른 것은?

> ┤ 보기 ├
> ㄱ. 출처와 작성자의 신뢰도를 평가한다.
> ㄴ. 댓글과 같은 사람들의 반응이 우호적인지 검토한다.
> ㄷ. 정보를 뒷받침하는 근거로 제시한 내용이 충분하고 타당한지 검토한다.
> ㄹ. 오래된 정보일수록 충분한 검토가 이루어지므로 해당 정보가 처음 제공된 시점을 확인한다.

① ㄱ, ㄴ   ② ㄱ, ㄷ   ③ ㄴ, ㄷ
④ ㄴ, ㄹ   ⑤ ㄷ, ㄹ

❸ 문화를 이해하는 바람직한 태도

[13-14] 다음 자료를 보고 물음에 답하시오.

주요 국적별 외국인
2023년 기준, 괄호 안은 2022년 대비 증감

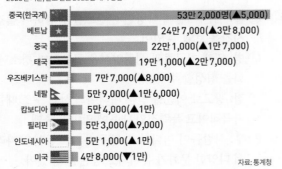

중국(한국계)	53만 2,000명(▲5,000)
베트남	24만 7,000(▲3만 8,000)
중국	22만 1,000(▲1만 7,000)
태국	19만 1,000(▲2만 7,000)
우즈베키스탄	7만 7,000(▲8,000)
네팔	5만 9,000(▲1만 6,000)
캄보디아	5만 4,000(▲1만)
필리핀	5만 3,000(▲9,000)
인도네시아	5만 1,000(▲1만)
미국	4만 8,000(▼1만)

자료: 통계청

13 위 자료를 통해 파악할 수 있는 우리나라의 상황을 <보기>에서 고른 것은?

> ┤ 보기 ├
> ㄱ. 외국인 유학생의 수가 증가하고 있다.
> ㄴ. 다양한 문화를 가진 사람들이 늘어나고 있다.
> ㄷ. 과거에 비해 익숙하지 않은 문화를 쉽게 접할 수 있게 되었다.
> ㄹ. 우리나라 문화에 관한 외국인의 관심이 높아져 문화 상품의 수출액이 증가하고 있다.

① ㄱ, ㄴ   ② ㄱ, ㄷ   ③ ㄴ, ㄷ
④ ㄴ, ㄹ   ⑤ ㄷ, ㄹ

14 위 자료와 같은 경향이 장기간 유지될 때, 우리 사회에 나타날 수 있는 긍정적 현상으로 옳은 것은?

① 이주민에 대한 편견으로 차별이 발생한다.
② 가치관과 생활양식의 차이로 갈등이 발생한다.
③ 언어 차이에 따른 의사소통의 어려움을 겪는다.
④ 여러 문화의 상호 작용으로 새로운 문화가 형성된다.
⑤ 문화에 우열을 가리는 태도가 바람직한 태도로 여겨진다.

15 자문화 중심주의적 태도를 보이는 학생은?

① 갑: 신발을 신고 침대에 눕는 문화는 효율적인 문화이다.
② 을: 한국어 이름보다 영어 이름이 더 세련되고 고급스럽다.
③ 병: 한창 일할 때 낮잠을 자는 베트남의 문화는 게으른 문화이다.
④ 정: 명예 살인은 인권을 침해하지만 종교적 이유로 발생한 문화로 나름의 가치가 있다.
⑤ 무: 인도의 소 숭배 문화가 형성된 까닭은 인도의 자연환경과 사회적 배경에서 찾을 수 있다.

[16-17] 문화 이해 태도 A와 B를 비교하는 표를 보고 물음에 답하시오.

구분	A	B
문화에는 우열이 있다고 믿는다.	○	×
자기 문화의 우수성만을 강조한다.	×	×

16 A와 같은 태도의 장단점을 <보기>에서 고른 것은?

┤ 보기 ├
ㄱ. 다른 문화의 장점을 쉽게 받아들인다.
ㄴ. 다양한 문화가 공존할 수 있는 토대가 된다.
ㄷ. 자기 문화에 대한 자부심을 상실할 수 있다.
ㄹ. 같은 문화를 가진 사람들 간의 결속력을 강화시킨다.

① ㄱ, ㄴ　　② ㄱ, ㄷ　　③ ㄴ, ㄷ
④ ㄴ, ㄹ　　⑤ ㄷ, ㄹ

17 B와 같은 태도에 관한 설명으로 옳은 것은?
① 문화의 상대성을 인정하지 않는다.
② 자기 문화를 무시하여 주체성을 잃을 수 있다.
③ 다른 문화권과의 갈등이 발생한다는 문제가 있다.
④ 사회마다 다르게 나타나는 문화의 다양성을 인정하지 않는다.
⑤ 자기 문화와 다른 문화를 있는 그대로 이해하고 존중하는 태도이다.

18 극단적 문화 상대주의를 경계해야 하는 까닭으로 가장 적절한 것은?
① 문화의 상대성을 인정해야 하기 때문이다.
② 문화의 우열을 나누는 기준이 없기 때문이다.
③ 인류의 보편적 가치는 훼손될 수 없기 때문이다.
④ 문화가 가진 나름의 가치와 의미를 찾아야 하기 때문이다.
⑤ 주어진 환경에 따라 형성되는 문화의 양상이 다르기 때문이다.

19 ㉠에 들어갈 문화의 특징을 쓰고, 이러한 특징을 알 수 있는 사례를 한 가지 서술하시오.

> 문화란 사회화 과정을 통해 터득하는 것이다. 이러한 문화의 특징을 (㉠)(이)라고 한다.

20 ㉠에 들어갈 용어를 쓰고, 밑줄 친 부분에 들어갈 말을 서술하시오.

> 우리는 일상에서 다양한 (㉠)을/를 통해 정보, 지식, 생각, 문화를 습득한다. 정보 생산자와 소비자를 연결해 주는 모든 매개물을 (㉠)(이)라고 한다. 그리고 (㉠)을/를 ＿＿＿＿＿＿ ＿＿＿＿＿＿ 역량이 중요해졌는데 이러한 역량을 (㉠) 리터러시라고 한다.

21 다음 사례에 나타난 민정이의 문화 이해 태도를 쓰고, 이러한 태도의 문제점을 한 가지 이상 서술하시오.

> 멕시코의 어느 원주민 부족은 애벌레를 즐겨 먹는다. 민정이는 이러한 원주민 부족의 모습을 보고 미식을 즐길 줄 모르는 질 낮은 문화라고 평가하였다.

① 문화의 의미와 특징

중요✦
01 사진 속 '문화'의 의미에 관한 옳은 설명을 <보기>에서 고른 것은?

(가) 문화가 있는 날    (나) 음식 문화 큰잔치

┤ 보기 ├
ㄱ. (가)의 문화는 인간의 모든 행위를 포함한다.
ㄴ. (가)의 문화는 세련되고 교양 있다는 의미이다.
ㄷ. (나)의 문화는 어느 사회에서나 공통으로 발견되는 특징이 있다.
ㄹ. (가)에서는 좁은 의미로, (나)에서는 넓은 의미로 문화를 사용하고 있다.

① ㄱ, ㄴ   ② ㄱ, ㄹ   ③ ㄴ, ㄷ
④ ㄴ, ㄹ   ⑤ ㄷ, ㄹ

02 문화에 관한 설명으로 옳은 것은?
① 좁은 의미에서 문화를 이해해야 다양한 문화를 편견 없이 이해할 수 있다.
② 법, 관습, 예절, 종교, 가치관과 같이 뚜렷한 형체가 없는 생활양식도 문화에 포함된다.
③ 한 사회의 주어진 환경에 적응하면서 개개인이 개성을 살려 다르게 발전시킨 생활양식이다.
④ 배가 고플 때 먹을 것을 찾는 행동은 환경 속에서 살아남기 위한 행동이므로 문화에 해당한다.
⑤ 유전적으로 타고난 머리카락의 색은 한 사회 구성원이 모두 공유하는 특징일 때 문화에 포함된다.

03 문화에 해당하는 사례만을 <보기>에서 있는 대로 고른 것은?

┤ 보기 ├
ㄱ. 긴장하거나 초조하면 다리나 손을 떤다.
ㄴ. 옛날에는 다리를 떨면 복이 달아난다고 믿었다.
ㄷ. 손바닥에 있는 선을 통해 개인의 성격과 운명을 해석하려는 전통적인 신념과 관습이 있다.
ㄹ. 절을 할 때 남자는 왼손이 위로 가게 포개잡고, 여자는 오른손이 위로 가게 포개잡아야 한다.

① ㄱ, ㄴ   ② ㄴ, ㄷ   ③ ㄴ, ㄹ
④ ㄱ, ㄴ, ㄹ   ⑤ ㄴ, ㄷ, ㄹ

04 ㉠과 ㉡에 관한 설명으로 옳지 <u>않은</u> 것은?

대학생 은영이는 친구들과 방학에 해외여행을 가기 위해 계획을 세우고 있다. 지민이는 ㉠ 생활에 필수적인 의식주에 관한 계획을 먼저 세우자고 제안하였다. 반면에 세영이는 ㉡ 각 지역의 특색 있는 축제나 체험 활동 위주로 계획을 세우자고 제안하였다.

① ㉠은 넓은 의미의 문화에 포함된다.
② ㉠은 모든 사회에 공통으로 나타나는 현상이다.
③ ㉡은 문화의 특징 중 특수성을 보여 주는 사례이다.
④ ㉡은 인간이 가지는 기본적인 욕구나 사고방식이 비슷하기 때문에 나타나는 현상이다.
⑤ ㉠과 ㉡은 한 사회의 구성원들이 공통으로 가지는 생활양식이므로 둘 다 문화에 해당한다.

05 다음 사례에서 알 수 있는 문화의 특징은?

뜨거운 음식을 먹고 '시원하다'고 표현하면 한국인은 '얼큰하다'는 의미로 이해하지만 미국인은 이해하지 못한다.

① 변동성   ② 공유성   ③ 전체성
④ 보편성   ⑤ 축적성

[06-07] 사례를 읽고 물음에 답하시오.

> (가) 횡단보도나 신호등과 같은 교통 체계는 사회에서 살아가며 학습해야 하는 사회 규칙이다.
>
> (나) 과거에는 누구나 강물을 식수로 마실 수 있었지만, 오늘날에는 환경 오염으로 물을 사 먹는 사람이 늘어났다.
>
> (다) 우리나라에서는 엄지와 검지를 붙여서 '하트'를 표현하는 손가락 모양이 다른 국가에서는 돈을 의미하기도 한다.
>
> (라) 1인 가구의 증가는 빨래방, 반찬 가게, 1인 맞춤 주거 공간, 가전, 가구의 증가로 이어져 사회 전반에 영향을 미쳤다.
>
> (마) 마차와 같은 동물을 이용한 탈것에서부터 시작한 인류의 교통수단은 오랜 세월 동안 기술이 축적되어 자동차, 배, 비행기 등으로 발전하였다.

06 (가)~(마) 중 다음에서 설명하는 문화의 특징이 두드러지는 사례는?

> 유전적인 현상이나 본능적인 행동처럼 선천적으로 갖고 태어나는 것은 문화가 아니다. 문화란 후천적으로 터득하는 것이다.

① (가)　② (나)　③ (다)　④ (라)　⑤ (마)

중요
07 (가)~(마)에 관한 설명으로 옳지 <u>않은</u> 것은?

① (가)의 사회 규칙은 사회마다 다를 수 있는데 이를 문화의 특수성이라고 한다.

② (나)의 환경 오염으로 사회 각 분야에 변화가 이루어지는 현상은 문화의 전체성과 관련이 깊다.

③ (다)의 손가락 모양의 의미는 시간이 흐르면서 바뀔 수 있는데 이를 문화의 축적성이라 한다.

④ (라)는 한 사회의 문화를 이루는 문화 요소 간의 관계가 긴밀하기 때문에 발생하는 현상이다.

⑤ (마)는 이전 세대로부터 다음 세대가 말과 글로 지식과 경험을 전달받으면서 나타나는 현상이다.

② 미디어와 문화

중요
08 ㉠에 관한 옳은 설명을 <보기>에서 고른 것은?

> (㉠)은/는 정보, 지식, 생각 등을 한쪽에서 다른 쪽으로 전달하는 수단이다.

| 보기 |
ㄱ. 라디오는 ㉠에 포함되지 않는다.
ㄴ. ㉠은 음성 매체를 시작으로 발전하였다.
ㄷ. ㉠은 단순한 정보 전달을 넘어서 문화 교류와 조성에 큰 역할을 하고 있다.
ㄹ. 정보 통신 기술이 발달하면서 인터넷, 스마트폰이 새로운 ㉠의 유형으로 떠올랐다.

① ㄱ, ㄴ　② ㄱ, ㄹ　③ ㄴ, ㄷ
④ ㄴ, ㄹ　⑤ ㄷ, ㄹ

09 다음은 미디어의 종류를 A와 B로 구분한 것이다. A와 B에 관한 설명으로 옳은 것은?

구분	A	B
정보 생산자와 수용자의 경계가 명확한가?	○	×

① A가 B보다 나중에 등장하였다.

② A에 사회 관계망 서비스가 포함된다.

③ A는 B보다 새로운 정보를 더 신속하게 전달한다.

④ B는 A와 달리 영향력이 과거보다 약해지고 있다.

⑤ B는 A와 달리 정보 생산자와 수용자 사이에 쌍방향 소통이 이루어진다.

10 미디어의 기능에 관한 설명으로 옳지 <u>않은</u> 것은?

① 사람들의 행동과 사고방식을 획일화한다.

② 사회현상에 관한 다양한 정보를 제공한다.

③ 특정 관점에 치우친 견해를 제공하기도 한다.

④ 새로운 문화를 이해하고 학습하는 것을 제한한다.

⑤ 자극적인 내용이 이용자에게 부정적 영향을 미친다.

중요✦
11 미디어를 활용하는 갑과 을의 태도에 관한 옳은 설명을 <보기>에서 고른 것은?

> 갑: 방송에서 유명 연예인이 착용하는 옷, 가방, 심지어 음식까지도 따라 소비한다.
> 을: 신문 기사의 출처를 확인하여 믿을 만한 곳인지 평가하고 다양한 신문사의 정보를 비교한다.

┤보기├
ㄱ. 갑은 을보다 미디어 리터러시의 수준이 더 높다.
ㄴ. 갑은 미디어가 광고 전략으로 활용되기도 한다는 것을 인지할 필요가 있다.
ㄷ. 을은 갑보다 거짓된 정보에 현혹되거나 편향된 관점을 갖게 될 확률이 낮다고 할 수 있다.
ㄹ. 을은 시간을 효율적으로 활용하기 위해 가장 큰 규모의 신문사 기사로만 사실을 검증해도 된다.

① ㄱ, ㄴ   ② ㄱ, ㄷ   ③ ㄴ, ㄷ
④ ㄴ, ㄹ   ⑤ ㄷ, ㄹ

12 다음 사례에서 알 수 있는 바람직한 미디어 활용 방안만을 <보기>에서 있는 대로 고른 것은?

> < 시청률 경쟁에서 조회 수 경쟁으로 >
> 시청률은 과거에 방송계를 지배하는 키워드였다. 방송사들은 한 명의 시청자라도 더 많이 사로잡기 위해 애썼다. 하지만 이제 미디어 지형이 변했다. 실시간 시청보다는 다시 보기와 몰아보기가 일상이 되었고 조회 수라는 새로운 성적표가 등장하였다. 조회 수에 따라 광고 수익이 늘어나는 수입 구조로 더 자극적이고 화려한 영상을 위한 무한 경쟁이 시작되었다.

┤보기├
ㄱ. 광고 수익을 위한 자극적인 내용이 있음을 고려하여 시청 가능 연령 등급을 확인하고 준수한다.
ㄴ. 관심을 끌고자 폭력적 장면을 연출하기도 하므로 미디어 내용을 무분별하게 모방하지 않는다.
ㄷ. 제목만 읽고 사실로 여기지 말고 신문 기사의 내용을 꼼꼼히 읽는다.

① ㄱ   ② ㄴ   ③ ㄱ, ㄷ
④ ㄴ, ㄷ   ⑤ ㄱ, ㄴ, ㄷ

❸ 문화를 이해하는 바람직한 태도

13 다문화 사회에 관한 설명으로 옳지 <u>않은</u> 것은?
① 우리나라는 다문화 사회로 변화하고 있다.
② 교통과 통신의 발달로 다문화 사회가 늘고 있다.
③ 다문화 사회에서는 문화 차이로 갈등이 발생할 수 있다.
④ 다문화 사회의 문화 다양성은 문화 발전의 원동력이 된다.
⑤ 다문화 사회에서는 문화의 우열을 가리는 태도가 요구된다.

14 다문화 사회에서 문화의 다양성을 존중하는 태도로 적절한 것을 <보기>에서 고른 것은?

┤보기├
ㄱ. 자신의 문화만을 가장 우수하다고 여긴다.
ㄴ. 각 문화는 나름대로 가치가 있다고 생각한다.
ㄷ. 다른 문화에 대해 어떠한 판단도 하지 않는다.
ㄹ. 문화가 형성된 환경과 맥락을 고려하여 의미를 찾는다.

① ㄱ, ㄴ   ② ㄱ, ㄷ   ③ ㄴ, ㄷ
④ ㄴ, ㄹ   ⑤ ㄷ, ㄹ

15 문화 사대주의 사례로 가장 적절한 것은?
① 애벌레 섭취 문화는 미개해.
② 손으로 밥을 먹는 문화는 비위생적이야.
③ 순우리말보다 한자어가 더 우수한 언어야.
④ 세계 전통 의상 중에 우리 한복이 가장 아름다워.
⑤ 미국인은 식민 지배를 통해 원주민의 땅을 문명화했다고 스스로를 평가해.

16 그림은 문화 이해 태도를 A~C로 구분한 것이다. 이에 관한 설명으로 옳은 것은? (단, A~C는 각각 문화 상대주의, 자문화 중심주의, 문화 사대주의 중 하나이다.)

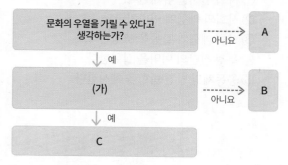

① A는 자문화 중심주의이다.
② A는 다른 문화권과 갈등을 유발한다.
③ B는 A와 달리 문화의 상대성을 인정한다.
④ (가)에 들어갈 말이 '같은 문화를 가진 사람들 간의 결속력을 키우는가?'라면 B는 문화 사대주의이다.
⑤ (가)에 들어갈 말이 '다른 나라의 문화를 받아들이는 데 도움을 주는가?'라면 C는 자문화 중심주의이다.

17 (가), (나) 사례에 드러나는 문화 이해 태도에 관한 설명으로 옳지 <u>않은</u> 것은?

(가) 우리나라의 전통 명절을 촌스럽게 여기고 서양의 명절만을 기념한다.
(나) 실내에서 신발을 벗고 생활하는 문화는 바닥에서부터 열이 공급되는 온돌 난방 방식 때문에 형성되었다.

① (가)는 문화 사대주의가 드러난다.
② (가)의 태도는 자기 문화의 정체성을 상실시킨다.
③ (나)의 태도는 자기 문화에 대한 이해도를 높인다.
④ (나)의 태도는 다양한 문화가 공존할 수 있게 한다.
⑤ (나)의 태도와 달리 (가)의 태도는 서로 다른 문화 간의 접촉이 많은 오늘날 더욱 요구되는 태도이다.

18 문화의 속성 중 하나를 골라 이를 드러내는 사례를 한 가지 서술하시오. (단, 예시로 제시된 문화의 보편성은 제외한 속성을 고를 것)

> ⓓ 모든 사회마다 의식주 문화, 인사 문화, 가족 문화가 있는 것은 문화의 보편성을 보여 주는 사례이다.

19 다음 글에서 알 수 있는 미디어의 문제점을 쓰고, 이를 극복할 수 있는 미디어 리터러시의 자세를 한 가지 서술하시오.

> 설문 조사 결과에 따르면, '온라인에서 읽은 것을 그대로 믿는다.'라고 응답한 한국 학생의 비율은 50.9%로, OECD 평균보다 10%포인트 이상 높았다.

20 소영이의 문화 이해 태도의 문제점을 찾고, 그 까닭을 서술하시오.

> 소영이는 사회 시간에 조혼 풍습에 관해 배웠다. 조혼 풍습으로 너무 어린 나이에 원하지 않는 결혼을 하는 여자아이들은 임신과 출산 과정에서 건강을 잃고, 학교를 그만두게 되어 미래를 설계할 기회를 빼앗기기도 했다. 그래도 소영이는 문화 상대주의에 따라 이 문화도 존중해야 한다고 생각하였다.

VIII

① 정치와 민주주의

중요✦

01 ㉠에 관한 설명으로 옳지 않은 것은?

> 일상생활에서 사회 구성원 간 대립과 갈등 발생
>
> ⬇
>
> ㉠ <u>넓은 의미의 정치</u>를 통해 해결

① 정부의 정책 집행 활동도 ㉠에 포함된다.
② 사회 질서와 안정을 유지하는 기능을 한다.
③ 정치권력을 획득·유지·행사하는 활동만을 뜻한다.
④ 사회 구성원의 다양한 이해관계를 합리적으로 조정한다.
⑤ 공동의 의사 결정을 통해 해결책을 찾음으로써 사회가 나아가야 할 방향을 제시한다.

02 정치에 관한 옳은 설명을 <보기>에서 고른 것은?

> ┤ 보기 ├
> ㄱ. 정치를 통해 다양한 이해관계의 대립이 조정된다.
> ㄴ. 사회 구성원들이 함께 노력하여 합의를 이끌어 내는 과정이다.
> ㄷ. 국제 사회에서 발생한 문제를 해결하는 것은 정치와 관련이 없다.
> ㄹ. 정치를 통해 합의된 결정에 동의하지 않는 개인은 그 결정을 따르지 않아도 된다.

① ㄱ, ㄴ   ② ㄱ, ㄷ   ③ ㄴ, ㄷ
④ ㄴ, ㄹ   ⑤ ㄷ, ㄹ

03 정치의 역할로 적절하지 <u>않은</u> 것은?

① 사회 질서를 유지한다.
② 사회의 안정에 이바지한다.
③ 사회 대립과 갈등을 조정한다.
④ 특정 집단의 이익을 실현한다.
⑤ 공동체의 발전 방향을 제시한다.

[04-05] 다음 대화를 읽고 물음에 답하시오.

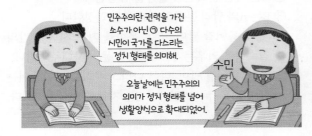

민주주의란 권력을 가진 소수가 아닌 ㉠ 다수의 시민이 국가를 다스리는 정치 형태를 의미해.

수민

오늘날에는 민주주의의 의미가 정치 형태를 넘어 생활양식으로 확대되었어.

04 ㉠의 의의로 가장 적절한 것은?

① 국민 모두가 돌아가면서 한 번씩은 국가를 다스린다.
② 정책을 결정하고 집행하기까지 걸리는 시간을 줄일 수 있다.
③ 국민의 정치 참여 부담을 덜어 주어 개인의 일에 집중할 수 있게 한다.
④ 국민 모두가 동의하지 않더라도 아무 문제 없이 국가를 다스릴 수 있다.
⑤ 소수에게 권력이 집중되어 다수의 권리가 침해되는 것을 방지할 수 있다.

05 수민의 관점에서 민주주의라고 볼 수 <u>없는</u> 것은?

① 관용적인 태도보다는 비판적인 태도를 갖춘다.
② 다수결의 원칙을 따르되 소수 의견도 존중한다.
③ 맡은 일이나 소속된 단체에 대한 주인 의식을 가진다.
④ 공동체 의식을 바탕으로 사익과 공익을 조화롭게 추구한다.
⑤ 구성원 간 여러 쟁점에 관해 토론함으로써 타협점을 도출한다.

06 다음 질문에 대한 답으로 적절하지 <u>않은</u> 것은?

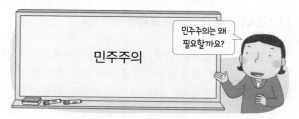

민주주의는 왜 필요할까요?

민주주의

① 정치권력의 남용을 방지할 수 있기 때문입니다.
② 국민이 정치에 참여하여 국민 자치의 원리를 실현할 수 있기 때문입니다.
③ 민주적 생활양식을 공유하여 공동체의 문제를 합리적으로 해결할 수 있기 때문입니다.
④ 권력을 독점한 세력이 주인 의식을 가지고 공동체를 발전시켜 나갈 것이기 때문입니다.
⑤ 국민의 뜻에 따른 정치가 이루어지게 하여 국민 주권의 원리를 실현할 수 있기 때문입니다.

❷ 민주주의의 이념과 기본 원리

중요✦
07 근대 민주주의에 관한 옳은 설명을 <보기>에서 고른 것은?

┤ 보기 ├
ㄱ. 간접 민주주의가 이루어졌다.
ㄴ. 성별과 재산에 따라 시민의 자격을 제한하였다.
ㄷ. 보통 선거 제도가 확립되어 대중이 정치 주체로 자리 잡았다.
ㄹ. 여성, 외국인, 노예를 제외한 모든 시민이 정치에 참여하였다.

① ㄱ, ㄴ   ② ㄱ, ㄷ   ③ ㄴ, ㄷ
④ ㄴ, ㄹ   ⑤ ㄷ, ㄹ

08 다음 내용과 가장 관련 깊은 정치 형태는?

• 모든 시민이 민회에 모여 국가의 중요 정책을 결정하였다.
• 시민은 추첨제 등에 의해 공직을 수행하였다.

① 간접 민주주의   ② 숙의 민주주의
③ 전자 민주주의   ④ 직접 민주주의
⑤ 혼합 민주주의

09 민주주의의 이념에 관한 옳은 설명을 <보기>에서 고른 것은?

┤ 보기 ├
ㄱ. 모든 인간은 인간이라는 이유로 존중받아야 한다.
ㄴ. 자유와 평등이 충돌할 때는 평등을 우선시해야 한다.
ㄷ. 자유와 평등이 모두 보장될 때 인간의 존엄성이 실현된다.
ㄹ. 민주주의가 추구하는 궁극적인 목표는 적극적 자유의 실현이다.

① ㄱ, ㄴ   ② ㄱ, ㄷ   ③ ㄴ, ㄷ
④ ㄴ, ㄹ   ⑤ ㄷ, ㄹ

10 다음 제도가 공통으로 실현하고자 하는 민주주의 이념을 바르게 설명한 것은?

• 소득이 커질수록 높은 세율을 적용하는 누진세
• 일정 수 이상의 근로자를 고용하는 사업주에게 의무적으로 장애인을 고용하도록 하는 장애인 의무 고용 제도

① 모든 사람에게 균등한 기회를 부여해야 한다.
② 모든 인간은 인간이라는 이유만으로 존중받아야 한다.
③ 개인의 선천적·후천적 차이를 고려한 실질적 평등이 실현되어야 한다.
④ 누구나 외부로부터 부당한 간섭을 받지 않고 스스로 판단하고 행동할 수 있어야 한다.
⑤ 국가에 인간다운 생활을 요구하거나 정책 결정에 참여할 수 있는 자유가 보장되어야 한다.

IX

중요
11 ㉠에 해당하지 <u>않는</u> 것은?

> 현대 민주주의 국가가 지향하는 사회는 자유와 평등의 보장을 통해 모든 사람이 인간으로서 존중받는 사회이다. 이처럼 민주주의는 자유, 평등 그리고 인간의 존엄성이라는 이념을 추구한다. 민주주의 국가는 이들 이념을 구현하기 위해 ㉠ 민주주의의 기본 원리를 채택하고 있다.

① 국민 스스로 국가를 다스려야 한다.
② 국가 권력을 독립된 기관이 나누어 맡아야 한다.
③ 국가 의사를 결정하는 최고 권력은 국민에게 있다.
④ 경제 성장을 통해 모두가 부자인 나라를 만들어야 한다.
⑤ 헌법에 따라 국가기관을 구성하고 권력을 행사해야 한다.

12 (가)에 들어갈 민주주의의 기본 원리는?

> <학습 주제>   (가)
>
> 헌법은 한 나라의 최고법으로, 국민의 기본권 보장과 국가기관의 조직 및 운영 원리에 대한 내용을 규정하고 있다. 오늘날 민주주의 국가에서는 이 원리를 바탕으로 국가 권력의 남용을 방지함으로써 국민의 자유와 권리를 보장한다.

① 입헌주의의 원리
② 국민 복지의 원리
③ 국민 자치의 원리
④ 국민 주권의 원리
⑤ 권력 분립의 원리

③ 민주주의의 발전 방안

[13-14] 다음 글을 읽고 물음에 답하시오.

> 영토의 규모가 크고 인구가 많은 현대 국가에서는 시간과 비용의 문제로 직접 민주주의를 채택하는 데 한계가 있다. 이에 많은 국가에서는 시민이 직접 선출한 대표가 국가를 운영하는 (㉠)을/를 채택하고 있다.

13 ㉠에 들어갈 알맞은 용어는?

① 근대 민주주의   ② 대의 민주주의
③ 전자 민주주의   ④ 직접 민주주의
⑤ 숙의 민주주의

중요
14 ㉠에 관한 옳은 설명을 <보기>에서 고른 것은?

> ┤ 보기 ├
> ㄱ. 국민의 정치 참여는 선거를 통해서만 하도록 제한한다.
> ㄴ. 대표자들은 국민의 이익보다 정당의 이익을 중요시할 의무가 있다.
> ㄷ. 거대하고 복잡한 현대 사회에서 국민 자치를 실현하는 적합한 방법이다.
> ㄹ. 국민의 뜻이 대표자를 통해 간접적으로 전달되어 정치에 정확히 반영되지 못할 수 있다.

① ㄱ, ㄴ   ② ㄱ, ㄷ   ③ ㄴ, ㄷ
④ ㄴ, ㄹ   ⑤ ㄷ, ㄹ

15 민주주의의 발전을 위해 요구되는 시민의 역할을 <보기>에서 고른 것은?

> ┤ 보기 ├
> ㄱ. 사익과 공익의 조화를 추구한다.
> ㄴ. 주인 의식을 가지고 정치에 참여한다.
> ㄷ. 인터넷을 활용한 정치 참여는 지양한다.
> ㄹ. 선거로 선출된 대표에게 의사 결정을 맡기고 무조건 따른다.

① ㄱ, ㄴ   ② ㄱ, ㄷ   ③ ㄴ, ㄷ
④ ㄴ, ㄹ   ⑤ ㄷ, ㄹ

16 ㉠, ㉡에 들어갈 용어를 바르게 연결한 것은?

> 오늘날 대의제에서 나타나는 문제점을 극복하고 한계를 보완하기 위해 여러 가지 제도들이 마련되어 있다. 시민들이 모여 합리적인 토론을 통해 공공 문제에 관한 사회적 합의를 만들어 가는 (㉠)이/가 있으며, 국가의 중요한 정책 사항을 국민이 직접 투표로 결정하는 (㉡)이/가 있다.

	㉠	㉡
①	공론장	국민 투표
②	공론장	국민 소환
③	공청회	국민 투표
④	공청회	국민 발안
⑤	공청회	국민 소환

17 (가)에 들어갈 말로 적절하지 않은 것은?

① 대의제가 가지는 한계를 보완하기 위해 노력해야 해요.
② 이미 민주주의를 이루었기 때문에 노력하지 않아도 돼요.
③ 정치적 무관심이 더욱 심해지지 않도록 주의를 기울여야 해요.
④ 국민의 다양한 목소리가 국가 정책에 반영될 수 있도록 노력해야 해요.
⑤ 공적 의사 결정에 대한 시민 참여를 활성화하기 위해 관련 제도를 마련해야 해요.

18 사례와 같이 일상생활의 문제를 해결하는 과정을 무엇이라고 하는지 쓰고, 그 역할을 사례와 관련지어 서술하시오.

> 최근 빌라나 아파트 거주민 간의 층간 소음 분쟁이 끊이지 않고 있다. 주민들은 갈등을 원만하게 해결하고자 회의를 열어 그 문제에 관한 각자의 생각과 의견을 교환하는 시간을 가졌다. 또한 층간 소음 문제를 해결할 방안을 논의하여 소음을 줄이기 위한 생활 규칙을 정하고, 분쟁 발생 시 조정을 담당하는 자체 기구도 마련하였다.

_____

_____

19 다음은 고대 아테네 민주주의에 관한 글이다. ㉠에 들어갈 용어를 쓰고, 고대 아테네 민주주의의 한계를 서술하시오.

> 고대 아테네에서는 모든 시민이 민회에 모여 국가의 주요 정책을 결정하였다. 행정 업무나 재판은 시민 중에서 추첨하여 뽑거나 순서를 정해 돌아가면서 맡는 (㉠)에 따라 담당하였다.

_____

_____

20 (가), (나)를 적극적 자유와 소극적 자유로 구분하고, 적극적 자유에 해당하는 내용을 한 가지 더 서술하시오.

> (가) 국가의 부당한 간섭을 받지 않을 자유
> (나) 국가의 정책 결정에 참여할 수 있는 자유

_____

① 정치와 민주주의

[01-02] 그림은 정치의 의미를 도식화한 것이다. 물음에 답하시오.

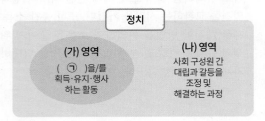

정치

(가) 영역
(㉠)을/를
획득·유지·행사
하는 활동

(나) 영역
사회 구성원 간
대립과 갈등을
조정 및
해결하는 과정

01 ㉠에 들어갈 용어로 가장 적절한 것은?

① 경제력   ② 사법권
③ 투표권   ④ 정치권력
⑤ 국민의 지지

중요✦
02 (가), (나) 영역에 관한 설명으로 옳지 <u>않은</u> 것은?

① (가) 영역은 법률을 제정하는 활동을 정치라고 본다.
② (가) 영역에는 국가와 관련 있는 활동만이 포함된다.
③ (나) 영역에서는 정부의 정책 수립을 정치가 아니라고 본다.
④ (나) 영역에서는 학급 규칙을 정하는 학급 회의를 정치라고 본다.
⑤ (가) 영역은 좁은 의미로, (나) 영역은 넓은 의미로 정치를 보고 있다.

03 사례에 나타난 정치의 역할로 가장 적절한 것은?

> 좁고 어두운 골목길이 많은 ○○시에서는 각종 사건, 사고가 빈번하게 발생하였다. 그러자 주민들이 사고 대책 위원회를 만들어 가로등 설치 확대, 자율 방범대 운영 등 다양한 의견을 제시하였다. ○○시는 사고 대책 위원회의 의견을 반영하여 노약자나 여성을 대상으로 안심 귀가 동행 서비스를 제공하였다. 그 결과 사건, 사고가 크게 줄어 주민들이 안심하고 골목길을 다닐 수 있게 되었다.

① 정치권력에 정당성을 부여한다.
② 구성원 간의 다양한 이해관계를 조정한다.
③ 사회적 희소가치를 합리적 기준에 따라 분배한다.
④ 개인과 집단 간 갈등 및 분쟁을 평화적으로 해결한다.
⑤ 개인의 노력만으로 해결하기 어려운 사회문제를 해결한다.

[04-05] 다음 글을 읽고 물음에 답하시오.

> 민주주의란 다수의 시민이 국가를 다스리는 (㉠)(이)다. 오늘날에는 민주주의의 의미가 (㉠)을/를 넘어 생활양식으로 확대되었다. 그 예시로 (㉡   ) 등이 있다.

04 ㉠에 들어갈 용어로 가장 적절한 것은?

① 대의제   ② 경제생활
③ 국민 주권   ④ 권력 분립
⑤ 정치 형태

05 ㉡에 들어갈 예시로 적절하지 <u>않은</u> 것은?

① 배려와 관용   ② 비난과 배제
③ 비판적 태도   ④ 다수결의 원칙
⑤ 소수 의견 존중

06 민주주의의 필요성 및 의의에 관하여 <u>틀리게</u> 이야기한 학생은?

① 가영: 소수의 권력 독점으로 빠른 의사 결정이 가능해.

② 나영: 갈등을 민주적으로 해결하는 문화를 형성할 수 있어.

③ 다영: 대통령이 아닌 국민의 뜻에 따른 정치를 가능하게 해.

④ 라영: 국민의 권리가 침해되는 걸 방지하고 기본권을 보장해.

⑤ 마영: 국민의 정치 참여를 보장함으로써 국민 주권의 원리를 실현할 수 있어.

---

② 민주주의의 이념과 기본 원리

중요✦
07 고대 아테네의 민주주의에 관한 설명으로 옳은 것은?

① 소수의 귀족 계층만 민회에 참여할 수 있었다.

② 영토가 넓고 인구가 많아 간접 민주주의를 시행하였다.

③ 여성, 노예, 외국인을 포함하여 누구나 정치에 참여할 수 있었다.

④ 자유민인 성인 남성은 추첨이나 윤번제를 통해 공직을 맡을 수 있었다.

⑤ 자연권 사상과 사회 계약설을 바탕으로 한 시민 혁명을 거치면서 발전하였다.

---

08 다음에서 설명하는 역사적 사건은?

> 인간은 자유롭고 평등하게 태어났으며 국가는 개인들 간 합의로 만들어졌다는 사상을 바탕으로 일어났다. 당시 시민들은 영국의 명예혁명, 미국 독립 혁명, 프랑스 혁명 등을 통해 권력을 독점한 왕이나 귀족의 지배에 맞서 자유와 권리를 찾고자 하였다.

① 시민 혁명   ② 신분 해방

③ 참정권 운동   ④ 차티스트 운동

⑤ 근대 산업 혁명

중요✦
09 (가)~(라)를 민주주의가 발전해 온 순서대로 바르게 나열한 것은?

> (가) 시민 혁명을 통해 대의제가 널리 도입되었다.
> (나) 대부분 국가에서 보통 선거 제도가 확립되었다.
> (다) 그리스의 아테네에서 직접 민주주의를 시행하였다.
> (라) 차티스트 운동, 여성 참정권 운동 등을 통해 선거권이 확대되었다.

① (나)-(가)-(라)-(다)

② (나)-(라)-(가)-(다)

③ (다)-(가)-(라)-(나)

④ (다)-(라)-(가)-(나)

⑤ (라)-(가)-(다)-(나)

---

10 민주주의의 이념에 관한 설명으로 옳지 <u>않은</u> 것은?

① 인간의 존엄성 실현은 민주주의가 추구하는 근본 이념이다.

② 평등을 지나치게 강조하면 타인의 자유를 침해할 수 있다.

③ 자유를 지나치게 강조하면 사회적 불평등이 심해질 수 있다.

④ 인간은 어떤 목적을 이루기 위한 수단으로 활용되어서는 안 된다.

⑤ 자유와 평등 중 어느 하나만 보장되면 인간의 존엄성을 실현할 수 있다.

중요✦
11 (가), (나)에 해당하는 민주주의의 이념을 바르게 연결한 것은?

> (가) 외부나 타인으로부터 구속받지 않는 것
> (나) 어떤 조건이나 제한에 의해서도 차별받지 않는 것

	(가)	(나)
①	자유	평등
②	자유	인간의 존엄성
③	평등	자유
④	평등	인간의 존엄성
⑤	인간의 존엄성	평등

12 입헌주의의 원리에 관한 옳은 설명을 <보기>에서 고른 것은?

┤ 보기 ├
ㄱ. 국민은 선거를 통하여 대표를 선출한다.
ㄴ. 헌법에 따라 국가기관을 구성하고 국민의 기본권을 보장한다.
ㄷ. 국가 권력이 서로 견제하고 균형을 이룸으로써 권력의 남용을 막을 수 있다.
ㄹ. 국가 권력이 부당하게 국민의 자유와 권리를 침해한다면 헌법을 근거로 이를 규제할 수 있다.

① ㄱ, ㄴ   ② ㄱ, ㄷ   ③ ㄴ, ㄷ
④ ㄴ, ㄹ   ⑤ ㄷ, ㄹ

13 다음 헌법 조항에 나타난 민주주의의 원리를 바르게 설명한 것은?

> 제40조   입법권은 국회에 속한다.
> 제66조   ④ 행정권은 대통령을 수반으로 하는 정부에 속한다.
> 제101조   ① 사법권은 법관으로 구성된 법원에 속한다.

① 주권을 가진 국민이 스스로 나라를 다스려야 한다.
② 국가 의사를 결정하는 최고 권력은 국민에게 있다.
③ 독립된 국가기관이 국가 권력을 나누어 맡아야 한다.
④ 헌법에 따라 국가를 통치하고 국민의 기본권을 보장한다.
⑤ 국가 권력은 국민의 동의와 지지를 바탕으로 행사되어야 한다.

❸ 민주주의의 발전 방안

[14-15] 다음 글을 읽고 물음에 답하시오.

> 오늘날 많은 국가에서 대의제를 채택하고 있다. ⊙ 영토가 넓고 인구가 많은 현대 국가에서는 시간, 비용 등의 문제로 직접 민주주의를 시행하는 것이 어렵기 때문이다. 이에 ⓒ 현대 국가 대부분은 시민들이 선출한 대표자가 국가를 운영하는 형태로 국민 자치를 실현하고 있다. 하지만 ⓒ 선거를 제외하고는 국민의 정치 참여를 국가가 제한하고 있어, 시민들의 정치적 무관심 문제가 대두되었다. ② 정치적 무관심이 심해지면 국민 자치의 원리가 훼손될 수 있다. 또한 ⑩ 국민의 뜻이 대표자를 통해 간접적으로 전달되어 정치에 정확히 반영되지 못하는 문제도 나타나고 있다. 이처럼 (가) 현대 민주주의는 여러 가지 과제를 안고 있다.

14 ⊙~⑩ 중 옳지 않은 것은?

① ⊙   ② ⓒ   ③ ⓒ   ④ ②   ⑤ ⑩

15 (가)에서 말하고 있는 현대 민주주의의 과제로 적절하지 않은 것은?

① 윤번제에 따라 대통령을 선출해야 한다.
② 국가는 국민의 뜻에 더욱 귀 기울여야 한다.
③ 시민들은 정치에 더 적극적으로 참여해야 한다.
④ 대의제의 한계를 보완할 방법을 모색해야 한다.
⑤ 국가에서 다양한 정치 참여 방안을 제시해야 한다.

16 (가)에 들어갈 말로 옳지 <u>않은</u> 것은?

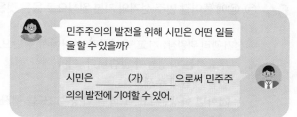

> 민주주의의 발전을 위해 시민은 어떤 일들을 할 수 있을까?
>
> 시민은 _____ (가) _____ 으로써 민주주의의 발전에 기여할 수 있어.

① 지지하는 정당에 가입함
② 이익 집단의 활동을 막음
③ 선거에 관심을 가지고 참여함
④ 국가 권력의 행사를 감시하고 통제함
⑤ 진정, 청원 등을 통해 자신의 뜻을 밝힘

17 우리나라에서 다음 제도들을 도입한 이유로 가장 적절한 것은?

> • 국정의 중요 사항을 국민이 직접 투표로 결정하는 국민 투표
> • 지역에 필요한 조례의 제정을 지역 주민이 직접 제안하는 주민 발안
> • 주민 대표로 선출된 공직자가 직무를 잘 수행하지 못하거나 문제를 일으킨 경우 투표를 통해 해임하는 주민 소환

① 대표자들의 업무 부담을 덜어 주기 위해서이다.
② 국민이 정치를 담당할 국민의 대표를 뽑기 위해서이다.
③ 나라의 일을 담당하는 공직자의 수가 부족하기 때문이다.
④ 나라의 일은 정치 전문가가 맡는 것이 바람직하기 때문이다.
⑤ 대표자를 통해 국민의 뜻이 정치에 제대로 반영되지 못하는 점을 보완하기 위해서이다.

18 (가)에 들어갈 말로 적절한 내용을 <u>두 가지</u> 서술하시오.

> 정치는 어떤 역할을 하는 걸까?
>
> 정치는 _____ (가) _____ 역할을 해.

19 헌법 조항 (가), (나)에 가장 잘 드러나는 민주주의의 기본 원리를 쓰고, 그 의미를 각각 서술하시오.

> (가) 제1조 ② 대한민국의 주권은 국민에게 있고, 모든 권력은 국민으로부터 나온다.
> (나) 제72조 대통령은 필요하다고 인정할 때에는 외교·국방·통일 기타 국가 안위에 관한 중요 정책을 국민 투표에 부칠 수 있다.

20 ㉠에 해당하는 방안을 <u>두 가지</u> 서술하시오.

> 현대 국가에서는 영토가 넓고 인구가 많아 직접 민주주의를 시행하기 어려워 그 대안으로 대의제를 채택하고 있다. 그러나 국민의 뜻이 대표에 의해 간접적으로 실현되기 때문에 나타나는 대의제의 한계로, ㉠ 이를 극복하고 보완하기 위한 여러 제도적 방안이 마련되어 있다.

❶ 선거와 선거 과정

01 ⊙에 들어갈 정치 제도에 대한 설명으로 옳지 <u>않은</u> 것은?

> 오늘날 대부분의 민주 국가에서는 대의제를 시행하고 있다. 이를 위해 정치를 담당할 대표자를 뽑는 절차를 (⊙)(이)라고 한다.

① 주권자로서 시민의 의사를 표현하는 과정이다.
② 정책에 대해 찬성 또는 반대 의사를 표현하는 방식이다.
③ 국민이 정치에 참여하는 가장 기본적이고 대표적인 방법이다.
④ 보통 선거, 평등 선거, 직접 선거, 비밀 선거의 원칙에 따라 실시된다.
⑤ 역할을 제대로 수행하지 못하는 대표자를 통제하고 교체하는 기능을 한다.

02 선거의 기능에 관한 옳은 설명만을 <보기>에서 있는 대로 고른 것은?

> ┤ 보기 ├
> ㄱ. 국정을 담당할 대표자를 선출한다.
> ㄴ. 정치권력을 통제하여 책임 정치를 실현한다.
> ㄷ. 시민은 선거권을 행사함으로써 의사를 표현한다.
> ㄹ. 유권자가 선거에 출마할 후보자를 공식적으로 추천한다.

① ㄱ, ㄴ　　　② ㄱ, ㄹ　　　③ ㄷ, ㄹ
④ ㄱ, ㄴ, ㄷ　　　⑤ ㄴ, ㄷ, ㄹ

03 자료에 나타난 민주 선거의 기본 원칙은?

> 유권자가 대리인을 거치지 않고 자기 자신이 투표해야 한다는 원칙이다.

① 보통 선거　　　② 평등 선거
③ 직접 선거　　　④ 비밀 선거
⑤ 차등 선거

04 ⊙, ⓒ에 들어갈 민주 선거의 기본 원칙으로 옳은 것은? **중요✦**

> 선거 관리 위원장: 전교 학생회장 선거에서 장난으로 투표하는 학생들이 많습니다. 이에 대한 해결 방안을 제안해 주세요.
> A: 저학년 학생은 1표, 고학년 학생은 2표를 행사하게 합시다.
> B: 벌점이 20점 이상인 학생은 투표할 수 없게 하는 것이 좋을 것 같아요.
> 선거 관리 위원장: 두 사람의 의견은 모두 적절하지 않습니다. A는 (⊙), B는 (ⓒ)의 원칙에 어긋나는 제안을 하였기 때문입니다.

	(가)	(나)
①	평등 선거	보통 선거
②	평등 선거	직접 선거
③	보통 선거	평등 선거
④	보통 선거	직접 선거
⑤	직접 선거	평등 선거

05 자료에 대한 옳은 설명을 <보기>에서 고른 것은?

> 청소년인 갑은 올해부터 선거권을 가지게 되었다. 마침 올해 실시되는 ⊙ 국회의원 선거에 참여하기 위해 갑은 선거 공보를 보면서 후보자 각각의 ⓒ 공약을 꼼꼼하게 살펴보았다. 이후 자신이 지지하는 ⓒ 후보자에 대한 정보를 블로그에 게시하였다.

> ┤ 보기 ├
> ㄱ. 갑은 18세가 되어 유권자가 되었다.
> ㄴ. ⊙을 통해 지방 의회 의원이 선출된다.
> ㄷ. ⓒ은 후보자가 선거에서 유권자에게 제시하는 공적인 약속이다.
> ㄹ. ⓒ은 건전하고 공정한 선거 문화를 해치는 요인으로, 해서는 안 될 행동이다.

① ㄱ, ㄴ　　　② ㄱ, ㄷ　　　③ ㄴ, ㄷ
④ ㄴ, ㄹ　　　⑤ ㄷ, ㄹ

● 바른답·알찬풀이 41쪽

06 자료의 '학습 목표'에 따라 (가)에 들어갈 내용으로 적절하지 않은 것은?

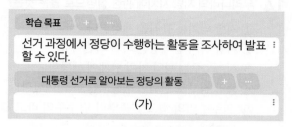

학습 목표

선거 과정에서 정당이 수행하는 활동을 조사하여 발표할 수 있다.

대통령 선거로 알아보는 정당의 활동

(가)

① 대통령 선거에 출마할 후보자를 추천한다.
② 시민의 요구와 의사를 반영하여 공약을 제시한다.
③ 후보자가 유권자의 지지를 얻을 수 있도록 선거 운동을 지원한다.
④ 시민에게 정치적 이념이나 정책 내용을 알려 정치에 대한 관심과 참여를 유도한다.
⑤ 자신이 지향하는 가치와 신념을 잘 구현해 줄 수 있다고 생각되는 후보자에게 투표한다.

② 정치 주체와 정치과정

07 자료는 퀴즈에서 문자 찬스로 주고받은 내용이다. ㉠에 들어갈 정치 주체는? (단, 받은 문자 메시지의 내용은 옳은 답이라고 가정한다.)

<보낸 문자>   <받은 문자>

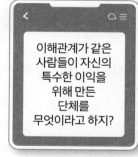

이해관계가 같은 사람들이 자신의 특수한 이익을 위해 만든 단체를 무엇이라고 하지?

응, 그건 바로
㉠
(이)야! ^^

① 국회   ② 정당   ③ 정부
④ 시민단체   ⑤ 이익 집단

08 언론에 대한 설명으로 옳은 것은?

① 정치권력 획득을 목적으로 한다.
② 대통령 선거에 후보자를 공천한다.
③ 정책 결정에 공식적으로 참여한다.
④ 정책을 다양한 방법으로 집행한다.
⑤ 정책에 대한 해설과 비판을 제공한다.

09 정치 주체의 특징을 알아보기 위한 표이다. 이에 대한 옳은 설명을 <보기>에서 고른 것은? (단, A~C는 각각 정당, 이익 집단, 시민단체 중 하나이다.)

정치 주체 \ 질문	A	B	C
정권 획득을 목적으로 한다.	×	○	×
공익 관련 분야에 관심을 가진다.	○	○	×
(가)	×	×	×

┤ 보기 ├

ㄱ. A는 이익 집단이다.
ㄴ. B는 선거에 후보자를 공천한다.
ㄷ. C의 예로 환경보호연합, 녹색소비자연대 등이 있다.
ㄹ. (가)에는 '정치과정에 참여하는 공식적 주체이다.'가 들어갈 수 있다.

① ㄱ, ㄴ   ② ㄱ, ㄷ   ③ ㄴ, ㄷ
④ ㄴ, ㄹ   ⑤ ㄷ, ㄹ

10 자료에 나타난 비공식적 정치 주체에 대한 설명으로 옳은 것은?

교육부가 수습 교사제를 시범 운영한다고 발표하였다. 수습 교사제란 임용 시험에 합격한 신규 교사들을 대상으로 교단에 서기 전에 일정 기간 학교 현장에 배치하여 실무적인 역량을 쌓도록 하는 제도를 말한다. 교원 단체는 기존 교사의 업무 부담이 가중될 우려를 나타내며 수습 교사제 도입에 반대하고 있다.

① 정책을 수립하여 집행한다.
② 법률을 제정하거나 개정한다.
③ 사회 전체의 이익을 위해 활동한다.
④ 이해관계를 같이하는 사람들이 만든 단체이다.
⑤ 선거에 자질과 능력을 갖춘 후보자를 공천한다.

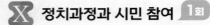

11 정치과정의 단계 중 '이익 집약'에 해당하는 사례로 가장 적절한 것은?

① 한 시민단체가 환경 보존을 위한 집회를 열었다.
② 교육부는 기초 학력 보장 프로그램을 시행하였다.
③ △△노동조합은 탄력적 근로 시간제 도입을 요구하였다.
④ 국회는 지역 불균형 해소 방안을 담은 법률을 제정하였다.
⑤ 언론에서 돌봄 서비스 도입을 둘러싼 찬반 여론을 보도하였다.

중요✨
12 다음 사례들에 공통으로 나타난 정치과정의 단계로 옳은 것은?

> • 보건복지부는 전국 경로당에 냉난방비를 지원하였다.
> • 고용노동부는 취업 준비생을 위한 맞춤형 프로그램을 운영하였다.

① 이익 표출 　　　　② 이익 집약
③ 정책 결정 　　　　④ 정책 집행
⑤ 정책 평가

13 ㉠단계에서 활동하는 정치 주체를 <보기>에서 고른 것은?

> 정치과정의 (㉠) 단계에서는 여론을 바탕으로 정책이 수립되고 결정된다.

┤ 보기 ├
ㄱ. 국회　　　　　　ㄴ. 정부
ㄷ. 시민단체　　　　ㄹ. 이익 집단

① ㄱ, ㄴ 　　② ㄱ, ㄷ 　　③ ㄴ, ㄷ
④ ㄴ, ㄹ 　　⑤ ㄷ, ㄹ

❸ **지방 자치와 시민 참여**

14 우리나라의 지방 자치에 관한 설명으로 옳은 것은?

① 지방 의회는 규칙을 제정한다.
② 지방 자치 단체장은 의결 기관이다.
③ 시, 군, 구는 광역 자치 단체에 해당한다.
④ 중앙 정부로 권력이 집중되는 데 기여한다.
⑤ '민주주의의 학교', '풀뿌리 민주주의'라고 불리기도 한다.

중요✨
15 자료에 대한 옳은 설명을 <보기>에서 고른 것은? (단, 갑과 을은 자료에 나타난 주소지에 살고 있다고 가정한다.)

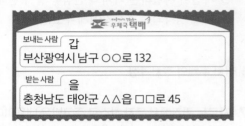

┤ 보기 ├
ㄱ. 갑 거주지의 기초 자치 단체는 부산광역시이다.
ㄴ. 갑 거주지 광역 자치 단체의 의결 기관은 부산광역시 의회이다.
ㄷ. 을이 거주하는 지역의 광역 자치 단체는 태안군 △△읍이다.
ㄹ. 을이 지방 선거에서 선출할 지방 자치 단체장은 충청남도지사와 태안군수이다.

① ㄱ, ㄴ 　　② ㄱ, ㄷ 　　③ ㄴ, ㄷ
④ ㄴ, ㄹ 　　⑤ ㄷ, ㄹ

16 지방 자치 단체장에 대한 설명으로 옳지 않은 것은?

① 규칙을 제정한다.
② 예산을 집행한다.
③ 지역의 재산을 관리한다.
④ 지역의 행정 집행을 감시한다.
⑤ 지방의 각종 사무를 처리한다.

17 자료에 대한 옳은 설명을 〈보기〉에서 고른 것은?

▲ ○○도 의회

▲ ○○도지사

┤ 보기 ├

ㄱ. 기초 자치 단체에서 전통문화 체험 프로그램을 추진하고 있다.
ㄴ. 전통문화 체험 프로그램은 조례를 바탕으로 한 지역 정책이다.
ㄷ. ○○도 의회는 집행 기관이고, ○○도지사는 의결 기관이다.
ㄹ. ○○도지사는 전통문화 체험 프로그램 예산안을 ○○도 의회에 제출할 것이다.

① ㄱ, ㄴ   ② ㄱ, ㄷ   ③ ㄴ, ㄷ
④ ㄴ, ㄹ   ⑤ ㄷ, ㄹ

18 지방 선거에 대한 설명으로 옳지 않은 것은?

① 4년마다 전국에서 시행된다.
② 민주 선거의 원칙에 따라 진행된다.
③ 중앙 정부를 구성할 수 있는 선거권이 부여된다.
④ 지방 의회 의원과 지방 자치 단체장을 선출한다.
⑤ 주민이 정치에 참여하는 가장 기본적인 방법이다.

중요 ✦
19 (가), (나)의 주민 참여 방법을 바르게 연결한 것은?

(가) 주민이 선출한 지역 대표가 직무를 잘 수행하지 못할 때 투표로 해임 여부를 결정한다.
(나) 지역 주민이 지방 의회에 새로운 조례의 제정이나 기존 조례의 개정 및 폐지를 요구한다.

	(가)	(나)
①	주민 투표	주민 청원
②	주민 소환	주민 청원
③	주민 청원	주민 조례 발안 제도
④	주민 소환	주민 조례 발안 제도
⑤	주민 투표	주민 감사 청구제

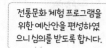
20 다음 사례에서 위반하고 있는 민주 선거의 기본 원칙을 쓰고, 그 이유를 서술하시오.

시민 혁명 이후 프랑스에서는 시민에게만 선거권을 부여하였다. 당시 시민은 '최소 3일 치의 임금에 해당하는 세금을 낼 수 있는 사람'만을 의미하였다.

21 ㉠에 들어갈 정치 주체를 쓰고, 그 역할을 서술하시오.

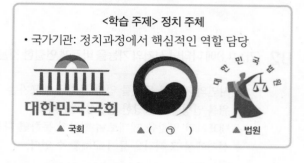

〈학습 주제〉 정치 주체
• 국가기관: 정치과정에서 핵심적인 역할 담당

▲ 국회   ▲ (㉠)   ▲ 법원

22 ㉠에 들어갈 지방 자치 단체를 쓰고, 그 역할을 두 가지 서술하시오.

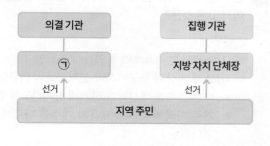

X

1 선거와 선거 과정

01 ㉠에 대한 설명으로 옳은 것은?

제○○대
㉠국회의원 선거
꼭 참여하세요!

① 5년 주기로 이루어진다.
② 대통령 선거와 동시에 실시된다.
③ 공개 선거의 원칙에 따라 진행된다.
④ 선출되는 대표자는 입법부를 구성한다.
⑤ 16세 이상이라면 누구나 참여할 수 있다.

02 (가), (나)에 나타난 선거의 기능을 바르게 연결한 것은?

(가) 시민의 지지와 동의를 얻어 선출된 대표자는 권위를 인정받아 정당한 권한을 가진다.
(나) 대표자가 역할을 제대로 수행하지 못하면 다음 선거에서 그 책임을 물어 교체할 수 있다.

	(가)	(나)
①	정치권력 통제	대표자에 정당성 부여
②	정치권력 통제	정치 참여 기회 제공
③	정치 참여 기회 제공	정치권력 통제
④	대표자에 정당성 부여	정치권력 통제
⑤	대표자에 정당성 부여	정치 참여 기회 제공

중요✦
03 민주 선거의 기본 원칙이 지켜지지 <u>않은</u> 사례를 <보기>에서 고른 것은?

┤ 보기 ├
ㄱ. 유권자는 기표소에 들어가서 투표한다.
ㄴ. 18세 이상의 누구에게나 선거권을 부여한다.
ㄷ. 바쁜 가족을 대신하여 선거에 참여하도록 한다.
ㄹ. 거주 지역에 따라 투표용지 개수를 다르게 배부한다.

① ㄱ, ㄴ ② ㄱ, ㄷ ③ ㄴ, ㄷ ④ ㄴ, ㄹ ⑤ ㄷ, ㄹ

중요✦
04 다음과 같은 민주 선거의 원칙에 해당하는 사례로 가장 적절한 것은?

모든 유권자에게 동등한 가치의 투표권을 주어야 한다는 원칙이다.

① 투표용지에 이름을 기재하고 후보마다 투표함을 따로 둔다.
② 성별, 인종 등에 상관없이 시민이라면 누구나 투표하게 한다.
③ 대통령 선거에서 모든 유권자에게 투표용지를 한 장씩 배부한다.
④ 투표소에서 신분증을 통해 유권자가 본인인지 여부를 확인한다.
⑤ 유권자가 기표한 투표용지를 카메라로 찍어 인터넷에 게시한다.

05 ㉠에 해당하는 내용으로 옳지 <u>않은</u> 것은?

유권자는 선거에 참여하여 자신의 의사를 표현해야 해.

그리고 ㉠깨끗하고 건전한 선거 문화가 발전할 수 있도록 노력할 필요가 있어.

① 정당의 불법적인 선거 활동을 감시한다.
② 무조건 경제력이 높은 후보자에게 투표한다.
③ 시민들의 선거 참여를 독려하는 캠페인에 참가한다.
④ 선출된 대표가 공약을 성실히 이행하고 있는지 살펴보고 평가한다.
⑤ 자신의 소셜 미디어 활동이 선거 질서를 해치는 행동은 아닌지 점검한다.

● 바른답·알찬풀이 42쪽

06 선거 과정에서 정당이 수행하는 활동에 대한 옳은 설명을 <보기>에서 고른 것은?

┤ 보기 ├
ㄱ. 여론을 반영한 공약과 정책을 개발한다.
ㄴ. 선거에 관한 소송을 다루는 재판을 담당한다.
ㄷ. 캠페인을 통해 유권자들의 투표 참여를 독려한다.
ㄹ. 민주적이고 공정한 선거를 위해 관련 법을 제·개정한다.

① ㄱ, ㄴ   ② ㄱ, ㄷ   ③ ㄴ, ㄷ
④ ㄴ, ㄹ   ⑤ ㄷ, ㄹ

❷ 정치 주체와 정치과정

07 시민단체에 대한 설명으로 옳은 것은?

① 국가기관의 정치 활동을 감시하고 비판한다.
② 정치과정 전반에 관해 객관적으로 보도한다.
③ 법률을 기반으로 정책을 구체화하여 집행한다.
④ 헌법에 따라 정책 결정에 공식적으로 참여한다.
⑤ 특수 이익 실현을 위해 정부에 압력을 행사한다.

중요✦
08 (가)~(다)에 들어갈 정치 주체를 바르게 연결한 것은?

	(가)	(나)	(다)
①	정당	언론	이익 집단
②	정당	이익 집단	시민단체
③	언론	이익 집단	정당
④	언론	시민단체	정당
⑤	이익 집단	언론	시민단체

중요✦
09 ㉠에 대한 설명으로 가장 적절한 것은?

<학습 주제> 정치 주체
· 의미: 정치에 참여하여 영향력을 행사하는 개인이나 집단
· 종류: 개인, 이익 집단, 시민단체, ㉠ 정당, 언론, 국가기관 등

① 국민의 대표 기관이다.
② 공익보다 사익을 추구한다.
③ 정치권력 획득을 목적으로 한다.
④ 헌법에 따라 정책을 집행할 권한을 가진다.
⑤ 공정하고 객관적으로 정보를 제공할 책임이 있다.

10 ㉠, ㉡의 공통점으로 가장 적절한 것은?

㉠ 국회는 법을 만들고, ㉡ 정부는 법을 집행하며, 법원은 법을 적용하여 분쟁을 해결하는 역할을 한다.

① 모든 구성원이 선거를 통해 선출된다.
② 정치과정에서 핵심적인 역할을 담당한다.
③ 가장 기본적이고 중요한 정치 참여 주체이다.
④ 정치과정의 '이익 집약' 단계에서 주로 활동한다.
⑤ 정치에 관한 정보를 국민에게 제공하는 것이 주요 활동 목적이다.

11 자료에 나타난 정치과정의 단계는?

게임 셧다운제는 지난 10년간 큰 효과를 보지 못했습니다. 청소년의 자기 결정권과 가정 내 교육권을 침해한다는 지적도 많습니다. 따라서 게임 셧다운제의 폐지를 우리 당의 정책으로 제안합니다.

① 이익 표출   ② 이익 집약
③ 정책 결정   ④ 정책 집행
⑤ 정책 평가

X

중요✦
12 (가), (나) 사례가 해당되는 정치과정의 단계를 바르게 연결한 것은?

> (가) 뉴스에서 직장인 10명 중 6명이 '주 4일제' 도입에 찬성한다는 내용이 보도되었다.
> (나) 예금 보호 한도를 1억 원으로 상향하는 예금자 보호법 개정안이 국회 본회의를 통과하였다.

	(가)	(나)
①	이익 표출	정책 결정
②	이익 표출	정책 집행
③	이익 집약	정책 결정
④	이익 집약	정책 집행
⑤	정책 평가	정책 결정

13 정치과정의 단계를 나타낸 도표이다. (가) 단계에서 활동하는 정치 주체에 대한 설명으로 옳은 것은?

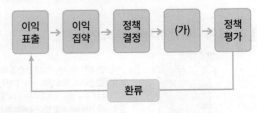

① 비공식적 정치 주체이다.
② 노동조합을 예로 들 수 있다.
③ 법률을 제정 또는 개정하거나 폐지한다.
④ 결정된 정책을 구체화하여 실제로 집행한다.
⑤ 구성원 모두 선거를 통해 선출된 사람들이다.

③ 지방 자치와 시민 참여

14 지방 자치에 대한 옳은 설명을 <보기>에서 고른 것은?

> ┤ 보기 ├
> ㄱ. 중앙 정부에 국가 권력이 집중되는 데 기여한다.
> ㄴ. 시민에게 민주주의를 체험하고 배울 수 있는 기회를 제공한다.
> ㄷ. 지역 주민이 스스로 그 지역의 일을 자율적으로 처리하는 제도이다.
> ㄹ. 대통령이 능력과 자질이 뛰어난 지역 대표를 임명해야 제대로 시행될 수 있다.

① ㄱ, ㄴ   ② ㄱ, ㄷ   ③ ㄴ, ㄷ
④ ㄴ, ㄹ   ⑤ ㄷ, ㄹ

15 ㉠에 대한 설명으로 옳은 것은?

> 우리나라의 ㉠ 지방 자치 단체는 광역 자치 단체와 기초 자치 단체로 구분된다. 각각의 자치 단체는 다시 의결 기관과 집행 기관으로 나뉜다.

① 지방 자치 단체장은 의결 기관이다.
② 광역 자치 단체에는 시, 군, 구가 있다.
③ 특별시, 광역시 등은 기초 자치 단체에 속한다.
④ 5년마다 이루어지는 지방 선거를 통해 구성된다.
⑤ 지방 의회는 지방 자치 단체장을 견제하고 감시한다.

16 ㉠~㉤ 중 옳지 <u>않은</u> 내용은?

> 지방 의회는 ㉠ 지역에 필요한 조례를 제정, 개정 및 폐지하는 일을 한다. 또한 ㉡ 지역의 예산을 어떻게 사용할지 심의 및 확정한다. 지방 자치 단체장은 ㉢ 지방 의회가 만든 조례를 실천하는 데 필요한 규칙을 만든다. 그리고 ㉣ 예산안을 편성하고 집행한다. ㉤ 집행 기관이 역할을 잘하고 있는지 견제하고 감시하는 일도 한다.

① ㉠   ② ㉡   ③ ㉢   ④ ㉣   ⑤ ㉤

17 사례에 나타난 '100원 택시 제도'에 대한 설명으로 옳지 <u>않은</u> 것은?

주민의 교통 불편을 해소하기 위한 '100원 택시 제도' 조례안을 의결합니다.
○○군 의회

'100원 택시 제도' 운영에 필요한 예산을 편성하겠습니다.
○○군수

① 지역 문제를 해결하기 위한 정책이다.
② ○○군수가 집행을 담당하는 기관이다.
③ 제도를 운영하기 위해서는 예산이 필요하다.
④ 광역 자치 단체의 주민을 대상으로 하는 제도이다.
⑤ ○○군 의회의 조례 제정이 먼저 이루어져야 제도가 시행될 수 있다.

중요✦
18 주민 참여 예산제에 관한 설명으로 옳은 것은?

① 지방 자치 단체장의 업무에 대해 감사를 요청할 수 있는 제도이다.
② 지역 대표를 선출하여 지방 정부를 구성하는 것을 목적으로 한다.
③ 예산의 편성 과정에 참여한 지역 주민에게 공식적으로 집행할 권한을 부여한다.
④ 주민이 지방 의회에 조례를 제·개정하거나 폐지할 것을 제안할 수 있는 기회를 제공한다.
⑤ 지방 자치 단체의 수입과 지출을 계획하는 과정이 보다 투명하게 이루어지는 데 기여한다.

19 ㉠에 들어갈 주민 참여 제도는?

○○도 △△시는 원자력 발전소 유치와 관련하여 찬반 의견을 묻는 (㉠)을/를 실시하였다. 이에 주민 42,488명 중 28,867명이 참여하였고, 그중 85%인 24,537명이 반대하였다.

① 주민 감사   ② 주민 소환
③ 주민 소송   ④ 주민 청원
⑤ 주민 투표

20 ㉠에 해당하는 내용을 <u>세 가지</u> 서술하시오.

민주 국가에서 시민은 선거를 통해 주권을 행사한다. 이때 선거에서 대표자를 선출할 수 있는 권리를 가진 사람을 유권자라고 한다. 유권자는 선거 과정에서 ㉠ 다양한 역할을 수행한다.

_____

_____

21 그림에 나타난 정치 주체를 쓰고, 그 역할을 <u>두 가지</u> 서술하시오.

_____

_____

22 교사의 질문에 대한 답을 광역 자치 단체와 기초 자치 단체로 구분하여 서술하시오.

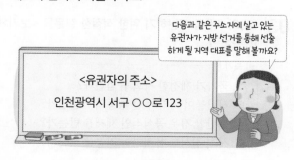
다음과 같은 주소지에 살고 있는 유권자가 지방 선거를 통해 선출하게 될 지역 대표를 말해 볼까요?

<유권자의 주소>
인천광역시 서구 ○○로 123

_____

X

1 법의 의미와 목적

01 ㉠, ㉡에 들어갈 사회 규범을 바르게 연결한 것은?

> 우리는 (㉠)에 따라 동짓날에 팥죽을 먹으며, (㉡)에 따라 배고픈 사람에게 음식을 나누어야 한다고 생각한다.

	㉠	㉡		㉠	㉡
①	법	도덕	②	법	관습
③	도덕	관습	④	관습	도덕
⑤	관습	법			

[02-03] 다음 글을 읽고 물음에 답하시오.

> (가) 다른 사람과의 약속은 지켜야 한다.
> (나) 타인의 재물을 절취한 자는 6년 이하의 징역 또는 1천만 원 이하의 벌금에 처한다.

중요✦
02 (가), (나)의 사회 규범에 관한 설명으로 옳지 <u>않은</u> 것은?

① (가)는 내면의 양심을 중시한다.
② (나)는 행위의 결과를 규율한다.
③ (가)는 도덕, (나)는 법에 해당한다.
④ (가)는 (나)에 비해 내용이 명확하다.
⑤ (나)는 (가)와 달리 강제성을 바탕으로 한다.

03 (가)와 (나)를 구분하기 위한 적절한 질문을 <보기>에서 고른 것은?

> ┤보기├
> ㄱ. 국가가 제정한 사회 규범인가?
> ㄴ. 사람들이 따라야 할 행동의 기준인가?
> ㄷ. 위반할 경우 공식적인 제재를 받는가?
> ㄹ. 사회 질서를 유지하는 기능을 하는가?

① ㄱ, ㄴ   ② ㄱ, ㄷ   ③ ㄴ, ㄷ
④ ㄴ, ㄹ   ⑤ ㄷ, ㄹ

04 다음 그림에 나타난 법의 기능으로 가장 적절한 것은?

① 분쟁의 해결   ② 행동의 동기 규율
③ 개인의 자유 보장   ④ 사회적 약자 보호
⑤ 비도덕적인 행위 처벌

05 ㉠에 들어갈 법에 관한 설명으로 적절하지 <u>않은</u> 것은?

> (㉠)(이)란 자신에게 특별한 위험이나 피해가 발생하는 것도 아닌데 어려움에 처한 사람을 구하지 않는 행위를 처벌하는 법을 말한다.

① 착한 사마리아인 법이다.
② 도입과 관련하여 찬반 논란이 있다.
③ 법과 도덕의 명확한 구분을 강조한다.
④ 도덕적인 행위를 국가가 강제하고자 한다.
⑤ 개인의 자유보다 시민의 생명과 안전을 우선시한다.

06 다음 글에 나타난 법의 목적으로 가장 적절한 것은?

> 법의 궁극적인 목적은 '같은 것을 같게, 다른 것은 다르게' 대우하는 것이다.

① 정의를 실현한다.
② 범죄자를 처벌한다.
③ 공공복리를 증진한다.
④ 분쟁과 갈등을 해결한다.
⑤ 사회적 약자의 권리를 보호한다.

● 바른답·알찬풀이 44쪽

② 생활 속의 다양한 법

중요✦
07 ㉠에 들어갈 법 영역에 관한 설명으로 옳은 것은?

> (㉠)은/는 국가와 개인 또는 국가기관 간의 관계를 규율하는 법이다.

① 한 나라의 최고법인 헌법이 대표적이다.
② 기업에 관한 사항과 상거래 활동을 규율한다.
③ 개인이 가족 관계에서 갖는 권리와 의무를 다룬다.
④ 노동법, 사회 보장법, 경제법 등으로 구분할 수 있다.
⑤ 경제적인 어려움을 겪고 있는 사람들을 돕기 위한 법이다.

08 다음 조항을 규정한 법에 관한 설명으로 옳은 것은?

> 제360조(점유 이탈물 횡령) ① 유실물, 표류물 또는 타인의 점유를 이탈한 재물을 횡령한 자는 1년 이하의 징역이나 300만 원 이하의 벌금 또는 과료에 처한다.

① 소비자의 권리를 보호한다.
② 국민의 기본권을 규정한다.
③ 기업의 설립과 활동을 규율한다.
④ 개인 간의 계약과 재산 문제를 다룬다.
⑤ 법을 어긴 사람을 어떻게 처벌할지를 정한다.

중요✦
09 ㉠에 들어갈 법의 사례를 <보기>에서 고른 것은?

> 사법의 의미와 종류
> • 의미: 사적인 생활 관계를 규율하는 법
> • 종류: (㉠)

┌ 보기 ├
ㄱ. 헌법   ㄴ. 민법
ㄷ. 형법   ㄹ. 상법

① ㄱ, ㄴ   ② ㄱ, ㄷ   ③ ㄴ, ㄷ
④ ㄴ, ㄹ   ⑤ ㄷ, ㄹ

10 (가)에 들어갈 내용으로 옳은 것은?

> 사법은 개인 간의 사적인 생활 관계를 규율하는 법으로, 민법이 대표적이다. 민법은 _____(가)_____ 등을 다룬다.

① 국민의 권리와 의무
② 가족 관계 및 재산 관계
③ 국가기관의 구성과 운영
④ 범죄의 종류와 형벌 정도
⑤ 기업에 관한 사항과 상거래 활동

중요✦
11 사회법에 관한 설명으로 옳지 <u>않은</u> 것은?

① 노동법, 경제법, 사회 보장법으로 구분된다.
② 현대 복지 국가에서 그 중요성이 더욱 커지고 있다.
③ 사적인 생활 영역에 국가가 개입하는 것을 방지하고자 한다.
④ 자본주의의 발달에 따라 등장한 여러 문제를 해결하기 위해 등장하였다.
⑤ 사회적 또는 경제적으로 불리한 위치에 놓인 사람들의 권리를 보호한다.

12 (가), (나)에 속하는 법의 사례를 바르게 연결한 것은?

> (가) 근로자의 인간다운 생활을 보장할 수 있도록 노동관계를 규율한다.
> (나) 기업 간의 공정하고 자유로운 경쟁을 보장하고 소비자의 권익을 보호한다.

	(가)	(나)
①	「근로 기준법」	「최저 임금법」
②	「최저 임금법」	「소비자 기본법」
③	「소비자 기본법」	「공정 거래법」
④	「공정 거래법」	「국민연금법」
⑤	「국민연금법」	「장애인 복지법」

XI

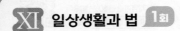

③ 재판의 의미와 공정한 재판

13 (가), (나)의 분쟁 해결 방안에 관한 설명으로 옳은 것은?

> (가) 법원이 분쟁 사건에 관하여 법적인 판단을 내리는 과정이다.
> (나) 분쟁 당사자가 대화를 통해 스스로 문제를 해결하는 과정이다.

① (가)는 합의, (나)는 재판이다.
② (가)는 (나)보다 비용 부담이 크다.
③ (가)는 (나)보다 바람직한 방법이다.
④ (나)는 (가)보다 해결 절차가 복잡하다.
⑤ (나)는 (가)보다 결정에 따른 강제력이 크다.

중요✦
14 ㉠에 해당하는 재판에서 다룰 수 있는 사건으로 가장 적절한 것은?

(㉠)의 과정

원고의 소장 제출 → 피고의 답변서 제출 → 원고와 피고의 변론 → 판사의 판결

① 도둑이 편의점에서 물건을 훔쳐서 달아났다.
② 집주인이 계약 기간이 남은 세입자를 강제로 내보냈다.
③ 행인이 길을 가던 사람을 폭행하여 크게 다치게 하였다.
④ 운전기사가 음주 운전을 하다가 교통사고를 내고 도주하였다.
⑤ 강도가 은행에 침입해 흉기로 직원을 위협한 후에 돈을 빼앗았다.

15 형사 재판에 관한 설명으로 옳지 <u>않은</u> 것은?

① 3심제를 원칙으로 한다.
② 검사, 피고인, 판사 등이 참여한다.
③ 범죄의 유무와 형벌의 정도를 결정한다.
④ 개인 간의 권리와 의무에 관한 다툼을 해결한다.
⑤ 객관적이고 구체적인 증거에 따라 진행되어야 한다.

중요✦
16 그림에 나타난 재판에 관한 옳은 설명을 <보기>에서 고른 것은?

┤ 보기 ├
ㄱ. 갑이 원고, 을이 피고이다.
ㄴ. 을의 범죄 유무와 형량을 결정한다.
ㄷ. 갑은 을에게 돈을 빌려 준 사실을 입증하였을 것이다.
ㄹ. 을이 판사의 판결에 따르지 않더라도 강제할 수 없다.

① ㄱ, ㄴ   ② ㄱ, ㄷ   ③ ㄴ, ㄷ
④ ㄴ, ㄹ   ⑤ ㄷ, ㄹ

17 표는 민사 재판과 형사 재판의 청구자와 상대방을 나타낸 것이다. (가)~(라)에 관한 옳은 설명을 <보기>에서 고른 것은?

구분	청구자	상대방
민사 재판	(가)	(나)
형사 재판	(다)	(라)

┤ 보기 ├
ㄱ. (가)는 범죄로 인해 피해를 입은 사람이다.
ㄴ. (나)가 원하는 경우 국민 참여 재판이 실시된다.
ㄷ. (다)는 범죄 행위를 수사하여 피의자를 대상으로 기소한다.
ㄹ. (라)는 변호인의 도움을 받아 자신의 입장을 변론할 수 있다.

① ㄱ, ㄴ   ② ㄱ, ㄷ   ③ ㄴ, ㄷ
④ ㄴ, ㄹ   ⑤ ㄷ, ㄹ

18 (가)에 들어갈 사법 제도에 관한 설명으로 옳은 것은?

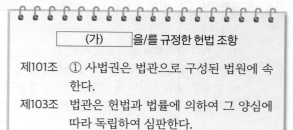

| (가) |을/를 규정한 헌법 조항

제101조 ① 사법권은 법관으로 구성된 법원에 속한다.

제103조 법관은 헌법과 법률에 의하여 그 양심에 따라 독립하여 심판한다.

① 분쟁 해결의 신속성을 보장하기 위한 장치이다.
② 재판 과정에서 국민의 참여를 확대하고자 한다.
③ 법원의 독립과 법관의 신분 보장으로 실현된다.
④ 법관이 잘못된 판결을 내릴 가능성을 최소화한다.
⑤ 국민의 대표 기관인 국회의 승인에 따라 진행된다.

중요✦
19 그림에 나타난 사법 제도에 관한 옳은 설명을 <보기>에서 고른 것은?

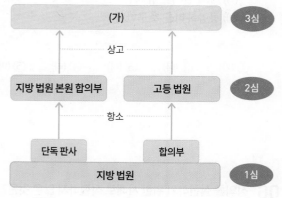

┤ 보기 ├
ㄱ. (가)는 최종심을 담당한다.
ㄴ. 우리나라는 기본적으로 이심제로 운영하고 있다.
ㄷ. 재판 당사자가 재판 결과에 불복할 경우에 활용된다.
ㄹ. 재판의 신속성과 효율성을 높이는 것을 목적으로 한다.

① ㄱ, ㄴ   ② ㄱ, ㄷ   ③ ㄴ, ㄷ
④ ㄴ, ㄹ   ⑤ ㄷ, ㄹ

20 밑줄 친 부분에 들어갈 법의 특징을 두 가지 서술하시오.

사회 규범에는 대표적으로 도덕과 법이 있다. 도덕은 인간으로서 마땅히 지켜야 할 도리를 말한다. 법은 도덕과 다르게 _____

21 ㉠, ㉡에 들어갈 법 영역을 각각 쓰고, 규율하는 생활 관계를 중심으로 그 차이점을 서술하시오.

학습 주제: 법의 분류	
구분	종류
㉠	헌법, 형법 등
㉡	민법, 상법 등
사회법	노동법, 경제법, 사회 보장법 등

22 다음 글을 읽고 물음에 답하시오.

갑은 휴가를 보내기 위해 ○○ 여행사의 관광 상품을 계약하였지만, 출발 하루 전에 모든 일정이 취소되었다는 연락을 받았다. 갑은 ○○ 여행사의 갑작스러운 취소 통보로 인한 손해 배상을 요구하기 위해 ○○ 여행사를 상대로 재판을 청구하였다.

(1) 밑줄 친 재판의 종류를 쓰시오.

(2) (1)의 재판에서 원고와 피고가 누구인지 각각 찾아 쓰고, 그렇게 판단한 근거를 서술하시오.

1 법의 의미와 목적

01 다음 글에서 설명하는 사회 규범의 사례로 적절한 것은?

> 개인의 양심에 바탕을 두고 자율적으로 지키도록 하는 사회 규범으로 인간이 마땅히 지켜야 할 도리를 말한다.

① 부모님께 효도를 해야 한다.
② 라마단 기간 동안 금식을 해야 한다.
③ 장례식장에 검은 옷을 입고 가야 한다.
④ 추석에는 조상의 산소에 성묘를 가야 한다.
⑤ 사람의 신체를 상하게 한 자는 처벌을 받는다.

02 ㉠에 들어갈 법으로 옳은 것은?

> 학생: 선생님, 우리가 일상에서 접할 수 있는 법에는 무엇이 있을까요?
> 교사: 학교에서 영양가가 높고, 안전하게 관리된 급식을 먹을 수 있는 것은 (㉠)에 따른 규정입니다.

① 「학교 급식법」
② 「청소년 보호법」
③ 「전자 상거래법」
④ 「문화재 보호법」
⑤ 「소비자 기본법」

03 교사의 질문에 대한 답으로 옳지 <u>않은</u> 것은?

우리 사회에는 다양한 사회 규범이 존재해요. 사회 규범 중 법의 사례를 발표해 볼까요?

① 공공장소에서는 금연해야 해요.
② 아기가 태어나면 출생 신고를 해야 해요.
③ 길을 건널 때는 교통 신호를 지켜야 해요.
④ 운전 중인 자동차 안에서는 안전띠를 매야 해요.
⑤ 대중교통을 이용할 때 노약자에게 자리를 양보해야 해요.

04 도덕과 구분되는 법의 특징을 <보기>에서 고른 것은?

> ┤ 보기 ├
> ㄱ. 행위의 결과보다 동기를 중시한다.
> ㄴ. 사회 구성원 간의 갈등과 분쟁을 해결한다.
> ㄷ. 위반할 경우 국가의 공식적인 제재를 받는다.
> ㄹ. 사람들이 지켜야 할 내용을 명확하게 규정한다.

① ㄱ, ㄴ
② ㄱ, ㄷ
③ ㄴ, ㄷ
④ ㄴ, ㄹ
⑤ ㄷ, ㄹ

05 다음은 학생의 수행 평가 답안지이다. (가)~(마) 중 내용이 옳지 <u>않은</u> 것은?

> <서술형 평가>
> 1학년 ○반 ○번, 이름: ○○○
> ※ 법의 기능을 서술하시오.
> (가) 분쟁을 예방하거나 해결한다.
> (나) 개인의 권리를 보호한다.
> (다) 국민의 권리를 규제하고 처벌한다.
> (라) 사회 질서를 유지한다.
> (마) 공공복리를 추구한다.

① (가)
② (나)
③ (다)
④ (라)
⑤ (마)

06 정의를 실현하기 위한 사례로 적절하지 <u>않은</u> 것은?

① 모든 국민에게 균등한 교육 기회를 보장한다.
② 높은 수입을 얻는 사람에게 더 많은 소득세를 부과한다.
③ 경제적 형편이 어려운 노인들에게 기본 생계비를 지원한다.
④ 장애인에게 편의를 제공하기 위해 공공시설에 경사로를 설치한다.
⑤ 동일한 업무를 하는 외국인 근로자에게 내국인보다 낮은 임금을 지급한다.

❷ 생활 속의 다양한 법

중요✨

07 자료는 법 영역을 구분한 것이다. 이에 관한 설명으로 옳지 않은 것은?

㉠	㉡
개인과 국가 또는 국가 기관 간의 일을 규율하는 법이다.	개인과 개인 사이의 사적인 생활 관계를 규율하는 법이다.

① ㉠은 공적인 생활 관계를 규율한다.
② ㉡에는 형법이 대표적이다.
③ ㉠은 공법, ㉡은 사법이다.
④ ㉠과 ㉡의 중간적인 성격을 띤 것이 사회법이다.
⑤ ㉡은 ㉠과 달리 개인 간의 가족 및 재산 관계, 상거래 활동 등을 규율한다.

08 다음에 제시된 법에 관한 옳은 설명을 <보기>에서 고른 것은?

> **제2장 국민의 권리와 의무**
>
> 제10조 모든 국민은 인간으로서의 존엄과 가치를 가지며, 행복을 추구할 권리를 가진다. 국가는 개인이 가지는 불가침의 기본적 인권을 확인하고 이를 보장할 의무를 진다.
>
> **제3장 국회**
>
> 제40조 입법권은 국회에 속한다.

┤보기├
ㄱ. 우리나라의 최고법이다.
ㄴ. 국가기관의 구성과 원리를 담고 있다.
ㄷ. 범죄의 종류와 처벌의 기준을 규정한다.
ㄹ. 개인 간에 발생한 다툼을 해결하는 기준이 된다.

① ㄱ, ㄴ   ② ㄱ, ㄷ   ③ ㄴ, ㄷ
④ ㄴ, ㄹ   ⑤ ㄷ, ㄹ

09 밑줄 친 (가)~(마)의 내용 중 옳지 않은 것은?

> (가) 법은 규율하는 생활 영역에 따라 공법, 사법, 사회법으로 구분할 수 있다. 그중 (나) 사법은 공적인 생활 관계를 규율하는 법이다. (다) 사법으로는 대표적으로 민법과 상법을 들 수 있다. (라) 민법은 가족 관계와 재산 관계에 관한 권리와 의무 등을 다룬다. (마) 상법은 기업에 관한 사항과 상거래 활동을 규율한다.

① (가)   ② (나)   ③ (다)   ④ (라)   ⑤ (마)

10 다음과 같은 사례에 공통으로 적용할 수 있는 법으로 옳은 것은?

> • 할아버지의 재산을 상속받았다.
> • 아파트의 매매 계약서를 작성하였다.
> • 친구에게 돈을 빌려주면서 차용증을 작성하였다.

① 헌법   ② 형법   ③ 민법
④ 상법   ⑤ 경제법

중요✨

11 (가)에 들어갈 내용으로 가장 적절한 것은?

> 산업화가 진행되고 자본주의가 발달하는 과정에서 빈부 격차, 노동 문제 등이 심각해졌다. 이에 이러한 사회문제를 해결하고 _____ (가) 하기 위해 등장한 법이 사회법이다.

① 사회적·경제적 약자를 보호
② 국가의 간섭이나 개입을 최소화
③ 개인의 자유로운 경제활동을 보장
④ 국가기관의 구성과 운영 원리를 규정
⑤ 사회 질서를 어지럽힌 범법자를 처벌

XI

12 다음은 학생이 작성한 활동지이다. ㈀에 들어갈 법으로 옳은 것은?

> **수행평가 활동지**
> 1학년 ○반 ○번, 이름: ○○○
>
> ※ 다음 내용에 해당하는 법의 종류를 적으세요.
>
> 사적인 생활 영역에 국가가 개입하여 사회적·경제적 약자를 보호하기 위해 등장하였다.
>
> ↓
>
> 노동자의 권리와 근로 조건을 규정하고, 노사 간의 이해관계를 조정하기 위한 법이다.
>
> ↓
>
> ㈀

① 「소비자 기본법」
② 「국민 건강 보험법」
③ 「국민 기초 생활 보장법」
④ 「노동조합 및 노동관계 조정법」
⑤ 「독점 규제 및 공정 거래에 관한 법률」

③ 재판의 의미와 공정한 재판

13 (가)에 들어갈 적절한 내용을 <보기>에서 고른 것은?

> 민사 재판은 _____ (가) _____ 등이 발생하였을 때 그 문제를 해결하기 위한 재판이다.

┤ 보기 ├
ㄱ. 상가 절도 사건
ㄴ. 폭행 및 협박 사건
ㄷ. 손해 배상 청구 사건
ㄹ. 계약 위반 분쟁 사건

① ㄱ, ㄴ
② ㄱ, ㄷ
③ ㄴ, ㄷ
④ ㄴ, ㄹ
⑤ ㄷ, ㄹ

14 밑줄 친 재판에 관한 설명으로 옳지 <u>않은</u> 것은?

> 갑은 을에게 6개월 후에 갚는다는 약속을 받고 천만원을 빌려 주었다. 그러나 갑은 10개월이 지나도록 돈을 받지도 못하고, 을과 연락이 되지도 않았다. 결국 갑은 법원에 재판을 청구하였다.

① 갑이 원고, 을이 피고가 된다.
② 판사는 범죄 유무를 밝히고 형량을 결정한다.
③ 재판 당사자는 변호사의 도움을 받을 수 있다.
④ 갑은 을에게 돈을 빌려주었다는 사실을 입증해야 한다.
⑤ 갑이나 을이 판결에 불복할 경우 상급 법원에 상소할 수 있다.

15 자료는 어떤 재판의 절차를 나타낸다. 이에 관한 설명으로 옳은 것은?

(가)	갑은 방화 혐의로 수사를 받았다.
↓	
(나)	갑은 을에 의해 기소되어 ㈀ 재판을 받았다.
↓	
(다)	병은 갑에게 방화죄로 징역 3년을 선고하였다.

① ㈀은 민사 재판이다.
② 갑은 (나) 단계부터 피고인이 된다.
③ 을은 갑이 저지른 방화 사건의 피해자이다.
④ 병은 (다)에서 배심원의 평결을 따라야 한다.
⑤ (나)와 달리 (다)에서 공개 재판주의가 적용된다.

16 그림은 인터넷 검색 결과이다. 검색창 (가)에 들어갈 용어로 가장 적절한 것은?

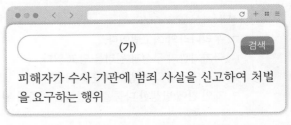

피해자가 수사 기관에 범죄 사실을 신고하여 처벌을 요구하는 행위

① 고소
② 기소
③ 변론
④ 신문
⑤ 판결

17 다음 학습 목표에 따른 적절한 탐구 활동을 <보기>에서 고른 것은?

> <학습 목표>
> 공정한 재판이 이루어지기 위한 제도들을 제시할 수 있다.

┤ 보기 ├
ㄱ. 민사 재판과 형사 재판 비교하기
ㄴ. 사법권 독립의 실현 방안 알아보기
ㄷ. 심급 제도를 적용한 사례 수집하기
ㄹ. 소송 당사자의 인권 보호를 위한 비공개 재판 원칙 조사하기

① ㄱ, ㄴ　　　② ㄱ, ㄷ　　　③ ㄴ, ㄷ
④ ㄴ, ㄹ　　　⑤ ㄷ, ㄹ

18 다음 그림에 나타난 사법 제도에 관한 설명으로 옳지 않은 것은?

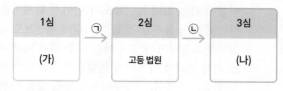

1심		2심		3심
(가)	⊙→	고등 법원	ⓒ→	(나)

① 심급 제도이다.
② (가)는 지방 법원 합의부이다.
③ (나)는 우리나라의 최고 법원이다.
④ ⊙은 상고이고, ⓒ은 항소이다.
⑤ 민사 재판과 형사 재판에도 적용된다.

19 다음 사진을 보고 물음에 답하시오.

(1) 사진에 A로 표시된 물건이 무엇인지 쓰시오.

_____

(2) (1)이 의미하는 내용을 법의 특징과 관련지어서 서술하시오.

_____

_____

20 ⊙에 들어갈 법 종류를 쓰고, 그 의미를 서술하시오.

> 개인 간의 생활 관계에 국가가 개입하여 등장한 사회법은 공법과 사법의 중간적인 성격을 띤다. 이러한 사회법은 크게 노동법, (　⊙　), 경제법으로 구분할 수 있다.

_____

_____

21 자료에 나타난 문제 상황을 해결하기 위한 재판을 쓰고 그렇게 판단한 근거를 서술하시오.

> 음식점을 운영하는 갑은 최근 계산대의 금액이 매출액과 맞지 않는다는 점을 수상하게 여겼다. 그 원인을 찾기 위해 폐쇄회로 텔레비전(CCTV)을 확인한 결과, 종업원이 퇴근 이후에 몰래 돌아와 계산대의 돈을 훔치는 장면을 발견하였다. 갑은 경찰서에 고소장을 접수하였다.

_____

① 인권 보장과 기본권의 종류

01 사진은 제2차 세계 대전 이후 채택된 세계 인권 선언의 모습이다. 선언과 관련한 내용으로 옳지 <u>않은</u> 것은?

① 천부 인권 사상을 담고 있다.
② 국제연합 총회에서 채택되었다.
③ 오늘날 세계 여러 국가의 헌법과 법률에 반영되어 있다.
④ 모든 사람이 보편적으로 누려야 할 인권의 기준을 제시하였다.
⑤ 현대 사회에서 모든 사람의 참정권을 보장하는 계기가 되었다.

02 인권 침해 사례를 통해 알 수 있는 인권 침해의 특징으로 가장 적절한 것은?

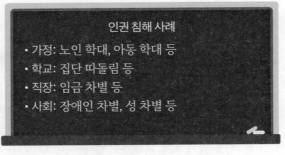

인권 침해 사례
• 가정: 노인 학대, 아동 학대 등
• 학교: 집단 따돌림 등
• 직장: 임금 차별 등
• 사회: 장애인 차별, 성 차별 등

① 고정 관념 때문에 인권 침해가 일어나고 있다.
② 사회적 관습 때문에 인권 침해가 일어나고 있다.
③ 인권 침해는 국가나 집단에 의해서만 이루어진다.
④ 인권 감수성이 부족하여 인권 침해가 일어나고 있다.
⑤ 일상생활 속에서 다양한 형태의 인권 침해가 일어나고 있다.

03 인권에 관한 옳은 설명을 <보기>에서 고른 것은?

┤ 보기 ├
ㄱ. 헌법에 보장된 기본적 인권을 기본권이라고 한다.
ㄴ. 국가에서 헌법으로 규정되어야 보장받는 권리이다.
ㄷ. 개인이 가지는 불가침의 권리로 필요에 따라 타인에게 양도할 수 있다.
ㄹ. 개인의 인권을 실질적으로 보호하려면 인권을 보장해 줄 수 있는 법과 제도가 필요하다.

① ㄱ, ㄴ   ② ㄱ, ㄹ   ③ ㄴ, ㄷ
④ ㄴ, ㄹ   ⑤ ㄷ, ㄹ

04 인권 침해 사례로 볼 수 <u>없는</u> 것은?

① 학교에서 성적을 공개적인 곳에 게시하였다.
② 합리적인 이유 없이 직장에서 해고당하였다.
③ 피부색이 다르다는 이유로 채용을 거절당하였다.
④ 학업 성적이 나쁘다는 이유로 입학을 거절당하였다.
⑤ 자격증 시험 결과를 수험 번호, 이름과 함께 공개적으로 발표하였다.

05 일기 내용에서 찾아볼 수 <u>없는</u> 기본권은?

○월 ○일
오전에 장애인 복지 시설로 봉사활동을 다녀왔다. 장애로 생활이 어려운 분들이 복지 제도 혜택을 받을 수 있어서 다행이라는 생각이 들었다. 다만 복지 시설에 가는 길에 횡단보도가 멀어서 휠체어를 타시는 분들이 불편할 것 같아 시청에 횡단보도 추가 설치를 요청하였다. 오후에는 기후 위기 대책 마련을 위한 집회에 참여해서 온실가스 감축 방법에 관한 연설을 하였다. 내일부터는 공무원 임용 시험 준비도 열심히 해야겠다. 요즘은 공무원 임용 시험에 나이 제한이 없어서 누구나 응시할 수 있다.

① 자유권   ② 평등권   ③ 참정권
④ 사회권   ⑤ 청구권

중요

06 다음 헌법 조항에 드러난 기본권에 관한 옳은 설명을 <보기>에서 고른 것은?

> 제12조 ① 모든 국민은 신체의 자유를 가진다.
> 제14조 모든 국민은 거주·이전의 자유를 가진다.
> 제17조 모든 국민은 사생활의 비밀과 자유를 침해받지 아니한다.

┤ 보기 ├

ㄱ. 역사가 가장 오래된 기본권이다.
ㄴ. 국민이 국가의 간섭 없이 생활할 수 있는 권리이다.
ㄷ. 국민이 인간다운 생활을 요구할 수 있는 권리이다.
ㄹ. 국가의 의사 결정 과정에 참여할 수 있는 권리이다.

① ㄱ, ㄴ ② ㄱ, ㄷ ③ ㄴ, ㄷ
④ ㄴ, ㄹ ⑤ ㄷ, ㄹ

07 다음 헌법 조항과 관련 있는 기본권으로 옳은 것은?

> 제27조 ① 모든 국민은 헌법과 법률이 정한 법관에 의하여 법률에 의한 재판을 받을 권리를 가진다.

① 참정권 ② 자유권 ③ 청구권
④ 사회권 ⑤ 평등권

08 다음 사례와 공통으로 관련 있는 기본권으로 옳은 것은?

> • 우리나라 국민은 누구나 중학교까지 무상으로 교육받을 수 있다.
> • 65세 이상이면서 소득과 재산이 일정 기준 이하인 사람은 기초 연금을 받을 수 있다.

① 참정권 ② 자유권 ③ 청구권
④ 사회권 ⑤ 평등권

09 과제를 옳게 수행한 모둠은?

모둠	기본권	실현 사례
과제: 기본권이 실현된 사례 조사하기		
1모둠	평등권	언론사에 의견을 발표함
2모둠	참정권	누구나 의무 교육을 받음
3모둠	자유권	장애와 관계없이 취업함
4모둠	사회권	국회의원 선거에 출마함
5모둠	청구권	국가에 손해배상을 요청함

① 1모둠 ② 2모둠 ③ 3모둠
④ 4모둠 ⑤ 5모둠

② 기본권의 제한 요건과 침해 구제 방법

10 밑줄 친 부분에 해당하는 요건을 <보기>에서 고른 것은?

> 우리 헌법은 필요한 경우에 한하여 국민의 기본권을 제한할 수 있도록 명시하고 있다.

┤ 보기 ├

ㄱ. 공공복리 ㄴ. 질서 유지
ㄷ. 공정한 재판 ㄹ. 국가 기밀 보장
ㅁ. 공정한 법 집행 ㅂ. 국가 안전 보장

① ㄱ, ㄴ, ㄷ ② ㄱ, ㄴ, ㅂ
③ ㄴ, ㄹ, ㅂ ④ ㄷ, ㄹ, ㅁ
⑤ ㄷ, ㅁ, ㅂ

11 기본권 제한에 관한 설명으로 옳지 <u>않은</u> 것은?

① 필요에 따라 제한 요건을 변경할 수 있다.
② 자유와 권리의 본질적인 내용은 제한할 수 없다.
③ 반드시 국회에서 만든 법률로써만 제한할 수 있다.
④ 제한 요건이 충족되어야 기본권을 제한할 수 있다.
⑤ 제한 요건을 명확히 하는 것은 국민의 기본권을 최대한 보장하기 위해서이다.

12 다음 사례에서 침해된 기본권과 구제해 줄 국가기관을 순서대로 고른 것으로 옳은 것은?

> 2020년 3월, 대통령과 국회가 온실가스 감축 협약 이행에 소극적으로 대응하는 것은 위헌이라는 내용의 기후변화 소송이 한국에서 처음으로 제기되었다. 정부가 국제 협약과 헌법적 의무에도 불구하고 산업적 이해관계 등에 따라 기후변화를 방치할 경우 기후 재난으로 이어질 위험이 크기 때문에 미래 세대의 생존권과 환경권 등을 침해한다는 것이다.

① 자유권, 법원
② 사회권, 법원
③ 자유권, 헌법재판소
④ 사회권, 헌법재판소
⑤ 자유권, 국가인권위원회

13 사진 속 기관의 역할에 관한 설명으로 옳지 <u>않은</u> 것은?

① 인권 침해나 차별 행위를 조사하여 구제한다.
② 인권 침해 소지가 있는 법이나 제도 개선을 권고한다.
③ 인권의 보호와 향상을 위한 업무를 수행하는 국가기관이다.
④ 입법, 사법, 행정 어디에도 소속되지 않은 독립된 국가기관이다.
⑤ 권리 구제 요청이 들어오면 재판을 통해 침해된 권리를 구제해 준다.

14 다음 사례에서 권리를 구제받을 수 있는 방법으로 옳은 것을 <보기>에서 고른 것은?

> **지식 Q&A**
>
> **질문** 제가 살고 있는 곳에 새롭게 벽화 마을이 조성되면서 밤낮으로 많은 사람이 방문해서 주민들이 소음과 쓰레기 등으로 많은 불편을 겪고 있어요. 어떻게 구제받을 수 있을까요?
>
> **답변** 국가기관의 잘못된 법 집행으로 피해를 보셨군요. 피해 구제 방법은 2가지가 있습니다.

| 보기 |
ㄱ. 행정 법원에 행정 소송을 제기한다.
ㄴ. 국가인권위원회에 진정을 제기한다.
ㄷ. 국민권익위원회에 행정 심판을 신청한다.
ㄹ. 헌법재판소에 헌법 소원 심판을 신청한다.

① ㄱ, ㄴ   ② ㄱ, ㄷ   ③ ㄴ, ㄷ
④ ㄴ, ㄹ   ⑤ ㄷ, ㄹ

15 다음 사례에서 갑이 권리 구제를 받을 수 있는 기관은?

> 갑은 을의 건물이 허가 없이 자신의 땅을 침범한 사실에 대해 권리 구제를 받기 원하고 있다.

① 법원   ② 헌법재판소
③ 국가인권위원회   ④ 국민권익위원회
⑤ 언론중재위원회

③ 근로자의 권리

16 다음 사례와 관련 있는 근로자의 권리 침해 행위로 옳은 것은?

> ○○회사에서 정당한 이유 없이 노동조합과의 단체 교섭을 거부하였다.

① 부당 해고   ② 임금 체불
③ 최저 임금제 위반   ④ 부당 노동 행위
⑤ 「근로 기준법」 위반

17 밑줄 친 부분에 해당하는 것으로 옳지 않은 것은?

> 부당 해고 – 정당한 해고 요건을 갖추지 않은 해고

① 정당한 해고 사유가 있어야 한다.
② 최소 30일 전에 해고 계획을 알려야 한다.
③ 해고 사유와 시기를 대화, 전화 등의 방법으로 알려야 한다.
④ 합리적이고 공정한 기준으로 해고 대상자를 선정해야 한다.
⑤ 성별이나 연령 등이 아닌 업무 능력이나 근무 태도 등을 기준으로 선정해야 한다.

18 다음 사례에 나타난 노동 3권을 순서대로 열거한 것으로 옳은 것은?

> 갑은 예전에 다니던 회사의 노동조합에서 파업을 주도하다가 회사와 큰 마찰을 겪고 퇴사하였다. 지금 다니는 회사에서는 다시 새로운 노동조합에 가입하여 활발하게 활동을 하고 있다. 내일은 회사 측과 노동조합 측이 만나 임금 협상을 하기로 예정되어 있다.

① 단결권, 단체 교섭권, 단체 행동권
② 단결권, 단체 행동권, 단체 교섭권
③ 단체 교섭권, 단결권, 단체 행동권
④ 단체 행동권, 단체 교섭권, 단결권
⑤ 단체 행동권, 단결권, 단체 교섭권

19 노동권 침해 시 권리 구제 방법으로 옳은 것은?

① 법원에 소송을 제기하여 권리 구제를 받는다.
② 부당 해고 시 고용노동부에 도움을 요청한다.
③ 임금 체불 시 노동 위원회에 도움을 요청한다.
④ 노동 3권 침해 시 고용노동부에 도움을 요청한다.
⑤ 근로 계약서 미작성 시 노동 위원회에 도움을 요청한다.

20 ㉠에 들어갈 기본권을 쓰고, 실현 사례를 두 가지 서술하시오.

> (㉠)의 의미와 실현 사례
> · 의미: 국가의 의사 결정에 참여할 수 있는 권리
> · 실현 사례: _____

21 다음 사례에서 제한된 기본권을 쓰고, 제한한 목적을 서술하시오.

> · 운전자 신호 위반이나 과속 금지
> · 보행자 무단 횡단 금지

22 다음 자료는 근로자가 어떤 상황에서 취할 수 있는 절차인지 서술하고, 이 절차를 신청 가능한 주체를 두 가지 쓰시오.

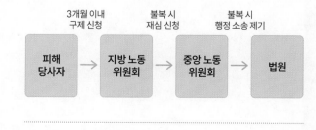

MEMO

MEMO

MEMO

중등 **사회**

①·2

간결하고 명확한 해설

바른답
알찬풀이

VII. 인간과 사회생활

주제 01 사회화 과정과 자아 정체성의 형성

개념 확인 문제
10쪽

1 (1)× (2)○   2 (1)평생에 걸쳐 (2)개인적, 사회적

대표 문제로 실력 쌓기
11쪽

1 ⑥   2 ④

1 가족은 기초적인 사회화 기관으로 유아기와 유년기에 큰 영향을 미친다. 또래 집단은 아동기와 청소년기에 영향력이 크고, 학교는 청소년기, 직장은 성인기에 주로 영향을 미친다. 또한 일상적으로 대중 매체에서 지식과 정보를 얻는다. 사회화 기관들은 시기별로 중요성이 다르나 평생에 걸쳐 영향을 준다.

2 장기 재소자를 위한 사회 적응 교육은 교도소 수감자들이 다시 사회로 돌아와 변화된 사회에 적응하기 위한 교육이므로 새로운 변화에 적응하는 재사회화이다.

엔픽 포인트 재사회화

의미	새로운 지식, 기술, 가치 등을 다시 배우는 과정
중요성	급변하는 현대 사회에서 더욱 중요성이 커지고 있음

실력 다지기
12~13쪽

01 ⑤   02 ④   03 ④   04 ③   05 ④   06 ②
07 ⑤   08 ①   09 ①

10 예시 답안 ㉠은 재사회화이다. 현대 사회는 변화 속도가 빠르므로 이에 적응하기 위해 새로운 지식, 기술, 가치 등을 배우는 재사회화의 중요성이 커지고 있다.

11 예시 답안 자아 정체성을 확립하기 위한 것이다. 자아 정체성이란 자신의 성격, 가치관, 능력, 관심, 목표 등을 알고 명확히 한 상태를 말한다.

01 사회의 문화를 공유하고 다음 세대에 전달함으로써 사회를 유지하고 발전시키는 것은 사회화의 사회적 측면의 기능이다.
   바로잡기 ① 사회화는 평생에 걸쳐 계속된다. ② 본능에 따른 행동이다. ③ 다양한 사회화 기관에서 사회화가 이루어진다. ④ 성인이 된 뒤에도 급변하는 사회에 적응하기 위해 필요한 지식, 기술, 가치, 규범 등을 학습하게 된다.

02 성인이 된 후에도 빠르게 변화하는 사회에 적응하기 위해 필요한 지식, 기술 등을 익히는 재사회화가 필요하다.
   바로잡기 군대에 입대하여 군대의 규칙과 생활을 익히는 것은 새로운 환경에 적응하기 위해 새로운 지식, 기술, 가치 등을 배우는 재사회화에 해당하며, 나머지는 사회화이다.

03 사회화는 사회적 측면에서 사회의 문화를 공유하고 다음 세대에 전달함으로써 사회를 유지하고 발전시킨다.
   바로잡기 ①, ②, ③, ⑤ 사회화의 개인적 측면의 기능이다.

04 친구들은 또래 집단에 해당하며 청소년기 자아 형성에 큰 영향을 미치는 사회화 기관이다.
   바로잡기 ① 가장 기초적인 사회화 기관은 가족이다. ② 사회화 기관 중 학교에 관한 설명이다. ④ 현대 사회에서는 인터넷 등 대중 매체의 영향력이 증가하고 있다. ⑤ 인터넷 블로그는 대중 매체이다. 유아기 및 유년기에는 가족이 가장 중요한 영향을 미친다.

05 인간은 사회적 존재로 성장하기 위해서 다른 사회 구성원들과 지속적인 상호 작용을 해야 한다.
   바로잡기 ①, ② 제시된 자료를 통해 알 수 있는 내용과 거리가 멀다. ③ 인간은 인간과의 상호 작용이 있어야 사회적 존재로 성장할 수 있다. ⑤ 인간이 사회생활에 필요한 행동 양식을 습득하는 적절한 시기가 있다. 제시된 자료에서 소년은 언어와 식사 예절 등을 학습하지 못하였다.

06 대중 매체는 신문, 텔레비전, 인터넷 등이 대표적이며 현대 사회에서 영향력이 증가하고 있다.
   바로잡기 ①, ③ 가족에 관한 설명이다. ④ 직장에 관한 설명이다. ⑤ 학교에 관한 설명이다.

07 사회화 기관은 평생에 걸쳐 영향을 미친다. 가장 기초적인 사회화 기관은 가족이다.

엔픽 포인트 사회화 기관

가족	• 가장 기초적인 사회화 기관 • 예절, 언어, 기본적인 생활 습관 등을 배움
또래 집단	놀이를 통해 공동체 생활에 필요한 규칙과 질서를 배움
학교	• 사회생활에 필요한 지식과 규범 등을 체계적으로 학습함 • 사회화가 목적인 공식적 사회화 기관
직장	업무 수행을 위한 지식과 행동 양식을 배움
대중 매체	• 다양한 정보 및 지식 전달 • 현대 사회에서 영향력이 커짐

08 (가)는 가족, (나)는 학교이다. 개인은 가족(가정)에서 예절, 언어, 기본적인 생활 습관 등을 배우고, 학교에서 사회생활에 필요한 지식과 규범 등을 체계적으로 학습한다.

09 ㉠에 들어갈 용어는 자아 정체성이다. 같은 사회의 구성원이라도 자아 정체성은 개인마다 다르게 형성된다.

10 현대 사회는 변화 속도가 빠르므로 기존에 습득한 지식, 기술만으로는 사회에 적응하기 힘들다. 이에 따라 새로운 지식, 기술, 가치 등을 배우는 재사회화의 중요성이 커졌다.

구분	채점 기준
상	재사회화라는 것을 쓰고, 현대 사회의 빠른 변화 속도와 관련하여 재사회화의 중요성이 커지는 까닭을 서술한 경우
중	재사회화라는 것을 쓰고, 사회가 변화한다는 내용만 서술한 경우
하	재사회화라는 용어만 쓴 경우

11 자아 정체성은 다른 사람들과 구별되는 자신만의 고유성을 깨닫고 자신의 성격, 가치관 등을 분명히 이해한 상태를 말한다.

구분	채점 기준
상	자아 정체성을 확립하기 위한 질문임을 쓰고, 자아 정체성의 의미를 서술한 경우
하	자아 정체성이라는 용어만 쓴 경우

주제 02 사회적 지위와 역할

개념 확인 문제

14쪽

1 (1)○ (2)○ (3)× **2** (1)후천적 (2)증가

대표 문제로 실력 쌓기

15쪽

1 ⑤ **2** ①

1 어머니는 태어날 때부터 자연적으로 주어지는 귀속 지위가 아니라 개인의 의지나 노력에 따라 후천적으로 얻는 성취 지위이다.

2 민준이는 농구 동아리 부장으로서의 역할과 손자로서의 역할이 서로 충돌하여 어떤 역할을 수행해야 할지 갈등을 겪고 있다. 이러한 역할 갈등은 개인이 가진 사회적 지위가 많아진 현대 사회에서 더 빈번하게 발생한다.

실력 다지기

16~17쪽

01 ⑤ **02** ② **03** ② **04** ① **05** ④ **06** ④
07 ③ **08** ② **09** ⑤

10 예시 답안 성취 지위이다. 성취 지위는 개인의 의지나 노력에 따라 후천적으로 얻는 지위이다.

11 예시 답안 직장 내 어린이집을 설치하거나 돌봄 교실을 확충하는 등 사회적 차원의 지원이 필요하다.

01 과거 신분제 사회에서는 귀속 지위가 중요했지만 현대 사회에서는 후천적 노력으로 얻는 성취 지위의 중요성이 커지고 있다.

02 막내아들은 개인의 의지나 노력과 상관없이 주어지는 귀속 지위이다. 나머지는 개인의 의지나 노력에 따라 후천적으로 얻는 성취 지위이다.

엔픽 포인트 사회적 지위의 종류

귀속 지위	개인의 의지와 상관없이 주어지는 지위
성취 지위	개인의 의지나 노력에 따라 후천적으로 얻는 지위

03 역할 행동은 개인마다 다른 방식으로 수행한다. 역할을 성실히 수행하면 칭찬이나 보상이 따르고, 그렇지 못하면 비난과 처벌 등 사회적 제재가 따른다.

바로잡기 ㄴ. 역할 행동은 개인마다 다르게 나타난다. ㄹ. 제시문에서 역할 갈등은 나타나 있지 않다.

04 귀속 지위에 관한 설명으로 아들, 딸, 왕자, 공주가 해당한다. 귀속 지위는 개인의 의지와 노력과 상관없이 태어나면서부터 갖게 되는 사회적 지위이다.

바로잡기 ㄷ, ㄹ은 개인의 노력이나 의지에 따라 후천적으로 얻는 지위이므로 성취 지위이다.

05 제시된 연극 대본에서 평민, 양반이라는 사회적 지위에 따라 기대되는 역할이 다르다는 것을 알 수 있다.

바로잡기 ① 개인이 가진 역할이 같더라도 실제로 그 역할을 수행하는 역할 행동은 개인마다 다르게 나타나지만, 제시문과 관련이 없는 내용이다. ② 과거 신분제 사회에서는 귀속 지위가 중요시되었다. ③ 시대가 달라지면 사회적 지위에 따라 기대되는 역할도 달라지지만 제시문과 관련이 없는 내용이다. ⑤ 귀속 지위와 성취 지위 중 어느 한 가지에 더 중요한 역할이 부여되지는 않는다.

06 지위에 따른 역할은 같지만 역할 행동은 개인마다 다르게 나타난다. 제시문에서 역할을 성실하게 수행한 회장은 칭찬이나 보상을 받을 수 있다고 서술되어 있다.

바로잡기 ① 역할이 같아도 역할을 수행하는 역할 행동은 개인마다 다르다. ②, ③ 역할 갈등에 관한 설명이다. ⑤ 역할을 성실히 수행하지 않으면 비난과 처벌이라는 사회적 제재가 따른다.

07 역할 갈등은 개인이 가진 두 가지 이상의 사회적 지위에서 상반된 역할이 충돌하여 발생한다.

바로잡기 ① 역할 갈등은 개인이 여러 지위와 역할을 가진 현대 사회에서 더 자주 발생한다. ② 한 사람이 여러 지위와 역할을 가지기 때문에 발생한다. ④ 역할 행동은 사람마다 다르게 나타난다. ⑤ 많은 사회 구성원들이 겪는 역할 갈등은 사회적 차원의 해결 방안을 마련해야 한다.

08 역할 갈등이 발생하면 갈등의 원인이 무엇인지 명확히 분석하고 역할의 우선순위에 따라 중요한 것부터 처리하거나 여러 역할 중 가장 중요한 하나를 선택하여 수행하는 것과 같이 합리적인 타협점을 찾아야 한다.

09 역할 갈등은 한 사람이 여러 가지 사회적 지위를 갖게 되면서 그 지위에 따른 역할이 충돌하여 일어나는 갈등이다.

10 제시된 사례는 모두 성취 지위이다. 성취 지위는 개인의 의지나 노력에 따라 후천적으로 얻는 지위이다.

구분	채점 기준
상	성취 지위라는 것을 쓰고, 개인의 의지나 노력에 의해 후천적으로 얻는 지위라고 정확히 서술한 경우
하	성취 지위라고만 썼거나 후천적으로 얻는 지위라고만 서술한 경우

11 맞벌이 부부의 역할 갈등을 해결하기 위해 직장 내 어린이집을 설치하거나 돌봄 교실을 확충하는 등 법적·사회적 차원의 제도적 지원이 필요하다.

구분	채점 기준
상	직장 내 어린이집을 설치하거나 돌봄 교실 등 사회적 차원의 대응이 필요하다고 구체적 사례를 들어 서술한 경우
하	제도적 지원이 필요하다고 썼으나 구체적 사례 없이 서술한 경우

주제 03 사회적 갈등과 차별

개념 확인 문제
18쪽

1 (1)✕ (2)○ (3)○   2 (1)존중 (2)사회적

대표 문제로 실력 쌓기
19쪽

1 ②   2 ④

1 차이는 서로를 구분하는 특성이다. 차별은 차이를 근거로 부당하게 대우하는 것으로 갈등의 원인이 된다.

2 사회적 약자를 보호하는 법과 제도를 마련하는 것은 사회적 차원의 갈등 해결 방안이다.
바로잡기 ①, ②, ③ 개인적 차원의 갈등 해결 방안이다. ⑤ 차별을 목격했을 때는 차별 당하는 사람을 적극적으로 보호하려고 노력해야 한다.

실력 다지기
20~21쪽

01 ③   02 ①   03 ②   04 ④   05 ⑤   06 ①
07 ⑤   08 ④   09 ①
10 **예시 답안** 차별은 인간의 존엄성을 훼손하고, 집단 내 또는 집단 간의 불필요한 갈등을 유발하므로 해결해야 한다.
11 **예시 답안** 버스에 휠체어 승차 시설을 설치하도록 하는 법을 만든다. 장애인의 이동권을 보장하기 위한 법과 제도를 마련한다. 등

01 제시된 자료에서는 계층 갈등, 세대 갈등, 지역 갈등, 성별 갈등 등이 나타나 있다. 갈등은 한 사회나 집단 안에서도 발생할 수 있다.

02 ㉠은 차이, ㉡은 갈등, ㉢은 차별이다.

엔픽 포인트 갈등, 차이, 차별 비교

갈등	가치나 신념, 목표나 이해관계가 부딪치며 충돌하는 현상
차이	서로를 구분할 수 있는 특성으로 같지 않고 다름을 의미함
차별	차이를 근거로 부당하게 대우함

03 도서관에서 독서하는 사람들은 소속감과 지속적인 상호 작용이 없기 때문에 사회 집단으로 볼 수 없다.

04 제시된 자료는 차별적 표현을 차별 없는 표현으로 바꾼 것이다. 서로 같지 않고 다르다는 것은 차이를 뜻하며, 이는 자연스러운 현상이다.

05 내집단은 ㉡, ㉣로 2개이다. 우리 반은 내가 소속되어 소속감을 느끼는 내집단이고, 3반은 외집단이다. ㉤은 소속감과 지속적인 상호 작용이 없으므로 사회 집단이 아니다.
바로잡기 ㄱ. ㉠은 외집단, ㉡은 내집단이다. ㄴ. ㉢에서 차별은 나타나 있지 않다.

06 차이는 서로 같지 않고 다름을 의미한다. 집단 내에서 혹은 집단 간에 차이가 발생하는 것은 자연스러운 현상이다.
바로잡기 ②, ④, ⑤는 차별에 관한 설명이다.

07 차별은 차이를 근거로 사람이나 집단을 부당하게 대우하는 것을 말한다. ㄷ은 인종 차별, ㄹ은 성차별에 해당한다.
바로잡기 ㄱ, ㄴ. 지하철에 노약자를 위한 전용 좌석을 설치하는 것이나 시각 장애인 수험생에게 시험 시간을 더 길게 주는 것은 차별이 아니라 차이를 인정하고 배려한 것이다.

08 차별은 인간의 존엄성을 훼손하고, 불필요한 사회 갈등을 유발한다. 제시된 법은 사회적 차원에서 법과 제도를 정비하여 차별을 막기 위한 것이다.
바로잡기 ① 편견과 고정 관념에서 벗어나야 한다. ② 양보와 타협의 자세는 개인적 차원의 해결 방법이며, 법률을 제정한 목적으로 적절하지 않다. ③ 차별이 아니라 차이를 인정하는 태도를 가져야 한다. ⑤ 차별받는 사회 구성원 스스로의 노력뿐만 아니라 사회 전체의 극복 노력이 필요하다.

엔픽 포인트 차별을 해결하기 위한 법률

법률	목적
「장애인 차별 금지 및 권리 구제 등에 관한 법률」	모든 생활 영역에서 장애를 이유로 한 차별을 금지, 장애인의 완전한 사회 참여와 평등권 실현
「남녀 고용 평등과 일·가정 양립 지원에 관한 법률」	남녀 고용 평등을 실현함과 아울러 근로자의 일과 가정의 양립을 지원

09 차별이 원인이 되어 발생하는 갈등을 해결하려면 편견과 고정 관념을 버리고 차이를 인정해야 한다. 또한 다양성을 존중하며 양보와 타협의 자세를 가져야 한다.

엔픽 포인트 갈등과 차별의 해결 방안

개인적 차원	• 양보와 타협의 자세 • 편견과 고정 관념 탈피 • 다양성 존중, 차이 인정 • 차별당하는 사람을 적극적으로 보호하려는 노력
사회적 차원	사회적 약자를 보호하고 차별을 막을 수 있는 법과 제도 정비 예 「장애인 차별 금지 및 권리 구제 등에 관한 법률」, 「남녀 고용 평등과 일·가정 양립 지원에 관한 법률」 등

10 차별은 인간의 존엄성을 침해 또는 훼손하고 사회 구성원 간 갈등을 유발하여 사회 통합을 저해한다.

구분	채점 기준
상	인간의 존엄성(인권)을 훼손한다는 것과 갈등을 유발한다는 것을 모두 포함하여 서술한 경우
하	인간의 존엄성(인권)을 훼손한다는 것과 갈등을 유발한다는 것 중 한 가지만 서술한 경우

11 버스에 휠체어 승차 시설을 설치하도록 하거나 장애인의 이동권을 보장하기 위한 법이나 제도를 마련하는 등의 사회적 차원의 해결 방안을 제시해야 한다.

구분	채점 기준
상	법과 제도 등 사회적 차원의 해결 방안을 구체적으로 서술한 경우
하	구체적 해결 방안을 들지 않고 차별을 해결해야 한다고만 서술한 경우

Ⅶ단원 표와 자료로 정리하기 (한 번 더) 22~23쪽

주제 01 ❶ 사회화 ❷ 또래 집단 ❸ 직장 ❹ 학교 ❺ 사회화 기관 ❻ 대중 매체 ❼ 자아 정체성 ❽ 청소년기

주제 02 ❶ 귀속 지위 ❷ 성취 지위 ❸ 역할 행동 ❹ 사회적 제재 ❺ 우선순위 ❻ 귀속 지위 ❼ 성취 지위 ❽ 역할 ❾ 역할 갈등

주제 03 ❶ 차이 ❷ 차별 ❸ 편견 ❹ 사회적 ❺ 갈등 ❻ 인종 차별 ❼ 차이

Ⅶ단원 실력 굳히기 24~27쪽

01 ② 02 ③ 03 ② 04 ② 05 ① 06 ③ 07 ⑤ 08 ③
09 ④ 10 ② 11 ① 12 ① 13 ① 14 ③ 15 ⑤ 16 ③
17 ② 18 ⑤ 19 ⑤ 20 ③ 21 ②

서술형 연습 문제 22 예시 답안 ㉠, ㉢, ㉣은 성취 지위이다. ㉡은 귀속 지위이다. 귀속 지위는 개인의 의지와 관계없이 태어나면서 주어지는 지위이고, 성취 지위는 개인의 의지나 노력에 따라 후천적으로 얻는 지위이다.

23 예시 답안 제시된 사례는 역할 갈등이다. 역할 갈등에 대응하기 위해서는 우선 역할 갈등 상황을 명확하게 하고, 우선순위를 정해 중요한 일부터 차례대로 처리하거나 여러 역할 중 하나를 선택하는 것과 같이 합리적인 타협점을 찾아야 한다.

24 예시 답안 (가), (나)와 같은 차별은 다른 사람이나 집단에 대한 편견과 고정 관념, 잘못된 관례나 관행 등으로 발생한다. 차별을 해결하기 위해 차별을 막고 사회적 약자를 보호할 수 있도록 법과 제도를 정비해야 한다.

01 ㉠은 재사회화이다. 현대 사회는 빠르게 변화하고 있기 때문에 과거보다 재사회화의 중요성이 커지고 있다.

02 학교는 사회화를 목적으로 만들어진 공식적인 사회화 기관이다. 학교에서는 사회생활에 필요한 지식, 기술, 규범 등을 체계적으로 가르친다.

03 사회화는 특정 시기에만 이루어지는 것이 아니라 평생에 걸쳐 이루어진다.

04 미국에서 태어나면 영어를 학습하고, 우리나라에서 태어나면 한국어를 학습하듯이 사회화의 내용이나 방식은 사회마다 다르게 나타난다. 사회화를 통해 인간은 사회생활에 필요한 행동 양식과 규범 등을 익히고 사회에 적응함으로써 자신이 속한 사회의 구성원으로 성장하면서 자아를 형성한다.

엔픽 포인트 사회화의 기능

개인적 차원	개인의 개성과 정체성 형성, 자신이 속한 사회의 구성원으로 성장, 사회생활에 필요한 행동 양식과 규범 학습
사회적 차원	한 사회의 문화를 공유함으로써 사회를 유지·발전시킴

05 사회화는 자신이 속한 사회의 언어, 규범, 가치관 등을 배워 나가는 과정이다.
바로잡기 ① 졸릴 때 하품을 하는 것은 학습된 것이 아니라 본능에 따른 행동이다.

06 자아 정체성은 다른 사람들과 구별되는 자신만의 고유한 특성으로 가족, 학교, 또래 집단, 대중 매체 등 다양한 사회화 기관과의 상호 작용에 의해 형성된다.

07 막내는 귀속 지위이고, 나머지는 개인의 의지나 노력에 따라 후천적으로 얻는 성취 지위이다.

08 개인의 의지와 노력에 의해 후천적으로 얻는 지위는 성취 지위이다. 대학교 입학생은 성취 지위에 해당한다.
바로잡기 3대 독자, 청소년, 남성, 공주는 자연적으로 주어지는 귀속 지위에 해당한다.

09 학생의 점수는 총 3점이다. 질문 1의 답은 '예'인데, '아니요'라고 답했으므로 0점이다. 질문 2의 답은 '아니요'이고, 옳게 답했으므로 1점을 얻었다. 질문 3의 답은 '아니요'이고, 옳게 답했으므로 1점을 얻었다. 질문 4의 답은 '예'이고, 옳게 답했으므로 1점을 얻었다.

10 개인은 사회에서 다양한 지위와 역할을 가지고 있으며 역할 행동에 따라 보상 또는 사회적 제재를 받는다. 개인이 여러 개의 사회적 지위를 가지면서 역할이 충돌하여 역할 갈등을 겪기도 한다.
바로잡기 ① 낚시 동호회 회장은 성취 지위이다. ③ ㉢은 역할 갈등이며 사회적 지위가 두 개 이상일 때 발생한다. ④ ㉣은 낚시 동호회 회장이라는 사회적 지위에 따라 기대되는 행동이므로 역할에 해당한다. ⑤ ㉤은 역할 행동을 제대로 수행하지 못했을 때 비난과 같은 사회적 제재가 따를 수 있음을 의미한다.

11 역할 갈등이 발생하면 갈등 상황을 명확하게 분석한 후 더 중요한 일이 무엇인지 기준을 정한다. 우선순위가 정해지면 가장 중요한 한 가지 역할을 택하고 다른 역할을 포기하거나 우선순위를 정해 중요한 순서대로 역할을 수행할 수 있다.

12 제시문은 역할 갈등에 관한 내용이다.
바로잡기 ① 두 가지 이상의 지위에 따른 역할이 충돌하여 발생한 역할 갈등이 아니라 단순한 내적 갈등에 해당한다.

13 맞벌이 부부의 역할 갈등처럼 사회 구성원들이 많이 겪는 문제를 해결하기 위해서는 직장 내에 어린이집을 설치하거나 돌봄 교실 등 맞벌이를 위한 보육 시설을 국가적으로 지원하는 등 사회적 차원의 노력이 필요하다.
바로잡기 ②~⑤는 개인적 차원의 해결 노력이다.

14 갈등이 원만하게 해결될 때 사회가 더욱 통합되고 발전할 수 있다.

15 제시문은 차별에 관한 내용이다. 장기 무사고 운전자의 보험료를 할인해 주는 것은 사고를 낸 운전자와 무사고 운전자의 차이를 존중한 정당한 대우이다.

16 사회 집단은 소속감을 가지고 지속적인 상호 작용을 하는 둘 이상의 모임이다.
바로잡기 ㄱ. 축구에 대한 열정은 사회 집단의 요건이 아니다. ㄹ. 축구 경기를 보러 온 관중들은 인원이 둘 이상이어도 소속감과 지속적인 상호 작용이 없으므로 사회 집단으로 볼 수 없다.

17 제시된 자료는 인종이나 피부색의 차이를 이유로 하는 차별에 반대하는 내용이다. 서로를 구분할 수 있는 특성은 차이이며 이를 존중해야 한다.

18 장애인 차별 문제를 해결하기 위해서는 개인적 차원의 노력과 사회적 차원의 노력이 모두 필요하다. ①~④는 사회적 차원의 노력, ⑤는 개인적 차원의 노력에 해당한다.

19 우리 사회에서는 성차별, 장애인 차별, 외국인이나 이주민에 대한 차별 등 다양한 차별이 일어나고 있다.
바로잡기 ㄱ, ㄴ은 노력이나 능력의 차이에 따른 것으로 차별에 해당하지 않는다.

20 제시된 자료는 사회적 차별의 원인이 편견과 고정 관념이라고 설명하고 있다.

21 서로의 다름을 이해하고 존중해야 차이를 근거로 부당하게 대우하는 차별을 방지할 수 있다.
바로잡기 ① 차별을 막기 위해 차이를 존중해야 한다. ③ 차별은 해결해야 하는 문제이다. ④ 차이를 근거로 부당하게 대우하는 것이 차별이다. ⑤ 개인의 노력뿐만 아니라 사회적 차원의 노력도 필요하다.

22 귀속 지위는 자신의 의지와 관계없이 태어나면서 주어지는 지위이다. 태어나면서 관노비가 되었으므로 이는 귀속 지위이다. 궁중 기술자, 종3품 관리, 어머니는 개인의 의지나 노력에 따라 후천적으로 얻었으므로 성취 지위이다.

구분	채점 기준
상	귀속 지위와 성취 지위를 바르게 구분하고, 그 의미를 옳게 서술한 경우
중	귀속 지위와 성취 지위를 바르게 구분하였으나, 그 의미를 미흡하게 서술한 경우
하	귀속 지위와 성취 지위의 종류만 옳게 구분한 경우

23 제시된 상황은 역할 갈등에 해당한다. 역할 갈등에 대응하는 방법은 우선순위를 정해서 중요한 일부터 차례대로 처리하거나 여러 역할 중 하나를 선택하는 것이다.

구분	채점 기준
상	역할 갈등이라는 것을 쓰고, 역할 갈등에 대응하는 방법을 옳게 서술한 경우
하	역할 갈등이라는 것만 서술한 경우

24 (가)는 인종 차별, (나)는 성차별 및 신체 조건에 따른 차별 사례이다. 이러한 차별은 다른 사람이나 집단에 대한 편견과 고정 관념, 잘못된 관례나 관행 등으로 발생한다. 차별을 해결하기 위해 차별을 막을 수 있도록 법과 제도를 정비하는 것이 있다.

구분	채점 기준
상	차별의 원인과 그 대처 방안을 옳게 서술한 경우
중	차별의 원인과 그 대처 방안 중 하나만 옳게 서술한 경우
하	제시된 사례가 차별이라는 것만 서술한 경우

VIII. 다양한 문화의 이해

주제 04 문화의 의미와 특징 및 속성

개념 확인 문제
30쪽

1 (1) ○ (2) ○ 2 (1) 공통적인, 서로 다른 (2) 공유, 축적

대표 문제로 실력 쌓기
31쪽

1 ⑥ 2 ④

1 어버이날에 부모님께 카네이션을 드리는 것은 우리나라의 문화이며, 형제자매와 나의 생김새가 비슷한 것은 유전에 따른 현상으로 문화에 해당하지 않는다.

엔픽 포인트 문화와 문화가 아닌 것

	넓은 의미	좁은 의미
문화의 의미	한 사회의 구성원들이 주어진 환경에 적응하는 과정에서 발전시켜 온 생활양식	· 교양이 있거나 세련된 모습 · 문학이나 예술
문화가 아닌 것	유전, 본능에 따른 행동, 개인의 버릇과 습관, 자연 현상	

2 문화가 세대를 거쳐 글과 말로 전달되면서 문화가 다양해지고 풍부해진다는 특징을 문화의 축적성이라고 한다.

엔픽 포인트 문화의 속성

공유성	한 사회의 구성원들이 그들만의 문화를 공유한다.
학습성	속한 사회에서 후천적으로 배워 익히는 것이다.
축적성	언어와 문자 등으로 다음 세대에 전달된다.
변동성	고정된 것이 아니라 끊임없이 변화한다.
전체성	한 사회의 문화를 구성하는 요소들은 서로 밀접한 관계를 유지하면서 하나의 전체를 이룬다.

실력 다지기
32~33쪽

01 ④ 02 ② 03 ⑤ 04 ⑤ 05 ⑤ 06 ②
07 ① 08 ④ 09 ④ 10 ④

11 **예시 답안** (가)와 (나)에서 문화의 학습성을 알 수 있다. 문화의 학습성이란 문화는 후천적으로 익히고 배워서 얻게 된다는 것을 의미한다.

12 **예시 답안** 문화의 특수성이 아니라 문화의 축적성이다. 문화의 특수성은 사회마다 구체적인 문화의 모습이 서로 다르다는 것이며, 문화가 세대 간 전승 과정을 통해 전달되고 풍부해진다는 것은 문화의 축적성에 관한 설명이다.

01 ㄷ, ㄹ, ㅁ. '문학이나 예술'이라는 좁은 의미로 '문화'를 사용한 것이다.

02 ㉠과 ㉡은 '문학이나 예술'을 뜻하는 좁은 의미의 문화, ㉢은 넓은 의미의 문화이다.
바로잡기 ㄹ. 본능에 따른 인간의 행동은 문화에 포함되지 않는다.

03 문화란 사회 구성원들이 주어진 환경에 적응하면서 발전시켜 온 생활양식을 총칭하는 말이다.
바로잡기 ④ 머리카락 색과 같은 유전에 의한 현상, ① 땀이 나는 것과 같은 생리적인 현상, ② 사계절과 같은 자연 현상은 문화에 해당하지 않는다. ③ 법과 종교처럼 형체가 없는 것도 문화에 해당한다.

04 신호등이라는 신호 체계를 만들어 오고 갈 타이밍을 알려주고 이에 맞추어 행동하는 것은 우리 사회 구성원이 만든 법과 규칙이며 이는 문화에 해당한다.

05 생일 축하 문화, 식사 문화는 대표적인 문화 사례이다.
바로잡기 ㄱ. 추울 때 몸이 떨리는 것은 생리적 현상이고, ㄴ. 나의 귀 모양이 부모님의 것과 비슷한 것은 유전적인 현상이므로 문화에 해당하지 않는다.

06 같은 문화권 사람의 행동을 예측하고 해석할 수 있는 것은 같은 문화를 공유하고 있기 때문이다. 한 사회 구성원끼리 그들만의 문화를 공유하는데 이를 문화의 공유성이라고 한다.

07 '시원하다'라는 말의 의미를 외국인과 한국인이 다르게 이해하는 것은 각 사회마다 공유하고 있는 '시원하다'의 의미가 다르기 때문에 나타난 현상이다. 따라서 사회 구성원끼리 그들만의 문화를 공유한다는 문화의 공유성이 드러난다.

08 사회마다 문화에 공통적인 모습이나 특징이 나타나는 것은 문화의 보편성이다.
바로잡기 ④ 문화의 공유성은 한 사회의 구성원들이 그들만의 문화를 공유한다는 특징이다.

엔픽 포인트 문화의 특징

보편성	어느 사회나 공통적인 모습이나 특징이 나타난다.
특수성	사회마다 서로 다른 독특한 모습이 나타난다.

09 ㄴ. 한 사회의 구성원들이 그들만의 문화를 공유하여 어떤 행동을 같은 의미로 해석하고 특정 상황에 행동을 예측하는 것을 문화의 공유성이라 한다. ㄹ. 문화 요소 사이에 관계가 긴밀하다는 것이 문화의 전체성이다. 전체성에 따라 문화 요소 하나에 변화가 생기면 연쇄적으로 다른 요소도 영향을 받아 사회 전반적인 변화가 나타난다.
바로잡기 ㄱ. 특수성에 가깝다. ㄷ. 변동성이 드러나는 사례이다.

10 ㉠은 전통이 과거부터 이어져 온 내용이므로 축적성이 드러나고, ㉡은 과거와 달리 차례를 지내지 않는 사람이 늘어나는 내용이므로 변동성이 드러난다.

11 (가)와 (나)에서 문화의 학습성을 알 수 있다. 문화의 학습성이

란, 문화는 후천적으로 익히고 배워서 얻게 된다는 것을 의미
한다.

구분	채점 기준
상	문화의 특징으로 '학습성'을 찾고, 학습성의 의미를 '후천적' 의미를 살려 서술한 경우
하	문화의 특징으로 '학습성'만 옳게 서술한 경우

12 문화의 특수성이 아니라 문화의 축적성이다. 문화의 특수성
은 사회마다 구체적인 문화의 모습이 서로 다르다는 것이며,
문화가 세대 간 전승 과정을 통해 전달되고 풍부해진다는 것
은 문화의 축적성에 관한 설명이다.

구분	채점 기준
상	문화의 특수성을 문화의 축적성으로 고치고, 축적성의 의미를 구체적으로 서술한 경우
하	문화의 특수성을 축적성으로 고치기만 한 경우

주제 05 미디어와 미디어 리터러시

개념 확인 문제   34쪽

1 (1) × (2) ○ 2 (1) 편향적 (2) 미디어 리터러시

대표 문제로 실력 쌓기   35쪽

1 ⑤ 2 ㉠

1 다른 문화를 경험하고 학습할 수 있게 하는 것은 미디어가 문
화를 전달하면서 나타나는 긍정적인 기능에 해당한다. 특정
문화를 왜곡하거나 잘못된 내용을 전달하는 경우 부정적인
기능이라 할 수 있다.

엔픽 포인트 미디어의 기능

긍정적 기능	• 정보 수집 및 전달 • 사회현상을 바라보는 관점과 견해 형성 지원 • 문화의 이해와 학습 지원 • 휴식과 오락 제공
부정적 기능	• 거짓 정보 유포 및 정보 왜곡 • 편향성 강화 • 상업성과 자극적인 내용 • 행동과 사고방식 획일화

2 조회 수나 댓글의 양을 확인하는 것은 정보의 신뢰성이나 타
당성을 확인하는 방법과는 거리가 멀다. 예를 들어 사실과 다
르지만 자극적인 제목과 내용의 정보는 조회 수가 높을 수 있
다. 따라서 다른 방법으로 미디어 리터러시를 실천해야 한다.

엔픽 포인트 미디어 리터러시의 실천

미디어 리터러시	• 출처와 작성자 검토 • 근거의 타당성 검토 • 관점의 편향성 검토 • 의도와 목적, 영향력 파악 • 다른 미디어의 정보와 비교 검토 • 사진과 영상의 왜곡 검토

실력 다지기   36~37쪽

01 ① 02 ④ 03 ③ 04 ① 05 ⑤ 06 ②
07 ① 08 ④ 09 ④ 10 ⑤

11 예시 답안 ㉠은 미디어 리터러시이다. 자료의 출처를 확인하고 근거의
타당성을 검토하고 다양한 미디어의 정보와 비교 검토하는 방법으로 실천
할 수 있다.

12 예시 답안 미디어에서 접하는 문화에는 왜곡이 있을 수 있으니 사실인
지 검토하여 비판적으로 받아들이는 태도가 필요하다.

01 미디어는 인쇄 매체 – 음성 매체 – 영상 매체 – 뉴 미디어 순으
로 발전하였다.

엔픽 포인트 미디어의 종류

전통적 미디어	생산자가 소비자에게 일방향으로 정보 전달 예 인쇄 매체, 음성 매체, 영상 매체
뉴 미디어	생산자와 소비자 간 쌍방향 소통 가능, 생산자와 소비자의 경계 불분명 예 인터넷, 컴퓨터, 사회 관계망 서비스

02 사회 관계망 서비스는 뉴 미디어에 해당하며, 정보 생산자와
소비자 간 쌍방향 소통이 가능하다는 것이 특징이다.

03 (가)와 (나)는 모두 미디어에 해당하며 정보와 문화를 전달하는
수단이다.

04 정보 제공자와 정보 수용자 간의 경계가 뚜렷한 미디어는 전
통적인 미디어로 음반, 영화가 이에 해당한다.
바로잡기 ㄷ, ㄹ은 뉴 미디어로 정보 제공자와 정보 수용자 간 경계가 불
분명하여 누구나 정보를 생산할 수 있고 쌍방향 소통이 가능하다는 것
이 특징이다.

05 사람들은 미디어 속 행동과 사고방식을 따라 하는 경향이 있
다. 그래서 미디어는 사람들의 행동과 사고방식이 획일화되
도록 한다.

06 자료 속에서 미디어는 사람들에게 1990년대 문화를 접할 수
있는 기회를 제공하여 과거를 추억하거나, 다른 세대의 문화
를 경험할 수 있게 하고 있다.

07 미디어에는 사실이 아니거나 의도적으로 왜곡된 정보가 생산
되고 퍼지기 쉬우므로 이에 유의하는 자세가 필요하다.

08 다양한 미디어의 정보를 비교하고 편향된 관점을 갖지 않도록 노력해야 한다.

09 미디어는 사용자 맞춤형 서비스 등으로 제한된 정보만 제공하거나 특정 관점에 치우친 견해만 제공하는 경우가 있으니 다양한 관점을 검토해야 한다.

10 편향된 관점을 갖지 않도록 유의하고, 정보를 제공하는 사람의 신뢰도를 확인하는 것은 미디어 리터러시를 실천하는 자세라 할 수 있다.

(바로잡기) ㄱ. 댓글과 리뷰는 조작될 수 있으므로 정보의 내용을 검토하여 사실을 판단한다. ㄴ. 다양한 유형의 미디어 속 내용을 비교 검토하여 사실을 확인해야 한다.

11 자료의 출처를 확인하고 근거의 타당성을 검토하고 다양한 미디어의 정보와 비교 검토하는 방법으로 미디어 리터러시를 실천할 수 있다.

구분	채점 기준
상	㉠을 미디어 리터러시라고 쓰고, 미디어 리터러시 실천 방안을 구체적으로 서술한 경우
중	㉠을 미디어 리터러시라고 쓰고, 미디어 리터러시 실천 방안을 추상적으로 서술한 경우
하	㉠을 미디어 리터러시라고 쓰기만 한 경우, 또는 ㉠은 틀렸으나 미디어 리터러시 실천 방안을 구체적으로 서술한 경우

12 미디어에서 접하는 문화에는 왜곡이 있을 수 있으니 사실인지 검토하여 비판적으로 받아들이는 태도가 필요하다.

구분	채점 기준
상	'왜곡', '사실 검증', '비판적'이라는 핵심 용어를 포함하여 미디어 리터러시에 부합하는 비판적인 태도의 필요성을 서술한 경우
하	'왜곡', '사실 검증', '비판적'이라는 핵심 용어 없이 미디어 속 문화를 유의하여 받아들여야 한다고 서술한 경우

주제 **06** 다문화 사회와 문화 이해 태도

개념 확인 문제

38쪽

1 (1) ○ (2) × **2** (1) 자기, 다른 (2) 인정하지 않는다 (3) 문화 상대주의

대표 문제로 실력 쌓기

39쪽

1 ⑤ **2** ⑤

1 다문화 사회는 지역, 국적, 민족, 종교, 언어 등 배경이 서로 다른 다양한 집단의 사람들이 함께 살아가면서 다양한 문화가 공존하는 사회이다.

엔픽 포인트 **다문화 사회**

의미	다양한 문화가 공존하는 사회
배경	세계화로 인구 이동이 증가하여 다양한 문화적 배경을 가진 이주민이 증가
장점	문화를 다양하게 함, 문화 발전의 원동력이 됨
단점	문화 차이를 이유로 갈등 발생 가능

2 어느 사회의 문화를 그 사회가 처한 자연환경, 사회적·역사적 배경에 비추어 이해하는 태도는 문화 상대주의이다.

엔픽 포인트 **문화 이해 태도와 의미**

자문화 중심주의	자신이 속한 사회의 문화만 우수하다고 보고, 다른 사회의 문화를 열등하게 여기는 태도
문화 사대주의	다른 사회의 문화를 우수하다고 보고, 자신이 속한 문화를 열등하게 여기는 태도
문화 상대주의	문화를 그 사회의 자연환경, 사회적 맥락, 역사적 배경 등을 고려하여 이해하려는 태도

실력 다지기

40~41쪽

01 ⑤ **02** ⑤ **03** ④ **04** ④ **05** ② **06** ④
07 ② **08** ③

09 예시 답안 ㉠은 다문화 사회이다. 다문화 사회로 다양한 문화를 좀 더 쉽게 접할 수 있게 되었으며, 사회를 구성하는 문화 요소가 더 풍요로워졌고 이는 문화 발전의 원동력이 되었다.

10 예시 답안 인간의 존엄성과 같은 인류의 보편적 가치를 무시하는 문화이기 때문이다.

01 자료는 우리 사회를 이루는 문화 요소가 다양해져서 다문화 사회로 변화하고 있음을 보여 준다. 이 자료만으로 외국 문화가 지배적인지 전통문화가 약해지는지 파악하기는 어렵다.

02 (나)의 기도실은 외국인뿐만 아니라 종교를 가진 모든 사람을 위한 시설이므로 종교를 가진 한국인도 배려하는 시설이라고 할 수 있다.

03 다문화 사회에서는 다양한 문화가 하나로 통합되기보다 공존한다. 다양한 문화들이 만나 새로운 문화 요소가 생겨날 수 있어도 이전의 문화 정체성을 유지한다.

04 갑의 태도는 자기 문화를 우수하게 보고 다른 문화는 열등하게 보는 자문화 중심주의적 태도이다.

05 문화 사대주의란 자기 문화를 열등하게 보고 다른 문화를 우수하게 보는 태도이다.

(바로잡기) ㄴ. 문화 상대주의, ㄹ. 자문화 중심주의 태도이다.

06 (가)는 문화 사대주의, (나)는 자문화 중심주의가 드러나는 사례이다.

바로잡기 ㄱ. 문화 상대주의에 관한 설명이다. ㄹ. 문화 사대주의에 관한 설명이다.

엔픽 포인트 **문화 이해 태도와 장단점**

자문화 중심주의	장점	자부심과 결속력 강화, 사회 통합에 도움
	단점	다른 문화와 갈등 유발, 자기 문화의 발전 기회 상실
문화 사대주의	장점	다른 문물 적극 수용, 자기 문화 발전에 도움
	단점	자기 문화의 주체성, 정체성, 자부심 상실
문화 상대주의	장점	문화를 깊이 있게 이해하고 있는 그대로 존중
	단점	인간의 존엄성 등 보편적 가치를 무시하는 문화까지 존중하는 극단적 문화 상대주의는 경계

07 문화 상대주의는 모든 문화에 나름의 의미와 가치가 있다고 보는 태도로 자기 문화의 정체성을 더 잘 이해할 수 있는 태도이다. 자기 문화의 정체성을 상실할 수 있는 것은 문화 사대주의이다.

08 문화 상대주의는 자연환경과 사회적 배경, 역사적 맥락을 고려하여 문화의 가치와 의미를 이해하는 태도이다.

09 다문화 사회가 됨에 따라 다양한 문화를 좀 더 쉽게 접할 수 있게 되었으며, 사회를 구성하는 문화 요소가 더 풍요로워졌고 이는 문화 발전의 원동력이 되었다.

구분	채점 기준
상	㉠을 다문화 사회로 쓰고, 다문화 사회로 나타나는 현상을 구체적으로 서술한 경우
중	㉠은 옳게 썼으나 다문화 사회의 영향을 추상적으로 서술한 경우
하	㉠만 옳게 쓴 경우

10 인간의 존엄성과 같은 인류의 보편적 가치를 무시하는 문화이기 때문에 존중하기 어렵다.

구분	채점 기준
상	'인류의 보편적 가치', '인간의 존엄성'이라는 핵심 용어를 포함하고 이를 무시하는 문화이기 때문이라는 내용으로 서술한 경우
하	'인류의 보편적 가치', '인간의 존엄성'이라는 핵심 용어를 포함하지 않고 추상적으로 서술한 경우

Ⅷ단원 표와 자료로 정리하기 한번더 42~43쪽

주제 04 **①** 생활양식 **②** 본능 **③** 전체성 **④** 유전 **⑤** 보편성 **⑥** 특수성 **⑦** 변동성 **⑧** 축적성

주제 05 **①** 일방향 **②** 뉴 미디어 **③** 문화 **④** 미디어 **⑤** 불분명 **⑥** 왜곡 **⑦** 편향 **⑧** 자극적 **⑨** 출처 **⑩** 근거

주제 06 **①** 세계화 **②** 자문화 중심주의 **③** 극단적 **④** 다문화 **⑤** 문화 사대주의 **⑥** 문화 상대주의 **⑦** 인간의 존엄성

Ⅷ단원 실력 굳히기 44~47쪽

01 ② 02 ③ 03 ④ 04 ⑤ 05 ① 06 ① 07 ② 08 ⑤
09 ① 10 ③ 11 ② 12 ③ 13 ① 14 ② 15 ④ 16 ③
17 ⑤ 18 ④ 19 ③ 20 ④ 21 ④

서술형 연습 문제 22 예시 답안 문화의 축적성이 드러나는 사례이다. 문화의 축적성이란 문화가 언어와 글을 통해 세대 간에 전승되면서 그 내용이 점차 추가되고 풍요로워진다는 의미이다.

23 예시 답안 특정 사이트의 내용만을 사실로 믿으면 편향된 관점을 가지기 쉬우니까 조심해야 해. 귀찮아도 다른 미디어의 정보와 비교하면서 해당 사이트의 정보가 믿을 만한 출처의 타당한 근거를 제시하고 있는지 확인해 봐야 해.

24 (1) 문화 상대주의 (2) **예시 답안** 전족의 풍습은 인간의 존엄성과 생명 존중, 자유와 같은 인류의 보편적 가치를 훼손하고 무시하는 문화이므로 이러한 문화까지 그 가치를 인정하는 것은 바람직하지 않다.

01 ㄱ. '교양이 있고 세련된 모습'이라는 좁은 의미로 '문화'를 사용한 문장이다. ㄷ. '문학이나 예술'이라는 좁은 의미로 '문화'를 사용한 문장이다.
바로잡기 ㄴ과 ㄹ은 넓은 의미로 '문화'를 사용한 문장이다.

02 문화는 환경에 적응하면서 발달한 생활양식이므로 환경이 달라지면 문화도 달라질 수 있다. 개인적인 습관이나 버릇, 유전이나 본능에 의한 행동은 문화에 포함되지 않는다.
바로잡기 갑. 자연 현상 자체는 문화에 포함되지 않으며, 정. 생리적 현상은 문화에 포함되지 않는다.

03 뜨거운 음식을 급하게 먹고 혀를 데는 것은 생리적인 현상으로 인간이 환경에 적응하기 위해 발전시킨 생활양식이 아니므로 문화라고 할 수 없다.

04 문화는 특수성(다양성)뿐만 아니라 보편성을 가지기 때문에 모든 사회나 문화에 공통적인 모습이나 특징을 찾을 수 있다.

05 (가)에서는 문화가 학습을 통해 익히는 것이라는 점(학습성)을, (나)에서는 문화가 시간이 흐름에 따라 변할 수 있다는 점(변동성)을, (다)에서는 문화를 구성하는 요소들끼리 밀접하게 연결되어 있음(전체성)을 파악할 수 있다.

06 사회 구성원끼리 같은 문화를 공유하기 때문에 특정 상황에서 행동을 이해하고 예측한다. 이러한 특성을 문화의 공유성이라고 한다.

07 가족, 결혼, 장례, 명절 등과 같이 어느 사회에서나 공통적으로 존재하는 문화 현상들이 있다. 이러한 특징을 문화의 보편성이라고 한다.

08 미디어 리터러시에는 미디어의 정보를 비판적인 태도로 평가하고 수용하는 태도뿐만 아니라 새로운 정보를 비판적인 태

도로 검토하고 책임감 있는 자세로 미디어에 공유하는 능력도 포함된다.

바로잡기 ① ㉠은 미디어, ㉡은 미디어 리터러시이다. ② 인쇄 매체, 음성 매체처럼 인터넷이 발달하기 전에도 미디어는 존재했다. ③ 정보 통신 기술의 발달과 함께 미디어의 새로운 유형이 계속 등장하고 있다. ④ 과거보다 오늘날 일상생활에 미치는 미디어의 영향력이 점차 커졌기 때문에 미디어 리터러시의 중요성이 약해졌다고 보기는 힘들다.

09 인쇄 매체는 전통적인 미디어로 정보 생산자와 수용자의 경계가 명확하다.

10 제시문은 미디어를 통해 문화를 교류하는 사례이다. 이처럼 미디어를 통해 새로운 문화를 쉽게 접하고 이해할 수 있다.

11 미디어에 의한 사생활 노출로 범죄가 발생할 수도 있다.

12 미디어를 바람직하게 활용하기 위해서는 정보를 제공하는 글의 숨겨진 목적과 의도를 파악해야 한다. 즉 상업적 의도의 광고인지 사실을 전달하고자 하는 목적의 기사인지 구분하는 자세가 필요하다.

바로잡기 ① 편향된 시각을 갖지 않도록 주의해야 한다. ② 미디어에 너무 많은 시간을 낭비하거나 중독되지 않도록 조심해야 한다. ④ 타인의 사생활을 침해하지 않도록 조심해야 한다. ⑤ 구독자 수와 상관없이 모든 정보는 비판적으로 검토한 뒤 공유해야 한다.

13 ㄱ. 출처와 작성자의 신뢰도를 확인하는 것, ㄴ. 나의 편견이 정보를 수용하고 평가하는 데에 영향을 미쳤는지 검토하는 것은 미디어를 바르게 활용하는 태도이다.

바로잡기 ㄷ. 평소 자주 접하는 미디어의 정보도 다른 미디어의 정보와 비교하여 검토해야 한다. ㄹ. 나의 평소 생각과 비슷한 정보만을 사실로 받아들일 경우 편향된 관점을 가질 수 있어 경계해야 한다.

14 다양한 문화가 공존하는 사회를 다문화 사회라고 한다.

15 ㄴ. 다문화 사회에서는 다양한 문화에서 비롯되는 언어, 가치관, 생활양식의 차이로 갈등이 발생할 수 있다. ㄹ. 다문화 사회에서는 다양한 문화가 공존하므로 여러 문화 간 상호 작용이 활발해진다. 이는 새로운 문화가 형성될 수 있는 토대이다.

바로잡기 ㄱ. 다문화 사회는 다양한 문화가 공존하는 사회이므로 어느 문화가 사라지는 것과는 거리가 멀다. ㄷ. 다양한 문화가 하나로 통합되는 것은 다양한 문화가 공존하는 다문화 사회와 거리가 멀다.

16 갑은 자신의 문화를 우수하게 보고 다른 문화를 열등하게 보는 자문화 중심주의 태도를, 을은 문화가 발생한 환경과 맥락에서 그 문화의 의미와 가치를 찾는 문화 상대주의 태도를 보인다.

17 자문화 중심주의는 자기 문화를 과대평가하는 태도이다.

18 문화 사대주의는 자기 문화를 열등하게 보고 다른 문화를 더 우수하게 보는 태도이다. 이러한 태도는 다른 문화의 장점을 적극적으로 수용하여 자기 문화의 발전에 도움이 되지만, 자

기의 고유문화에 대한 자부심을 잃게 만들 수 있다.

바로잡기 ㄱ. 자문화 중심주의에 관한 설명이다. ㄷ. 극단적 문화 상대주의에 관한 설명이다.

19 갑은 자문화 중심주의, 을은 문화 사대주의, 병은 문화 상대주의 태도를 보이고 있다. 병의 문화 상대주의는 그 사회가 처한 입장에서 문화의 의미와 가치를 이해한다.

바로잡기 ④ 갑과 을은 병과 달리 문화의 우열을 가린다. ⑤ 문화의 다양성을 가장 존중하는 태도는 병의 문화 상대주의 태도이다.

20 제시된 자료는 자문화 중심주의 태도를 보이는 외국인의 사례이다. 가장 바람직한 문화 이해 태도는 문화가 발생한 환경과 맥락에서 의미를 찾는 문화 상대주의이다.

21 자문화 중심주의와 문화 사대주의는 특정 문화를 기준으로 문화의 우열을 가린다는 점이 공통점이다.

바로잡기 ① 문화의 상대성을 인정하는 태도는 문화 상대주의이다. ② 자문화 중심주의는 다른 문화권과의 갈등을 유발할 수 있지만 문화 사대주의는 이와 거리가 멀다. ③ 자문화 중심주의는 자기 문화를, 문화 사대주의는 다른 문화를 우수하다고 본다. ⑤ 자문화 중심주의에 관한 설명이다.

22 문화의 축적성이란 문화가 언어와 글을 통해 세대 간에 전승되면서 그 내용이 점차 추가되고 풍요로워진다는 의미이다.

구분	채점 기준
상	문화의 축적성이 드러난 사례임을 쓰고, 축적성의 의미를 '세대 간 전승', '내용의 추가 또는 풍요로워짐'을 모두 서술한 경우
하	축적성이 드러난 사례라는 것만 쓴 경우

23 특정 사이트의 내용만을 사실로 믿으면 편향된 관점을 가지기 쉬우므로 다른 미디어의 정보와 비교하면서 해당 사이트의 정보가 믿을 만한 출처의 타당한 근거를 제시하고 있는지 확인해 봐야 한다.

구분	채점 기준
상	편향된 관점을 갖지 않도록 구체적인 방안을 제시한 경우
하	편향된 관점을 조심해야 한다고만 서술한 경우

24 (1) 문화 상대주의 태도이다.

(2) 전족의 풍습은 인간의 존엄성과 생명 존중, 자유와 같은 인류의 보편적 가치를 훼손하고 무시하는 문화이므로 이러한 문화까지 그 가치를 인정하는 것은 바람직하지 않다.

구분	채점 기준
상	㉠에 문화 상대주의를 쓰고, ㉡의 까닭을 '인간의 존엄성', '인류의 보편적 가치'와 같은 핵심 용어를 사용해 서술한 경우
중	㉠에 문화 상대주의를 썼으나, ㉡의 까닭을 '인간의 존엄성', '인류의 보편적 가치'와 같은 핵심 용어 없이 추상적으로 서술한 경우
하	㉠에 문화 상대주의만 쓴 경우

Ⅸ. 민주주의와 시민

주제 07 정치의 역할과 민주주의의 필요성

개념 확인 문제
50쪽

1 (1)× (2)○   2 (1)좁은, 넓은 (2)보장, 발전

대표 문제로 실력 쌓기
51쪽

1 ②   2 ⑤

1 좁은 의미의 정치에 해당하는 사례를 찾는 문제이므로 국가와 관련 있는 활동만을 골라야 한다.
> **바로잡기** ㄹ. 청소년 모의국회 활동, ㅂ. 아파트 주민 대표 회의, ㅅ. 임금 협상을 위한 노사 협의회는 넓은 의미의 정치에 해당한다.

엔픽 포인트 정치의 의미

좁은 의미의 정치	국가와 관련하여 정치권력을 획득·유지·행사하는 것
넓은 의미의 정치	일상생활에서 나타나는 사회 구성원 간 대립과 갈등을 조정하여 해결해 나가는 모든 활동

2 제시된 글에는 정치를 통해 사회문제를 해결하기 위한 방안을 모색함으로써 질서를 유지하고 사회 안정을 도모하는 상황이 나타나 있다.

실력 다지기
52~53쪽

01 ② 02 ① 03 ② 04 ② 05 ③ 06 ③
07 ④ 08 ③
09 예시 답안 ㉠정치권력, ㉡가족 여행 일정을 논의하는 가족회의, 직원 복지제도 개선을 위한 노사협의 등
10 예시 답안 권력이 특정 집단에 집중되어 남용됨으로써 다수의 권리가 침해되는 상황을 방지할 수 있기, 국민의 정치 참여를 보장함으로써 국민의 기본권을 보장할 수 있기, 민주적인 문화를 형성하여 공동체를 유지하고 발전시킬 수 있기, 시민 개개인이 고유한 존재로서 존중받을 수 있기 등

01 좁은 의미의 정치란 국가와 관련하여 정치권력을 획득·유지·행사하는 활동만을 의미하므로 ㄱ, ㄷ의 사례가 이에 해당한다.
> **바로잡기** ㄴ, ㄹ의 사례는 넓은 의미의 정치에 해당한다.

02 정치를 정치권력의 획득, 유지, 행사 등 국가와 관련한 정치인들의 활동으로 한정하는 것은 정치를 좁은 의미로 이해한 것이다. 정치인들의 활동은 넓은 의미의 정치에도 당연히 포함된다.

03 사회 불평등의 심화는 사회를 분열시키고 사회 구성원 간의 대립과 갈등을 가져와 사회의 통합과 발전을 가로막는 원인이 된다. 따라서 소득 격차를 확대하는 것은 정치의 역할이라고 볼 수 없다.

04 사례에는 공동체에서 발생한 대립과 갈등이 정치를 통해 조정되는 과정이 나타나 있다.

05 민주주의란 왕이나 귀족처럼 권력을 지닌 소수가 아닌 다수, 즉 국민이 국가를 다스리는 정치 형태를 의미한다.

엔픽 포인트 민주주의의 의미

정치 형태로서의 민주주의	권력을 가진 소수가 국가의 일을 결정하는 것이 아닌, 다수의 시민이 국가를 다스리는 정치 형태
생활양식으로서의 민주주의	일상생활에서 발생하는 여러 가지 문제를 자유와 평등을 바탕으로 민주적으로 해결하는 생활양식

06 정치가 중요한 이유는 우리 사회의 대립과 갈등을 해결하여 안정을 가져오기 때문이다. 한편 민주주의는 소수의 세력이 권력을 독점하여 남용하는 것을 제한한다.
> **바로잡기** 유리: 정치를 통해 사회 내 여러 대립과 갈등을 조정하고 해결할 수 있어. 수범: 많은 국가에서 민주주의를 채택하여 특정 집단에 대한 권력 집중 및 남용을 방지하고 있어.

07 ㉠에 들어갈 용어는 민주주의이다. 민주주의(democracy)의 어원은 demos(다수) + kratos(지배)로, ‘다수에 의한 지배’라는 의미이다.

08 관용과 배려로 타인의 의견을 존중하고, 대화와 타협으로 이해관계를 조율해 합의에 이르는 것은 생활양식으로서의 민주주의에 해당한다.
> **바로잡기** ㄱ. 대화할 때는 상대방이 나와 다를 수 있음을 인정하고 배려해야 한다. ㄹ. 합의에 이르지 못해 다수결의 원칙에 따라 의사 결정을 하더라도 소수의 의견과 권리를 존중해야 한다.

엔픽 포인트 민주적 생활양식과 그 영향

민주적 생활양식	• 배려와 관용 • 비판적 태도 • 대화와 타협 • 공동체 의식과 주인 의식 • 다수결의 원칙과 소수 의견 존중
영향	민주적 생활양식에 따른 의사 결정 과정을 거쳐야 구성원들이 그 결정에 동의하고 따를 수 있음

09 좁은 의미의 정치는 정치를 정치인의 활동으로만 본다. 넓은 의미의 정치는 정치인의 활동뿐만 아니라 사회의 갈등과 대립을 조정하여 해결해 나가는 모든 활동을 정치로 본다.

구분	채점 기준
상	정치권력을 쓰고, 정치를 넓은 의미로 해석할 때 정치로 볼 수 있는 사례 두 가지를 바르게 서술한 경우
하	정치권력만 쓴 경우

10 민주주의는 정치 형태로서 오늘날 국가를 운영하는 기본 원리인 동시에 일상생활에서 발생하는 문제를 평화적이고 합리적으로 해결할 수 있게 하는 생활양식이다.

구분	채점 기준
상	민주주의가 필요한 이유 두 가지를 바르게 서술한 경우
중	민주주의가 필요한 이유 한 가지만 바르게 서술한 경우
하	민주주의가 필요한 이유를 서술하였으나 그 내용이 논리적이지 않은 경우

주제 08 민주주의의 발전 과정과 원리

개념 확인 문제
54쪽

1 (1)× (2)○   2 (1)직접, 간접 (2)형식적, 실질적 (3)자치

대표 문제로 실력 쌓기
55쪽

1 ②   2 ①

1 고대 아테네 민주주의는 노예, 여성, 외국인의 정치 참여를 인정하지 않은 제한적 민주주의였다. 근대 민주주의도 여성, 노동자, 농민의 정치 참여를 인정하지 않은 제한적 민주주의였다. 일정 나이 이상의 사회 구성원 모두의 정치 참여를 인정하는 보통 선거 제도의 확립은 현대 민주주의의 특징이다.

엔픽 포인트 시민 범위의 확대 과정

고대 아테네 민주주의	성인 남성 → 노예, 여성, 외국인 제외
근대 민주주의	재산이 있는 성인 남성 → 여성, 노동자, 농민 제외
현대 민주주의	일정한 나이 이상의 모든 사회 구성원

2 우리 헌법 제1조는 국가 의사를 결정하는 최고 권력인 주권이 국민에게 있음을 분명히 밝히고 있으므로 (가)는 국민 주권의 원리이다. 우리 헌법 제69조는 국민과 국가를 대표하는 대통령에게 헌법에 따라 직무를 수행해야 할 의무를 부과하는 내용이므로 (나)는 입헌주의의 원리이다.

엔픽 포인트 민주주의의 기본 원리

국민 주권의 원리	국가의 의사를 결정하는 최고 권력인 주권이 국민에게 있다는 원리
국민 자치의 원리	주권을 가진 국민이 스스로 나라를 다스려야 한다는 원리
입헌주의의 원리	헌법에 따라 국가기관을 구성하고 권력을 행사해야 한다는 원리
권력 분립의 원리	국가 권력을 서로 독립된 기관이 나누어 맡도록 하는 원리

실력 다지기
56~57쪽

01 ⑤   02 ④   03 ⑤   04 ②   05 ①   06 ⑤
07 ②   08 ③   09 ③
10 **예시 답안** ⊙ 참정권, 참정권 운동으로 선거권의 인정 범위가 점차 확대되어 일정한 나이 이상의 모든 국민에게 제한 없이 선거권을 부여하는 보통 선거 제도가 확립되었다.
11 **예시 답안** 권력 분립의 원리, 국가기관 간 견제와 균형을 통해 권력 남용을 방지하고 국민의 자유와 권리를 보장한다.

01 고대의 그리스 아테네에서는 모든 시민이 민회에 모여 국가의 중요 정책을 결정하는 직접 민주주의가 시행되었다. 이후 민주주의는 역사에서 사라지고 한동안 왕과 귀족이 중심이 되는 사회가 이어졌다. 시간이 흘러 상공업을 통해 부를 축적한 시민들이 자유와 권리를 되찾기 위해 시민 혁명을 일으켰고, 그 결과 민주주의가 재등장하였다. 하지만 인구가 늘고 영토도 커진 근대 사회에서는 직접 민주주의의 시행이 현실적으로 어려웠고, 그 대안으로 대의제가 도입되었다. 자유, 평등의 이념과 국민 주권의 원리가 확립되었지만 정치 참여는 일정 규모의 토지와 자산을 소유한 성인 남성에게만 허용하는 한계를 드러냈다. 이에 참정권을 갖지 못한 노동자, 여성, 흑인을 중심으로 참정권 운동이 계속되었고, 그 결과 점차 선거권이 확대되어 오늘날 보통 선거 제도가 확립되었다.

02 국가의 주요 정책을 결정하는 민회에는 모든 시민이 참여하였다. 행정 업무나 재판은 추첨이나 윤번에 따라 선출된 시민이 맡았다.

03 근대 시민 혁명 이후에는 넓은 영토와 많은 인구수라는 현실적인 문제로 간접 민주주의(대의제)가 시행되었다.

04 미국에서는 영국의 부당한 식민 지배에 저항하여 독립 혁명이 일어났다.

05 ㄱ. 현대 민주주의도 근대 민주주의와 마찬가지로 대의제를 기본으로 한다. ㄴ. 보통 선거 제도의 확립은 현대 민주주의의 가장 큰 특징이다.
바로잡기 ㄷ. 국민이 직접 선출한 국회의원들이 국회에 모여 정치를 하는 간접 민주주의가 이루어진다. ㄹ. 고대 아테네 민주주의 또는 근대 민주주의에 해당하는 설명이다.

06 민주주의의 근본이념은 인간의 존엄성으로, 민주주의가 추구하는 궁극적인 목표는 인간의 존엄성 실현이다.

엔픽 포인트 민주주의의 이념

인간의 존엄성	모든 사람은 인간이라는 이유로 존중받을 가치가 있다는 것
자유	외부의 간섭을 받지 않고 스스로 판단하여 행동하는 것
평등	모든 사람이 성별, 인종, 종교, 재산 등에 의해 차별받지 않고 동등하게 대우받는 것

07 근대 민주주의 국가에서는 소극적 자유의 보장이 중시되었으나 오늘날에는 적극적 자유의 보장 역시 중요해졌다.

바로잡기 ㄴ, ㄷ은 소극적 자유에 해당한다.

엔픽 포인트 소극적 자유와 적극적 자유

소극적 자유	국가의 부당한 간섭을 받지 않을 자유
적극적 자유	• 정책 결정에 참여할 수 있는 자유 • 국가에 인간다운 삶을 요구할 수 있는 자유

08 현대 사회에서는 형식적 평등과 실질적 평등을 함께 고려하고 지향한다.

엔픽 포인트 형식적 평등과 실질적 평등

형식적 평등	모든 사람을 동등하게 대하는 것
실질적 평등	개인의 선천적·후천적 차이를 고려하여 상황별로 다르게 대우하되 약자를 적극적으로 배려하는 것

09 국민 주권의 원리는 국가 의사를 결정하는 최고 권력인 주권이 국민에게 있다는 것이고, 입헌주의의 원리란 헌법에 따라 국가기관을 구성하고 권력을 행사해야 한다는 것이다.

10 정치에 참여할 권리를 인정받지 못한다는 것은 국가의 의사 결정 과정에 어떤 의견도 낼 수 없고 아무런 영향도 끼칠 수 없음을 의미한다. 이는 곧 자유, 평등, 인간의 존엄성이 침해되더라도 국가에 보장해 달라고 요구할 수 없다는 의미이기도 하다.

구분	채점 기준
상	참정권을 쓰고, 제한 없이 선거권이 부여되는 보통 선거 제도가 확립되었다는 내용을 서술한 경우
중	참정권만 쓰거나 보통 선거 제도가 확립되었다고만 서술한 경우

11 제시된 헌법 조항들을 통해 국가 권력이 입법권, 행정권, 사법권으로 나뉘어 있으며, 각각의 권력을 서로 다른 기관이 행사하고 있음을 알 수 있다.

구분	채점 기준
상	권력 분립의 원리를 쓰고, '견제와 균형, 권력 남용 방지, 자유와 권리 보장'을 모두 포함하여 서술한 경우
중	권력 분립의 원리를 쓰고, '견제와 균형, 권력 남용 방지' 또는 '견제와 균형, 자유와 권리 보장'을 포함하여 서술한 경우
하	권력 분립의 원리만 쓴 경우

주제 09 현대 민주주의의 과제와 발전 노력

개념 확인 문제
58쪽

1 (1)○ (2)× 2 (1)직접 민주주의 (2)적극적, 조화롭게

대표 문제로 실력 쌓기
59쪽

1 ③ 2 ①

1 현대 민주주의에서 대의제가 가지는 한계 중 하나는 시민들의 정치적 무관심이 심해질 수 있다는 것이다.

2 보통 선거 제도는 시민들의 꾸준한 참정권 확대 운동을 통해 확립되었다.

실력 다지기
60~61쪽

01 ① 02 ③ 03 ⑤ 04 ① 05 ⑤ 06 ①
07 ③ 08 ③ 09 ②

10 예시 답안 정치적 무관심, 대표자가 국민의 뜻에 귀 기울이지 않게 되고, 국민의 의견이 정치에 반영되지 않아 국민 자치의 원리가 훼손될 수 있다.

11 예시 답안 시민이 정치에 관심을 가지고 적극적으로 참여해야 시민의 뜻에 충실한 민주주의가 실현될 수 있고, 정치권력을 감시하고 통제하여 스스로 자유와 권리를 지킬 수 있기 때문이다.

01 오늘날 국가 대부분은 국민이 직접 선출한 대표자가 국정을 이끌어 가는 대의제를 채택하고 있다. 대의제는 선거 외 정치 참여 방법이 다양하지 않아 시민들의 정치적 무관심 문제가 나타나기도 한다.

바로잡기 ㄷ. 현대 민주주의는 보통 선거 제도가 확립되어 일정 나이 이상의 국민이라면 누구나 선거에 참여할 수 있다. ㄹ. 오늘날에는 영토가 넓고 인구수가 많아서 모든 국민이 한자리에 모여 의사 결정을 하기 어렵다.

02 고대 아테네 민주주의와 근대 민주주의는 보통 선거 제도가 확립되지 않은 제한적 민주주의였으나 이후 계속된 참정권 운동으로 현대 들어와서는 보통 선거 제도가 확립되었다.

03 정보 통신 기술을 적극 활용하여 정책 정보의 공유와 여론 수렴이 이루어지는 것을 전자 민주주의라고 한다.

04 현대 민주주의 국가에서 대의제의 한계를 극복하기 위해 도입하는 직접 민주주의 요소로는 국민 투표, 국민 발안, 국민 소환, 주민 투표, 주민 발안, 주민 소환 등이 있다. 이 가운데 우리나라에서 시행하고 있는 제도는 국민 투표, 주민 발안, 주민 소환이다.

05 영토가 넓고 인구가 많은 현대 국가에서는 시간과 비용의 문제로 직접 민주주의를 실현하는 것이 어렵기 때문에 간접 민주주의(대의제)를 통해 국민 자치를 실현하고 있다.

06 대의제는 거대하고 복잡한 현대 사회에서 국민 자치를 실현하는 적합한 방법이다. 다만, 대의제의 한계를 극복하기 위해 직접 민주주의 요소를 부분적으로 도입하여 시행하고 있다.

07 민주주의의 발전을 위해 시민은 자신의 이익은 물론 다른 사람의 이익도 존중해야 하고, 사익과 공익이 조화를 이룰 수 있도록 노력해야 한다.

08 시민이 합리적 토론을 통해 공공 문제에 관한 사회적 합의를 만들어 가는 자리는 공론장이다. 공공의 문제에 대한 시민 참여는 공론장에서 출발하며, 이러한 공론장을 통해 시민의 뜻이 정책 결정 과정에 더 잘 전달될 수 있다.

09 민주주의의 발전을 위한 제도적 방안으로는 언론 · 집회 · 결사의 자유 보장, 시민 참여 제도 운영, 직접 민주주의 요소 도입, 공론장의 활성화, 전자 민주주의 확대, 숙의 민주주의 활용 등이 있다.

　(바로잡기) 민지: 인터넷을 활용하면 시간과 공간의 제약을 넘어 정치에 참여할 수 있어 시민의 정치 참여가 확대되므로 인터넷의 활용을 지향해야 해. 규현: 토론의 장을 통해 시민들의 다양한 의견을 수렴할 수 있고, 시민들의 합리적 토론을 통해 공공 문제에 관한 합의를 만들어 갈 수 있으므로 토론의 장을 적극적으로 운영하는 것이 바람직해.

10 국민이 정치에 관심을 가지지 않으면 대표자는 국정 운영에 있어서 국민의 이익을 소홀히 하고 권력을 남용할 가능성이 커진다.

구분	채점 기준
상	대표자가 국민의 뜻에 귀를 기울이지 않게 되고 국민의 의견이 정치에 반영되지 않아 국민 자치의 원리가 훼손될 수 있다고 서술한 경우
하	국민 자치의 원리가 훼손된다고만 서술한 경우

11 시민이 정치에 관심을 가지고 적극적으로 참여함으로써 정치 권력의 남용을 감시하고 통제해야 스스로 자유와 권리를 지킬 수 있다.

구분	채점 기준
상	시민의 뜻에 충실한 민주주의를 실현하고 정치권력에 대한 감시 · 통제를 통해 자유와 권리를 지킨다는 내용을 모두 포함하여 서술한 경우
하	시민의 뜻에 충실한 민주주의를 실현하고 정치권력에 대한 감시 · 통제를 통해 자유와 권리를 지킨다는 내용 중 하나만 서술한 경우

IX단원 표와 자료로 정리하기 (한 번 더)　62~63쪽

주제 07　❶ 정치권력　❷ 다수　❸ 소수　❹ 좁은　❺ 넓은
　　　　❻ 정치 형태　❼ 생활양식

주제 08　❶ 민회　❷ 윤번　❸ 성인 남성　❹ 재산　❺ 참정권 운동
　　　　❻ 보통 선거　❼ 직접　❽ 명예혁명　❾ 독립 혁명
　　　　❿ 프랑스 혁명　⓫ 국가　⓬ 기회　⓭ 차이　⓮ 주권
　　　　⓯ 헌법　⓰ 자유　⓱ 권력 분립

주제 09　❶ 대표　❷ 무관심　❸ 직접　❹ 사회적 합의　❺ 대의제

IX단원 실력 굳히기　64~67쪽

01 ⑤	02 ④	03 ①	04 ②	05 ③	06 ②	07 ②	08 ④
09 ④	10 ③	11 ⑤	12 ③	13 ②	14 ③	15 ③	16 ④
17 ③	18 ⑤	19 ④	20 ⑤	21 ④			

서술형 연습 문제　**22** (예시 답안) 고대 아테네 민주주의에서 시민은 노예나 외국인이 아닌 성인 남성만을 의미하였고, 근대 민주주의에서는 일정 규모 이상의 재산을 가진 성인 남성만을 의미하였다. 현대 민주주의에서는 일정한 나이 이상의 모든 국민에게 정치에 참여할 수 있는 권리가 부여된다.

23 (예시 답안) 실질적, 실질적 평등이란 개인의 선천적 · 후천적 차이를 고려하여 약자를 적극적으로 배려하는 것이다.

24 (1) (예시 답안) 국민의 뜻이 대표자를 통해 간접적으로 전달되어 정치에 정확히 반영되지 못할 수 있다. 대표자가 모든 직업, 지역, 계층, 세대별 의견을 고르게 대표하기 어렵다. 선거 참여 외의 정치 참여 수단이 제한되어 있어 시민들의 정치적 무관심이 커질 수 있다. 등　(2) (예시 답안) 언론의 자유와 집회 · 결사의 자유를 보장한다. 국민 투표, 국민 발안, 지방 자치 등 직접 민주주의 요소를 도입하여 시행한다. 공청회, 공론장, 청원 등을 활성화하여 시민의 정치 참여 방법을 다양화한다. 전자 민주주의를 확대한다. 숙의 민주주의를 활용한다. 등

01 그림의 (가)는 정치의 좁은 의미이고, 나머지는 정치의 넓은 의미이므로 ㉠에 들어갈 알맞은 용어는 정치이다.

02 (가)는 좁은 의미의 정치이므로 국가와 관련한 활동만이 그 사례에 해당한다.

03 정치는 사회 구성원 간 갈등과 대립을 조정하고 해결하여 사회를 안정시키고 질서를 유지한다.

엔픽 포인트 정치의 역할

공동체의 문제 해결	집단 의사 결정과 권력 행사를 통해 개인의 노력만으로 해결할 수 없는 사회문제를 해결함
사회 안정 및 질서 유지	공동체의 다양한 대립과 갈등을 조정함
공동체의 발전 방향 제시	사회가 지향해야 할 가치와 목표를 제시하고, 그 목표를 향한 공동의 노력과 합의를 이끌어 냄

04 정치 형태로서의 민주주의는 다수의 시민이 국가를 다스리는 정치 형태, 즉 국민이 나라의 주인인 정치 형태를 말한다.

05 선거는 국가의 주인인 국민이 그들을 대표하여 국가의 일을 결정할 국회를 구성하는 절차이므로 정치 형태로서의 민주주의 사례에 해당한다.

06 민주주의는 다원화된 현대 사회에서 다양한 이익과 이해관계를 조정하고 합의를 이끌어 냄으로써 사회를 유지하고 발전시킨다. 조정과 합의는 대화와 타협의 과정을 거쳐야 하므로 정책 결정이 신속하게 이루어지기는 어렵다.

07 도시 그 자체가 하나의 국가를 이루었던 고대 아테네는 영토의 규모가 작고 인구수가 적어서 모든 시민이 정치에 참여할 수 있었기 때문에 직접 민주주의가 시행될 수 있었다.

08 영국의 명예혁명, 미국 독립 혁명, 프랑스 혁명은 모두 시민 혁명의 대표적 사례이다.

09 시민 혁명 과정에서 자유, 평등의 이념이 널리 퍼지고 국민이 나라의 주인이라는 원칙이 확립되면서 왕과 귀족 중심이었던 사회가 다수의 시민이 중심이 되는 사회로 변화하였다.
(바로잡기) ① 참정권 운동의 결과이다. ② 왕과 귀족이 중심이 되는 사회가 종식되었다. ③ 여성, 노동자, 농민의 정치 참여는 제한되었다. ⑤ 시민이 뽑은 대표가 국가를 다스리는 대의제가 보편화하였다.

10 현대 민주주의에서는 근대 민주주의에서 참정권을 인정받지 못했던 노동자, 농민, 여성을 포함하여 일정 나이 이상의 모든 국민의 정치 참여를 보장한다.

11 민주주의와 그 근본이념인 인간의 존엄성을 실현하기 위해서는 자유와 평등을 조화롭게 추구하여야 한다.

12 국가로부터 부당한 간섭을 받지 않을 자유는 소극적 자유에, 국가의 정책 결정에 참여할 수 있는 자유와 국가에 대해 인간다운 삶을 요구할 수 있는 자유는 적극적 자유에 해당한다.

13 국민 주권의 원리에 따라 국가 의사를 결정하는 최고 권력인 주권은 국민에게 있다.

14 (가)는 국민 주권의 원리, (나)는 국민 자치의 원리가 잘 드러나는 헌법 조항이다.

15 제시된 글은 민주주의의 역사는 시민들의 노력으로 자유와 권리가 확대되어 온 과정이고, 그렇게 얻은 자유와 권리를 지키기 위해서도 시민들의 노력이 필요함을 보여 준다.

16 시민들의 정치 참여를 확대하기 위해 집회 및 결사의 자유를 보장해야 한다.

17 시민은 공론장에 적극 참여하여 공공 문제에 관한 생각과 의견을 밝히되 서로 존중하고 사익과 공익의 조화를 이루기 위해 노력해야 한다. 또한 자신과 뜻을 같이하는 정당, 이익 집단, 시민단체 활동을 통해 여론을 형성 및 전달하고, 입법을 요구하며, 정책 대안을 제시하는 등의 역할을 해야 한다.
(바로잡기) ㄱ. 선거에 적극 참여해야함은 물론 선거로 선출된 공직자가 권력을 남용하지 않고 자신의 직무를 잘 수행하는지 감시하고 통제해야 한다. ㄹ. 국민은 국가에 대한 주인 의식을 지녀야 한다. 선출된 대표는 특정 개인의 대표가 아니라 국민의 대표이므로 국민과 국가를 위해 직무를 수행해야 한다.

18 전자 민주주의의 구체적인 사례로는 온라인 투표, 전자 공청회, 사이버 국회 등이 있다. 전자 민주주의의 장점은 시민들이 시간과 공간의 제약 없이 정치에 참여할 수 있다는 것이다.

19 국민 자치의 원리란 주권을 가진 국민이 스스로 나라를 다스려야 한다는 것으로, 직접 민주주의뿐만 아니라 간접 민주주의를 통해서도 실현된다. 우리나라는 간접 민주주의, 즉 대의제를 기본으로 하되 국민 투표, 주민 발안, 주민 소환 등의 직접 민주주의 요소를 부분적으로 도입하여 국민 자치의 원리를 실현하고 있다.

20 직접 민주주의는 모든 국민이 직접 국가의 의사 결정에 참여하는 형태로, 다스리는 자와 다스림을 받는 자가 일치한다는 점에서 이상적이다. 하지만 한 나라의 영토 규모가 크고 인구수가 많은 오늘날에는 시간, 비용 등 현실적인 문제로 직접 민주주의를 시행하기가 어렵다. 이에 우리나라를 포함한 국가 대부분이 간접 민주주의(대의제)를 기본으로 하되 직접 민주주의 요소로 보완하는 형태로 국민 자치의 원리를 실현하고 있다.

21 영토의 규모가 크고 인구수가 많은 현대 국가에서는 모든 국민이 한자리에 모여 국가의 의사를 결정하는 것이 현실적으로 어렵기 때문에 대의제를 기본으로 하고 있다.

22 정치에 참여할 수 있는 시민의 범위는 성인 남성, 재산이 있는 성인 남성, 일정한 나이 이상의 모든 국민으로 확대되었다.

구분	채점 기준
상	시민 범위의 확대 과정을 시대 순서로 바르게 서술한 경우
중	두 시기의 시민의 범위만 올바르게 적어 시대 순서로 서술한 경우
하	한 시기의 시민의 범위만 올바르게 적은 경우

23 평등은 민주주의의 이념 중 하나로, 현대 민주주의 국가는 형식적 평등과 실질적 평등을 모두 추구한다.

구분	채점 기준
상	개인의 차이를 고려하여 약자를 적극적으로 배려한다고 서술한 경우
중	개인의 차이를 고려하여 다르게 대우한다고 서술한 경우

24 (1) 대의제는 국민이 뽑은 대표를 통해 국민의 뜻을 실현하는 것으로, 현대 민주주의의 기본적인 특징이다.

구분	채점 기준
상	대의제의 한계 두 가지를 바르게 서술한 경우
하	대의제의 한계 한 가지만 바르게 서술한 경우

(2) 대의제를 한계를 극복하고 보완하기 위해서는 시민의 적극적인 정치 참여를 가능하게 하는 제도적 기반이 마련되어야 한다.

구분	채점 기준
상	대의제의 한계를 보완하는 제도적 방안 두 가지를 바르게 서술한 경우
하	대의제의 한계를 보완하는 제도적 방안 한 가지만 바르게 서술한 경우

주제 **10** 선거와 선거 참여의 중요성

개념 확인 문제

70쪽

1 (1)× (2)○ **2** (1)보통 선거 (2)18세

대표 문제로 실력 쌓기

71쪽

1 ② **2** ①

1 유권자는 투표소에서 본인임을 확인받기 위해 신분증을 제시해야 하는데, 이는 직접 선거의 원칙을 지키기 위한 것이다. ㉠은 보통 선거, ㉢은 평등 선거, ㉣과 ㉤은 비밀 선거의 원칙을 보장하기 위한 절차이다.

2 기표소 안에서 투표지를 촬영하거나 이를 사회 관계망 서비스(SNS) 등에 게시해서는 안 된다. 또한 후보자 비방이나 허위 사실의 게시 및 공유, 선거 운동과 관련한 대가나 금품 요구 등도 금지된다.

실력 다지기

72~73쪽

01 ① **02** ④ **03** ⑤ **04** ④ **05** ② **06** ②
07 ① **08** ③ **09** ② **10** ② **11** ③

12 예시 답안 선거를 통해 시민의 지지와 동의를 얻어 선출된 대표는 권위를 인정받아 정당성을 얻는다. 대표자가 역할을 제대로 수행하지 못하면 국민은 다음 선거에서 그 책임을 물어 교체할 수 있으므로 정치권력을 통제하는 기능도 한다. 국민의 선거 참여는 주권자로서의 권리를 행사하는 것이므로 주권 행사의 기능도 있다.

01 선거란 국민을 대신하여 나라의 일을 담당할 대표자를 선출하는 과정을 말한다. 대의 민주주의에서는 대표로 누가 선출되느냐에 따라 국가 운영의 방향과 정책이 크게 달라지기 때문에 국민의 대표를 뽑는 선거는 민주 정치의 성공과 실패를 좌우하는 중요한 요소이다.
바로잡기 ㄷ. 선거는 간접 민주주의(대의제)를 실현하기 위한 방법이다. ㄹ. 선거는 시민이 정치적 의사를 표현할 수 있는 대표적인 방법이지 유일한 방법은 아니다.

02 국가 원수이자 행정부 수반인 대통령을 선출하는 선거는 5년, 국민의 대표 기관인 국회의 구성원을 선출하는 선거는 4년마다 실시한다. 지방 선거에서는 지방 자치 단체장과 지방 의회 의원을 4년 주기로 뽑고, 교육감 선거에서는 시도 교육청의 장인 교육감을 4년마다 선출한다. ④ 교육부 장관은 행정부서 중 하나인 교육부의 수장으로서 대통령이 임명한다.

03 선거 주기가 다른 것은 대통령 선거(5년)이므로 C가 대통령 선거이고, ㉡은 '아니요'임을 알 수 있다. ㄷ. 4년마다 실시되는 지방 선거를 통해 선출된 지역 대표로 지방 자치 단체가 구성된다. ㄹ. 대통령 선거는 5년 주기로 실시되므로 대통령의 임기가 5년임을 알 수 있다.
바로잡기 ㄱ. ㉠은 '예', ㉡은 '아니요'이다. ㄴ. A는 국회의원 선거이다.

엔픽 포인트 **우리나라 선거의 종류**

구분	선출되는 대표	주기
대통령 선거	대통령	5년
국회의원 선거	국회의원(지역구 의원, 비례 대표 의원)	4년
지방 선거	지방 자치 단체장, 지방 의회 의원	4년
교육감 선거	교육감	4년

04 대표자가 권력을 남용하거나 역할을 제대로 수행하지 못하면 국민은 다음 선거에서 그 책임을 물어 대표자를 교체할 수 있으므로, 선거는 국민이 대표자를 통제하는 수단이 된다.

05 ㉠에 들어갈 민주 선거의 원칙은 평등 선거이다. 평등 선거의 원칙이란 모든 사람이 행사하는 표의 개수와 가치가 같아야 한다는 원칙이다.

06 (가)는 보통 선거, (나)는 비밀 선거의 원칙을 설명한 것이다.

07 유권자란 선거에 참여하여 대표자를 선출할 수 있는 권리를 가진 사람으로, 우리나라에서는 18세 이상이면 누구나 유권자가 된다.
바로잡기 ㄷ. 유권자가 선출할 권한을 가진 대상은 입법부의 구성원인 국회의원과 행정부의 구성원 중 대통령만이다. ㄹ. 선거에 출마하는 후보자나 정당에 관한 설명이다.

08 유권자는 선거에 참여함으로써 국가 운영을 책임질 대표자를 선출하고 국가 정책에 자신의 의견을 반영할 수 있다. ③ 각종 선거에 후보자를 공천하는 것은 정치권력 획득을 목적으로 하는 정당의 역할이다.

엔픽 포인트 **선거 과정에서 유권자와 정당의 활동**

유권자의 활동	정당의 활동
• 후보자 비교 • 선거 운동 참여 • 선거 과정 감시 • 투표권 행사	• 후보자 공천 • 공약 개발 • 정치적 이념 홍보 • 선거 운동 지원

09 유권자는 선거 공보나 벽보, 정당 누리집, 정책 토론회 등을 통해 후보자의 공약, 인품, 자질, 능력 등을 비교하여 선거에서 올바른 선택을 해야 한다.

10 정당의 활동 목적은 정치권력의 획득이므로 정당은 각종 선거에 후보자를 공천하여 당선시키고자 노력한다. ② 법을 개정하는 일은 국민의 대표 기관인 국회의 역할이다.

11 자료에는 정당이 여론을 반영한 공약과 정책을 개발하는 활동이 나타나 있다. 공약이란 정부, 정당, 입후보자 등이 어떤 일에 대하여 국민에게 실행할 것을 약속하는 일이나 그러한 약속을 말한다.

12 국민이 정치에 참여하는 가장 기본적인 방법인 선거는 대표자 선출, 대표자에 정당성 부여, 정치권력 통제, 주권 행사의 기능을 가진다.

구분	채점 기준
상	선거의 기능을 세 가지 모두 서술한 경우
중	선거의 기능을 두 가지 서술한 경우
하	선거의 기능을 한 가지만 서술한 경우

주제 **11** 정치 주체의 역할과 정치과정의 의미

개념 확인 문제
74쪽

1 (1) ○ (2) ✕   2 (1) 공익 (2) 정부

대표 문제로 **실력 쌓기**
75쪽

1 ②   2 ④

1 이익 집단과 시민단체 모두 정책을 결정하고 집행할 권한이 없는 비공식적 정치 주체이다. 국회, 정부, 법원 등 헌법에 따라 구성되어 정책을 결정하고 집행할 권한을 부여받은 국가기관이 공식적 정치 주체이다.

2 (가)는 정치과정의 단계 중 '정책 집행'에 해당한다. 결정된 정책을 현실에 맞게 구체화하여 실행하는 정치 주체는 정부이다.
(바로잡기) ① 국회는 정책 결정 단계에서, ③ 정당은 이익 집약 단계에서, ⑤ 시민단체와 ⑥ 이익 집단은 이익 표출 단계에서 주된 역할을 한다.

엔픽 포인트 정치과정의 의미와 단계

의미	시민의 다양한 요구와 이익을 집약하여 정책으로 결정하고 집행하는 과정
단계	이익 표출 → 이익 집약 → 정책 결정 → 정책 집행 → 정책 평가 및 환류

실력 **다지기**
76~77쪽

01 ⑤	02 ④	03 ②	04 ①	05 ②	06 ③
07 ②	08 ①	09 ⑤	10 ②	11 ②	

12 (예시 답안) 이해관계를 같이하는 사람들이 그들의 특수한 이익을 추구하기 위해 만든 단체로, 자기 집단의 이익을 정치에 반영하기 위해 정부에 압력을 행사하며 전문적인 지식을 바탕으로 정책 대안을 제시하기도 한다.

---

01 제시된 집단은 이익 집단, 언론, 시민단체로 모두 정치과정에 영향력을 행사하는 정치 주체이다.
(바로잡기) ①은 정당, ②는 국회, ③은 정부, ④는 언론에만 해당하는 설명이다.

엔픽 포인트 정치 주체의 의미와 종류

의미	정치 활동에 참여하여 영향력을 행사하는 개인이나 집단
종류	시민(개인), 이익 집단, 시민단체, 정당, 언론, 국가기관 등

02 ㉠에 들어갈 정치 주체는 시민단체이다.
(바로잡기) ⑤ 이익 집단은 사익을 추구한다는 점에서 시민단체와 구별된다.

03 정당, 시민단체, 이익 집단 중에서 자기 집단의 특수 이익을 우선시하는 정치 주체는 이익 집단이다. 또한 공직 선거에 후보자를 공천하는 정치 주체는 정당이다. 따라서 (가)는 이익 집단, (나)는 시민단체, (다)는 정당이다.
(바로잡기) ① 정권 획득을 목적으로 하는 정치 주체는 정당이다. ③ 정책을 구체적으로 수립하고 집행하는 정치 주체는 정부이다. ④ 이익 집단과 시민단체 모두 다양한 이익을 자유롭게 표출한다. ⑤ 시민단체와 정당은 모두 비공식적 정치 주체로서 정치과정에 비공식적으로 영향력을 행사한다.

04 언론은 신문, 방송, 인터넷 등의 미디어를 통해 정치에 관한 전반적인 정보를 제공하는 정치 주체로, 국가기관을 비롯한 다양한 정치 주체의 활동을 감시하고 비판한다.
(바로잡기) ㄷ. 정당에 대한 설명이다. ㄹ. 이익 집단에 대한 설명이다.

05 헌법에 따라 정책을 결정할 수 있는 권한을 가진 공식적 정치 주체는 국회, 정부 등의 국가기관이다. 정당, 언론, 이익 집단, 시민단체 등은 비공식적 정치 주체에 해당한다.

06 자료에 나타난 정치 주체는 국회이다.
(바로잡기) ① 국회는 공식적인 정치 주체이다. ②는 정부, ④는 이익 집단, ⑤는 법원에 대한 설명이다.

07 국회, 정부 등 국가기관이 정치과정의 모든 단계를 주도하지는 않는다. 국가기관은 주로 정책 결정 및 집행 단계에서 주된 역할을 한다.

08 자료는 다양한 가치와 이익을 실현하기 위해 개인이나 집단이 자신의 의견을 표출하고 있는 모습이다.

09 (가)는 '이익 집약' 단계에 해당한다. 이익 집약 단계에서는 정당이나 언론 등이 시민들의 다양한 이익을 모아 요약하고 대안을 제시한다.
(바로잡기) ①은 이익 표출, ②는 정책 평가, ③은 정책 집행, ④는 정책 결정 단계에 해당하는 사례이다.

10 정치과정은 '(나) 이익 표출 – (가) 이익 집약 – (마) 정책 결정 – (다) 정책 집행 – (라) 정책 평가'의 순서로 이루어진다.

11 (가)는 시민단체가 환경 보호를 위해 일회용품 사용을 줄여야 한다고 요구하는 모습으로, 정치과정의 단계 중 '이익 표출'에 해당한다. (나)는 국회에서 환경 보호 관련 법률안을 개정하는 모습으로, 정치과정의 단계 중 '정책 결정'에 해당한다.

12 이익 집단은 자기 집단의 이익을 정치에 반영하기 위해 정부에 압력을 행사하는 정치 주체이다.

구분	채점 기준
상	이익 집단의 의미와 역할을 모두 바르게 서술한 경우
하	이익 집단의 의미와 역할 중 하나만 서술한 경우

주제 12 지방 자치의 중요성과 주민 참여의 의의

개념 확인 문제   78쪽

1 (1) ○ (2) ○   2 (1) 기초 자치 단체 (2) 지방 의회

대표 문제로 실력 쌓기   79쪽

1 ④   2 ①

1 ㉠은 지방 의회, ㉡은 지방 자치 단체장이다.
바로잡기 ① 지방 의회가 조례를 제정한다. 규칙은 지방 자치 단체장이 만든다. ② ㉠은 지방 의회이다. ③ 지방 의회와 지방 자치 단체장의 임기는 모두 4년이다. ⑤ 지방 자치 단체장이 지방 의회에 예산안을 제출한다. ⑥ 예산의 확정은 지방 의회가, 예산의 집행은 지방 자치 단체장이 한다.

2 ㉠에 들어갈 제도는 지방 선거이다. 지방 선거는 주민을 대표하여 지역의 일을 담당할 지방 의회 의원과 지방 자치 단체장을 선출하는 과정이다.

실력 다지기   80~81쪽

| 01 ④ | 02 ③ | 03 ① | 04 ④ | 05 ① | 06 ④ |
| 07 ⑤ | 08 ⑤ | 09 ③ | 10 ④ | | |

11 예시 답안 지방 자치 (제도), 지역 실정에 맞는 정치가 이루어진다. 정치권력이 중앙 정부에 집중되는 것을 방지하여 권력 분립을 실현한다. 주민이 주체가 되어 지역의 문제를 해결하면서 민주주의를 배우고 실천할 수 있다. 등
12 예시 답안 지역 주민이 지역 행정에 관한 의견이나 요구 사항을 지방 자치 단체에 문서로 제출할 수 있는 제도이다.

01 지역마다 처한 상황이나 해결해야 할 문제가 다르기 때문에 지역의 일은 지역 주민이 스스로 처리하는 것이 바람직하다.

바로잡기 ㄱ. 지방 자치는 정치권력이 중앙 정부에 집중되는 것을 막음으로써 권력 분립을 실현한다. ㄷ. 지역 주민은 지방 자치 제도가 아니어도 선거, 국민 투표 참여, 시민단체 가입, 정당 활동 등 다양한 방법을 통해 정치에 참여할 수 있다.

02 우리나라의 지방 자치 단체는 지방 의회와 지방 자치 단체장으로 구성된다.
바로잡기 ① 지방 자치 단체장은 집행 기관이다. ② 지방 자치 단체는 특별시, 특별자치시, 광역시, 특별자치도, 도와 같은 광역 자치 단체와 시, 군, 구와 같은 기초 자치 단체로 구분된다. ④ 지방 의회 의원과 지방 자치 단체장은 4년마다 실시되는 지방 선거를 통해 선출된다. ⑤ 광역시장, 도지사 등은 광역 자치 단체의 집행 기관에 해당한다.

03 광역 자치 단체에는 특별시, 특별자치시, 광역시, 특별자치도, 도가 있고, 기초 자치 단체에는 시, 군, 구가 있다.
바로잡기 ②, ③, ④, ⑤는 모두 광역 자치 단체의 지방 자치 단체장이다.

04 서울특별시와 서초구의 집행 기관은 각각 서울특별시장과 서초구청장이며, 의결 기관은 각각 서울특별시 의회와 서초구 의회이다. ④ 서초구 의회는 의결 기관이므로 의회 의원은 예산안을 심의하고 확정하는 일을 한다. 예산안의 편성과 확정된 예산의 집행은 서초구청장이 한다.

05 우리나라의 지방 자치 단체는 의결 기관인 지방 의회와 집행 기관인 지방 자치 단체장으로 구성된다.
바로잡기 ②, ③, ④, ⑤는 지방 자치 단체장의 역할이다.

06 제시된 두 기관은 집행 기관인 지방 자치 단체장에 해당한다.
바로잡기 ㄱ. 지방 자치 단체장은 지방 선거를 통해 선출된다. ㄷ. 지방 의회에 대한 설명이다. 지방 자치 단체장은 조례를 실천하는 데 필요한 규칙을 제정한다.

07 지역 주민은 주민 투표, 주민 설명회 참가 외에도 민원 제기, 주민 소환, 주민 조례 발안, 주민 청원 등의 다양한 방법으로 정치에 참여할 수 있다.
바로잡기 ㄱ은 지방 의회, ㄴ은 지방 자치 단체장의 역할이다.

08 자료에 나타난 시민 참여 제도는 주민 조례 발안 제도이다. 지역 주민은 주민 조례 발안 제도를 이용하여 지방 의회에 조례의 제정이나 개정 또는 폐지를 청구할 수 있다.

09 정치과정이 중앙 정부 중심으로 이루어지면 지역 정책에 지역의 실정이나 지역 주민의 요구가 제대로 반영되기 어렵다.

10 지역 주민이 정치에 참여할 수 있는 제도가 활발하게 시행될 때 지역 사회문제에 대한 주민의 관심이 증가하여 정치 참여가 확대될 것이다. 또한 지역 상황에 맞는 방식으로 정책을 결정·집행함으로써 주민의 복리를 증진할 수 있다. ④ 지방 자치 제도는 국가의 권력이 중앙 정부에 집중되는 것을 막아 권력 분립의 원리를 실현한다.

11 지방 자치는 지역 주민들이 그들 손으로 직접 구성한 지방 자치 단체와 함께 지역 문제의 해결을 위한 정책을 만들고 실천하는 정치 제도이다.

구분	채점 기준
상	지방 자치 (제도)를 쓰고, 그 중요성을 두 가지 서술한 경우
중	지방 자치 (제도)를 쓰고, 그 중요성을 한 가지만 서술한 경우
하	지방 자치 (제도)만 쓴 경우

12 지역 주민은 자신의 의견이나 요구 사항을 주민 청원을 통해 지방 정부에 전달할 수 있다.

구분	채점 기준
상	지역 행정에 대한 요구 사항을 문서로 지방 자치 단체에 제출한다는 내용으로 서술한 경우
하	지역 행정에 대한 요구 사항을 전달한다는 내용만 서술한 경우

Ⅹ단원 표와 자료로 정리하기 한 번 더   82~83쪽

주제 **10** ❶ 선거 ❷ 보통 선거 ❸ 평등 선거 ❹ 후보자 ❺ 18세
❻ 직접 선거 ❼ 정당

주제 **11** ❶ 여론 ❷ 국회 ❸ 집약 ❹ 이익 집단 ❺ 시민단체
❻ 정부 ❼ 정치과정 ❽ 정책 집행

주제 **12** ❶ 지방 자치 단체 ❷ 조례 ❸ 투표 ❹ 풀뿌리 민주주의
❺ 광역 자치 단체 ❻ 기초 자치 단체 ❼ 의결 기관
❽ 집행 기관 ❾ 지방 선거

Ⅹ단원 실력 굳히기   84~87쪽

01 ⑤ 02 ② 03 ④ 04 ① 05 ③ 06 ④ 07 ④ 08 ②
09 ① 10 ⑤ 11 ③ 12 ⑤ 13 ③ 14 ① 15 ④ 16 ④
17 ① 18 ④ 19 ② 20 ② 21 ④

서술형 연습 문제 **22** **예시 답안** 선거, 국민을 대신하여 나라의 일을 담당할 대표자를 선출하는 과정이다.
23 (1) 정당 (2) **예시 답안** 선거에 후보자를 공천하여 대표자를 배출한다. 여론을 국회나 정부에 전달하여 정책에 반영시키기 위해 노력한다. 정부의 정책을 평가하고 대안을 제시한다.
24 (1) ㉠ 광역 자치 단체, ㉡ 기초 자치 단체 (2) **예시 답안** 지방 의회는 조례를 제·개정하거나 폐지하는 일을 하는 반면 지방 자치 단체장은 지방 의회가 만든 조례를 실천하는 데 필요한 규칙을 만든다. 지방 의회는 지역의 예산을 심의·확정하고, 지방 자치 단체장은 예산안을 편성하고 지방 의회가 확정한 예산을 집행한다.

01 대의제에서 국민을 대신하여 나라의 일을 담당할 대표자를 선출하는 과정이 선거이다.
바로잡기 ① 간접 민주주의를 실현하기 위한 제도이다. ② 선거는 일정 연령에 달한 시민이 참여할 수 있는데, 우리나라에서는 18세 이상의 시민이 선거에 참여할 수 있다. ③ 선거는 추첨이 아닌 투표로 대표를 선출하는 과정이다. ④ 선거는 시민이 정치권력을 통제하는 수단으로 활용된다.

02 우리나라의 국가 원수이자 행정부 수반인 대통령을 선출하는 선거는 5년 주기로 시행된다.
바로잡기 ㄴ. 지방 선거는 지방 자치 단체장과 지방 의회 의원을 선출하는 선거이다. ㄹ. 선거는 보통·평등·직접·비밀 선거의 원칙에 따라 이루어진다.

03 자료의 주요 내용은 선거가 대표자에게 권력의 정당성을 부여한다는 것이다.

04 그림은 일정한 연령의 시민이라면 성별, 재산, 학력 등에 상관없이 누구에게나 선거권이 주어지는 보통 선거의 원칙을 나타낸다.

05 제시된 사례는 각각 학력, 재산을 기준으로 유권자 간의 표의 가치를 다르게 하고 있으므로 평등 선거의 원칙에 어긋난다.
바로잡기 ①, ⑤ A국은 고학력자와 저학력자 모두 선거에 참여할 수 있게 하고 있고, B국도 세금을 많이 내거나 적게 내는 사람 모두에게 선거권을 주고 있으므로 보통 선거의 원칙 위반으로는 볼 수 없다.

06 유권자는 선거를 통해 입법부, 즉 국회를 구성하는 모든 국회 의원을 선출한다.
바로잡기 ① 유권자는 자신이 지지하는 후보자를 위해 선거 운동에 참여할 수 있다. ② 유권자란 선거에 참여하여 대표자를 선출할 수 있는 권리를 가진 사람으로, 우리나라에서는 18세 이상이어야 유권자가 된다. ③ 정당이 선거에서 대표자를 배출하여 정권을 획득하고자 한다. ⑤ 후보자에 대한 설명이다.

07 후보자를 비방하거나 사실이 아닌 내용을 게시하고 공유하는 일, 선거 운동에 참여한 대가를 요구하는 일, 기표소 안에서 투표지를 촬영하는 일 등은 금지되어 있다.

08 「공직 선거법」에 따라 선거 후보자를 비방하거나 허위 사실을 게시하는 등의 활동은 허용되지 않는다.

09 이익 집단은 자기 집단의 이익을 정치에 반영하기 위해 노력하며, 전문적인 지식을 바탕으로 정책을 평가하고 대안을 제시하기도 한다.
바로잡기 ②는 정당, ③은 국회, ④는 정부, ⑤는 언론에 해당하는 설명이다.

10 (가)는 직업적인 이해관계에 따라 만들어진 이익 집단이다. (나)는 환경, 경제 분야에서 활동하는 시민단체이다.
바로잡기 ㄱ. (가)는 이익 집단, (나)는 시민단체이다. ㄴ. (가), (나) 모두 비공식적인 정치 주체이다.

이익 집단과 시민단체의 비교

구분	이익 집단	시민단체
활동 목적	자기 집단의 이익 추구	공익 추구
관심 분야	자기 집단의 이익 관련 분야	사회 모든 분야

11 제시된 내용은 정당에 대한 설명이다. 정당은 정치적 의견이 같은 사람들이 정권을 획득하기 위해 만든 단체이다.

12 (가)는 정치과정에 공식적으로 참여하는 정치 주체이고, (나)는 정치과정에 비공식적으로 참여하는 정치 주체이다.

바로잡기 ① (가), (나)는 모두 정치 주체로서 정치과정에 영향력을 행사한다. ② (나)의 정당만 정치권력 획득을 목적으로 한다. ③ 시민이 자발적으로 결성한 단체는 이익 집단, 시민단체이다. ④ (나)의 언론이 공정하고 객관적인 보도를 할 책임이 있다.

13 A는 정치과정이다. 정치과정을 통해 시민은 자신의 의견을 정책에 반영하고, 정책 결정 및 집행 과정이 타당한지 살펴 정치권력을 견제하고 감시함으로써 민주주의를 발전시킨다.

바로잡기 ㄱ. 정치과정을 통해 정책이 결정되고 집행되더라도 정책 평가를 통해 정책이 수정 및 보완될 수 있다. ㄹ. 이익 집약 단계에서 핵심적인 역할을 수행하는 정치 주체는 언론과 정당이다.

14 자료는 학부모와 시민단체가 특정한 정책 마련의 필요성을 주장하였다는 내용이므로 다양한 이익을 표출하는 단계에 해당한다.

15 정치과정의 단계 중 '정책 집행'에서는 정부가 현실에 맞게 정책을 구체화하고 실제로 집행한다. 따라서 정책 집행 단계에서 가장 핵심적인 역할을 하는 정치 주체는 정부이다.

정치과정에서 국가기관의 역할

국회	시민의 의견을 반영하여 법률을 제정 및 개정하거나 폐지함
정부	법률을 기반으로 정책을 구체적으로 수립하고 집행함
법원	법률이나 정책과 관련한 분쟁을 재판을 통해 해결함

16 지방 자치는 일정한 지역에 사는 주민들이 지방 자치 단체를 구성하여 그 지역의 일을 자율적으로 처리하는 제도를 말한다. ④ 지방 자치는 지역 주민이 그들을 대신할 지역 대표를 선출하여 지역의 일을 맡기는 방식으로 실시된다.

17 제시된 주소를 바탕으로 할 때 청도군수와 경상북도지사가 집행 기관인 지방 자치 단체장이다.

바로잡기 ㄷ, ㄹ. 청도군 의회 의원과 경상북도 의회 의원은 의결 기관인 지방 의회를 구성한다.

지방 자치 단체의 구성과 역할

지방 의회	지방 자치 단체장
• 의결 기관 • 조례 제·개정 및 폐지 • 예산 심의 및 확정	• 집행 기관 • 규칙 제정 • 예산안 편성 및 예산 집행

18 우리나라의 지방 자치 단체는 의결 기관인 지방 의회와 집행 기관인 지방 자치 단체장으로 구성된다. 따라서 ㉠은 지방 의회이다. 지방 의회는 지역 주민의 의견을 바탕으로 지역에 필요한 자치 법규인 조례를 제정하거나 개정하는 일을 한다. 또한 지역의 예산을 어떻게 사용할지 심의하여 확정하고, 집행 기관이 역할을 잘하고 있는지 견제하고 감시한다.

바로잡기 ①, ②, ③, ⑤는 지방 자치 단체장에 대한 설명이다.

19 우리나라에서는 지역 주민의 참여를 제도적으로 보장하기 위해서 다양한 제도를 두고 있다. ①은 주민 참여 예산제, ③은 주민 청원, ④는 주민 투표, ⑤는 주민 감사 청구제이다. ②는 선거에 대한 설명이다. 선거는 지방 자치 제도가 보장하고 있는 지역 주민의 정치 참여 방법에 해당하지 않는다.

20 제시된 자료에 나타난 지역 주민의 정치 참여 방법은 주민 소환이다. 주민 소환은 지방 의회 의원(비례 대표 지방 의회 의원 제외), 지방 자치 단체장, 교육감을 대상으로 한다.

21 ㉡은 조례, ㉢은 주민 조례 발안 제도이다.

바로잡기 ㄱ. ㉠은 광역 자치 단체의 의결 기관이다. ㄷ. 조례는 의결 기관인 지방 의회가 제정한다.

22 자료는 유권자가 기표한 투표용지를 투표함에 넣는 모습을 나타낸 그림이다.

구분	채점 기준
상	선거를 쓰고, 그 의미도 정확하게 서술한 경우
중	선거를 쓰지 못하고, 그 의미만 서술한 경우
하	선거만 쓴 경우

23 자료에 제시된 의미를 통해 발표 주제인 정치 주체의 종류는 정당임을 알 수 있다.

구분	채점 기준
상	정당을 쓰고, 정당의 역할을 세 가지 서술한 경우
중	정당을 쓰고, 정당의 역할을 한 가지 서술한 경우
하	정당만 쓴 경우

24 우리나라의 지방 자치 단체는 광역 자치 단체와 기초 자치 단체로 구분되고, 각각의 자치 단체는 의결 기관인 지방 의회와 집행 기관인 지방 자치 단체장으로 구성된다.

구분	채점 기준
상	㉠ 광역 자치 단체, ㉡ 기초 자치 단체를 쓰고, 지방 의회와 지방 자치 단체장의 역할을 두 가지 측면에서 정확하게 비교하여 서술한 경우
중	㉠ 광역 자치 단체, ㉡ 기초 자치 단체를 쓰고, 지방 의회와 지방 자치 단체장의 역할을 한 가지 측면에서만 비교하여 서술한 경우
하	㉠ 광역 자치 단체, ㉡ 기초 자치 단체만 쓴 경우

XI. 일상생활과 법

주제 13 법의 의미와 특징

개념 확인 문제
90쪽

1 (1)○ (2)○ (3)× 　2 (1)동기, 결과 (2)강제성

대표 문제로 실력 쌓기
91쪽

1 ④ 　2 ⑤

1 제시된 글은 우리의 일상생활이 다양한 법과 밀접한 관련이 있음을 설명하고 있다. 따라서 일상생활 속의 법이 수업 주제로 가장 적절하다.

2 ㉠은 정의이다. 정의란 '같은 것은 같게, 다른 것은 다르게' 대우하는 것이다. 범죄자에게 그가 저지른 죄의 크기만큼 형벌을 받도록 하는 것이 정의를 실현하는 것이다.

실력 다지기
92~93쪽

01 ④ 　02 ② 　03 ② 　04 ③ 　05 ④ 　06 ②
07 ① 　08 ③ 　09 ③ 　10 ②

11 **예시 답안** 법, 공정하고 객관적인 판단 기준을 제시하여 분쟁을 예방하거나 해결한다. 다른 사람의 권리를 침해하는 행위를 제재함으로써 개인의 권리를 보호한다. 사회 질서를 유지한다. 공공복리를 추구한다. 등
12 **예시 답안** 정의, '같은 것은 같게, 다른 것은 다르게' 대우하는 것으로, 모든 사람에게 각자 받아야 할 정당한 몫을 주는 것이다.

01 도덕은 양심에 따라 자율적으로 지키도록 하는 규범으로, 이를 지키지 않으면 양심의 가책이나 사회적 비난을 받게 된다.

엔픽 포인트 사회 규범의 종류

관습	한 사회에서 오랫동안 지켜져 내려온 행동 양식이나 풍습
종교 규범	특정 종교에서 지키도록 정해 놓은 교리나 계율
도덕	양심 등에 비추어 인간이 마땅히 지켜야 할 바람직한 행동의 기준
법	사회 구성원의 합의에 따라 국가가 제정한 사회 규범

02 제시문은 관습에 관한 설명이다. 관습의 예로는 돌잔치, 장례식, 성묘, 차례 등이 있다.
바로잡기 ①은 종교 규범, ③은 법, ④와 ⑤는 도덕에 따라 행동하고 있는 사람에 해당한다.

03 「도로 교통법」은 도로에서 일어나는 위험과 장애를 방지하거나 제거하여 안전하고 원활한 교통을 확보하도록 만든 법률이다.

04 법은 강제성을 가지고 있어 이를 지키지 않으면 국가에 의한 공식적인 제재를 받는다는 특징이 있다.
바로잡기 ① 법은 강제성을 가진다. ② 법은 정의의 실현을 목적으로 한다. ④ 법은 행위의 동기보다 행위와 그 결과를 중요시한다. ⑤ 도덕에 관한 설명이다.

05 (가)는 법, (나)는 도덕이다. 법은 행위와 그 결과를 규율하며 반드시 따라야 하는 강제성을 가진다. 도덕은 내면의 양심이나 동기를 규율하며, 개인의 자율성에 따른다.
바로잡기 ① (가)는 행위와 그 결과를 중시한다. ② (나)는 양심과 그 동기를 중시한다. ③ (가)는 법이고, (나)는 도덕이다. ⑤ 법은 사람들이 어떤 내용을 지켜야 하고, 그러한 내용을 위반할 경우 어떤 조치가 이루어지는 등에 관한 내용이 명확하다.

엔픽 포인트 도덕과 법의 차이

구분	도덕	법
판단 기준	행위의 동기	행위와 그 결과
특성	자율성	강제성
위반할 때	양심의 가책, 사회적 비난	국가에 의한 제재
목적	선의 실현	정의의 실현

06 착한 사마리아인 법은 자신에게 특별한 위험이나 피해가 발생하지 않는 상황에서도 어려움에 처한 사람을 구하지 않는 사람을 처벌하는 법을 말한다. 착한 사마리아인 법 도입에 대해 갑은 찬성, 을은 반대 입장을 보이고 있다.
바로잡기 ㄴ. 갑은 도덕적 의무를 법으로 강제하는 착한 사마리아인의 법에 찬성하는 입장이므로 도덕과 법을 명확하게 구분해야 한다고 생각하지 않는다. ㄹ. 을은 착한 사마리아인의 법에 반대하므로, 어려움에 처한 사람을 구하지 않는 행위를 처벌하는 것에 동의하지 않는다.

07 법은 도덕과 달리 행위와 그 결과를 중시하므로 (가)의 답은 ○이고, 학생이 옳게 답하였다.
바로잡기 (나) 내면의 동기를 규율하는 것은 도덕의 특징이므로 정답은 ×이다. (다) 내용이 구체적이고 명확한 것은 법의 특징이므로 정답은 ○이다. (라) 법과 도덕 모두 사회 규범이므로 사람들이 따라야 할 행동 기준에 해당한다. 법만 가진 특징이 아니므로 정답은 ×이다. (마) 해당 사회 규범을 위반하였을 때 국가에 의해 제재를 받는 것은 법의 특징이므로 정답은 ○이다.

08 법은 사회 구성원이 지켜야 할 행위나 판단의 기준을 제시함으로써 분쟁을 예방하거나 해결하고 범죄로부터 사람들을 보호한다. 또한 법에는 개인의 권리와 개인의 권리가 침해되었을 때 어떻게 구제받을 수 있는지 규정되어 있다. 이처럼 법은 개인의 권리를 명시하고 이를 침해하는 행위를 제재함으로써 개인의 권리를 보호해주고 사회 질서를 유지한다.

09 「주택 임대차 보호법」은 국민 주거 생활의 안정을 보장하고자 제정된 법으로 전세나 월세로 살아가는 사람들의 권리를 보호하고 있다.

<table>
<tr><td colspan="2">엔픽 포인트 법의 기능</td></tr>
</table>

분쟁 예방 및 해결	공정하고 객관적인 판단 기준을 제시하여 분쟁을 예방하거나 해결함
개인의 권리 보호	개인이 어떤 권리를 갖는지 명시하고, 권리를 침해하는 행위를 제재함
사회 질서 유지	다툼을 해결하고 범죄로부터 사람들을 보호하여 사회 질서를 유지함
공공복리 추구	모든 사회 구성원이 이익을 얻고 행복을 누릴 수 있도록 함

10 ㉠은 '정의'이다. 법은 개인의 능력과 노력 등에 따라 정당한 보상과 대우를 받게 하고, 타인의 권리를 침해하거나 사회를 어지럽힌 사람에게 제재를 가함으로써 정의를 실현한다.

(바로잡기) ㄴ. 정의란 '같은 것은 같게, 다른 것은 다르게' 대우하는 것을 말한다. ㄹ. 정의를 실현하기 위해서는 개인의 능력과 노력에 따라 그에 맞는 정당한 보상을 주어야 한다.

11 사회 규범 중 법에 해당한다. 법은 분쟁의 예방과 해결, 개인의 권리 보호, 사회 질서 유지, 공공복리 추구 등의 기능을 한다.

구분	채점 기준
상	법이라고 쓰고, 법의 기능을 두 가지 모두 옳게 서술한 경우
중	법이라고 쓰고, 법의 기능 중 한 가지만 옳게 서술한 경우
하	법이라고만 쓴 경우

12 ㉠은 정의이다. 정의란 '같은 것은 같게, 다른 것은 다르게' 대우하는 것으로, 모든 사람에게 각자 받아야 할 정당한 몫을 주는 것이다.

구분	채점 기준
상	정의라고 쓰고, 그 의미를 옳게 서술한 경우
하	정의라고만 쓴 경우

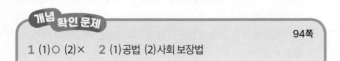

주제 **14** 우리 생활과 관련된 다양한 법

개념 확인 문제
94쪽

1 (1)○ (2)× 2 (1)공법 (2)사회 보장법

대표 문제로 실력 쌓기
95쪽

1 ② 2 ②

1 자료는 공법에 관한 설명이다. 공적인 생활 관계를 규율하는 법을 공법이라고 하며, 대표적으로 헌법과 형법이 있다. ② 선거와 같이 공적인 생활 관계를 다루는 것은 공법이다.

(바로잡기) ①, ③은 사법, ④, ⑤, ⑥은 사회법을 적용받는 생활 영역이다.

2 (가)는 근로자의 권리를 보장해야 하는 문제이므로 노동법을 통해 해결할 수 있다. (나)는 장애, 빈곤, 고령 등으로 어려움을 겪고 있는 사람들을 도와야 해결될 수 있기 때문에 사회 보장법이 필요하다.

실력 다지기
96~97쪽

01 ② 02 ③ 03 ③ 04 ① 05 ② 06 ①
07 ① 08 ② 09 ③ 10 ③

11 (예시 답안) ㉠에 들어갈 법은 헌법이다. 헌법은 국민의 권리와 의무, 국가의 통치 구조와 운영 원리 등을 규정한 한 나라의 최고법이다.

12 (1) 사회법 (2) (예시 답안) 사회법은 근로자, 장애인, 저소득층 등 사회적·경제적 약자를 보호하고 모든 국민의 인간다운 생활을 보장하는 것을 목적으로 한다.

01 법은 규율하는 생활 영역에 따라 공법, 사법, 사회법으로 구분된다.

02 공법은 국가와 개인, 또는 국가기관 간의 공적인 생활 관계를 규율하는 법 영역으로 헌법과 형법이 대표적이다.

(바로잡기) ①, ④는 사법, ②, ⑤는 사회법에 관한 설명이다.

<table>
<tr><td colspan="2">엔픽 포인트 공법의 의미와 종류</td></tr>
</table>

의미	공적인 생활 관계를 규율하는 법
종류	• 헌법: 국민의 권리와 의무, 국가의 통치 구조와 운영 원리 등을 규정한 최고법 • 형법: 범죄의 종류와 그에 따른 형벌의 내용과 정도를 규정한 법

03 (가)는 체포와 감금의 죄에 대한 형벌을 규정한 형법 제276조 ①의 내용이다. (나)는 국민의 기본권 중 재판을 받을 권리를 규정한 헌법 제27조 ①의 내용이다.

04 ㉠은 사법 영역에 해당한다. 사법은 개인과 개인 사이의 사적인 생활 관계를 규율한다.

(바로잡기) ㄷ, ㄹ. 사회법에 관한 설명이다. 사회법은 사법과 공법의 중간 영역으로서 사회적·경제적 약자의 권리를 보호하여 궁극적으로 모든 국민의 인간다운 생활을 보장하는 것을 목적으로 한다.

<table>
<tr><td colspan="2">엔픽 포인트 사법의 의미와 종류</td></tr>
</table>

의미	사적인 생활 관계를 규율하는 법
종류	• 민법: 계약 등의 재산 관계 및 가족 관계에 관한 권리와 의무 등을 규정한 법 • 상법: 기업에 관한 사항과 상거래 활동을 규정한 법

05 제시문은 사법에 관한 설명이다. ② 사법 영역 중 개인의 재산 관계 및 가족 관계를 규정한 민법과 관련된다.

(바로잡기) ①, ③, ④, ⑤는 공법이 규율하는 공적인 생활 영역에 해당하는 사례이다.

06 ㉠에 들어갈 법은 사법 영역에 속하는 민법이다. 민법은 혼인과 이혼, 출산과 입양 등의 가족 관계와 계약 등의 재산 관계를 다룬다.

07 근대 국가에서는 국가가 사적 생활 영역에 개입하는 것을 최소화하여 개인의 자유와 권리를 최대한 보장하고자 하였다. 하지만 자본주의가 발달하면서 빈부 격차, 노사 갈등, 환경 오염 등과 같은 사회문제가 발생하였고, 많은 사람이 최소한의 인간다운 생활을 하지 못하였다. 이에 국가가 나서서 사회문제를 해결하고 사회적 약자를 보호해야 한다는 요구가 나타났고, 그 결과 사회법이 등장하게 되었다.

08 ㉠에 들어갈 법 영역은 사회법이다.

바로잡기 ① 헌법, 형법 등은 공법에 속한다. 사회법에는 노동법, 경제법, 사회 보장법 등이 있다. ③ 사법에 관한 설명이다. ④ 공법 중 형법에 관한 설명이다. ⑤ 사법 중 민법에 관한 설명이다.

엔픽 포인트 **사회법의 의미와 목적**

의미	개인 간의 생활 영역에 국가가 개입하는 법
목적	사회적·경제적 약자 보호, 모든 국민의 인간다운 생활 보장

09 ㉠은 사회 보장법에 속하는 「국민연금법」, ㉡은 노동법에 속하는 「근로 기준법」이다.

바로잡기 ㄱ. ㉠은 사회 보장법, ㉡은 노동법에 속한다. ㄹ. 사회법 영역은 개인의 사적인 생활 영역에 국가가 개입하여 등장한 것으로 개인의 자유를 최대한 보장하는 것이 아니다.

10 그림에서는 소비자가 파손된 제품을 배송받고 이를 환불받지 못하는 상황이 나타나 있다. 이는 소비자의 권리가 침해된 것으로, 이러한 문제 상황에 적용할 수 있는 법은 「소비자 기본법」이다.

11 우리나라의 최고법은 헌법이다. 헌법은 국민의 권리와 의무, 국가의 통치 구조와 운영 원리 등을 규정한 법이다.

구분	채점 기준
상	헌법이라고 쓰고, 그 의미를 옳게 서술한 경우
중	헌법이라고 쓰고, 그 의미를 서술하였으나 내용이 미흡한 경우
하	헌법이라고만 쓴 경우

12 사회법은 근로자, 장애인, 저소득층 등 사회적·경제적 약자를 보호하고, 모든 국민의 인간다운 생활을 보장하는 것을 목적으로 한다.

구분	채점 기준
상	'사회적·경제적 약자 보호'와 '모든 국민의 인간다운 생활 보장'을 모두 포함하여 옳게 서술한 경우
중	'사회적·경제적 약자 보호' 또는 '모든 국민의 인간다운 생활 보장' 중 하나의 내용만 서술한 경우
하	사람들을 보호하기 위한 것이라고만 쓴 경우

주제 **15** 재판의 종류와 공정한 재판의 중요성

개념 확인 문제 98쪽

1 (1) ◯ (2) × (3) ×　**2** (1) 민사 재판 (2) 항소, 상고

대표 문제로 **실력 쌓기** 99쪽

1 ①　**2** ⑤

1 그림은 민사 재판정의 모습이다. 민사 재판은 개인과 개인 간에 발생한 분쟁을 해결하기 위한 재판이다. 민사 재판은 분쟁이 발생하였을 때 피해를 입었다고 생각하는 사람이 원고가 되어 법원에 소장을 제출함으로써 시작된다.

바로잡기 ㄷ. 형사 재판에 관한 설명이다. ㄹ. 국민 참여 재판은 형사 재판에 한하여 시행된다.

2 자료는 심급 제도를 나타낸다. 심급 제도는 같은 사건을 여러 번 재판하기 때문에 재판의 신속성과 효율성은 낮아지는 대신 재판의 공정성과 객관성을 높일 수 있다.

실력 다지기 100~101쪽

01 ①	02 ④	03 ②	04 ②	05 ④	06 ④
07 ③	08 ②	09 ⑤	10 ④	11 ⑤	

12 예시 답안 공개 재판주의, 재판의 심리와 판결을 소송 당사자뿐만 아니라 일반 시민에게도 공개해야 한다는 원칙이다.

01 재판이란 분쟁이 발생했을 때 법원이 일정한 절차를 거쳐 내리는 공적인 판단이다. ① 재판은 사법부인 법원이 담당한다.

02 재판은 개인 간의 합의나 조정 및 중재보다 시간과 비용이 많이 소요된다.

바로잡기 ㄱ. 재판의 결과는 법적인 강제성이 있기 때문에 재판 당사자는 반드시 판결을 따라야 한다. ㄷ. 사법권의 독립, 공개 재판주의와 증거 재판주의, 심급 제도 등과 같이 공정한 재판을 위한 제도가 있다. 따라서 재판을 통한 분쟁 해결은 공정하고 객관적인 판단이 가능하다는 장점이 있다.

03 ㉠에 들어갈 재판은 민사 재판이다. 민사 재판은 개인과 개인 사이의 권리와 의무에 관한 분쟁을 해결하는 재판이다.

바로잡기 ① 폭행, 살인 등의 범죄 사건을 다루는 재판은 형사 재판이다. ③ 형사 재판에 관한 설명이다. 민사 재판에서 판사는 원고와 피고 중 누구의 주장이 옳은지를 판결 내린다. ④ 공정한 재판을 위해 공개 재판주의에 따라 진행된다. ⑤ 원고와 피고는 판결에 따라야 하며, 이를 따르지 않을 때는 국가가 강제로 집행한다.

04 민사 재판은 일반적으로 '원고의 소장 제출 → 피고의 답변서

제출 → 원고와 피고의 변론 → 판사의 판결'의 순서로 이루어진다.

엔픽 포인트 **민사 재판의 의미와 절차**

의미	개인과 개인 사이의 권리와 의무에 관한 분쟁을 해결하는 재판
절차	원고의 소장 제출 → 피고의 답변서 제출 → 원고와 피고의 변론 → 판사의 판결

05 제시된 그림에는 검사와 피고인 등이 나타나 있다. 따라서 형사 재판정의 모습이다. 재판에서는 구체적이고 명확하며 적법하게 수집된 증거를 바탕으로 진행되어야 한다는 증거 재판주의 원칙을 지켜야 한다.

바로잡기 ① 국민 참여 재판으로 진행될 경우 배심원은 방청석에 앉는 것이 아니라 따로 위치한 배심원석에 앉는다. ② 손해 배상 청구 사건은 민사 재판에서 다룬다. ③ 민사 재판에 관한 설명이다. ⑤ 형사 재판은 범죄가 발생하였을 때 고소, 고발 등에 의해 사건에 관한 수사가 시작되고, 검사가 피의자를 대상으로 공소를 제기하면서 시작된다.

06 (가)에는 '피고인'을 설명하는 내용이 들어가야 한다.

바로잡기 ①은 피고, ②는 판사, ③은 검사, ⑤는 원고에 관한 설명이다.

07 민사 재판은 개인과 개인 간의 권리와 의무에 관한 다툼을 해결하기 위한 재판이다. 형사 재판은 폭행, 절도 등의 범죄 사건이 발생하였을 때, 범죄의 유무를 판단하고 그 형벌 정도를 결정하는 재판이다.

바로잡기 ③ 민사 재판에서 소송을 당한 사람을 피고라고 하고, 형사 재판에서 범죄 혐의가 있어 재판을 받는 사람을 피고인이라고 한다.

08 제시된 사례에서 을은 갑과의 사이에서 발생한 개인 간의 분쟁을 해결하기 위한 소송을 청구하려고 하므로, ㉠에 들어갈 재판은 민사 재판이다.

엔픽 포인트 **재판의 종류**

민사 재판	개인과 개인 사이의 권리와 의무에 관한 분쟁을 해결하는 재판
형사 재판	범죄가 발생했을 때 범죄 여부를 판단하고 형벌의 종류와 정도를 정하는 재판
가사 재판	가족이나 친족 사이에서 벌어진 다툼을 해결하는 재판
행정 재판	행정 기관이 국민의 권리를 침해할 경우 이를 해결하는 재판
선거 재판	선거 자체의 효력 및 당선의 유·무효를 가리는 재판
소년 보호 재판	10세 이상 19세 미만 소년의 범죄나 비행을 다루는 재판

09 우리나라에서는 사법권의 독립, 공개 재판주의와 증거 재판주의, 심급 제도 등을 두어 재판이 공정하게 이루어지도록 하고 있다. ㄷ. 증거 재판주의에 관한 설명이다. ㄹ. 심급 제도에 관한 설명이다.

바로잡기 ㄱ. 재판은 사법권의 독립을 보장하여 다른 국가기관이나 여론 등의 영향을 받지 않고 오직 헌법과 법률에 따라 진행되어야 한다. ㄴ. 재판 당사자의 인권 침해나 불공정한 판결을 방지하기 위해 재판은 원칙적으로 공개 재판주의에 따라 진행된다.

엔픽 포인트 **공정한 재판을 위한 제도**

사법권의 독립	• 의미: 재판이 외부의 영향을 받지 않고 공정하게 이루어지도록 하는 것 • 실현 방법: 법원의 독립, 법관의 신분 보장
공개 재판주의	재판 과정을 소송 당사자뿐만 아니라 일반 시민에게도 공개해야 한다는 원칙
증거 재판주의	재판은 구체적이고 명확한 증거를 바탕으로 이루어져야 한다는 원칙
심급 제도	한 사건에 대해 급을 달리하는 법원에서 여러 번 재판을 받을 수 있게 한 제도

10 제시된 그림은 심급 제도이다. 심급 제도란 급을 달리하는 법원에서 한 사건에 관해 여러 번 재판을 받을 수 있는 제도이다.

바로잡기 ① 심급 제도는 같은 사건을 여러 번 재판하기 때문에 재판의 신속성과 효율성은 낮아지는 대신 재판의 공정성과 객관성은 높일 수 있다. ② 최종심은 대법원이 담당한다. ③ 재판의 결과에 불만이 있는 사람이라면 원고나 피고, 검사나 피고인 상관없이 누구나 청구할 수 있다. ⑤ 하급 법원의 판결에 불만이 있을 경우 상급 법원에 다시 재판을 청구할 수 있다.

11 국민 참여 재판이란 일반 국민이 형사 재판에서 배심원으로 참여할 수 있게 하는 제도를 말한다.

바로잡기 ① 20세 이상 대한민국 국민이라면 누구나 무작위 추첨으로 배심원이 될 수 있다. ②, ③ 국민 참여 재판은 살인, 강도 등 죄가 무거운 형사 사건을 대상으로 이루어지며, 피고인이 원할 경우에만 시행된다. ④ 판사가 배심원의 판단을 의무적으로 반영해야 하는 것은 아니지만 그 의견을 참고하여 판결을 내린다.

12 ㉠은 공개 재판주의이다. 이는 재판의 심리와 판결을 소송 당사자뿐만 아니라 일반 시민에게도 공개해야 한다는 재판의 원칙이다.

구분	채점 기준
상	공개 재판주의라는 것을 쓰고, 그 의미를 정확하게 서술한 경우
중	공개 재판주의라는 용어를 쓰지 않고, 그 의미를 단순히 재판을 공개해야 한다는 내용만으로 서술한 경우
하	공개 재판주의라고만 쓴 경우

XI 단원 표와 자료로 정리하기 한 번 더   102~103쪽

주제 13 ❶ 사회 규범 ❷ 도덕 ❸ 강제성 ❹ 정의 ❺ 도덕 ❻ 법 ❼ 정의 ❽ 해태

주제 14 ❶ 헌법 ❷ 민법 ❸ 국가 ❹ 경제법 ❺ 공법 ❻ 사법 ❼ 사회법

주제 15 ❶ 원고 ❷ 형사 재판 ❸ 사법권의 독립 ❹ 증거 재판주의 ❺ 항소 ❻ 피고 ❼ 검사 ❽ 피고인 ❾ 대법원 ❿ 심급 제도

XI단원 실력 굳히기
104~107쪽

01 ⑤ 02 ⑤ 03 ① 04 ② 05 ⑤ 06 ② 07 ② 08 ③
09 ② 10 ② 11 ① 12 ② 13 ⑤ 14 ③ 15 ④ 16 ③
17 ⑤ 18 ① 19 ① 20 ② 21 ④

서술형 연습 문제 22 **예시 답안** (가) 도덕, (나) 법을 위반한 상황이다. 도덕을 위반할 경우 양심의 가책이나 사회적 비난을 받지만, 법을 위반할 경우 국가에 의한 공식적 제재를 받는다.
23 **예시 답안** 국가와 개인 또는 국가기관 간의 공적인 생활 관계를 규율하는 법으로, 대표적으로 헌법, 형법 등이 있다.
24 (1) 심급 제도 (2) **예시 답안** 심급 제도는 법관의 잘못된 판결로 발생할 수 있는 국민의 피해를 최소화하고 공정한 재판을 실현하여 국민의 기본권을 보장하기 위한 제도이다.

01 사회 규범이란 사람들이 사회생활을 하면서 따라야 할 행동의 기준으로, 갈등과 분쟁을 해결하고 사회 질서를 유지하는 역할을 한다. 관습, 종교 규범, 도덕, 법 등이 있다.
바로잡기 ㄴ. 위반할 경우 국가로부터 공식적인 제재를 받는 사회 규범은 법이다. 관습, 종교 규범, 도덕은 법과 달리 강제성이 없다.

02 (가)는 관습, (나)는 종교 규범에 대한 설명이다. 사회 규범의 종류에는 관습, 종교 규범, 도덕, 법이 있다.

03 도덕은 양심 등에 비추어 인간이 마땅히 지켜야 할 바람직한 행동의 기준을 말한다. 법은 사회 구성원의 합의에 따라 국가가 제정한 사회 규범이다. 도덕이 인간 내면의 양심이나 동기를 중요시한다면 법은 겉으로 드러나는 행위와 그 결과를 중요시한다.

04 학교생활뿐만 아니라 출생, 취업, 결혼, 사망에 이르기까지 우리는 전 생애에 걸쳐 법의 보호와 규제를 받으며 살아간다. 이처럼 법은 우리의 일상생활과 동떨어진 것이 아니라 밀접하게 연결된다.

05 제시문은 각각 우리나라의 「근로 기준법」 제50조 ①, 「도로 교통법」 제13조 ①의 내용이다. 법 규범은 다른 사회 규범과는 달리 강제성을 가지기 때문에 위반할 경우 국가의 제재를 받는다는 특징이 있다.
바로잡기 ① 법은 강제성을 특징으로 한다. ② 법은 정의 실현을 목적으로 한다. ③ 법은 겉으로 드러나는 행위와 그 결과를 중시한다. ④ 도덕에 관한 설명이다.

06 법은 사회 구성원이 지켜야 할 행위나 판단의 기준을 제시함으로써 분쟁을 예방하거나 해결하고 범죄로부터 사람들을 보호한다. 또한 법에는 개인에게 어떠한 권리가 있는지, 개인의 권리가 침해되었을 때 어떻게 구제받을 수 있는지 규정되어 있다. 이처럼 법은 개인의 권리를 명시하고 이를 침해하는 행위를 제재함으로써 개인의 권리를 보호하고 사회 질서를 유지한다.

07 사진 속 정의의 여신상은 한 손에는 저울을, 다른 한 손에는 칼을 들고 있다. ㄱ. 칼은 법의 강제성을 의미한다. ㄷ. 정의는 '같은 것은 같게, 다른 것은 다르게' 대우하는 것으로 모든 사람에게 각자의 정당한 몫을 주는 것을 의미한다.
바로잡기 ㄴ. 저울은 모든 사람에게 공평하게 판결하겠다는 것이다. ㄹ. 두 눈을 가리거나 감는 것은 법에 따라 공정하게 판단을 내리겠다는 의미이다.

엔픽 포인트 정의의 실현

정의의 의미	• '같은 것은 같게, 다른 것은 다르게' 대우하는 것 • 모든 사람에게 각자의 정당한 몫을 주는 것
정의 실현 사례	• 개인의 능력과 노력 등에 따라 정당한 보상과 대우를 받는 것 • 다른 사람의 권리를 침해하거나 사회를 어지럽힌 사람에게 제재를 가하는 일

08 공적 생활 관계를 규율하는 법은 공법이다. 공법에는 헌법, 형법 등이 있다.
바로잡기 민법, 상법은 사적 생활 관계를 규율하는 사법에 속한다. 노동법은 사회법에 속한다.

09 공법은 공적 생활 관계를 규율하는 법 영역이다.
바로잡기 ㄴ. 사회법 중 경제법의 적용을 받는 사례이다. ㄷ. 사법의 적용을 받는 사례이다.

10 ㉠에는 사법이 들어가야 한다. 사법은 개인과 개인 사이의 사적인 생활 관계를 규율하는 법이다.
바로잡기 ① 범죄 행위로부터 사람들을 보호하는 것은 형법이다. 형법은 공법에 속한다. ③ 공법에 관한 설명이다. ④, ⑤ 사회법에 관한 설명이다.

11 ㉠에는 상법, ㉡에는 민법이 들어간다. 사법은 개인과 개인 사이의 사적인 생활 영역을 규율하는 법이다. 형법은 범죄의 종류와 처벌의 기준을 규정하는 법으로 공법에 속한다.

12 사회법은 사적인 생활 영역에 국가가 개입하기 때문에 사법과 공법의 중간적인 성격을 가지며, 자본주의 발달 과정에서 등장한 사회문제를 해결하고, 사회적 약자를 보호하여 모든 국민의 인간다운 삶을 보장하기 위해 등장하였다.
바로잡기 ㄴ. 사법에 관한 설명이다. ㄹ. 공법에 관한 설명이다.

엔픽 포인트 사회법의 종류

노동법	노동자의 권리와 근로 조건을 규정하고, 노사 간의 이해관계를 조정하기 위한 법
경제법	기업 간의 자유로운 경쟁을 보장하고 소비자의 권익을 보호하기 위한 법
사회 보장법	빈곤, 질병, 장애, 고령 등으로 어려움을 겪고 있는 사람들을 돕고 모든 국민의 인간다운 생활을 보장하기 위한 법

13 (가) 영역은 사법과 공법의 중간적 성격을 가진 사회법에 해당한다. 사회법에는 노동법, 경제법, 사회 보장법 등이 있다. 「국민연금법」은 사회 보장법, 「근로 기준법」은 노동법에 속한다.
(바로잡기) 민법은 사법 영역, 헌법은 공법 영역에 속한다.

14 ㉠에는 「최저 임금법」이 들어가야 한다. 「최저 임금법」은 근로자에 대하여 임금의 최저 수준을 보장하여 근로자의 생활 안정과 노동력의 질적 향상을 기하기 위하여 제정된 법률이다.

15 재판은 법원이 분쟁 사건에 관하여 법적인 판단을 내리는 과정이다.
(바로잡기) ㄱ. 분쟁이 발생하면 당사자들이 자율적으로 합의하여 해결하는 것이 가장 바람직하다. ㄷ. 재판이란 사법부인 법원이 법을 적용하여 공적인 판단을 내리는 과정이다.

16 민사 재판은 개인과 개인 간의 권리와 의무에 관한 다툼을 해결하기 위한 재판이다. 검사가 범죄 피의자를 법원에 기소함으로써 시작되는 재판은 형사 재판이다. 민사 재판은 분쟁이 발생하였을 때 피해를 입었다고 생각하는 사람이 원고가 되어 법원에 소장을 제출함으로써 시작된다.

17 자료에 나타난 문제 상황은 손해 배상 청구 사건으로 민사 재판을 통해 해결될 수 있다. 민사 재판은 개인과 개인 간의 권리와 의무에 관한 다툼을 해결하기 위한 재판이다. 민사 재판에서 원고와 피고는 소송 대리인(변호사)의 도움을 받을 수 있다.
(바로잡기) ① 형사 재판에 관한 설명이다. 민사 재판은 원고의 소장 제출로 시작된다. ② A 씨는 재판을 통해 손해 배상을 청구하는 입장이므로 원고로 민사 재판에 참여한다. ③ 국민 참여 재판은 형사 사건을 대상으로 이루어진다. ④ 형사 재판에 관한 설명이다.

18 그림은 형사 재판을 나타낸다. 형사 재판은 고소 또는 고발에 의해 범죄 사건에 대한 수사가 이루어진 뒤에 검사가 법원에 기소를 하면서 시작된다.

19 제시된 제도들은 모두 공정한 재판을 통해 국민의 자유와 권리를 보장하기 위해 마련되었다.

20 사법권의 독립이란 재판이 다른 국가기관 등의 영향을 받지 않고 공정하게 이루어지도록 하는 것을 말한다. 법원의 독립과 법관의 신분 보장을 통해 이루어진다.
(바로잡기) ㄴ. 국민 참여 재판 제도는 사법의 공정성과 투명성을 확보하기 위한 제도이다. ㄹ. 심급 제도에 관한 설명이다.

21 자료는 국민 참여 재판을 나타낸다. 국민 참여 재판이란 일반 국민이 형사 재판에서 배심원으로 참여할 수 있게 하는 제도를 말한다. ④ 20세 이상 대한민국 국민이라면 누구나 무작위 추첨으로 배심원이 될 수 있다.

22 (가)는 도덕을 위반한 상황이고, (나)는 법을 위반한 상황이다. 도덕을 위반할 경우 양심의 가책이나 사회적 비난을 받지만, 법을 위반할 경우 국가에 의한 공식적 제재를 받는다는 차이점이 있다.

구분	채점 기준
상	(가)는 도덕, (나)는 법을 위반하였음을 쓰고, 그 차이점을 옳게 서술한 경우
중	(가)는 도덕, (나)는 법을 위반하였음을 썼으나 그 차이점을 미흡하게 서술한 경우
하	(가)는 도덕, (나)는 법을 위반하였다는 것만 쓴 경우

23 공법은 국가와 개인 또는 국가기관 간의 관계를 규율하는 법으로, 대표적으로 헌법, 형법 등이 있다.

구분	채점 기준
상	'공법의 의미'와 '공법의 사례'를 모두 포함해서 서술한 경우
하	'공법의 의미' 또는 '공법의 사례' 중 어느 하나만을 옳게 서술한 경우

24 심급 제도는 법관의 잘못된 판결로 발생할 수 있는 국민의 피해를 최소화하고 공정한 재판을 실현하여 국민의 기본권을 보장한다.

구분	채점 기준
상	심급 제도의 목적을 옳게 서술한 경우
하	심급 제도의 목적을 서술하였으나 그 내용이 미흡한 경우

XII. 인권과 기본권

주제 16 인권과 우리 헌법이 보장하는 기본권

개념 확인 문제
110쪽

1 (1)× (2)○ 2 (1)태어나면서부터 (2)헌법

대표 문제로 **실력 쌓기**
111쪽

1 ⑤ 2 ②

1 세계 인권 선언은 제2차 세계 대전 전후로 일어났던 인권 침해 상황에 관해 깊이 반성하면서 1948년 국제연합 총회에서 채택되었다. 인권은 태어나면서부터 주어진다는 천부 인권 사상이 반영되어 있고 세계 여러 나라의 헌법에 반영되었다. 세계 인권 선언은 인간이 보편적으로 누려야 할 인권의 기준을 제시했다는 의의가 있다.
바로잡기 ⑤ 참정권 운동은 시민 혁명 이후로도 참정권을 갖지 못했던 영국 노동자들의 차티스트 운동, 여성 참정권 운동 등 노동자, 여성, 흑인을 중심으로 이루어졌다.

2 나이 때문에 학교 안전 도우미 지원에 탈락한 것은 모든 국민이 성별, 나이, 종교, 인종 등으로 차별받지 않고 법 앞에 평등하다는 평등권이 침해된 것이다.

실력 **다지기**
112~113쪽

01 ③ 02 ⑤ 03 ② 04 ③ 05 ① 06 ④
07 ③ 08 ① 09 ⑤
10 **예시 답안** 청구권이다. 청구권은 다른 기본권이 침해되었을 때 이의 구제를 요구할 수 있는 권리로서 다른 기본권 보장을 위한 수단적 권리이다.
11 **예시 답안** 사회권이다. 사회권에는 쾌적한 환경에서 살 권리, 교육을 받을 수 있는 권리, 근로의 권리가 있다.

01 인권은 인간이 태어나면서부터 가지게 되는 권리로서 헌법에 규정되어 있는지 여부와 관계없이 보장받는 권리이다.

02 세계 인권 선언은 제2차 세계 대전 이후 국제연합 총회에서 채택되어 오늘날 세계 여러 국가의 헌법과 법률에 반영되어 있다.
바로잡기 ㄱ, ㄴ. 계몽 사상을 확립하고 절대 군주의 억압에서 벗어나게 된 것은 시민 혁명 때의 일이다.

03 학력 때문에 결혼 정보 회사에 가입이 거절된 것은 모든 국민이 성별, 나이, 종교, 인종, 학력 등으로 차별받지 않고 법 앞에 평등하다는 평등권이 침해된 것이다.

엔픽 포인트 기본권

평등권	모든 국민이 차별받지 않고 동등하게 대우받을 권리
자유권	• 국가 권력의 간섭을 받지 않고 자유롭게 생활할 수 있는 권리 • 신체의 자유, 거주·이전의 자유, 언론·출판의 자유 등
참정권	• 국가의 의사 결정에 참여할 수 있는 권리 • 선거권, 공무 담임권, 국민 투표권 등
청구권	• 기본권 침해 시 구제를 요청할 수 있는 권리 • 청원권, 재판 청구권, 국가 배상 청구권 등
사회권	• 국민이 국가에 인간다운 생활을 요구할 수 있는 권리 • 교육을 받을 권리, 근로의 권리, 인간다운 생활을 할 권리 등

04 인간의 존엄과 가치 및 행복 추구권은 인간을 수단이 아닌 목적으로 대해야 한다고 규정하며 헌법에 보장된 모든 기본권의 토대가 된다.
바로잡기 ㄱ. 헌법에 보장된 모든 기본권의 토대가 되므로 기본권 제한과는 관련이 없다. ㄹ. 행복을 추구하는 데 필요한 자유와 권리의 내용에 관한 포괄적 권리이다.

05 인권 감수성이란 일상생활에서 만나는 다양한 자극이나 사건의 매우 사소한 요소에서도 인권을 고려하는 태도를 말한다.

06 제시된 사례는 소음 때문에 주민들이 생활의 불편을 겪게 되었으므로 쾌적한 환경에서 살 권리, 즉 환경권이 침해된 사례이다. 환경권은 사회권에 속하므로 제시된 사례에서 침해된 기본권은 사회권이다.

07 (가)는 평등권, (나)는 자유권, (다)는 참정권이다.
바로잡기 ① 역사가 가장 오래된 기본권은 자유권이다. ② 다른 기본권 실현의 전제 조건이 되는 기본권은 평등권이다. ④ 신체의 자유, 표현의 자유는 자유권이다. ⑤ 기본권 침해 시 청구권을 사용하여 침해된 기본권을 구제받을 수 있다.

08 국민 투표권, 공무 담임권 등 국가의 의사 결정에 참여할 수 있는 권리는 참정권이다. 참정권을 통해 정치에 능동적으로 참여할 수 있다.

엔픽 포인트 참정권의 종류

선거권	선거에 참여하여 투표할 수 있는 권리
국민 투표권	국정의 중요한 사항에 대하여 투표할 수 있는 권리
공무 담임권	국민이 국가기관이나 공공 단체의 공직에 취임하여 공무를 담당할 수 있는 권리

09 제시된 헌법 조항은 사회권에 관한 것이다. 사회권은 국가에 인간다운 생활을 요구할 수 있는 적극적인 권리이다.
바로잡기 ① 가장 역사가 오래된 기본권은 자유권이다. ② 국가 권력으로부터 간섭을 받지 않을 권리는 자유권이다. ③ 다른 기본권 보장의 전제 조건이 되는 권리는 평등권이다. ④ 모든 국민이 차별받지 않고 동등하게 대우받을 권리는 평등권이다.

10 청구권은 국민이 국가에 대하여 특정한 행위를 요구하거나 침해당한 기본권의 구제를 요구할 수 있는 권리로서 다른 기본권을 보장하기 위한 수단적 성격을 가진다.

구분	채점 기준
상	청구권이라고 쓰고, 청구권은 다른 기본권 보장을 위한 수단적 권리라고 정확히 서술한 경우
하	청구권과 수단적 권리 중 한 가지만 서술한 경우

엔픽 포인트 청구권의 종류

청원권	국민이 국가기관에 대하여 문서로써 어떤 희망 사항을 청원할 수 있는 권리
재판 청구권	국민이 법률에 의한 재판을 청구할 수 있는 권리
국가 배상 청구권	공무원이 직무를 집행하면서 고의 또는 과실로 법령을 위반하여 다른 사람의 권리가 침해된 경우에 손해를 입은 국민이 국가에 배상을 청구할 수 있는 권리

11 사회권은 국민이 국가에 인간다운 생활을 요구할 수 있는 권리로서 쾌적한 환경에서 살 권리(환경권), 교육을 받을 권리(교육권), 근로의 권리(근로권) 등이 있다.

구분	채점 기준
상	사회권이라고 쓰고, 사회권의 종류 두 가지를 옳게 서술한 경우
중	사회권이라고 쓰고, 사회권의 종류 중 한 가지만 옳게 서술한 경우
하	사회권만 쓴 경우

엔픽 포인트 사회권의 종류

환경권	모든 국민이 건강하고 쾌적한 환경에서 생활을 할 수 있는 권리
교육권	모든 국민이 능력에 따라 균등하게 교육을 받을 권리
근로권	근로 능력을 가진 사람이 국가에 대하여 근로 기회의 제공을 요구할 수 있는 권리
인간다운 생활을 할 권리	국민이 인간다운 생활을 하기 위하여 적극적인 배려와 급부를 국가에 대하여 요구할 수 있는 권리

주제 17 기본권의 제한과 침해 시 구제 방법

개념 확인 문제 114쪽

1 (1)× (2)× 2 (1)행정 심판 (2)법원, 형사 재판

대표 문제로 실력 쌓기 115쪽

1 ⑤ 2 ⑤

---

1 개발 제한 구역은 공공복리를 위한 기본권 제한에 해당한다. 기본권의 제한은 법률로써만 가능하며, 재산권 행사가 제한되므로 자유권이 제한되는 것이다.

2 국민권익위원회는 고충 민원 처리와 행정 심판을 담당하고 있다. 개인 간 분쟁에 따른 피해는 법원에서 민사 재판을 통해 구제받을 수 있다.

실력 다지기 116~117쪽

01 ⑤	02 ③	03 ②	04 ③	05 ②	06 ②
07 ④	08 ③	09 ⑤			

10 예시 답안 국가 안전 보장, 질서 유지, 공공복리를 목적으로 제한할 수 있다. 기본권을 제한할 때에는 자유와 권리의 본질적인 내용은 침해할 수 없다.

11 예시 답안 잘못된 언론 보도에 따른 피해는 언론중재위원회에 피해 구제를 요청할 수 있다. 그리고 방송사를 상대로 법원에 재판을 청구할 수 있다.

---

01 제시문은 기본권 제한의 한계에 관하여 설명하고 있다. 기본권을 제한할 때는 자유와 권리의 본질적 내용은 침해할 수 없다.

02 우리 헌법은 기본권 제한의 요건과 한계를 명확하게 함으로써 국민의 기본권을 최대한 보장하기 위해 노력하고 있다.

03 제시된 사례는 공권력의 행사로 기본권이 침해된 국민이 권리 구제를 요청하면 헌법재판소에서 이를 심판하는 헌법 소원 심판 사례이다.

엔픽 포인트 헌법재판소의 재판 유형

헌법 소원 심판	공권력에 의해 기본권을 침해당한 국민이 신청한 헌법 소원에 관한 심판
위헌 법률 심판	법률이 헌법에 위반되는지 여부를 심판
탄핵 심판	고위 공무원의 직무상 불법 행위에 관해 국회가 탄핵 소추를 의결했을 때 탄핵 여부 심판
정당 해산 심판	정당의 목적이나 활동이 민주적 기본 질서에 어긋날 때 정부의 제소에 따라 심판
권한 쟁의 심판	국가기관 사이에 발생한 분쟁에 관한 심판

04 국가인권위원회는 일상생활에서 일어나는 인권 침해와 관련하여 진정이 들어오면 이를 조사하여 시정을 권고한다.

05 갑은 헌법에 보장된 표현의 자유, 즉 자유권을 침해당했으므로 헌법재판소에 헌법 소원을 신청할 수 있다. 을은 법원에 A 업체를 상대로 민사 소송을 제기하여 침해된 권리를 구제받을 수 있다.

바로잡기 ㄴ. 언론중재위원회는 언론 보도에 따른 피해를 입었을 때 권리 구제를 해 주는 기관이다. ㄹ. 국민권익위원회는 국가기관의 잘못된 법 집행에 따른 고충 민원 처리, 행정 심판을 통해 권리를 구제한다.

기본권 침해 시 구제 기관

법원	• 재판을 통해 침해된 권리를 구제함 • 민사 재판, 형사 재판, 행정 재판 등
헌법재판소	• 헌법 질서를 수호하고 국민의 기본권 보장 • 공권력의 행사 또는 불행사로 기본권이 침해된 국민이 권리 구제를 요청하면 이를 심판함
국가인권위원회	• 인권 침해나 차별 행위를 조사하여 구제함 • 인권 침해가 발생하면 진정을 받아 권리를 구제함
국민권익위원회	• 국가기관의 잘못된 법 집행으로 피해 발생 시 조사하여 침해된 권리를 구제함(행정 심판) • 고충 민원 처리와 불합리한 행정 제도 개선
언론중재위원회	언론 보도로 분쟁 발생 시 조정·중재하고, 잘못된 언론 보도로 피해를 보았을 때 침해된 권리를 구제함
한국소비자원	소비자의 권리가 침해되었을 때 이를 구제함

06 제시된 글은 재판에 관한 설명이다. 국민은 재판을 통해 법을 적용하여 분쟁을 해결함으로써 침해된 권리를 구제받을 수 있다.

07 국가기관의 잘못된 법 집행으로 권리를 침해당했을 경우 국민권익위원회에 행정 심판을 청구하거나 법원에 행정 재판을 청구할 수 있다.

> 바로잡기 ① 국가기관의 잘못된 법 집행으로 권리를 침해당했을 경우 법원에도 재판을 청구할 수 있는데, 민사 재판이 아니라 해당 행정 기관을 상대로 행정 재판을 청구해야 한다.

08 진정을 받아 권리를 구제하는 기관은 국가인권위원회이다. 침해된 기본권을 구제받기 위해 여러 가지 방법을 동시에 또는 순차적으로 활용할 수 있다. 단, 헌법재판소의 헌법 소원 심판은 다른 구제 절차를 모두 거친 후에 마지막으로 청구해야 한다.

09 제시된 국가기관들의 역할은 침해된 국민의 기본권을 구제하려는 목적을 가진다는 공통점이 있다. 기본권 침해를 구제받는 방법은 원인에 따라 달라진다.

10 기본권은 국가 안전 보장, 질서 유지, 공공복리를 위하여 필요한 경우에 제한할 수 있으며, 기본권을 제한하는 경우에도 자유와 권리의 본질적인 내용은 침해할 수 없다.

구분	채점 기준
상	기본권 제한의 요건 세 가지와 기본권 제한의 한계를 모두 정확히 서술한 경우
하	국가 안전 보장, 질서 유지, 공공복리를 목적으로 제한할 수 있다는 내용만 서술한 경우

11 잘못된 언론 보도로 피해를 보았을 때는 언론중재위원회에 피해 구제를 요청할 수 있으며, 해당 방송사를 상대로 법원에 재판을 청구할 수도 있다.

구분	채점 기준
상	언론중재위원회에 피해 구제를 요청하는 것과 방송사를 상대로 법원에 재판을 청구하는 방법을 모두 정확하게 서술한 경우
하	언론중재위원회에 피해 구제를 요청하는 것과 방송사를 상대로 법원에 재판을 청구하는 방법 중에서 한 가지만 서술한 경우

주제 18 근로자의 권리와 침해 시 대응 방법

개념 확인 문제
118쪽

1 (1) ○ (2) ×　　**2** (1) 노동 위원회 (2) 단체 교섭권

대표 문제로 실력 쌓기
119쪽

1 ③　　**2** ①

1 근로 계약서는 부모님이나 제3자가 아닌 본인이 직접 작성해야 한다.

2 임금 체불은 「근로 기준법」 위반으로 권리가 침해된 경우이다. 고용노동부에 진정을 제기하거나 법원에 재판을 청구해야 한다.

> 바로잡기 ②의 부당 해고와 ③, ④, ⑤의 부당 노동 행위는 노동 위원회에 구제 신청을 하거나 법원에 재판을 청구한다.

실력 다지기
120~121쪽

01 ②　　**02** ⑤　　**03** ③　　**04** ②　　**05** ③　　**06** ⑤
07 ①　　**08** ③　　**09** ⑤

10 예시 답안 ㉠ 단결권, ㉡ 단체 교섭권, ㉢ 단체 행동권 / 사용자가 이를 침해했을 때는 노동 위원회에 구제 신청을 하거나 법원에 소송을 제기할 수 있다.

11 예시 답안 노동 위원회에 구제 신청을 하거나 법원에 재판을 청구할 수 있다.

01 근로자는 임금을 목적으로 근로를 제공하는 사람이다.

> 바로잡기 자영업자는 임금을 목적으로 근로를 제공하는 근로자가 아니다.

02 근로자는 사용자에 비해 사회·경제적 약자이므로 「근로 기준법」이나 노동 3권을 통해 권리를 보호하고 있다.

> 바로잡기 ① 청소년 근로자도 최저 임금제를 적용받는다. ② 근로 조건의 최저 기준을 「근로 기준법」으로 정하였다. ③ 노동3권은 헌법에 보장된 권리이다. ④ 쟁의 행위를 할 수 있는 것은 단체 행동권이다.

03 「근로 기준법」에서는 15세 이상 18세 미만자를 연소 근로자라 하여 특별히 보호한다.

바로잡기 2. 15세 이상 18세 미만 청소년은 근로할 수 있다. 5. 근로 시간은 하루 7시간, 일주일에 35시간을 초과할 수 없다.

04 최저 임금은 최저임금위원회에서 결정하고 고용노동부 장관이 매년 고시한다.

05 단체 행동권에 관한 설명이다. 단체 교섭이 원만하게 이루어지지 않을 때 쟁의 행위 등 단체 행동을 할 수 있다.

06 정당한 이유가 없거나 적어도 30일 이전에 해고 계획을 알리지 않은 경우 부당 해고에 해당한다.

07 임금 체불, 근로 계약서 미작성은 「근로 기준법」 위반으로 권리가 침해된 사례이다. 고용노동부에 진정을 제기하거나 민사 재판 또는 형사 재판 청구 등으로 법원에 도움을 요청하여 구제받을 수 있다.

08 제시문은 부당 해고에 관한 것이다. 부당 해고는 정당한 사유 없이 해고하거나 정당한 해고 요건을 갖추지 않은 해고이다. 부당 해고를 당하면 노동 위원회에 구제를 요청하거나 법원에 해고 무효 확인 소송을 제기할 수 있다.

엔픽 포인트 정당한 해고 요건
① 정당한 사유가 있어야 함
② 합리적이고 공정한 기준으로 해고 대상자를 선정해야 함
③ 해고의 사유와 시기를 반드시 문서로 알려야 함
④ 30일 전에 해고 계획을 알려야 함

09 부당 노동 행위란 노동3권을 침해하는 행위를 말한다. 노동조합 가입을 방해하는 것은 단결권 침해, 태업에 참여한 근로자에게 불이익을 준 것은 단체 행동권 침해이다.
바로잡기 ㄱ. 근로자를 정당한 이유 없이 해고하는 것은 부당 해고이다. ㄴ. 근로자에게 최저 임금보다 낮은 임금을 준 것은 「근로 기준법」 위반이다.

10 사용자가 노동 3권을 침해했을 때는 노동 위원회에 구제 신청을 하거나 법원에 소송을 제기할 수 있다.

구분	채점 기준
상	단결권, 단체 교섭권, 단체 행동권을 정확히 쓰고, 틀린 부분을 찾아 옳게 고쳐 쓴 경우
하	단결권, 단체 교섭권, 단체 행동권만 쓴 경우

11 부당 노동 행위로 권리가 침해되었을 때는 노동 위원회에 구제 신청을 하거나 법원에 재판을 청구할 수 있다.

구분	채점 기준
상	권리 구제 방법 두 가지를 모두 정확히 서술한 경우
하	노동 위원회에 구제 신청을 하거나 법원에 재판을 청구할 수 있다는 내용 중 한 가지만 서술한 경우

XII단원 표와 자료로 정리하기 ^{한 번 더} 122~123쪽

주제 16 ❶인권 ❷기본권 ❸평등권 ❹자유권 ❺참정권 ❻청구권 ❼사회권 ❽헌법 ❾자유

주제 17 ❶법률 ❷헌법 소원 ❸재판 ❹진정 ❺공공복리 ❻질서 유지 ❼국가 안전 보장 ❽헌법재판소 ❾헌법 소원 ❿법원 ⓫재판 ⓬민사 재판 ⓭형사 재판 ⓮국가인권위원회

주제 18 ❶근로자 ❷최저 임금제 ❸근로 계약서 ❹노동 3권 ❺노동조합 ❻고용노동부 ❼노동 위원회 ❽단결권 ❾단체 교섭권 ❿단체 행동권

XII단원 실력 굳히기 124~127쪽

01② 02④ 03④ 04④ 05① 06③ 07⑤ 08①
09② 10② 11③ 12④ 13① 14⑤ 15④ 16⑤
17① 18⑤ 19④ 20② 21②

서술형 연습 문제 22 예시 답안 세계 인권 선언이다. 세계 인권 선언은 모든 사람이 보편적으로 누려야 할 인권의 기준을 제시하고 있다.
23 예시 답안 국가 안전 보장을 위해 군사 시설은 민간인의 출입이 금지될 수 있다. 이것은 이동의 자유 등 자유권을 제한하는 것이다.
24 예시 답안 단체 행동권이다. 단체 행동권에는 근로자가 생산 활동이나 업무 수행을 일시적으로 중단하는 집단 행동인 파업, 업무 수행을 불성실하게 하는 태업, 불매 운동을 통해 사용자에게 손해를 입히는 일 등이 있다.

01 인권은 타인에게 양도할 수 없는 권리이다.

02 여성에게 생리 휴가를 주는 것은 남녀의 신체적 차이에 따른 것으로 인권 침해에 해당하지 않는다.

03 헌법에 보장된 기본적 인권을 기본권이라고 한다.
바로잡기 ①역사가 가장 오래된 기본권은 자유권이다. ②다른 기본권 실현의 전제 조건이 되는 것은 평등권이다. ③다른 기본권 보장의 수단적 권리가 되는 것은 청구권이다. ⑤국민 주권의 원리 실현을 위해 필요한 권리는 참정권이다.

04 헌법 제35조 제1항은 사회권 보장에 관한 조항이다.
바로잡기 ㄱ은 자유권 보장, ㄷ은 평등권 보장에 관한 조항이다.

05 북한 주민은 거주·이전의 자유가 없으므로 자유권을 보장받지 못하고 있다.

06 재외 국민 투표는 국가의 의사 결정에 참여하는 참정권에 해당한다.

07 기본권을 제한할 때는 반드시 국회에서 제정한 법률로써만 가능하며 자유와 권리의 본질적 내용은 침해할 수 없다.

08 흡연은 개인의 자유이지만 국민의 건강이라는 사회 전체의

이익을 위해 금연 구역 등 제한을 둔다. 공공복리에 의한 기본권 제한에 해당한다.

엔픽 포인트 **기본권의 제한**

헌법 제37조 ② 국민의 모든 자유와 권리는 국가 안전 보장·질서 유지 또는 공공복리를 위하여 필요한 경우에 한하여 법률로써 제한할 수 있으며, 제한하는 경우에도 자유와 권리의 본질적인 내용을 침해할 수 없다.

09 격리 조치는 자유권을 제한하는 것으로 국민의 건강이라는 공공복리를 위해 기본권을 제한한 것이다.

10 법원은 권리 구제의 가장 보편적 수단인 재판을 통해 분쟁을 해결한다.

11 국가인권위원회는 인권 침해를 당한 사람의 진정을 처리하고 인권 침해 기관에 시정할 것을 권고한다.

12 국민권익위원회는 국가기관의 잘못된 법 집행으로 피해를 본 국민이 고충 민원을 제기하면 이를 조사하여 침해된 기본권을 구제해 준다. 또한 행정 기관의 잘못된 처분에 대해 행정 심판을 제기하면 이를 조사하여 잘못된 처분을 바로잡아 준다.

13 헌법재판소는 민원이나 진정이 아닌 재판을 통해 권리 구제를 하는 기관으로 기본권을 침해받은 국민이 헌법 소원을 청구할 수 있다.

14 음식점 주인은 사용자에게 임금을 받는 근로자가 아니라 자영업자이므로 근로자에 포함되지 않는다.

15 근로 조건의 최저 기준이 법률로 정해진다. 근로 시간은 원칙적으로 1일 8시간, 1주 40시간 이내이다. 휴일에 일하거나 초과 근무 시 50%의 가산 임금을 받을 수 있다.

16 「근로 기준법」에서는 15세 이상 18세 미만자를 연소 근로자라고 하여 특별히 보호한다.
바로잡기 ㄱ. 성인과 동일한 최저 임금을 적용받는다. ㄴ. 근로 계약서는 반드시 본인이 작성해야 한다.

엔픽 포인트 **청소년 근로 십계명**

1. 만 15세 이상 근로 가능
2. 부모님 동의서와 나이를 알 수 있는 증명서 필요
3. 근로 계약서 반드시 작성
4. 성인과 동일한 최저 임금 적용
5. 1일 7시간, 1주 35시간 초과하여 일할 수 없음
6. 휴일에 일하거나 초과 근무를 했을 경우 50%의 가산 임금을 받을 수 있음
7. 일주일 개근하고 15시간 이상 일을 하면 하루의 유급 휴일을 받을 수 있음
8. 위험한 일이나 유해 업종의 일을 할 수 없음
9. 일을 하다 다치면 산업 재해 보상 보험 적용
10. 상담은 청소년 신고 대표 전화 1644-3119

17 근로 계약서에는 업무 내용, 근로 시간, 임금, 임금 지급일, 휴일, 휴게 시간 등이 반드시 포함되어야 한다.

18 청소년 근로자도 근로자 본인 통장으로 입금을 받거나 현금으로 주는 경우에는 본인이 직접 수령해야 한다.

19 단체 교섭권은 노동조합을 통해 근로 조건에 관하여 사용자와 근로자가 교섭할 수 있는 권리이다.

20 노동권 침해 사례에는 부당 해고, 부당 노동 행위, 「근로 기준법」 위반 등이 있다.
바로잡기 ㄱ. 휴일 근무 시 50%의 가산 임금을 주어야 한다. ㄴ. 한 달 전에 해고 사유를 통보하였으므로 부당 해고로 볼 수 없다. 정당한 해고 사유가 없거나 정당한 해고 요건을 갖추지 않았을 때 부당 해고에 해당한다.

21 임금 체불의 경우는 「근로 기준법」 위반이므로 고용노동부에 진정을 제기하거나 법원에 재판을 청구한다.

22 세계 인권 선언은 모든 사람이 보편적으로 누려야 할 인권의 기준을 제시하고 있다.

구분	채점 기준
상	세계 인권 선언은 모든 사람이 보편적으로 누려야 할 인권의 기준을 제시하고 있다는 내용을 정확히 서술한 경우
하	세계 인권 선언만 쓴 경우

23 국가 안전 보장을 위해 군사 시설은 민간인의 출입이 금지될 수 있다. 이것은 이동의 자유 등 자유권을 제한하는 것이다.

구분	채점 기준
상	국가 안전 보장이라는 기본권 제한 사유와 자유권이 제한된 것임을 모두 옳게 서술한 경우
하	국가 안전 보장만 쓰고 자유권을 제한한다고 서술하지 않은 경우

24 제시된 사례는 단체 행동권이다. 단체 행동권에는 파업, 태업, 불매 운동 등이 있다.

구분	채점 기준
상	단체 행동권을 쓰고, 파업, 태업, 불매 운동을 정확히 서술한 경우
중	단체 행동권을 쓰고 파업, 태업, 불매 운동 중 일부를 서술한 경우
하	단체 행동권만 쓴 경우

엔픽 포인트 **노동 3권**

단결권	근로자가 근로 조건을 유지·개선하고 경제적 지위 향상을 위해 노동조합을 조직·운영할 수 있는 권리
단체 교섭권	• 노동조합을 통해 근로 조건에 관해 사용자와 교섭할 수 있는 권리 • 사용자는 정당한 이유 없이 교섭을 거부할 수 없음
단체 행동권	• 단체 교섭이 원만하게 이루어지지 않을 경우 쟁의 행위 등의 단체 행동을 할 수 있는 권리(파업, 태업, 불매 운동 등) • 정당한 쟁의 행위에 대해서는 민형사상 책임 면제

VII. 인간과 사회생활(1회)

2~5쪽

01 ⑤ 02 ⑤ 03 ③ 04 ② 05 ④ 06 ② 07 ⑤ 08 ③
09 ④ 10 ③ 11 ④ 12 ⑤ 13 ① 14 ④ 15 ① 16 ①
17 ⑤ 18 ④ 19 ④

서술형 실전 문제 20 **예시 답안** 자아 정체성을 확립하기 위한 질문이다. 청소년기는 자아 정체성 형성에 중요한 시기이다.
21 **예시 답안** 개인이 두 개 이상의 사회적 지위를 가졌을 때, 지위에 따른 각각의 역할이 충돌하여 역할 갈등이 발생한다.
22 **예시 답안** 인종, 장애, 신체 조건 등의 차이를 인정하는 인형을 만드는 이유는 특정 인종과 외모의 사람만 아름답다는 고정 관념과 편견을 깨고 다양성을 존중하기 위해서이다.

01 제시된 사례의 아이는 기본적인 생활 습관을 배워야 하는 시기에 정상적인 사회화가 이루어지지 않아 인간다운 생활을 하는 데 어려움을 겪었다.
바로잡기 ① 인간의 사회적 특성은 후천적으로 학습되는 것이다. ② 인간이 사회적 존재로 성장하기 위해서는 초기 사회화가 매우 중요하다. ③ 제시문과 관련이 없다. ④ 인간과의 상호 작용을 통해 사회화된다.

02 인간은 여러 사회화 기관을 통해 사회생활에 필요한 가치, 규범, 행동 양식 등을 학습한다.
바로잡기 ① 가장 기초적인 사회화 기관은 가족이다. ② 사회화를 위해 공식적으로 만든 기관은 학교이다. ③ 기초 생활 습관을 배우는 기관은 가족이다. ④ 학교, 또래 집단이 해당한다.

03 사회생활에 필요한 생활 양식을 배우고 개성과 정체성을 형성하는 것은 개인적 측면에서의 사회화의 기능이다.

04 청소년기는 사회화 과정을 통해 자아 정체성을 형성하는 중요한 시기이다.
바로잡기 ① 인간의 사회화는 평생에 걸쳐 이루어진다. ③ 유아기와 유년기에 관한 설명이다. ④ 성인기 이후의 사회화에 해당한다. ⑤ 유아기와 유년기에 관한 설명이다.

05 가장 기초적인 사회화 기관은 가족으로 유아기와 유년기에 기초 생활 습관 형성 등 중요한 영향을 끼친다.
바로잡기 ① 가족에 관한 설명이다. ②, ③ 학교에 관한 설명이다. ⑤ 또래 집단은 놀이를 통해 규칙과 질서를 배우는 사회화 기관이다.

06 사회 변화에 적응하기 위해 새로운 지식, 기술, 가치 등을 배우는 과정을 재사회화라고 한다.
바로잡기 ㄴ, ㄹ은 사회화 과정에 속한다.

07 제시된 사례는 재사회화로, 사회 변화에 적응하기 위해 새로운 지식, 기술, 가치 등을 배우는 것을 말한다. 빠르게 변화하는 현대 사회에서 재사회화의 중요성이 증가하고 있다.

08 청소년기는 부모의 영향에서 벗어나 또래 관계를 중요시하며, 또래 집단은 청소년기 자아 형성에 큰 영향을 미친다.
바로잡기 ①, ⑤ 가족에 관한 설명이다. ② 대중 매체에 관한 설명이다. ④ 직장에 관한 설명이다.

09 가족은 유아기, 유년기에 기본 인성과 가치관 형성, 기본 생활 습관 형성 등에 큰 영향을 미친다.
바로잡기 ① 재사회화는 교도소, 군대, 직업 훈련소, 대중 매체 등 다양한 기관에서 이루어진다. ② 또래 집단에 관한 설명이다. ③ 사회화 기관의 종류에 따라 일정 시기에 더 중요한 영향을 줄 수 있으나 특정 시기에만 영향을 미치는 것은 아니다. ⑤ 학교에 관한 설명이다.

10 (가)는 귀속 지위, (나)는 성취 지위이다. 현대 사회에서는 후천적 노력으로 얻는 성취 지위의 중요성이 커지고 있다.

11 제시된 사례는 성취 지위이다. 현대 사회에서 더 중요시되는 지위이며, 사회가 복잡해지며 그 종류가 다양해지고 있다.

12 역할을 성실하게 잘 수행한 결과 A 부서는 보상을 받았고, 역할을 성실하게 수행하지 못한 B 부서는 제재를 받았다. 역할을 성실하게 잘 수행하면 칭찬과 보상을 받고 그렇지 못하면 비난이나 처벌과 같은 사회적 제재를 받게 된다.
바로잡기 ①~④ 제시된 사례와는 거리가 멀다.

13 중학교 학생은 성취 지위로서 개인의 노력이나 의지에 의해 후천적으로 얻는 지위이다.

14 재사회화를 통해 새로운 지식, 기술, 가치관, 규범 등을 학습함으로써 빠르게 변화하는 사회에 적응하고 사회적 기대에 부합하는 역할 행동을 할 수 있다.
바로잡기 ㄱ. 가장 기초적인 사회화 기관은 가족이다. ㄷ. 학교에 관한 설명이다. 직장에서 사회화가 이루어지기는 하지만, 직장이 사회화를 위해 만들어진 기관이 아니다.

15 첫째 아들은 개인의 의지나 노력과는 상관없이 자연적으로 얻어지는 귀속 지위이다. 반장, 아내, 학생, 아버지는 개인의 노력이나 의지에 의해 후천적으로 얻는 성취 지위이다.

16 차별은 차이를 근거로 부당하게 대우하는 것이다. 차이는 같지 않고 다른 것으로 서로를 구분하는 특성이다. 차이와 다양성을 인정해야 한다.

17 「공중화장실법」에서 여자 화장실에 남자 화장실보다 변기 개수가 많도록 규정하고 있는 것은 남녀의 신체 구조 차이를 존중한 정당한 규정이다.
바로잡기 ① 여자 화장실 줄이 긴 것으로 보아 남녀의 신체 구조상 여성의 화장실 이용 시간이 길다. ② 남녀의 신체 구조 차이를 인정하고 반영한 규정이다. ③ 남녀의 신체 구조 차이를 존중하지 않는 주장이다. ④ 차별이 아니라 실질적 평등이라고 볼 수 있다.

18 둘 이상의 모임, 소속감이 있고, 지속적인 상호 작용이 이루어져야 사회 집단으로 볼 수 있다. 제시된 사례는 소속감과 지속적인 상호 작용이 없으므로 사회 집단이 아니다.

19 제시된 사례는 차별 문제를 해결하기 위해 차별을 금지하고 사회적 약자를 보호하려는 사회적 차원의 노력이다.

20 자아 정체성과 관련된 질문들이다. 특히 청소년기는 자아 정체성 형성에 중요한 시기이다.

구분	채점 기준
상	자아 정체성의 확립이라는 것과 청소년기가 자아 정체성 형성에 중요한 시기라는 내용을 모두 서술한 경우
하	자아 정체성의 확립만 서술한 경우

21 A씨가 가진 두 개의 사회적 지위에 따른 각각의 역할이 충돌하여 역할 갈등이 발생하였다.

구분	채점 기준
상	각 지위에 따른 역할이 충돌하여 역할 갈등이 발생하였다는 내용을 정확히 서술한 경우
하	다양한 역할들이 충돌하였다고만 서술한 경우

22 인종, 장애, 신체 조건 등의 차이를 인정하는 인형이다. 편견과 고정 관념을 깨고 차이와 다양성을 존중하기 위해서이다.

구분	채점 기준
상	인종, 장애, 신체 조건 등의 차이를 인정하는 인형이라는 것과 편견과 고정 관념을 깨고 다양성을 존중하기 위해서라는 내용을 정확히 서술한 경우
중	차이를 인정하고 다양성을 존중하기 위한 노력이라는 내용을 서술한 경우
하	차이를 인정해야 한다는 내용만 서술한 경우

Ⅶ. 인간과 사회생활(2회)

6~9쪽

01②	02③	03⑤	04④	05②	06②	07③	08③
09⑤	10②	11⑤	12①	13③	14⑤	15④	16②
17④	18①	19②					

서술형 실전 문제 **20** **예시 답안** 재사회화란 새롭게 변화한 환경에 적응하기 위해 새로운 지식과 기술, 가치관, 규범 등을 다시 배우는 과정이다.
21 **예시 답안** ⊙은 역할 갈등이다. 국가 대표라는 지위에 맞게 피겨 스케이팅 대회에 출전할지, 딸이라는 지위에 맞게 어머니 장례식에 참석할지 두 가지 역할이 충돌하였다.
22 **예시 답안** 인종과 피부색 등이 서로 같지 않고 다른 것은 차이이다. 차이를 근거로 부당하게 대우하는 것은 차별이다. 차이를 인정하고 존중해서 차별 없는 사회를 만들어야 한다는 목적의 공익 광고이다.

01 학교는 사회생활에 필요한 지식과 규범 등을 체계적으로 학습하는 곳이다. 사회 변화에 적응하기 위해 새로운 지식과 기술을 다시 배우는 것은 재사회화에 관한 설명이다.

02 사회화는 사회의 규범과 가치를 다음 세대로 전달하여 사회를 유지하고 발전시키는 사회적 차원에서의 기능을 한다. 다른 사람들과의 상호 작용을 통해 사회적 존재로 성장하는 개인적 차원에서의 기능도 있다.
바로잡기 ㄱ. 사회화는 평생에 걸쳐 이루어진다. ㄹ. 성인이 된 이후에도 새로운 지식이나 기술, 가치, 규범 등을 배운다.

03 자아 정체성은 다른 사람들과 구별되는 자신만의 고유한 모습을 찾으려는 노력과 가족, 또래 집단, 학교, 대중 매체 등 다양한 사회화 기관에서의 상호 작용을 통해 확립된다. 특히 청소년기는 자아 정체성 형성에 중요한 시기이다.
바로잡기 ①청소년기에 특히 중요하게 형성된다. ②사회화 과정을 통해 후천적으로 형성된다. ③같은 사회 구성원이라도 자아 정체성은 다르게 형성된다. ④자아 정체성은 청소년기에 특히 중요하게 형성되는데, 청소년기에는 또래 집단과의 상호 작용을 중요시한다.

04 교통 신호를 지키는 것은 학습의 결과이므로 사회화에 해당한다.
바로잡기 ①기침을 하는 것, ②어머니를 닮아서 시력이 좋은 것, ③냄새를 맡고 군침이 도는 것, ⑤알레르기 증상을 보이는 것은 유전이나 본능에 따른 것으로 다른 사람들이나 사회화 기관을 통해 자신이 속한 사회의 문화를 학습해 가는 사회화에 해당한다고 볼 수 없다.

05 재사회화의 사례이다. 재사회화는 전통 사회에서도 있었으나 빠르게 변화하는 현대 사회에서 중요성이 증가하고 있다.

06 어려서부터 야생 동물에게서 길러진 아이들은 유아기에 사람들과의 상호 작용을 통해 배워야 하는 언어 등 기초적인 생활 양식 등을 학습하지 못해 인간다운 생활을 하기 어려워진다.

07 학교는 사회화를 목적으로 만든 공식적 사회화 기관으로서 체계적이고 지속적이며 전문화된 사회화가 이루어진다.
바로잡기 가족, 직장, 또래 집단, 대중 매체는 사회화 자체를 목적으로 만들어진 기관은 아니지만, 인간의 사회화에 많은 영향을 주는 사회화 기관이다.

08 사회화는 개인적 차원과 사회적 차원의 기능을 수행한다. 개인의 개성과 정체성을 형성하게 하고, 자신이 속한 사회의 문화를 학습하게 하는 것은 개인적 차원의 기능이다.
바로잡기 ㄱ, ㄹ은 사회적 차원의 사회화의 기능이다.

09 자아 정체성이란 자신의 성격, 가치관, 능력, 관심, 목표 등을 알고 자신이 누구인지를 명확히 한 상태로, 자신만의 고유한 모습을 찾는 것이다. 미디어에 나오는 사람을 똑같이 따라 하는 것은 긍정적 자아 정체성 형성에 적합하지 않다.

10 언니는 개인의 의지나 노력과 상관없이 주어지는 귀속 지위이다.

바로잡기 중학생, 밴드부 회원, 어머니, 학원 선생님은 개인의 의지나 노력으로 얻는 성취 지위이다.

11 제시된 사례는 볼링 동호회 회장으로서의 역할과 어머니로서의 역할이 충돌한 역할 갈등 사례이다.

바로잡기 ① 회사원, 볼링 동호회 회장, 남편은 성취 지위이다. 딸은 귀속 지위이다. ② 남편은 성취 지위이므로 자연적으로 얻는 지위가 아니다. ③ 딸은 귀속 지위이므로 후천적 노력으로 얻는 지위가 아니다. ④ ㉤은 역할 갈등이다.

12 역할을 실제로 수행하는 개인의 구체적인 행동을 역할 행동이라고 하는데 이는 개인 특성이나 가치관에 따라 개인마다 다르게 나타난다.

13 갑은 반장이라는 지위를 얻었으므로 반장에게 맞는 역할이 요구된다. 역할을 성실히 수행하면 칭찬과 보상이 따르고 그렇지 못하면 비난과 처벌이라는 사회적 제재가 따르게 된다.

14 역할 갈등에 관한 설명이다. 많은 사회 구성원들이 겪는 역할 갈등을 해결하기 위해서는 개인적 차원의 노력과 함께 사회적 차원의 노력이 필요하다.

바로잡기 ㄱ. 역할 갈등이 원만하게 해결되지 못하면 개인은 심리적 불안을 겪게 되고 그에 따라 사회도 불안정해지기 쉬우므로 역할 갈등을 해결하기 위한 개인적 차원의 노력도 필요하다. ㄴ. 가장 중요한 역할을 선택하거나 우선순위를 정해 중요한 일부터 차례대로 처리한다.

15 개인의 의지나 노력에 의해 후천적으로 얻는 지위는 성취 지위로 현대 사회에서 중요해지고 있다.

16 차이를 인정하지 않고 차별할 때 사회 갈등이 발생할 수 있으며, 차이를 존중할 때 사회적 갈등이 해결될 수 있다.

바로잡기 ㄴ. 차이를 인정하지 않을 때 사회적 갈등이 나타난다. ㄹ. 차별에 관한 설명이다.

17 제시된 사례는 성별에 따른 차별에 해당한다. 차별을 해결하기 위해 다름을 인정하고 존중하는 자세가 필요하다.

18 차별을 막으려면 차이를 인정하고 존중하는 자세가 필요하다. 법과 제도를 마련하는 사회적 차원의 노력도 필요하다.

바로잡기 ㄷ. 차별이 아닌 차이를 인정하고 존중하는 자세가 필요하다. ㄹ. 사회적 약자라고 해서 항상 유리한 위치에 있도록 하는 것은 역차별에 해당할 수 있다.

19 사회 집단은 두 명 이상의 모임, 소속감이나 공동체 의식, 지속적인 상호 작용을 조건으로 한다. 역할 행동은 사회 집단을 구분하는 기준으로 볼 수 없다.

20 재사회화란 새롭게 변화한 환경에 적응하기 위해 새로운 지식, 기술, 규범, 가치 등을 배우는 과정을 말한다.

구분	채점 기준
상	새롭게 변화한 환경에 적응하기 위해 새로운 지식, 기술, 규범, 가치 등을 배우는 과정을 말한다는 것을 정확히 서술한 경우
하	새로운 지식, 기술, 가치, 규범 등을 배우는 과정이라는 것만 서술한 경우

21 역할 갈등이다. 국가 대표로서 피겨 스케이팅 대회에 출전할지, 딸로서 어머니 장례식에 참석할지 두 가지 역할이 충돌하였다.

구분	채점 기준
상	국가 대표로서 피겨 스케이팅 대회에 출전할지, 딸로서 어머님 장례식에 참석할지 두 가지 역할이 충돌하는 역할 갈등이 발생했다는 내용을 정확히 서술한 경우
하	역할 갈등이라고만 쓴 경우

22 인종과 피부색 등이 서로 같지 않고 다른 것은 차이이다. 차이를 근거로 부당하게 대우하는 것은 차별이다. 차이를 인정하고 존중해야 차별 없는 사회가 될 것이다.

구분	채점 기준
상	차이를 인정하고 존중해야 차별 없는 사회가 될 것이라는 내용을 정확히 서술한 경우
하	차별하면 안 된다는 내용만 서술한 경우

Ⅷ. 다양한 문화의 이해(1회)

10~13쪽

01 ②	02 ③	03 ⑤	04 ⑤	05 ③	06 ②	07 ②	08 ②
09 ④	10 ⑤	11 ④	12 ②	13 ③	14 ④	15 ③	16 ②
17 ⑤	18 ③						

서술형 실전 문제 **19** **예시 답안** 문화는 사회화를 통해 후천적으로 학습하여 터득한다는 것이므로 ㉠은 학습성이다. 일란성 쌍둥이라도 서로 자라난 환경이 다르면 전혀 다른 문화를 가지는 것이 학습성의 사례이다.
20 **예시 답안** ㉠은 미디어이다. 밑줄 친 부분에 들어갈 알맞은 말은 '미디어 속 정보를 비판적인 태도로 평가하고 주체적으로 활용하는' 이다.
21 **예시 답안** 민정이는 자신의 문화를 우수하다고 여기고 원주민 부족의 문화를 열등하다고 여기는 자문화 중심주의 태도를 보인다. 자문화 중심주의 태도는 자기 문화를 토대로 다른 문화를 무시하기 때문에 다른 문화권과의 갈등을 유발할 수 있다.

01 인간의 행동이라도 본능에 의한 행동이나, 생리적 현상에 따른 행동, 개인의 습관과 버릇은 문화에 해당하지 않는다. 또한 넓은 의미에서 문화란 환경에 적응하는 과정에서 사회 구성원이 공유하는 생활양식을 의미한다.
바로잡기 ㄴ. 선사 시대(구석기 시대 등)에도 문화는 있었으며, ㄷ. 예술적 가치가 있는 것만을 의미하는 좁은 의미의 문화뿐만 아니라 넓은 의미의 문화도 있다.

02 제시된 사례 속의 '문화'는 생활양식으로서 넓은 의미의 문화이다.
바로잡기 ㄱ은 세련되고 교양 있다는 의미의 좁은 의미의 문화, ㄹ은 예술, 공연, 문학을 뜻하는 좁은 의미의 문화 사례이다.

03 ㄱ, ㄹ은 본능에 따른 행동 또는 생리적 현상이므로 문화에 해당하는 현상이 아니다.

04 제시된 자료를 종합하면 문화의 특수성(다양성)이 도출된다. 따라서 문화의 특수성이 두드러지도록 사회마다 문화의 모습이 서로 다르다는 내용의 제목이 적절하다.

05 문화의 공유성이란 어느 한 사회 구성원은 그들만의 고유한 문화를 공유하고 있다는 특징이다. 문화의 공유성 때문에 같은 문화를 공유하는 구성원끼리 행동의 의미를 같은 의미로 이해하고, 특정한 상황에서의 행동을 예측할 수 있다.

06 문화의 학습성이란 문화는 선천적으로 타고나는 것이 아니라 후천적으로 배우고 익힌다는 특징이다. 젓가락을 사용하는 방법도 후천적으로 익혀서 습득하는 문화이므로 이러한 학습적인 측면을 강조한 ②에서 문화의 학습성이 드러난다.
바로잡기 ①은 전체성, ③은 축적성, ④은 공유성, ⑤은 변동성이 드러나는 사례로 적합하다.

07 문화는 세대 간의 전승 과정을 통해 쌓이고 내용이 풍부해진

다. 이러한 특징을 문화의 축적성이라고 한다.
바로잡기 ①은 공유성, ③은 학습성, ④는 변동성에 관한 설명이다.

08 정보 통신 기술의 발달로 등장한 인터넷, 스마트폰 등과 같은 새로운 유형의 미디어(뉴 미디어)에서는 정보 생산자와 소비자의 경계가 불분명해지고 있다.

09 (가)는 전통적인 미디어 중에서도 영상 매체이다. (나)는 오늘날 정보 통신 기술의 발달로 새롭게 등장하여 영향력이 날로 커지고 있는 뉴 미디어이다. 뉴 미디어에서는 정보 생산자와 수용자(소비자) 간의 경계가 불분명하고 쌍방향 소통이 이루어진다는 것이 특징이다.
바로잡기 ② 인쇄 매체, 음성 매체, 영상 매체와 같은 전통적인 미디어는 오늘날 그 영향력이 점차 약해지고 있다. ⑤ (가)와 (나) 모두 대중이 쉽게 접하고 활용하는 미디어이다.

10 사람들이 미디어 속 행동과 사고방식을 따라하면 다양한 문화가 유지되고 공존하기보다는 획일화할 수 있다.

11 정보의 사실 여부를 판단하기 위해서는 정보가 최신의 것인지, 다른 언론사나 미디어에서 제공하는 정보와 비교하여 차이가 있는지 검토해야 한다.

12 정보의 사실 여부를 판단하고 비판적으로 평가하기 위해서는 출처와 작성자의 신뢰도를 평가하고, 근거가 충분하고 타당한지를 검토해야 한다.
바로잡기 ㄴ. 사람들의 반응은 정보가 사실임을 판단하는 객관적인 근거가 될 수 없다. 특히 댓글은 조작될 수 있으므로 유의해야 한다. ㄹ. 오래된 정보는 최신 정보에 비해 틀렸을 가능성이 크므로 너무 오래되지 않은 정보를 바탕으로 사실 여부를 판단해야 한다.

13 자료를 바탕으로 우리나라에 거주하는 외국인이 늘어나고 있다는 것을 알 수 있다. 우리나라와 다른 문화를 가지고 있는 다른 지역 출신의 사람들이 늘어나므로 익숙하지 않은 문화를 과거보다 더 쉽게 접할 수 있게 된다.
바로잡기 ㄱ. 주어진 자료만으로는 외국인 유학생의 수가 증가했는지를 추론할 수 없다. ㄹ. 문화 상품 수출액의 증가는 주어진 자료만으로는 추론할 수 없다.

14 국내 거주 외국인 수의 증가가 장기간 지속될 때 우리 사회를 구성하는 문화 요소가 더 다양해지게 된다. 이로써 갈등이 나타날 수도 있지만, 문화의 상호 작용으로 새로운 문화가 형성될 수도 있다.

15 자문화 중심주의는 자기 문화를 우수하게 보고 다른 문화를 열등하게 보는 태도이다. 베트남의 낮잠 문화를 게으르다고 평가하는 태도는 낮잠을 자지 않는 자신의 문화를 더 우수하게 보는 태도이므로 자문화 중심주의 태도이다.
바로잡기 갑과 을은 문화 사대주의, 정은 극단적 문화 상대주의, 무는 문화 상대주의 태도이다.

16 A는 문화 사대주의이다. 문화 사대주의는 다른 문화의 장점을 쉽게 받아들여 자기 문화를 발전시키는 기회가 될 수 있다는 것이 장점이지만, 자기 문화에 대한 자부심을 상실할 수 있다는 것이 단점이다.

바로잡기 ㄴ. 문화 상대주의, ㄹ. 자문화 중심주의에 관한 설명이다.

17 B는 문화 상대주의 태도이다. 문화 상대주의는 문화가 형성된 환경과 맥락을 토대로 가치와 의미를 인정하는 태도이므로 자기 문화와 다른 문화를 있는 그대로 이해하고 존중하는 태도이다.

18 문화의 상대성을 인정하여 문화가 형성된 환경과 맥락을 바탕으로 그 가치와 의미를 인정하는 것이 문화 상대주의이다. 하지만 인류의 보편적 가치를 훼손하는 문화까지 가치를 인정하는 극단적 문화 상대주의는 바람직하지 않으므로 경계해야 한다.

19 문화의 학습성에 관한 설명이다. 일란성 쌍둥이라도 서로 자라난 환경이 다르면 전혀 다른 문화를 가지는 것이 학습성의 사례이다.

구분	채점 기준
상	㉠을 학습성이라 쓰고, 학습성이 드러나는 사례를 구체적으로 서술한 경우
중	㉠을 학습성이라 쓰고, 학습성이 드러나는 사례를 추상적으로 서술한 경우
하	㉠을 학습성이라 쓰기만 한 경우

20 미디어와 미디어 리터러시에 관한 설명이다. 미디어 리터러시는 미디어 속 정보를 비판적인 태도로 평가하고 주체적으로 활용하는 역량이다.

구분	채점 기준
상	㉠을 미디어라 쓰고, 밑줄 친 부분에 들어갈 말을 '비판적' 또는 '주체적'이란 핵심 용어를 포함해 서술한 경우
중	㉠을 미디어라 쓰고, 밑줄 친 부분에 들어갈 말을 '비판적' 또는 '주체적'이란 핵심 용어를 포함하지 않고 서술한 경우
하	㉠을 미디어라 쓰기만 한 경우

21 자문화 중심주의 태도는 자기 문화를 토대로 다른 문화를 무시하기 때문에 다른 문화권과의 갈등을 유발할 수 있다.

구분	채점 기준
상	민정이의 문화 이해 태도를 자문화 중심주의라고 쓰고, 자문화 중심주의의 문제점을 '갈등' 또는 '자기 문화 발전'이라는 핵심 용어를 포함해 서술한 경우
중	민정이의 문화 이해 태도를 자문화 중심주의라고 쓰고, 자문화 중심주의의 문제점을 '갈등' 또는 '자기 문화 발전'이라는 핵심 용어를 포함하지 않고 서술한 경우
하	민정이의 문화 이해 태도를 자문화 중심주의라고 쓰기만 하고 문제점은 서술하지 않은 경우

Ⅷ. 다양한 문화의 이해(2회)

14~17쪽

01 ⑤	02 ②	03 ⑤	04 ④	05 ②	06 ①	07 ③	08 ⑤
09 ⑤	10 ④	11 ③	12 ④	13 ⑤	14 ④	15 ③	16 ④
17 ⑤							

서술형 실전 문제 **18** **예시 답안** 어렸을 때는 김치를 매워하다가 계속 먹으면서 김치의 맛을 즐기게 되는 것은 문화의 학습성을 보여 주는 사례이다.

19 **예시 답안** 정보를 무분별하게 수용하고 사실로 믿으면 가짜 뉴스를 사실로 받아들일 수 있다. 따라서 미디어의 정보가 사실인지 비판적으로 검토하는 자세가 필요하다.

20 **예시 답안** 소영이의 태도는 극단적 문화 상대주의로 인간의 존엄성을 훼손하는 문화까지 인정하고 있다. 인간의 존엄성과 같은 인류의 보편적 가치를 무시하는 문화는 존중하기 어렵기 때문에 이러한 극단적 문화 상대주의 태도는 문제가 된다.

01 (가)에서의 문화는 예술, 공연, 전시, 문학 등을 의미하는 좁은 의미로 사용되었고, (나)에서의 문화는 환경에 적응하면서 발전한 생활양식을 뜻하는 넓은 의미로 사용되었다. 문화는 어느 사회에서나 공통으로 발견되는 특징이 있는데 이를 문화의 보편성이라고 한다.

바로잡기 ㄱ. 인간의 모든 행위가 문화에 포함되지는 않는다. 유전이나 본능에 따른 행동은 문화에 해당하지 않는다. ㄴ. 세련되고 교양 있다는 의미로 문화를 사용한 사례는 '문화 시민', '문화인'이 있다.

02 법, 관습, 예절, 종교, 가치관 등과 같이 뚜렷한 형체가 없는 생활양식도 비물질문화로 문화에 포함된다.

바로잡기 ① 넓은 의미에서 문화를 이해해야 다양한 문화를 편견 없이 이해할 수 있다. ③ 한 사회의 구성원들이 주어진 환경에 적응하면서 공통으로 가지는 생활양식을 의미한다. ④ 배가 고플 때 먹을 것을 찾는 것과 같은 본능에 따른 행동은 문화에 해당하지 않는다. ⑤ 유전적으로 타고난 머리카락의 색은 문화에 해당하지 않는다.

03 가치관, 신념, 종교, 관습 등은 문화에 해당한다. 반면에 긴장하거나 초조하면 다리나 손을 떠는 개인적인 습관은 문화에 해당하지 않는다.

04 문화는 각 지역의 환경이나 사회적 맥락에 맞추어 발달한 생활양식을 의미한다. 지역마다 환경이나 사회적 맥락이 다르므로 지역별로 특색 있는 문화가 발달하고 서로 다른 모습을 보이는데 이를 문화의 특수성이라고 한다.

05 같은 문화를 공유하는 사회 구성원이 특정 말과 행동을 같은 의미로 이해하고 특정 상황에서의 서로의 행동을 예측할 수 있게 하는 것은 문화의 공유성이다.

06 자료에서 설명하는 문화의 특징은 문화의 학습성이다. 문화

의 학습성이 두드러지는 사례는 (가)이다.

07 문화의 축적성이란 언어와 문자 등을 통해 문화가 다음 세대로 전달되면서 축적된다는 특징이다. 문화가 시간이 흐름에 따라 바뀔 수 있다는 것은 문화의 변동성에 관한 설명이다.

08 ㉠은 미디어이다. ㄷ. 미디어를 통한 다양한 문화 간 교류로 새로운 문화가 조성되기도 한다. ㄹ. 정보 통신 기술이 발달하면서 인터넷, 스마트폰과 같은 뉴 미디어가 등장하였다.
[바로잡기] ㄱ. 라디오와 같은 음성 매체도 미디어에 해당한다. ㄴ. 미디어는 인쇄 매체를 시작으로 발전하였으며, 기술의 발전과 함께 다양한 유형의 미디어가 등장하였다.

09 A는 전통적 미디어, B는 뉴 미디어이다. 뉴 미디어는 전통적인 미디어와 달리 정보 생산자와 수용자 사이에 쌍방향 의사소통이 이루어지는 것이 특징이다.
[바로잡기] ① 뉴 미디어 B가 전통적인 미디어 A보다 나중에 등장하였다. ② 사회 관계망 서비스는 뉴 미디어 B에 포함된다. ③ 새로운 정보를 신속하게 제공하는 것은 전통적인 미디어 A보다 뉴 미디어 B에 적합한 설명이다. ④ 전통적인 미디어 A가 뉴 미디어 B보다 영향력이 과거보다 약해지고 있다.

10 미디어는 새로운 문화를 접할 기회를 제공하여 다양한 문화의 이해와 학습을 돕는다.

11 갑은 미디어 속 정보를 무분별하게 수용하여 따라하는 태도를 보이며, 을은 미디어 속 정보를 비판적으로 검토하는 미디어 리터러시의 태도를 보인다.
[바로잡기] ㄱ. 미디어 리터러시의 수준은 갑보다 을이 더 높다고 볼 수 있다. ㄹ. 신문사마다 편향된 관점에서 다른 정보를 제공할 수 있으므로 다양한 신문사의 기사를 비교하여 사실을 비판적으로 검토하는 것이 중요하다.

12 미디어의 상업성에 관한 자료이다. 미디어는 상업성 때문에 과하게 자극적이고 폭력적인 내용으로 제작되고는 한다. 이를 고려하여 시청 가능 연령 등급을 준수하고, 미디어의 내용을 무분별하게 모방하지 않고, 기사의 제목보다 내용을 직접 읽고 정보의 사실 여부를 판단하는 태도가 필요하다.

13 다문화 사회에서는 문화의 다양성을 존중하기 위해 문화마다 우열을 가릴 수 없는 나름의 가치와 의미가 있다는 문화의 상대성을 인정하는 태도가 요구된다.

14 다문화 사회에서는 문화의 다양성을 존중하기 위해 문화의 상대성을 인정하는 태도가 요구된다. 문화의 상대성이란 문화는 각자의 환경 속에서 나름의 가치와 의미가 있음을 인정하는 태도이다.

15 문화 사대주의는 자기 문화는 열등하고 다른 문화를 더 우수하다고 평가하는 태도이다.

16 A는 문화 상대주의이고 B와 C는 (가) 질문에 따라 자문화 중심주의 또는 문화 사대주의이다. (가)에 들어갈 말이 '같은 문화를 가진 사람들 간의 결속력을 키우는가?'라면 이에 '아니요'라고 답하는 태도는 문화 사대주의이다.
[바로잡기] ⑤ (가)에 들어갈 말이 '다른 나라의 문화를 받아들이는 데 도움을 주는가?'라면 C는 문화 사대주의이다.

17 (가)는 문화 사대주의, (나)는 문화 상대주의 태도이다. 서로 다른 문화 간의 접촉이 많은 오늘날 요구되는 태도는 문화의 다양성을 존중하는 (나) 문화 상대주의이다.

18 어렸을 때는 김치를 매워하다가 계속 먹으면서 김치의 맛을 즐기게 되는 것은 문화의 학습성을 보여 주는 사례이다.

구분	채점 기준
상	문화의 속성과 관련된 사례를 구체적으로 서술한 경우
중	문화의 속성과 관련된 사례를 추상적으로 서술한 경우
하	문화의 속성 중 하나만 옳게 쓴 경우

19 자료에서처럼 미디어의 정보를 무분별하게 수용하고 사실로 믿으면 가짜 뉴스를 사실로 받아들일 수 있다. 따라서 미디어의 정보가 사실인지 비판적으로 검토하는 자세가 필요하다.

구분	채점 기준
상	미디어의 문제점을 '무분별하게 수용' 또는 '거짓 정보의 유포'에서 찾고, 관련된 미디어 리터러시의 자세를 구체적으로 서술한 경우
하	미디어의 문제점을 '무분별하게 수용' 또는 '거짓 정보의 유포' 외에 추상적으로 서술한 경우

20 소영이의 태도는 극단적 문화 상대주의로 인간의 존엄성을 훼손하는 문화까지 인정하고 있다. 인간의 존엄성과 같은 인류의 보편적 가치를 무시하는 문화는 존중하기 어렵기 때문에 이러한 극단적 문화 상대주의 태도는 문제가 된다.

구분	채점 기준
상	소영이의 문화 이해 태도가 극단적 문화 상대주의임을 찾고 문제인 까닭을 '인간의 존엄성' 또는 '인류의 보편적 가치'라는 핵심 용어를 포함해 서술한 경우
중	소영이의 문화 이해 태도가 극단적 문화 상대주의임을 찾고 문제인 까닭을 '인간의 존엄성' 또는 '인류의 보편적 가치'라는 핵심 용어 없이 추상적으로 서술한 경우
하	소영이의 문화 이해 태도가 극단적 문화 상대주의라고만 쓴 경우

18 ~ 21쪽

01 ③	02 ①	03 ④	04 ⑤	05 ①	06 ④	07 ①	08 ④
09 ②	10 ③	11 ④	12 ①	13 ②	14 ⑤	15 ①	16 ①
17 ②							

서술형 실전 문제 **18** **예시 답안** 정치, 사례에서 분쟁의 원인인 층간 소음 문제에 관하여 주민 간 회의를 통해 해결 방안을 모색한 것처럼, 정치는 공동체에서 발생하는 다양한 대립과 갈등을 조정하여 사회를 안정시키고 질서를 유지하는 역할을 수행한다.

19 **예시 답안** 윤번(제), 고대 아테네 민주주의는 시민의 자격이 성인 남성에게만 주어지고 노예, 여성, 외국인은 정치에 참여할 수 없었다.

20 **예시 답안** (가) 소극적 자유, (나) 적극적 자유, 국가에 인간다운 삶을 요구할 수 있는 자유이다.

01 넓은 의미의 정치란 일상생활에서 발생하는 사회 구성원 간의 대립과 갈등을 조정하여 해결해 나가는 모든 활동을 의미한다. ③은 좁은 의미의 정치에 해당하는 설명이다.

02 정치란 사회의 문제를 합리적으로 해결해 나가는 과정으로, 이를 통해 다양한 이해관계의 대립이 조정된다.

바로잡기 ㄷ. 국제 사회도 국가라는 구성원으로 이루어진 하나의 공동체이므로 국제 사회의 문제를 해결해 나가는 과정 역시 정치에 해당한다. ㄹ. 공동체에서 정치를 통해 의사 결정이 이루어지면 구성원들은 이를 합의된 권력의 행사로 수용하고 따라야 한다.

03 정치는 특정 집단이 아닌 사회 공동의 이익을 추구하되, 사익과 공익의 조화를 중요시한다.

04 민주주의는 소수의 세력이 권력을 독점하여 남용하는 것을 방지함으로써 다수의 권리를 지키고 보호할 수 있게 한다.

바로잡기 ① 고대 아테네 민주주의에서 시행된 윤번제의 의의로 볼 수 있다. ② 민주주의는 다양한 의견에 귀 기울이고 서로 다른 생각을 조정하여 합의에 이르는 과정이므로 정책 결정 및 집행에 걸리는 시간이 긴 편이다. ③ 민주주의는 국민의 적극적인 정치 참여가 있어야 실현될 수 있다. ④ 모두의 동의를 얻지는 못하더라도 이해하고 받아들일 수 있도록 설득하고 타협하는 민주적 의사 결정 과정이 필요하다.

05 다른 사람의 사고방식이나 가치관이 나와 다를 수 있음을 인정하고 받아들이는 관용적인 태도도 민주적 생활양식이므로 함께 갖추어야 한다.

06 민주주의는 권력의 독점을 제한하며, 다수의 시민이 공동체 의식과 주인 의식을 바탕으로 함께 고민하고 의논하여 갈등과 문제를 해결해 나감으로써 공동체의 유지와 발전을 가능하게 한다.

07 근대 민주주의는 일정 규모 이상의 재산이 있는 성인 남성의 정치 참여만 허용된 간접 민주주의였다.

바로잡기 ㄷ. 현대 민주주의에 관한 설명이다. ㄹ. 고대 아테네 민주주의에 관한 설명이다. 근대 민주주의 사회에서는 여성, 노동자, 농민이 시민으로 인정받지 못하였다.

08 고대 아테네의 직접 민주주의에 대한 내용이다.

09 민주주의의 이념은 인간의 존엄성, 자유, 평등이다.

바로잡기 ㄴ. 자유와 평등은 조화와 균형을 이루어야 한다. ㄹ. 민주주의의 근본이념이자 궁극적인 목표는 인간의 존엄성 실현이다.

10 제시된 두 제도는 모두 개인이 가진 선천적·후천적 차이에 따라 평등이 실현되지 못하는 것을 바로잡아 실질적 평등을 실현하고자 한다.

바로잡기 ①은 형식적 평등, ②는 인간의 존엄성, ④는 소극적 자유, ⑤는 적극적 자유와 관련 있다.

11 민주주의의 기본 원리는 ① 국민 자치의 원리, ② 권력 분립의 원리, ③ 국민 주권의 원리, ⑤ 입헌주의의 원리이다.

12 제시된 내용은 입헌주의의 원리에 관한 설명이다.

13 ㉠에 들어갈 용어는 대의 민주주의(간접 민주주의)이다.

14 대의제는 영토의 규모가 크고 인구수가 많은 현대 사회에서 국민 주권의 원리와 국민 자치의 원리를 실현하는 적합한 방법이지만, 국민의 뜻이 대표자를 통해 간접적으로 전달되어 정치에 정확히 반영되지 않을 수 있는 한계가 있다.

15 민주주의의 발전을 위해 시민은 공동체의 문제에 관심을 가지고 문제 해결에 적극적으로 참여해야 한다. 또한 자신의 이익만을 앞세우지 말고 공익과의 조화를 추구해야 한다.

16 ㉠에는 공론장, ㉡에는 국민 투표가 들어가야 한다. 공청회는 정책 결정을 앞두고 국민이나 전문가 등으로부터 의견을 듣는 제도이다. 국민 소환은 선거로 뽑은 공직자를 임기가 끝나기 전에 국민의 투표로 그만두게 하는 제도이고, 국민 발안은 일정 수 이상의 국민이 헌법 개정안이나 법률안을 직접 국회에 제안하는 제도이다.

17 오늘날의 민주주의는 대의제를 기본으로 하는데, 대의제는 국민의 뜻이 정치에 정확히 반영되지 못할 수 있고, 대표자가 모두의 의견을 고르게 대표하기 어려우며, 정치에 실망한 국민의 정치적 무관심이 확대되는 등의 한계를 지닌다. 따라서 그 한계들을 극복하기 위한 노력이 끊임없이 이루어져야 한다.

18 사례에는 공동체에서 발생한 대립과 갈등을 해결하는 과정이 나타나 있다.

구분	채점 기준
상	정치를 쓰고, 정치의 역할을 사례와 관련지어 서술한 경우
중	정치를 쓰고, 정치의 역할을 사례와 관련지어 서술하였으나 그 내용이 미흡한 경우
하	정치만 쓴 경우

시험대비편

19 고대 아테네 민주주의는 직접 민주주의였으나 정치에 참여할 수 있는 시민의 자격을 제한한 민주주의였다.

구분	채점 기준
상	윤번(제)을 쓰고, 시민의 자격이 성인 남성에게만 주어지고 노예, 여성, 외국인은 정치에 참여할 수 없었다는 내용을 모두 서술한 경우
중	윤번(제)을 쓰고, 성인 남성만 정치에 참여할 수 있었다고 서술한 경우
하	윤번(제)만 쓰거나, 성인 남성만 정치에 참여할 수 있었다고만 쓴 경우

20 자유는 외부의 간섭을 받지 않고 스스로 판단하여 행동할 수 있어야 한다는 것으로, 민주주의의 이념 중 하나이다.

구분	채점 기준
상	적극적 자유와 소극적 자유를 구분하고, 적극적 자유의 내용을 서술한 경우
중	적극적 자유와 소극적 자유를 구분하고, 국가에 요구할 수 있는 자유라고만 서술한 경우
하	적극적 자유와 소극적 자유를 구분만 한 경우

Ⅸ. 민주주의와 시민(2회)

22~25쪽

01④ **02**③ **03**⑤ **04**⑤ **05**② **06**① **07**④ **08**①
09③ **10**⑤ **11**① **12**④ **13**③ **14**③ **15**① **16**②
17⑤

서술형 실전 문제 **18** **예시답안** 개인의 노력으로 해결할 수 없는 공동체의 문제를 해결하는, 다양한 대립과 갈등을 조정하여 사회를 안정시키고 질서를 유지하는, 사회가 지향해야 할 가치와 목표를 제시하고 사회가 그 목표를 향해 나아갈 수 있도록 공동의 노력과 합의를 이끌어 내는

19 **예시답안** (가) 국민 주권의 원리, 국가 의사를 결정하는 최고 권력인 주권이 국민에게 있다는 원리이다. (나) 국민 자치의 원리, 주권을 가진 국민이 스스로 나라를 다스려야 한다는 원리이다.

20 **예시답안** 언론의 자유와 집회·결사의 자유를 보장한다. 공청회 같은 시민 참여 제도를 운영한다. 국민 투표, 주민 발안, 주민 소환 등 직접 민주주의 요소를 도입한다. 시민의 다양한 목소리를 충분히 반영할 수 있는 공론장을 활성화한다. 전자 민주주의를 확대한다. 숙의 민주주의를 활용한다.

01 (가) 영역은 좁은 의미의 정치이고, (나) 영역은 넓은 의미의 정치이다. 좁은 의미의 정치에는 정치권력의 획득, 유지, 행사 등 국가와 관련된 활동만이 포함된다.

02 (나) 영역은 (가) 영역을 포함하므로 좁은 의미의 정치에 해당하는 사례는 당연히 넓은 의미의 정치에도 해당한다.

03 사례는 ○○시라는 공동체에 발생한 문제를 해결하기 위해 구성원들이 모여 의논하고 해결 방안을 도출하여 시행함으로써 문제를 해결하였다는 내용이다.

04 민주주의는 모든 국민이 나라의 주인인 정치 형태를 의미한다.

05 다른 사람을 비난하고 배제하는 태도는 민주적 생활양식에 해당하지 않는다.

06 민주주의는 소수의 세력이 권력을 독점하여 남용하는 것을 방지한다.

07 고대 아테네에서는 직접 민주주의를 시행하였지만, 정치에 참여할 수 있는 권리를 가진 시민은 노예가 아닌 성인 남성만을 의미하였다. 추첨제나 윤번제를 통해 공직을 맡을 수 있는 자격도 시민에게만 주어졌다.

08 제시된 글은 고대 아테네 이후 역사 속에서 사라졌던 민주주의의 재등장을 가져온 시민 혁명에 관한 내용이다.

09 민주주의의 시작은 고대 아테네의 직접 민주주의이다. 이후 왕과 귀족이 중심이 되는 사회가 꽤 오랫동안 계속되었고, 시민들이 자유와 권리를 되찾기 위해 시민 혁명을 일으킨 결과 민주주의가 다시 등장하였다. 그러나 시민 혁명 이후에도 여성, 노동자, 농민 등은 여전히 참정권을 보장받지 못했고, 그들을 중심으로 참정권 운동이 계속되었다. 그 결과 선거권이 확대되어 오늘날 보통 선거 제도가 확립되었다.

10 민주주의의 근본이념인 인간의 존엄성이 실현되기 위해서는 자유와 평등이 모두 보장되어야 한다. 이때 어느 하나의 보장을 지나치게 강조하면 다른 하나가 보장되지 못하는 문제가 발생하므로 자유와 평등은 조화와 균형을 이루어야 한다.

11 (가)는 자유, (나)는 평등에 대한 설명이다.

12 입헌주의의 원리란 헌법에 따라 국가기관을 구성하고 권력을 행사해야 한다는 원리이다.
바로잡기 ㄱ은 국민 주권주의의 원리, ㄷ은 권력 분립의 원리에 관한 설명이다.

13 제시된 헌법 조항에 나타난 민주주의의 원리는 권력 분립의 원리이다.
바로잡기 ①은 국민 자치의 원리, ②와 ⑤는 국민 주권의 원리, ④는 입헌주의의 원리에 관한 설명이다.

14 정치적 무관심이 증대되는 원인 중 하나로 선거 참여 외에 시민의 의사를 직접 표현할 수 있는 정치 참여 수단과 방법이 제한되어 있다는 점이 언급되지만, 국가가 국민의 정치 참여를 제한하고 있는 것은 아니다.

15 윤번제는 영토와 인구가 작아 직접 민주주의를 시행할 수 있는 국가에서 도입할 수 있는 제도이므로 적절하지 않다.

16 이익 집단의 활동은 시민의 정치 참여 방법 중 하나로, 이를 막는 것은 민주주의의 발전을 위한 일이 아니다.

17 우리나라는 대의제의 한계를 극복하기 위해 국민 투표, 주민 발안, 주민 소환과 같은 직접 민주주의 요소를 부분적으로 도입하여 시행하고 있다.

18 정치의 주된 역할은 공동체의 문제 해결, 사회 안정 및 질서 유지, 공동체의 발전 방향 제시 등이다.

구분	채점 기준
상	정치의 역할 두 가지를 문장에 적합한 형태로 바르게 서술한 경우
중	정치의 역할 한 가지만 문장에 적합한 형태로 바르게 서술한 경우
하	정치의 역할 한 가지를 서술하였으나 문장에 적합한 형태가 아닌 경우

19 민주주의의 기본 원리는 국민 주권의 원리, 국민 자치의 원리, 입헌주의의 원리, 권력 분립의 원리이다.

구분	채점 기준
상	(가), (나)에 가장 잘 드러난 민주주의의 기본 원리와 의미를 모두 제시한 경우
중	(가) 또는 (나)에 가장 잘 드러난 민주주의의 기본 원리와 의미만 제시한 경우
하	(가), (나)에 가장 잘 드러난 민주주의의 기본 원리만 쓴 경우

20 대의제는 국민이 대표를 뽑고, 그 대표를 통해 국민의 의사를 실현하는 정치 형태이기 때문에 한계가 나타난다.

구분	채점 기준
상	대의제의 한계를 극복하기 위한 제도적 방안을 두 가지 제시한 경우
중	대의제의 한계를 극복하기 위한 제도적 방안을 한 가지만 제시한 경우

Ⅹ. 정치과정과 시민 참여(1회)

26~29쪽

01 ② 02 ④ 03 ③ 04 ① 05 ② 06 ⑤ 07 ⑤ 08 ⑤
09 ④ 10 ④ 11 ⑤ 12 ④ 13 ① 14 ⑤ 15 ④ 16 ④
17 ④ 18 ③ 19 ④

서술형 실전 문제 **20** **예시 답안** 보통 선거의 원칙, 보통 선거의 원칙은 성별, 재산 정도, 인종 등에 상관없이 일정 나이 이상의 시민 모두에게 선거권을 부여한다는 원칙인데, 제시된 사례는 경제적 능력을 기준으로 선거권을 제한하고 있기 때문이다.
21 **예시 답안** 정부, 정부는 법률을 기반으로 정책을 구체적으로 수립하고 집행한다.
22 **예시 답안** 지방 의회, 지역에 필요한 자치 법규인 조례를 제정 및 개정하거나 폐지한다. 지역 예산을 심의하여 확정한다. 집행 기관이 일을 잘하고 있는지 견제하고 감시한다.

01 ㉠에 들어갈 정치 제도는 선거이다. ②는 국민 투표에 대한 설명이다. 선거는 대표자를 뽑는 과정이고, 국민 투표는 국가 기관이 중대한 사항을 결정하고자 할 때 국민에게 직접 그 의사를 묻기 위해 이루어지는 투표이다.

02 선거는 시민이 정치에 참여하는 가장 기본적인 방법이다. 선거는 국민의 대표를 뽑는 과정으로, 이를 통해 주권이 행사되고 시민의 의사가 표현된다.

03 자료에 나타난 민주 선거의 원칙은 직접 선거이다.
바로잡기 ⑤ 차등 선거란 유권자에게 투표권의 가치를 다르게 부여하는 것으로, 평등 선거와 반대되는 원칙이다.

04 학년에 따라 투표권의 가치를 다르게 하자는 A의 제안은 평등 선거의 원칙에, 벌점이 일정 점수 이상인 학생에게 선거권을 주지 말자는 B의 제안은 보통 선거의 원칙에 어긋난다.

05 ㄱ. 우리나라에서는 18세 이상의 시민이라면 누구나 선거권을 가진다. ㄷ. 공약은 정당 및 입후보자 등이 국민에게 실행할 것을 약속하는 내용이다.
바로잡기 ㄴ. 지방 선거에 대한 설명이다. ㄹ. 유권자는 자신이 지지하는 후보자에 대한 정보를 인터넷, 블로그 등에 게시할 수 있다.

06 (가)에는 정당이 대통령 선거 과정에서 수행하는 활동이 들어가야 한다. ⑤는 유권자가 선거 과정에서 수행하는 활동이다.

07 ㉠에 들어갈 정치 주체는 이익 집단이다. 이익 집단은 자기 집단의 이익을 정치에 반영하기 위해 정부에 압력을 행사한다.

08 언론은 각종 미디어를 통해 정치과정 전반에 관한 정보를 제공한다. 또한 공정하고 객관적인 보도를 통해 정부의 정책을 감시하고 비판하여 여론 형성을 주도한다.
바로잡기 ①과 ②는 정당, ③은 국회와 정부, ④는 정부의 역할이다.

09 A는 시민단체, B는 정당, C는 이익 집단이다. ㄴ. 정당은 정권 획득을 위해 선거에 후보자를 공천하여 대표자를 배출한다. ㄹ. 정당, 이익 집단, 시민단체는 모두 정치과정에 영향력을 행사하는 정치 주체이지만 공식적으로 정책을 결정하거나 집행할 권한은 없다.
바로잡기 ㄱ. A는 시민단체이다. ㄷ. A의 사례이다.

10 자료에 나타난 정치 주체는 교육부와 교원 단체이다. 교육부는 공식적 정치 주체이므로 비공식적 정치 주체인 교원 단체에 대한 옳은 설명을 찾아야 한다. 교원 단체는 교사의 이익과 이해관계를 대변하는 단체이므로 이익 집단에 해당한다.

11 '이익 집약'이란 정당, 언론 등이 다양한 이익을 모아 요약하고 대안을 제시하는 것을 말한다.
바로잡기 ①과 ③은 이익 표출, ②는 정책 집행, ④는 정책 결정에 해당하는 사례이다.

12 제시된 사례는 모두 정부(보건복지부, 고용노동부)가 정책을 구체적으로 실행하는 모습으로 '정책 집행'에 해당한다.

13 ㉠은 '정책 결정'이다. 정책 결정 단계에서 활동하는 정치 주체는 국회와 정부다.

14 주민이 스스로 지역을 다스리면서 민주주의를 배우고 실천한다는 점에서 지방 자치를 '민주주의의 학교', '풀뿌리 민주주의'라고도 한다.
바로잡기 ① 지방 의회는 조례를 제정한다. ② 지방 자치 단체장은 집행 기관이다. ③ 시, 군, 구는 기초 자치 단체에 해당한다. ④ 중앙 정부의 권력 분산에 기여한다.

15 우리나라에서 특별시, 특별자치시, 광역시, 특별자치도, 도는 광역 자치 단체이고 시, 군, 구는 기초 자치 단체이다.
바로잡기 ㄱ. 갑 거주지의 기초 자치 단체는 남구이다. ㄷ. 을이 거주하는 지역의 광역 자치 단체는 충청남도이다.

16 ④는 지방 의회의 역할이다. 지방 의회는 집행 기관이 일을 잘하고 있는지 견제하고 감시한다.

17 자료는 ○○도에서 전통문화를 관리 및 육성하기 위한 조례가 제정되고, 그 조례를 바탕으로 전통문화 체험 프로그램이 추진되는 내용을 담고 있다.
바로잡기 ㄱ. ○○도는 광역 자치 단체이다. ㄷ. ○○도 의회는 의결 기관이고, ○○도지사는 집행 기관이다.

18 지방 선거란 주민을 대표하여 지역의 일을 담당할 지방 자치 단체장과 지방 의회 의원을 선출하는 과정으로, 이를 통해 지방 정부가 구성된다.

19 우리나라는 지역 주민의 정치 참여를 보장하기 위해 지방 선거, 주민 투표, 주민 소환, 주민 조례 발안 제도, 주민 청원, 주민 참여 예산제, 주민 감사 청구제 등 다양한 제도를 두고 있다.

20 사례에는 경제적 능력을 기준으로 선거권을 제한하고 있는 상황이 나타나 있다.

구분	채점 기준
상	보통 선거의 원칙을 쓰고, 그 이유를 사례와 관련지어 서술한 경우
중	보통 선거의 원칙을 쓰고, 그 이유를 사례와 관련지어 서술하였으나 미흡한 경우
하	보통 선거의 원칙만 쓴 경우

21 정치과정에서 핵심적인 역할을 하는 국가기관은 국회, 정부, 법원이다.

구분	채점 기준
상	정부를 쓰고, 그 역할을 바르게 서술한 경우
하	정부만 쓴 경우

22 우리나라의 지방 자치 단체는 지방 의회와 지방 자치 단체장으로 구성된다.

구분	채점 기준
상	지방 의회를 쓰고, 그 역할 두 가지를 서술한 경우
중	지방 의회를 쓰고, 그 역할 한 가지만 서술한 경우
하	지방 의회만 쓴 경우

Ⅹ. 정치과정과 시민 참여(2회)

30~33쪽

01 ④ 02 ④ 03 ⑤ 04 ③ 05 ② 06 ② 07 ① 08 ②
09 ③ 10 ② 11 ② 12 ③ 13 ④ 14 ③ 15 ⑤ 16 ⑤
17 ④ 18 ⑤ 19 ⑤

서술형 실전 문제 20 예시 답안 후보자의 공약과 지질을 비교하여 분석한다. 자신이 지지하는 후보자의 선거 운동에 참여한다. 선거 기간에 불법적인 선거 활동을 감시하고 통제한다. 투표권을 행사한다.
21 예시 답안 언론, 정책에 대한 비판과 해설을 제공하여 여론 형성을 주도한다. 국가기관을 비롯한 다양한 정치 주체의 활동을 감시하고 비판한다.
22 예시 답안 광역 차지 단체인 인천광역시에서는 인천광역시장과 인천광역시 의회 의원을 선출하고, 기초 자치 단체인 서구에서는 서구청장과 서구 의회 의원을 선출한다.

01 국회의원 선거는 국민의 대표 기관인 국회를 구성하는 국회의원을 선출하는 절차이다.
바로잡기 ① 4년 주기로 이루어진다. ② 대통령 선거는 5년 주기이므로 대개 다른 시기에 실시된다. ③ 비밀 선거의 원칙에 따라 진행된다. ⑤ 18세 이상이라면 누구나 참여할 수 있다.

02 (가)는 선거가 대표자에게 정당성을 부여한다는 내용이고, (나)는 시민이 선거를 통해 대표자를 통제한다는 내용이다.

03 우리나라에서는 공정한 선거를 위해 보통·평등·직접·비밀 선거의 원칙을 보장하고 있다. ㄱ은 비밀 선거, ㄴ은 보통 선거의 원칙이 지켜진 사례이다. ㄷ은 직접 선거, ㄹ은 평등 선거의 원칙에 어긋난 사례이다.

04 제시된 민주 선거의 원칙은 평등 선거의 원칙이다.
(바로잡기) ①, ⑤ 비밀 선거의 원칙을 위반한 사례이다. ②는 보통 선거, ④는 직접 선거의 원칙에 해당하는 사례이다.

05 깨끗하고 건전한 선거 문화가 형성되려면 유권자가 자신의 권리를 올바르게 행사하기 위해서 노력해야 한다. ② 후보자의 자질이나 공약 등을 꼼꼼히 살핀 후에 자신이 지향하는 가치와 신념을 잘 구현해 줄 수 있는 후보자를 선택해야 한다.

06 정당은 정치적 견해를 같이하는 사람들이 정치권력을 얻기 위해 조직한 단체이므로 각종 선거에 후보자를 공천하여 당선시키고자 노력한다.
(바로잡기) ㄴ. 선거 재판은 법원에서 담당한다. ㄹ. 법을 제·개정하는 일은 국회가 담당한다.

07 시민단체는 시민의 정치 참여를 유도하고 사회문제를 해결하기 위한 대안을 제시한다. 또한 국가기관이 맡은 일을 제대로 하는지 감시하고 비판하는 역할을 한다.
(바로잡기) ②는 언론, ③은 정부, ④는 국회와 정부, ⑤는 이익 집단에 대한 설명이다.

08 공직 선거에 후보자를 공천하여 대표자를 배출하는 정치 주체는 정당이다. 자기 집단의 특수한 이익을 실현하기 위해 활동하는 정치 주체는 이익 집단이다. 따라서 (가)는 정당, (나)는 이익 집단, (다)는 시민단체이다.

09 정당이란 정치권력을 획득하기 위해 정치적 의견을 같이하는 사람들이 만든 단체이다.
(바로잡기) ① 국회에 대한 설명이다. ② 정당은 국민의 지지를 얻기 위해 노력하기 때문에 사회 전체의 이익에 관심을 둔다. ④ 정당은 비공식적인 정치 주체이다. ⑤ 언론에 대한 설명이다.

10 국회, 정부와 같은 국가기관은 헌법에 따라 공식적으로 정책을 결정하거나 집행하는 정치 주체로서 정치과정에서 핵심적인 역할을 담당한다.
(바로잡기) ① 국회의 모든 구성원은 국민이 선거를 통해 직접 선출하지만, 정부의 구성원 중 선거로 선출하는 대표는 대통령뿐이다. ③ 시민에 대한 설명이다. ④ 국회는 '정책 결정' 단계에서, 정부는 '정책 결정 및 집행' 단계에서 주로 활동한다. ⑤ 정치에 관한 전반적인 정보를 제공하는 정치 주체는 언론이다. 언론은 또한 정책에 대한 비판과 해설을 제공해 여론 형성을 주도하고 다양한 정치 주체의 활동을 감시하고 비판한다.

11 자료는 정당이 시민의 의견을 수렴하여 게임 셧다운제의 폐지를 제안하고 있는 모습이다. 이는 정치과정의 '이익 집약' 단계에 해당한다.

(바로잡기) ① 이익 표출 단계라면 게임 셧다운제의 폐지 또는 유지를 주장하는 개인과 이익 집단, 시민단체의 활동 모습이 제시되었을 것이다.

12 (가)는 언론 기관이 '주 4일제' 도입에 대한 사람들의 의견을 수렴하여 전달하고 있으므로 정치과정의 단계 중 '이익 집약'에 해당한다. (나)는 예금자 보호 관련 법이 국회 본회의를 통해 개정되고 있다는 내용이므로 정치과정의 단계 중 '정책 결정'에 해당한다.

13 (가)는 정치과정의 단계 중 '정책 집행'에 해당한다. 정책 집행 단계에서는 정부가 핵심적인 역할을 한다.
(바로잡기) ① 정부는 공식적 정치 주체이다. ②는 이익 집단, ③은 국회에 대한 설명이다. ⑤ 정부의 구성원 중 선거를 통해 선출되는 사람은 행정부 수반인 대통령뿐이다.

14 지방 자치는 지역 주민이 그 지역의 일을 자율적으로 처리하는 제도이다.
(바로잡기) ㄱ. 지방 자치를 통해 정치권력이 중앙 정부에 집중되는 것을 방지하므로 권력 분립의 실현에 기여한다. ㄹ. 지역 대표는 지방선거를 통해 지역 주민에 의해 선출된다.

15 우리나라의 지방 자치 단체는 의결 기관인 지방 의회와 집행 기관인 지방 자치 단체장으로 구성된다.
(바로잡기) ②, ③ 지방 자치 단체는 특별시, 특별자치시, 광역시, 특별자치도, 도와 같은 광역 자치 단체와 시, 군, 구와 같은 기초 자치 단체로 구분된다. ④ 지방 선거는 4년마다 이루어진다.

16 집행 기관이 일을 잘하고 있는지 견제하고 감시하는 것은 지방 의회의 역할이다.

17 자료에는 ○○군 주민들이 겪는 교통 불편 문제를 해소하기 위해 '100원 택시 제도'가 도입되는 과정이 나타나 있다. ④ '100원 택시 제도'는 ○○군의 지역 정책이므로 기초 자치 단체의 주민들을 대상으로 한다.

18 주민 참여 예산제란 주민이 지방 자치 단체의 예산 편성 과정에 참여하여 예산의 우선순위 등을 결정하는 제도를 말한다.
(바로잡기) ①은 주민 감사 청구제, ②는 지방 선거, ④는 주민 조례 발안 제도에 대한 설명이다. ③ 예산을 집행할 공식적인 권한을 가지는 것은 지방 자치 단체장이다.

19 ⊙에 들어갈 주민 참여 제도는 주민 투표이다. 주민 투표란 지역 사회의 중요한 사항이나 정책을 결정할 때 주민이 투표로 자신의 의사를 직접 표시하는 제도이다.
(바로잡기) ① 지역 주민은 지방 자치 단체의 업무 수행이 위법하거나 공익을 침해한다고 판단되면 지방 의회에 감사를 청구할 수 있다. ② 지역 대표가 직무를 잘 수행하지 못하면 투표에 부쳐 지역 주민이 대표의 해임 여부를 결정할 수 있다. ③ 주민 소송은 지방 자치 단체가 부당한 예산 집행을 하였을 때 이를 바로잡기 위하여 주민이나 납세자가 지방 자치 단체를 대상으로 하는 소송이다. ④ 지역 주민은 지역 행정에 관한 의견이나 요구 사항을 지방 자치 단체에 문서로 제출할 수 있다.

20 유권자는 선거 과정에서 후보자 비교, 선거 운동 참여, 선거 과정 감시, 투표권 행사 등의 활동을 한다.

구분	채점 기준
상	유권자의 역할 세 가지를 서술한 경우
중	유권자의 역할 두 가지를 서술한 경우
하	유권자의 역할 한 가지만 서술한 경우

21 그림은 뉴스를 보도하는 모습니다.

구분	채점 기준
상	언론을 쓰고, 그 역할 두 가지를 서술한 경우
중	언론을 쓰고, 그 역할을 한 가지만 서술한 경우
하	언론만 쓴 경우

22 제시된 주소지에 살고 있는 유권자는 광역 자치 단체인 인천광역시와 기초 자치 단체인 서구의 주민이다.

구분	채점 기준
상	유권자가 선출하게 될 네 가지 유형의 지역 대표를 광역 자치 단체와 기초 자치 단체로 구분하여 바르게 서술한 경우
중	네 가지 유형의 지역 대표를 모두 서술하였으나 광역 자치 단체와 기초 자치 단체로 구분하지 못한 경우
하	두 가지 유형의 지역 대표만 서술한 경우

XI. 일상생활과 법(1회)

34~37쪽

01 ④	02 ④	03 ②	04 ①	05 ③	06 ①	07 ①	08 ⑤
09 ④	10 ②	11 ③	12 ②	13 ②	14 ②	15 ④	16 ②
17 ⑤	18 ③	19 ②					

서술형 실전 문제 **20** **예시 답안** 사회 구성원의 합의를 바탕으로 국가에서 제정한 규범이다. 행위와 그 결과를 중시한다. 강제성을 가지기 때문에 이를 위반할 경우 국가의 제재를 받는다. 등
21 **예시 답안** ㉠은 공법, ㉡은 사법이다. 공법은 국가와 개인 간 또는 국가 기관 상호 간의 공적인 생활 관계를 규율하고, 사법은 개인과 개인 간의 사적인 생활 관계를 규율한다.
22 (1) 민사 재판 (2) **예시 답안** 원고는 갑이고, 피고는 ○○ 여행사이다. 갑이 소송을 제기한 사람이므로 원고가 되고, 소송의 상대방인 ○○ 여행사가 피고가 되기 때문이다.

01 ㉠은 관습, ㉡은 도덕이다. 관습은 의식주, 관혼상제와 같이 어떤 사회에서 오랫동안 지켜져 내려온 질서나 풍습을 말한다. 도덕은 효도, 어른 공경 등과 같이 인간이 당연히 지켜야 할 도리이다.

02 (가)는 도덕이고, (나)는 법이다. 도덕은 행위의 동기를 규율 대상으로 하며 개인의 자율성에 따르지만 법은 행위의 결과를 규율 대상으로 하며 위반할 경우 국가에 의한 제재가 가해진다는 점에서 강제성을 띤다.
바로잡기 ④법은 지켜야 할 내용과 위반 시 받게 되는 제재를 분명히 알 수 있도록 다른 사회 규범에 비해 구체적이며 명확하게 규정되어 있다.

03 ㄱ. 도덕과 달리 법은 국가가 제정한 사회 규범이라는 특징이 있다. ㄷ. 도덕은 개인의 자율에 따라 지키도록 하는 규범이지만, 법은 강제성이 있어서 이를 지키지 않을 경우 국가의 공식적 제재가 따른다.
바로잡기 ㄴ. 도덕과 법 모두 사람들이 사회생활을 하면서 따라야 할 행동의 기준인 사회 규범에 해당한다. ㄹ. 도덕과 법은 모두 갈등과 분쟁을 해결하고 사회 질서를 유지하는 기능을 한다는 공통점이 있다.

04 그림에서는 법이 자동차의 통행 방법을 정하여 분쟁을 예방하거나 해결하는 기능을 가지고 있음이 나타나 있다. 법은 분쟁을 해결하는 객관적이고 공정한 기준이 된다.

05 ㉠은 착한 사마리아인 법이다. 착한 사마리아인 법은 도덕적 의무를 법으로 강제하고자 하는 것이므로 법과 도덕의 명확한 구분을 강조하고 있다고 보기 어렵다.

06 제시문은 정의에 관한 설명이다. 법은 정의를 실현하기 위한 사회 규범이다. 법은 누구나 노력한 만큼의 대가를 정당하게 지급받고, 다른 사람에게 피해를 준 사람은 제재함으로써 정의를 실현한다.

07 ㉠에 해당하는 법은 공법이다. 공법에는 헌법과 형법이 있다.
바로잡기 ②사법 영역에 속한 상법에 관한 설명이다. ③사법 영역 중에 민법에 관한 설명이다. ④사회법에 관한 설명이다. ⑤빈곤, 장애, 고령 등으로 어려움을 겪고 있는 사람들을 돕기 위한 법은 사회 보장법이다. 사회 보장법은 사회법 영역에 속한다.

08 제시된 법 조항은 형법의 일부이다. 형법은 범죄의 종류와 그에 따른 형벌의 정도를 규정한 법이다.
바로잡기 ①은 소비자 기본법, ②는 헌법, ③은 상법, ④는 민법에 관한 설명이다.

09 사적인 생활 관계를 규율하는 사법에는 민법과 상법이 있다.
바로잡기 ㄱ. 헌법은 공법에 속한다. 헌법은 국민의 권리와 의무, 국가의 통치 구조와 운영 원리 등을 규정한 최고법이다. ㄷ. 형법은 공법에 속한다. 형법은 범죄의 종류와 그에 따른 형벌의 내용과 정도를 규정한 법이다.

10 민법은 혼인과 이혼, 출산과 입양 등의 가족 관계와 재산권, 계약 등의 재산 관계를 다룬다.
바로잡기 ①과 ③은 헌법, ④는 형법, ⑤는 상법에서 다루는 내용이다.

11 사회법은 자본주의의 발달 과정에서 발생한 문제점을 해결하기 위해 사적인 생활 영역에 국가가 개입하여 사회적 약자를 보호하도록 하며 등장하였다.

12 (가)는 노동법, (나)는 경제법에 관한 설명이다. 노동법과 경제법은 모두 사회법에 속한다. 노동법에는 「근로 기준법」, 「최저 임금법」 등이 있고, 경제법에는 「소비자 기본법」, 「공정 거래법」 등이 있다.
바로잡기 「국민연금법」, 「장애인 복지법」은 사회 보장법에 속한다.

13 (가)는 재판, (나)는 합의이다. ② 재판을 하기 위해서는 변호사 선임 비용, 소송 비용 등이 발생하기 때문에 합의에 비해 상대적으로 비용 부담이 크다. 합의는 분쟁을 법적 절차 없이 해결할 수 있기 때문에 경제적 부담이 적다.
바로잡기 ① (가)는 재판, (나)는 합의이다. ③ 일반적으로 합의가 분쟁을 원만하게 해결하므로 바람직한 방식이라고 할 수 있다. ④재판은 소장 제출, 변론, 증거 조사 등 여러 절차를 거쳐야 하므로 복잡하다. 반면, 합의는 당사자가 직접 해결하는 방식으로 절차가 비교적 단순하다. ⑤ 재판의 판결은 법적으로 강제력이 있지만, 합의는 당사자 간의 약속이므로 법적 강제력은 없다.

14 ㉠에 들어갈 재판은 민사 재판이다. 민사 재판은 개인과 개인 간의 권리와 의무에 관한 다툼 해결하기 위한 재판이다. ② 임대차 계약과 관련된 문제로, 세입자는 집주인의 행동이 부당하다고 주장하며 민사 소송을 제기할 수 있다.
바로잡기 ①은 절도, ③은 폭행 및 상해, ④는 음주 운전 및 뺑소니, ⑤는 강도 사건으로 형사 재판에서 다루어지는 범죄 사건이다.

15 형사 재판은 범죄가 발생했을 때 죄의 유무와 형벌의 정도를 결정하는 재판이다. ④ 민사 재판에 관한 설명이다.

16 그림에 나타난 재판은 민사 재판이다. 민사 재판은 개인 간의 분쟁을 해결하기 위한 재판으로, 주로 계약 문제, 재산 분쟁, 손해 배상 등을 다룬다. ㄱ. 갑이 재판을 청구하였으므로 갑이 원고, 을이 피고가 된다. ㄷ. 판결이 갑에게 유리하게 나왔으므로 갑이 을에게 돈을 빌려 주었다는 증거를 제시하여 사실을 입증하였을 것이다.
바로잡기 ㄴ. 범죄 유무와 형량을 결정하는 재판은 형사 재판이다. ㄹ. 을이 판사의 판결에 따르지 않을 경우 법원이 강제 집행하게 된다.

17 (가)는 원고, (나)는 피고, (다)는 검사, (라)는 피고인이다. ㄷ. 검사는 범죄 사실을 수사하고, 공소를 제기하여 피고인의 처벌을 요구하는 사람이다. ㄹ. 형사 재판에서 피고인은 변호인의 법률적인 도움을 받아 변론할 수 있다.
바로잡기 ㄱ. 범죄의 경우 형사 재판에서 다루어진다. ㄴ. 국민 참여 재판은 형사 사건을 대상으로 이루어지며, 피고인이 원할 경우에만 시행된다.

18 (가)는 사법권의 독립이다. 헌법에 법원의 독립, 법관의 신분 보장에 관한 규정을 둔 이유는 사법권의 독립을 보장하기 위해서이다.
바로잡기 ① 사법권 독립은 재판의 신속성보다 공정성을 보장하는 원칙이다. ② 국민 참여 재판 제도에 관한 설명이다. ④ 심급 제도에 관한 설명이다. ⑤ 사법부는 국회(입법부)와 독립된 기관이며, 재판은 국회의 승인 없이 법원의 권한으로 진행된다.

19 그림은 심급 제도를 나타낸다. ㄱ. (가)는 우리나라의 최고 법원인 대법원으로, 최종심을 담당한다. ㄷ. 재판의 당사자는 하급 법원의 판결에 불만이 있을 경우 상급 법원에 다시 재판을 청구할 수 있다.
바로잡기 ㄴ. 우리나라는 삼심제를 기본으로 운영하고 있다. ㄹ. 심급제도는 같은 사건을 여러 번 재판하기 때문에 재판의 신속성과 효율성은 낮아지는 대신 재판의 공정성과 객관성은 높일 수 있다.

20 사회 구성원의 합의를 바탕으로 국가에서 제정한 규범이다. 법은 행위의 결과를 중시한다. 법은 강제성을 가지기 때문에 이를 위반할 경우 국가의 제재를 받는다.

구분	채점 기준
상	법의 특징을 도덕과 비교하여 두 가지 모두 옳게 서술한 경우
하	법의 특징을 한 가지만 옳게 서술한 경우

21 ㉠은 공법, ㉡은 사법이다. 공법은 국가와 개인 간 또는 국가 기관 상호 간의 공적인 생활 관계를 규율하고, 사법은 개인과 개인 간의 사적인 생활 관계를 규율한다.

구분	채점 기준
상	㉠은 공법, ㉡은 사법이라고 쓰고 그 차이점을 옳게 서술한 경우
하	㉠공법, ㉡사법이라고만 쓴 경우

22 해당 민사 재판에서 원고는 갑이고, 피고는 ○○ 여행사이다. 민사 재판에서는 소송을 제기한 사람이 원고가 되고, 소송의 상대방이 피고가 되기 때문이다.

구분	채점 기준
상	원고와 피고를 각각 쓰고, 그렇게 판단한 까닭을 옳게 서술한 경우
하	원고와 피고가 누구인지만 글에서 찾아 쓴 경우

XI. 일상생활과 법(2회)

38 ~ 41쪽

01 ① 02 ① 03 ⑤ 04 ⑤ 05 ③ 06 ⑤ 07 ② 08 ①
09 ② 10 ③ 11 ① 12 ④ 13 ⑤ 14 ② 15 ② 16 ①
17 ③ 18 ④

서술형 실전 문제 19 (1) 칼(양날 검, 검) (2) **예시 답안** 칼은 죄를 지은 사람에게 법을 엄격하게 집행하겠다는 의미로, 법의 강제성을 뜻한다.
20 예시 답안 ㉠은 사회 보장법이다. 사회 보장법은 빈곤, 질병, 장애, 고령 등으로 어려움을 겪고 있는 사람들을 돕고 모든 국민의 인간다운 생활을 보장하기 위한 법이다.
21 예시 답안 형사 재판, 종업원이 음식점 계산대의 돈을 훔친 행위는 절도죄에 해당하는 범죄이다. 따라서 형법에 따라 종업원의 범죄 유무를 따지고 그에 따른 형량을 결정하는 형사 재판을 통해 해결할 수 있다.

01 제시문은 도덕에 관한 설명이다. 부모님께 효도를 해야 한다는 것은 도덕에 해당한다.
바로잡기 ② 라마단 기간 동안 금식을 하는 것은 이슬람의 종교 규범에 해당한다. ③, ④ 장례식장에서 검은 옷을 입는 것이나 명절에 성묘를 지내는 것은 관습에 해당한다. ⑤ 법 규범에 해당하는 사례이다.

02 「학교 급식법」은 학교 급식 등에 관한 사항을 규정함으로써 학교 급식의 질을 향상시키고 학생의 건전한 심신의 발달과 국민 식생활 개선에 기여함을 목적으로 하는 법이다. 해당 법을 통해 학교에서 영양가가 높고 위생적으로 관리된 급식을 먹을 수 있다.

03 ①은 「국민 건강 증진법」, ②는 「가족 관계 등록법」, ③과 ④는 「도로 교통법」에 해당하는 사례이다.
바로잡기 ⑤ 노약자에게 자리를 양보하는 것은 법에서 정한 행동이 아니라 도덕에 따른 행동이다.

04 법은 도덕보다 그 내용이 구체적이고 명확하다. 그리고 강제성을 지니고 있어서 법을 지키지 않을 경우 국가의 공식적인 제재를 받는다.
바로잡기 ㄱ. 법은 인간 내면의 양심이나 동기보다 겉으로 드러난 행위와 그 결과를 중시한다. ㄴ. 갈등과 분쟁을 해결하는 것은 사회 규범의 공통적인 기능에 해당한다.

05 법은 국민의 권리를 규제하거나 처벌하기 위한 것이 아니라 분쟁 해결과 권리 보호를 통해 궁극적으로 정의를 실현하는 것이다.

06 정의란 모든 사람에게 각자가 받아야 할 정당한 몫을 주는 것을 말한다. ⑤ 동일한 업무를 하였음에도 외국인 근로자라는 이유로 정당한 대가를 지급하지 않는 것은 정의 실현에 해당하지 않는다.

07 ㉠은 공법, ㉡은 사법이다. 사법에는 대표적으로 민법, 상법이 있다. 형법은 공법에 속한다.

08 제시된 법 조항은 헌법이다. 헌법은 국민의 권리와 의무, 국가의 통치 구조와 운영 원리 등을 규정한 우리나라 최고법이다.
바로잡기 ㄷ. 형법에 관한 설명이다. ㄹ. 민법에 관한 설명이다.

09 사법은 개인 간의 사적인 생활 관계를 규율하는 법이다. 공적인 생활 관계를 규율하는 법은 공법이다.

10 제시된 사례는 재산 상속, 부동산 매매, 차용증 작성 등 재산 관계 및 가족 관계에 관한 권리와 의무 등에 해당하므로, 공통으로 민법의 적용을 받는 생활 영역이다.

11 (가)에는 사회법의 목적이 들어가야 한다. 사회법은 근대 자본주의의 발달 과정의 문제점을 해결하고, 사회적·경제적 약자의 권리를 보호하여 모든 국민의 인간다운 삶을 보장하기 위하여 등장하였다.

12 사회법 중 노동법에 관한 설명이다. 따라서 ㉠에는 노동법에 속하는 법이 들어가야 한다.
바로잡기 ①, ⑤는 경제법, ②, ③은 사회 보장법에 속한다.

13 (가)에는 민사 재판의 대상이 되는 개인과 개인 간의 분쟁 사건이 들어가야 한다.
바로잡기 ㄱ. 상가 절도 사건과 ㄴ. 폭행 및 협박 사건은 범죄에 해당하므로 형사 재판에서 다루는 사건이다.

14 제시문의 밑줄 친 재판은 개인과 개인 사이의 분쟁을 해결하는 민사 재판에 해당한다. ② 민사 재판에서 판사는 원고와 피고 중 누구의 주장이 옳은지를 판단하여 판결을 내린다. 판사가 범죄 유무와 형벌 정도를 결정하는 재판은 형사 재판이다.

15 자료는 형사 재판이다. 갑은 (가) 단계에서는 범죄 혐의가 있어 조사를 받기 때문에 피의자 신분이다. 하지만 (나) 단계에서는 기소되어 형사 재판을 받게 되므로 피고인이라고 불린다.
바로잡기 ① ㉠은 형사 재판이다. ③ 을은 검사이다. ④ 자료에 나타난 재판이 국민 참여 재판으로 진행되는 경우 판사인 병은 배심원의 평결을 참고하여 판결을 내릴 수 있다. 하지만 판사가 배심원의 의견을 무조건 반영해야 하는 것은 아니다. ⑤ (나)의 재판 과정과 (다)의 재판 결과는 모두 공개 재판주의에 따라 일반인에게도 공개되어야 한다.

16 (가)에 들어갈 용어는 고소이다.

바로잡기 ② 검사가 특정한 형사 사건에 대하여 법원에 재판을 요구하는 일이다. ③ 소송 당사자나 변호인이 법정에서 주장하거나 진술하는 일이다. ④ 법원이나 기타 국가기관이 어떤 사건에 관하여 증인, 당사자, 피고인 등에게 말로 물어 조사하는 일이다. ⑤ 법원이 변론을 거쳐 소송 사건에 대하여 판단하고 결정하는 일이다.

17 공정한 재판을 위한 제도와 관련된 탐구 활동으로 사법권의 독립, 심급 제도, 공개 재판주의, 증거 재판주의 등을 할 수 있다.

바로잡기 ㄱ. 민사 재판과 형사 재판을 비교하는 것은 재판의 종류를 알아보기 위한 학습 활동에 더 적절하다. ㄹ. 공정한 재판을 위해 공개 재판주의를 원칙으로 하고 있다.

18 자료는 심급 제도를 나타낸다. 심급 제도는 한 사건에 대해 급을 달리하는 법원에서 여러 번 재판을 받을 수 있게 한 제도이다. 2심 법원으로 고등 법원이 나타나 있으므로 (가)는 지방 법원 합의부이다. (나)는 우리나라의 최고 법원인 대법원이다.

바로잡기 ④ ㉠은 항소, ㉡은 상고이다.

19 정의의 여신이 한 손에 든 칼은 죄를 지은 사람에게 법을 엄격하게 집행하겠다는 의미로, 법의 강제성을 뜻한다. 법은 개인과 집단이 반드시 따라야 하는 강제성을 띠고 있으며, 국가는 법을 어긴 사람에게 제재를 가할 수 있다.

구분	채점 기준
상	칼(양날 검, 검)이 의미하는 내용을 법의 특징인 강제성과 관련지어 옳게 서술한 경우
하	칼(양날 검, 검)이 의미하는 내용을 서술하였으나, 그것을 법의 특징인 강제성과 관련짓지 못한 경우

20 ㉠은 사회 보장법이다. 빈곤, 질병, 장애, 고령 등으로 어려움을 겪고 있는 사람들을 돕고 모든 국민의 인간다운 생활을 보장하기 위한 법이다.

구분	채점 기준
상	사회 보장법이라고 쓰고 그 의미를 옳게 서술한 경우
하	사회 보장법이라고만 쓴 경우

21 종업원이 음식점의 돈을 훔친 행위는 절도죄에 해당하는 범죄이다. 따라서 형법에 따라 종업원의 범죄 유무를 따지고 그에 따른 형량을 결정하는 형사 재판을 통해 해결할 수 있다.

구분	채점 기준
상	형사 재판이라고 쓰고, 그 이유를 옳게 서술한 경우
중	형사 재판이라고 쓰고, 그 이유를 서술하였으나 그 내용이 미흡한 경우
하	형사 재판이라고만 쓴 경우

XII. 인권과 기본권(1회)

01 ⑤	02 ⑤	03 ②	04 ④	05 ③	06 ①	07 ③	08 ④
09 ⑤	10 ②	11 ①	12 ④	13 ⑤	14 ②	15 ①	16 ④
17 ③	18 ⑤	19 ①					

서술형 실전 문제 **20** **예시 답안** 참정권이다. 국민 투표, 선거일에 투표하기, 공무 담임권 행사 등을 예로 들 수 있다.
21 **예시 답안** 국가의 간섭 없이 자유롭게 행동할 수 있는 자유권이 제한되었다. 질서 유지를 위해 기본권을 제한하였다.
22 **예시 답안** 근로자가 부당 노동 행위를 당한 때의 구제 절차이다. 부당 노동 행위란 사용자가 근로자에게 노동조합 조직, 가입, 활동 등을 이유로 불이익을 주거나 정당한 노동조합 활동을 방해하는 것이다. 구제 절차는 근로자 또는 노동조합이 신청할 수 있다.

01 세계 인권 선언은 모든 사람이 보편적으로 누려야 할 인권의 기준을 제시하였다.

바로잡기 ⑤ 참정권 보장은 영국의 차티스트 운동, 여성 참정권 운동 이후에 보장되었다.

02 인권 침해 사례를 보면 가정, 학교, 직장, 사회 등 일상생활 속에서 다양한 형태의 인권 침해가 일어나고 있다는 것을 알 수 있다.

03 인권은 국가가 보장하기 이전부터 존재하며, 헌법에 보장된 기본적 인권을 기본권이라고 한다.

바로잡기 ㄴ. 국가가 보장하기 이전에 주어지는 자연적 권리이다. ㄷ. 인권은 타인에게 양도할 수 없다.

04 성적에 따른 입학 여부는 능력 차이에 따른 것으로 인권 침해 사례로 볼 수 없다.

05 장애인의 복지 혜택은 사회권, 시청에 횡단보도 추가 설치 요청은 청구권, 온실가스 감축 방법에 관한 연설은 자유권, 공무원 임용 시험에 나이 제한이 없는 것은 평등권에 해당한다.

바로잡기 ③ 제시문에서 국가 의사 결정에 참여하는 참정권에 관한 내용은 나타나지 않았다.

06 자유권에 관한 헌법 조항이다.

바로잡기 ㄷ은 사회권, ㄹ은 참정권이다.

07 제시된 헌법 조항은 재판 청구권으로 청구권과 관련이 있다. 청구권은 다른 기본권이 침해되었을 때 구제를 요구할 수 있는 권리로서 다른 기본권 보장을 위한 수단적 권리이다.

08 사회권 중 교육받을 권리, 인간다운 생활을 할 권리에 해당한다. 사회권은 국가에 인간다운 생활을 요구할 수 있는 적극적인 권리로서 현대 복지 국가에서 중요성이 커지고 있다.

09 국가에 손해배상을 요청한 것은 청구권에 해당한다. 청구권

중 국가 배상 청구권이다.

바로잡기 1모둠 - 자유권 실현 사례, 2모둠 - 사회권 실현 사례, 3모둠 - 평등권 실현 사례, 4모둠 - 참정권 실현 사례이다.

10 우리 헌법은 제37조 제2항에 기본권 제한 요건과 한계를 명시하고 있다. 기본권은 공공복리, 질서 유지, 국가 안전 보장을 위해 필요한 경우에 한하여 법률로써 제한할 수 있다.

11 헌법에 명시된 기본권 제한 요건은 공공복리, 질서 유지, 국가 안전 보장이며 변경할 수 없다.

12 제시된 사례에서 생존권, 환경권 등은 사회권에 해당한다. 사회권은 국민이 국가에 대하여 인간다운 생활을 요구할 수 있는 권리이다. 헌법에 보장된 기본권을 공권력의 이행 또는 불이행에 따라 침해당했을 경우에는 헌법재판소에 국민이 직접 구제 요청을 할 수 있다. 헌법재판소는 헌법 소원 심판을 통해 권리를 구제한다.

13 국가인권위원회는 인권 침해를 당한 개인이나 집단의 진정을 처리하는 국가기관으로 인권 침해 소지가 있는 법이나 제도의 개선을 권고한다.

바로잡기 ⑤ 법원에 관한 설명이다.

14 행정 기관의 잘못된 법 집행으로 피해를 본 경우에는 국민권익위원회에 행정 심판을 신청하거나, 법원에 행정 소송을 제기하여 권리를 구제받을 수 있다.

바로잡기 ㄴ. 국가인권위원회는 인권 침해 사실에 관한 조사를 통해 시정할 것을 권고한다. ㄹ. 헌법재판소는 공권력의 이행 또는 불이행이 국민의 기본권을 침해했는지 여부를 심판한다.

15 을이 갑의 재산권을 침해한 경우이다. 개인 간의 분쟁은 법원에서 민사 재판을 통해 권리를 구제받을 수 있다.

16 제시된 사례는 정당한 노동조합 활동을 방해하는 것으로 노동 3권을 침해하였으므로 부당 노동 행위이다. 노동 3권이란 단결권, 단체 교섭권, 단체 행동권을 말하는데 제시된 사례에서는 정당한 이유 없이 단체 교섭을 거부하였으므로 부당 노동 행위에 해당한다.

17 해고 사유와 시기는 반드시 문서로 알려야 한다. 전화나 말로써 해고를 알리는 것은 무효이다.

18 파업은 단체 행동권에 해당하는 쟁의 행위이다. 새로운 노동조합에 가입한 것은 단결권에 해당한다. 노사가 만나 임금 협상을 하는 것은 단체 교섭권이다.

19 「근로 기준법」을 위반하거나 부당 해고, 부당 노동 행위로 노동권을 침해당했다면 적극적으로 권리를 구제받아야 한다.

바로잡기 ②, ④번은 노동 위원회에 구제를 신청한다. ③, ⑤번은 「근로 기준법」위반이므로 고용노동부에 진정을 제기한다. 노동권 침해 시 노

동 위원회와 고용노동부 구제 신청과 별개로 법원에 소송을 제기하여 재판을 통해 권리를 구제받을 수 있다.

20 참정권에 관한 설명으로 국민 투표, 선거일에 투표, 공무 담임권 행사 등을 예로 들 수 있다.

구분	채점 기준
상	참정권을 쓰고, 실현 사례 두 가지를 정확히 서술한 경우
하	참정권만 쓰거나 사례를 일부 서술한 경우

21 자유권이 제한된 사례이며, 질서 유지를 위해 기본권을 제한한 것이다.

구분	채점 기준
상	자유권을 쓰고, 질서 유지가 제한 목적임을 서술한 경우
하	자유권과 질서 유지 중 한 가지만 서술한 경우

22 근로자가 부당 노동 행위를 당한 때의 구제 절차로 근로자 또는 노동조합이 신청 가능하다.

구분	채점 기준
상	부당 노동 행위의 구제 절차임을 쓰고, 근로자 또는 노동조합이 신청 주체임을 모두 쓴 경우
하	부당 노동 행위만 서술한 경우 또는 근로자 또는 노동조합이 신청 가능하다고만 서술한 경우